POTS ET JARDINIÈRES

Le jardinier paresseux

POTS ET JARDINIÈRES

Larry Hodgson

BROQUET inc.

151-A, boul. de Mortagne, Boucherville, Qc, CAN. J4B 6G4
Tél.: (450) 449-5531 / Télécopieur (fax): (450) 449-5532
Courrier électronique: info@broquet.qc.ca
http://www.broquet.qc.ca

Données de catalogage avant publication (Canada)

Hodgson, Larry

Pots et jardinières

(Le jardinier paresseux)

Comprend des références bibliographiques et un index

ISBN 2-89000-500-3

1. Culture en récipients. 2. Culture sur balcon. 3. Plantes en pots. 4. Horticulture d'ornement. I. Titre. II. Collection.

SB418.H62 2000 635.9'86 C00-940620-4

Pour l'aide à son programme éditorial, l'éditeur remercie :

Le Gouvernement du Canada par l'entremise du Programme d'Aide au Développement de l'Industrie de l'Édition (PADIÉ);

La Société de Développement des Entreprises Culturelles (SODEC);

L'Association pour l'Exportation du Livre Canadien (AELC).

NOTE DE L'ÉDITEUR:

Conteneur ou contenant?

La banque de terminologie de l'Office de la langue française recommande l'utilisation du mot **conteneur**.

Par contre, dans le langage courant, on utilise de préférence le mot **contenant**. C'est d'ailleurs le mot que recommande l'auteur et celui que nous retenons pour cet ouvrage.

Illustrations: Claire Tourigny
Photographies: Larry Hodgson (sauf mention contraire)
Révision: Francine Labelle, Andrée Lavoie, Susanne Roy
Infographie: Antoine Broquet, Louise Jacques
Éditeur: Marcel Broquet

Dépôt légal — Bibliothèque nationale du Québec
2ième trimestre 2000

ISBN 2-89000-500-3

Table des matières

Le jardinier paresseux et la culture en contenants

Un jardin en pots et jardinières, sur la terrasse, le balcon ou dans le jardin, qui ne demande que peu ou pas d'entretien? C'est tout un défi pour le jardinier paresseux!

En effet, de tous les types de culture, les végétaux cultivés dans des pots et jardinières, à l'extérieur, sont les plus exigeants. Durant la canicule, il faut parfois arroser jusqu'à *deux fois par jour*! Et de plus, contrairement aux autres plantations où l'on peut compter sur Dame Nature pour leur fournir la majeure partie des éléments nutritifs, les plantes en pots dépendent entièrement du jardinier pour leur fertilisation. Les entretenir exige donc beaucoup de travail… du moins, si vous les maintenez de la façon traditionnelle.

Ce livre est consacré à la culture en contenants, certes, mais plus précisément à la culture à l'extérieur, au cours du printemps, de l'été et de l'automne. Pour la culture des plantes d'intérieur, un tout autre sujet, veuillez consulter le livre *Les plantes d'intérieur* du même auteur.

Les avantages et inconvénients de la culture en pots et jardinières

Comparativement à la culture en pleine terre, pour réussir la culture des plantes en pots, il faut travailler, notamment pour l'arrosage et la fertilisation. Par contre, à d'autres points de vue, elle est plus facile que la culture en pleine terre. Quand avez-vous vu quelqu'un sarcler une plante en pot? Jamais, n'est-ce pas? C'est normal, car dans un contenant, il n'y a pas ou peu de mauvaises herbes à arracher, le terreau est toujours de première qualité, et il y a beaucoup d'air. Aucun besoin de retourner le sol pour l'aérer. Et la culture en contenants offre d'autres avantages. Pour votre information, voici un petit résumé des avantages… et des inconvénients de la culture en pots et jardinières.

Avec un jardin en pots, le moindre espace devient un jardin!

Les avantages

Jardinage à loisir, même sans «jardin» officiel

Combien de fois ai-je entendu d'anciens jardiniers amateurs se plaindre de ne plus pouvoir jardiner à la suite d'un changement de style de vie, tel un déménagement en appartement ou en copropriété au moment de la retraite. Quelle absurdité! Avec des jardins en pots, un petit espace extérieur suffit pour cultiver des dizaines, voire des centaines de plantes, que ce soit sur un balcon ou une section de terrasse. Et si vous vivez en chambre et n'avez même pas de balcon, vous avez une fenêtre à laquelle accrocher au moins une jardinière de fleurs ou suspendre une ou deux potées! Celui qui veut jardiner, peut le faire… grâce à la culture en contenants.

Indépendance

Souvent, ce ne sont pas vos goûts mais votre terrain qui détermine ce que vous cultivez. Si le sol est très sablonneux, ou très acide, vous devez choisir des plantes tolérant de telles conditions. Et, à moins de remplacer entièrement toute la terre de votre terrain, vous n'y pouvez rien. Par contre, la culture en pots vous permet de cultiver ce que vous voulez. Sol acide ou alcalin, bien drainé ou humide, rocailleux ou riche en matières organiques, il n'y a pratiquement aucune limite aux nombreux environnements que vous pouvez créer dans des pots.

Facilité d'adaptation

Telle plante ne pousse pas bien et vous pensez que c'est parce qu'elle manque de lumière? Vous n'avez qu'à déplacer le pot, un très petit effort. Et si la plante n'est toujours pas heureuse, vous essayez encore un autre emplacement.

Votre plante préférée manque de soleil? La situation peut être facilement corrigée.

L'incroyable mobilité des plantes en pots permet de les déplacer à loisir jusqu'à ce que le milieu qui leur convient soit trouvé.

Réaménagement instantané

Vous n'aimez pas votre aménagement paysager, les plantes hautes menacent d'envahir les plus basses, et le couvre-sol de la bordure empiète sur le gazon? Dans le jardin, corriger de tels problèmes exige beaucoup d'huile de coude... et de temps. Un jardin fait de pots et jardinières demeure toujours parfaitement mobile. Vous recevez toute la famille pour un barbecue à l'occasion de l'anniversaire de votre bisaïeule et vous avez besoin d'espace extérieur? Dégagez la terrasse en mettant tous les contenants dans un coin pour la durée de l'événement. Et si le lendemain l'arrière-grand-maman donne rendez-vous à son amoureux et désire un peu d'intimité, utilisez les mêmes pots pour créer une barrière visuelle et créer un petit coin tranquille. Votre balcon ou terrasse devient un espace polyvalent, utilisable à toutes les fins imaginables, plutôt qu'une aire spécifique immuable.

Paravents utiles

L'arbre tricentenaire qui décorait votre pelouse vient de rendre l'âme, laissant un trou béant dans le paysage? Placez une belle grosse jardinière sur la souche et elle la dissimule jusqu'à ce qu'une solution définitive soit trouvée. La plantureuse voisine s'adonne au nudisme et vous recevez la troupe de louveteaux pour un après-midi d'activités? Quelques potées stratégiquement placées bloquent la vue chez le voisin... temporairement, bien sûr. Avec des pots et jardinières judicieusement placés, il est possible de corriger tous les défauts d'un aménagement paysager.

Pourquoi endurer les caprices des voisins? Un bac stratégiquement placé règle tout!

Absence de mauvaises herbes

Ou! si peu. En pleine terre, les mauvaises herbes constituent une menace constante. Il faut toujours se préparer à sarcler, arracher, parfois même sasser le sol pour les extraire. En pot, c'est le calme plat. Comme on ne jardine habituellement pas dans du vrai sol toujours jonché de graines et de racines de mauvaises herbes, mais dans un terreau pasteurisé retiré d'un sac, au début, il n'y a aucune mauvaise herbe. Avec le temps, si on réutilise le terreau encore et encore, il est possible que quelques graines de mauvaises herbes soient éventuellement déposées par le vent dans les pots placés au niveau du sol ou sur des terrasses basses, mais elles réussissent rarement à s'installer. Et si elles le font, elles sont faciles à arracher. D'ailleurs, plus le pot est éloigné du sol, moins les graines de mauvaises herbes peuvent y entrer. Si vous jardinez en pots sur un balcon à plus d'un étage de hauteur, vous n'aurez probablement jamais de mauvaises herbes.

Rares insectes et autres prédateurs

Les insectes ne savent pas où chercher vos plantes.

Tout comme les mauvaises herbes, les insectes s'installent plus difficilement dans les jardins en pots. Plusieurs insectes et prédateurs nuisibles ne volent que peu ou pas, ou se déplacent uniquement en rampant sur le sol. À moins de placer des pots directement sur le sol, vous n'aurez pas de limaces, d'escargots, etc. Même ceux qui volent ou se déplacent autrement dans l'air tardent habituellement à trouver les plantes en pots, surtout sur un balcon ou une terrasse. Enfin, les prédateurs plus gros, mulots, marmottes, lièvres, chevreuils, etc., ne peuvent pratiquement pas toucher les pots… s'ils ne sont pas sur le sol ou dans un autre lieu accessible.

Mobilité favorable aux plantes exotiques

Plusieurs plantes parmi les plus spectaculaires, lauriers-roses, lantanas, mandevillas, etc., sont des plantes tropicales qui ne peuvent survivre à l'hiver. Si vous cultivez ces plantes dans des pots, vous avez tout simplement à les rentrer pour l'hiver. C'est donc un monde nouveau qui s'ouvre à vous lorsque vous vous adonnez à la culture en pots et jardinières.

Floraison et fructification plus abondantes

On sait depuis longtemps que limiter l'expansion des racines stimule souvent une floraison plus abondante chez les plantes à fleurs. Souvent le nombre de fleurs, et de fruits s'il s'agit d'une plante à fruits comestibles ou décoratifs, fait plus que doubler lorsque la plante est cultivée en pot.

Hauteur appropriée pour l'entretien

Pour les personnes handicapées ou à mobilité réduite, s'occuper d'un jardin en pleine terre est ardu, car il faut se pencher régulièrement. Cependant, un jardin en pots est à la hauteur qui convient à votre dos, et vous n'aurez plus jamais à vous pencher! Même les jardiniers en fauteuil roulant peuvent créer de magnifiques jardins… à la hauteur qui leur convient!

Déménagement facile

Dans un monde où la mobilité d'un travailleur est de plus en plus importante, beaucoup de gens envisagent de déménager dans une autre ville quatre ou cinq fois en cours de carrière, et dans de telles conditions, jardiner devient difficile si votre jardinage se limite à l'aménagement d'un grand terrain de banlieue. Par contre, un jardin en pots se déplace facilement, et vous suit.

Avec un jardin en pots, déménager est un jeu d'enfant!

Meilleure apparence

Plusieurs plantes à croissance étalée paraissent certes bien dans le jardin, mais ont plus fière allure dans un pot. Vous en trouverez plusieurs dans la Section 2 de ce livre.

Les inconvénients

Oui, il y a plusieurs inconvénients que vous devez connaître à l'avance pour mieux choisir les variétés adaptées à vos conditions.

Arrosages beaucoup plus fréquents

En effet, *le* facteur limitant la culture en pots et jardinières est votre disponibilité pour arroser. Surtout durant la canicule, le terreau s'assèche à une vitesse fulgurante et exige jusqu'à deux arrosages par jour. Il faut donc bien

Les plantes en pots et jardinières exigent beaucoup plus d'arrosage!

choisir le contenant, le contenu et l'emplacement afin de minimiser la perte d'eau… et réduire votre part de travail. Considérez sérieusement l'utilisation d'un système d'irrigation automatique, principalement si vous n'êtes pas à la maison tous les jours. Nous en reparlons en détail à la page 95.

Fertilisations plus fréquentes

En effet, exposées à des lessivages constants par les éléments, les plantes en pots et jardinières manquent rapidement d'engrais, et le jardinier doit compenser par des fertilisations plus fréquentes ou l'utilisation de fertilisants à dégagement progressif. Vous trouverez davantage de renseignements sur ce sujet à la page 98.

Choix très limité de végétaux résistant à l'hiver

La plupart des plantes cultivées en pots et jardinières sont des plantes éphémères, ou cultivées comme des plantes d'appartement en vacances estivales, c'est-à-dire qu'elles sont abandonnées et gèlent à l'automne ou protégées et rentrées pour l'hiver. On voit peu de plantes rustiques, vivaces, bulbes rustiques, arbustes, arbres, etc., cultivés en pots, et pour cause. Normalement, la terre agit comme un isolant et protège les racines fragiles du froid hivernal. Mais dans un pot, la terre ne peut jouer ce rôle. On ne peut garder en permanence dans des contenants exposés au froid de l'hiver, que les plantes les plus rustiques, soit en choix très limité. À cet égard, voyez la page 106.

Plantes à croissance réduite

C'est vrai. La culture en pots a tendance à limiter la croissance des plantes. Des variétés géantes dans le jardin, comme le ricin (*Ricinus communis*) ou les arbres, conservent souvent une taille naine par la culture dans un espace restreint. Par contre, souvent ce défaut est amplement compensé par une floraison plus dense qui semble plus abondante.

Choix de plantes plus limité

C'est absolument vrai! Mais qui voudrait d'un chêne géant dans une jardinière? Certaines plantes ne semblent tout simplement pas attrayantes en pot, notamment celles qui se dégarnissent de la base en vieillissant. Par contre, des milliers de végétaux susceptibles d'être cultivés en pot sont alors vraiment mis en valeur, et je ne pense pas que vous trouverez ce choix trop limité. Au contraire, le problème est souvent de se décider devant un aussi vaste assortiment de plantes.

En résumé…

La culture en pots et jardinières présente des avantages et des inconvénients. À vous de décider si le jeu en vaut la chandelle! Mais sachez que si vous désirez un jardin fait de pots et jardinières, les moyens pour y parvenir existent!

Section I

La culture en pots et jardinières sans peine

Bien utiliser pots et jardinières

Le pot… avant les fleurs

La culture en pots et jardinières suppose tout d'abord un contenant quelconque dans lequel faire la plantation. Une plante par terre sur la terrasse, racines nues et séchant au soleil, ne survit pas longtemps. Il faut un contenant pour entourer ses racines de terreau et empêcher la première pluie de l'emporter. Mais lequel?

Il n'y a aucune limite aux contenants et matériaux utilisables pour la culture. N'importe quel récipient fait l'affaire, allant des jardinières et pots commercialisés à cette fin aux divers objets de récupération: tonneau, seau, poubelle, caisse en bois, panier, etc., en quelque matériau que ce soit, en autant qu'il résiste au moins une saison.

Pour constater le vaste choix des pots et jardinières, une visite dans une quincaillerie ou une jardinerie est très utile. Vous en voyez des dizaines de modèles faits de matériaux variés, mais ne vous arrêtez pas aux produits commerciaux. En vidant le grenier, le sous-sol ou le garage, vous pouvez

Même une vieille botte peut servir de jardinière, telle celle-ci contenant un seul plant de pourpier à grandes fleurs (*Portulaca grandiflora*).

mettre la main sur des contenants formidables. On découvre parfois des trésors dans les ventes de garage et les marchés aux puces.

Le contenant idéal

Avant de parler de contenants spécifiques, jetons un coup d'œil sur les caractéristiques souhaitables d'un contenant. Vous saurez mieux ce que vous cherchez.

Lorsque vous magasinez pour l'achat de contenants, voici quelques éléments à considérer dans votre choix.

Trous de drainage

Sauf dans le cas des contenants destinés au jardin d'eau (voir à la page 118), tout pot doit être muni d'un trou de drainage, voire même de plusieurs s'il est assez gros ou particulièrement long, car sans eux, l'eau de pluie et d'arrosage risque de s'accumuler et de causer l'asphyxie des racines, ce qui entraîne la mort des plantes qui y poussent. Pour vérifier si le drainage est suffisant, calculez 1 trou de drainage de 10 mm par 0,09 m^2 (30 cm x 30 cm) ou pied carré (12" x 12"). Si le contenant choisi n'a aucun trou de drainage, sortez la perceuse électrique et faites-en, ce qui est habituellement facile et sans problème, même dans le cas des pots de terre cuite ou de céramique si vous utilisez un foret de maçonnerie.

S'il n'y a pas de trou de drainage, percez-en un.

Certains pots sont munis d'un bouchon amovible. Évidemment, il faut toujours l'enlever avant la plantation, ne l'utilisant que pour des plantes aquatiques. Dans d'autres cas, notamment dans les jardinières en plastique, les emplacements des trous de drainage sont marqués, mais non percés. Il suffit souvent de les dégager en donnant un coup de marteau sur un tournevis pour faire tomber le bouchon, mais une perceuse est parfois nécessaire.

Parfois, il faut enlever le bouchon avec un tournevis pour dégager le trou de drainage.

Matériau durable

D'accord, on peut cultiver des plantes dans des pots en fibre, de la tourbe pressée ou d'autres matériaux décomposables, même en carton pressé! Mais le pot risque de se dégrader avant la fin de la saison. Ces matériaux sont parfois excessivement poreux et l'eau s'évapore très rapidement, ce qui augmente la fréquence des arrosages. Choisissez de préférence un pot plus durable, offrant une utilisation de 3 ans ou davantage. Demandez au marchand si le pot est assorti d'une garantie, car les pots protégés par une garantie prolongée sont les plus durables.

Taille appréciable

Les vasques larges et peu profondes exigent des arrosages fréquents.

Aucune règle ne s'applique vraiment quant à la taille des jardinières, mais plus le contenant est large et haut, plus il contient de terreau, et plus il y a de terreau, moins vous arrosez, ce dernier jouant le rôle d'un réservoir d'eau. On vend couramment des jardinières rectangulaires n'ayant que 15 cm de largeur et 15 cm de profondeur, comme une «jardinière de fenêtre». Ces contenants exigent souvent deux arrosages ou plus chaque jour. Recherchez plutôt des jardinières d'au moins 20 cm, ou de préférence 30 cm de hauteur et de largeur, pour diminuer leur entretien.

Matériau isolant

Certaines plantes tolèrent tant les grandes chaleurs désertiques que des froids sibériens ... mais elles sont minoritaires! La plupart réussissent mieux dans un sol toujours quelque peu frais ou tiède, jamais vraiment chaud ou froid. Il est donc sage de choisir des pots possédant une certaine qualité isolante.

Les contenants de couleur claire sont toujours plus frais en été et contribuent donc à maintenir une température du sol plus fraîche que ceux de couleur foncée. De même, les contenants qui «respirent», permettent une évaporation par leurs parois, maintiennent le terreau plus frais que ceux aux parois imperméables. Enfin, des parois épaisses procurent généralement une meilleure isolation.

Stabilité

Un récipient lourd est plus stable qu'un pot léger, mais lorsque les deux sont remplis de terreau, leur stabilité est souvent comparable. Dans certains cas, il est valable de choisir non un pot, mais un cache-pot lourd fait en béton, en pierre, en grès, ou autre, afin d'y glisser le pot d'une plante haute susceptible de se renverser. Cependant, n'oubliez pas que le cache-pot doit lui aussi être muni de trous de drainage.

La stabilité des jardinières suspendues dépend de leur ancrage. Les crochets, tiges et fils ont tendance à s'affaiblir après un an ou deux d'utilisation. Si vous les craignez, mieux vaut les remplacer que de voir une belle jardinière s'écraser sur la tête du voisin d'en bas!

Résistance

Certes, aucun pot ne dure éternellement, mais certains craquent ou se fêlent aux froids rigoureux de l'hiver, surtout les pots en terre cuite ou en céramique.

Sous l'effet du gel, l'eau contenue dans le terreau prend de l'expansion et les fait éclater. Même l'eau contenue dans la paroi peut faire éclater la terre cuite! Si vous désirez laisser votre pot à l'extérieur toute l'année, pensez à un autre matériau. Préférablement, on vide les contenants de terre cuite ou de céramique à l'automne et on les remise à l'envers dans un emplacement sec ou, mieux encore, on les entre à l'intérieur.

Pour un cache-pot très décoratif en terre cuite, pensez aux tuyaux de cheminée ou de drainage. Ils donnent du poids aux potées et, parce qu'ils n'ont pas de fond, ne présentent aucun problème de drainage!

Si un pot commence à se fêler, empêchez-le de fendre complètement en le ceinturant d'un ou deux tours de fil de fer, dont vous nouez très bien les extrémités en serrant. Si la fissure est trop large, cassez le pot et faites provision de tessons!

Un tuyau de cheminée fait un excellent cache-pot.

Vous pouvez réparer un pot de grès fêlé avec du fil de fer.

Attrait et harmonie

Évidemment, l'apparence d'un pot est très importante. Un seau en plastique portant une marque de commerce en gros caractères ou un pot de peinture rouillé conviendrait sans doute, bien caché dans le jardin, mais rarement à la porte d'entrée où les visiteurs se présentent. Évitez de multiplier formes, couleurs et textures à l'infini. Une collection de contenants hétéroclites paraît rarement bien. Par contre, l'emploi de plusieurs pots identiques ou semblables par la forme, la couleur ou le matériau,

Même si ces pots de formes et de tailles différentes contiennent un mélange hétéroclite de plantes, l'utilisation d'un seul matériau, la terre cuite, lie et harmonise agréablement l'aménagement.

crée une certaine harmonie dans l'aménagement, même si vous cultivez des plantes aux formes ou aux couleurs très variées. Des pots qui sont tous en béton gris ou en terre cuite rouge, se marient bien, même avec des formes différentes. Vous trouverez plus de renseignements sur l'aménagement avec des jardinières à la page 50.

Neutralité

Sauf exception, dans l'aménagement avec pots et jardinières, la prépondérance est donnée aux plantes. Après tout, c'est un jardin que vous créez, pas un étalage de pots art déco! Des contenants de couleurs neutres ou traditionnelles, ocre, brun, gris, blanc, etc. offrent un meilleur coup d'œil que des pots aux couleurs trop vives ou multicolores, ou faits de matériaux très luisants. Pour un exemple d'harmonie, regardez un bonsaï. Le contenant complète parfaitement le petit arbre, mais ne prédomine jamais.

Vous avez une bonne idée des contenants à utiliser dans votre décor? Tant mieux, mais avant de les acheter, étudiez d'abord les matériaux servant à leur fabrication, ainsi que les types de contenants les plus utilisés.

Les matériaux

Un matériau doit durer au moins une saison de culture, mais lesquels sont disponibles?

Terre cuite

La terre cuite, aussi appelé grès, est le matériau classique des pots et jardinières. La terre cuite est habituellement de couleur ocre, mais en cherchant un peu, on en trouve dans des teintes de gris, crème, noir, beige et chocolat, selon la glaise utilisée ou les colorants ajoutés.

De nos jours, presque tous les contenants de terre cuite sont moulés et assez minces, ce qui les allège mais les fragilise aussi. Ne les laissez pas à l'extérieur l'hiver, sinon ils se brisent. Les pots tournés sont plus épais, plus solides… et plus coûteux, mais ne doivent pas non plus passer l'hiver dehors. Règle générale, moins le pot est épais, moins il coûte cher et moins il est durable.

Sachez que dans les magasins d'artisanat, on vend de la peinture pour farder les pots de grès comme bon vous semble. Une occupation qui plaira à vos enfants ou petits-enfants les jours de pluie.

Les pots de terre cuite adoptent des formes très simples et parfois très complexes. Les soi-

Avec le temps, les pots de grès se patinent. Une beauté pour certains qui devient saleté pour d'autres.

disant «pots italiens», qui ne viennent pas tous d'Italie, comportent de multiples fioritures et peuvent être ronds, rectangulaires, carrés ou même de forme animale.

Le principal avantage de la terre cuite c'est quelle «respire». L'air traverse les multiples pores de la paroi et arrive aux racines. Ces dernières étant friandes d'oxygène, la plupart des plantes réussissent très bien dans des pots de grès. De plus, leur porosité permet au surplus d'eau de s'évaporer facilement, ce qui rafraîchit la motte de racines, un réel avantage lorsque les plantes sont exposées au soleil. Par contre, parce qu'ils respirent, les pots de terre cuite, s'assèchent très vite et exigent plus d'arrosages que la plupart des autres pots.

La popularité des pots en terre cuite tient surtout à leur allure classique. Pour souligner encore plus ce côté classique, les pots de grès se parent rapidement de calcaire, parfois aussi de mousses et d'algues, imitant les véritables antiquités. Les personnes qui prisent cette caractéristique l'appelle respectueusement «patine». Cette même «patine» tant appréciée des uns, est considérée de la saleté par d'autres.

Si vous aimez la coloration du pot de grès, mais sans souhaiter qu'il se salisse, vous pouvez appliquer une ou deux couches de vernis marine ou hydrofuge. Vernir uniquement l'intérieur du pot lui conservera son fini mat, mais l'eau absorbée par la paroi extérieure le patinera quand même graduellement, mais beaucoup plus lentement. Vernir les deux parois lui donne un fini permanent, mais modifie sa couleur et sa texture, le pot devenant plus rouge et plus lisse. Toutefois, le vernissage empêche le pot de respirer et vous avez alors l'équivalent d'un pot de céramique.

Avant d'utiliser un pot de grès, surtout neuf, plongez-le dans l'eau claire. Après un trempage de 12 à 24 heures, il sera bien imbibé et ne se gorgera pas de l'humidité du terreau ou des racines.

NETTOYAGE D'UN POT DE TERRE CUITE

Lorsqu'un pot de terre cuite se couvre de calcaire, il devient difficile à nettoyer, car les minéraux qui créent cet effet ne sont pas en surface, mais incrustés dans les parois poreuses. Pour mieux réussir à les enlever, laissez tremper le pot 24 heures dans une solution contenant une partie de vinaigre et sept parties d'eau. Le vinaigre, un acide, pénètre la terre cuite et dissout le calcaire, un alcalin, même à l'intérieur des parois. Vous n'avez ensuite qu'à frotter votre pot avec un linge imbibé d'eau savonneuse pour enlever la «saleté».

Céramique

Il s'agit essentiellement d'un pot d'argile, comme la terre cuite, mais émaillé avant la cuisson. Ces pots viennent dans un plus large éventail de couleurs que ceux en terre cuite, et sont texturés ou lisses, et reluisants ou mats selon

Le prix des pots de céramique diminue beaucoup depuis quelques années.

l'émail utilisé. Depuis quelques années, l'Orient nous offre une bonne gamme de pots émaillés à des prix raisonnables. Évitez toutefois de choisir un pot de couleur foncée, tel le noir, le bleu marine, etc., si vous cultivez des plantes au soleil, car son réchauffement rapide est nuisible pour les plantes.

Comme les pots en terre cuite, les pots en céramique sont lourds et fragiles, ne résistent pas au froid, et doivent être entrés pour l'hiver, et de plus, leurs parois ne respirent pas et ne permettent pas l'évaporation. Il faut remplir les pots en céramique d'un mélange terreux plus aéré pour assurer une bonne circulation d'eau au niveau des racines. Cependant, ces poteries offrent un avantage, elles exigent moins d'arrosages que les contenants non émaillés.

Bois

Matériau traditionnel, le bois est toujours populaire. On en fait surtout des contenants carrés ou rectangulaires, mais aussi ronds, comme les demi-tonneaux. Malheureusement, plusieurs demi-tonneaux décoratifs sont fabriqués en bois mou, habituellement en pin ou en sapin, et résistent peu de temps au jardin, surtout sous un climat pluvieux ou si le fond touche le sol. On devrait toujours appliquer un produit protecteur sur ces jardinières, celui utilisé pour les clôtures et autres structures en bois du jardin.

Le bois de cèdre, ou tout autre bois «rouge», séquoia, cèdre de l'Ouest, etc. résistant naturellement à la pourriture, est un bon matériau pour la fabrication des contenants. Il est facile de se procurer des jardinières en cèdre sur le marché, et vous pouvez aussi les fabriquer vous-même. Cependant, il est toujours recommandé d'appliquer un produit protecteur sur le bois, quelle que soit son essence.

Faits de bois dur, les demi-tonneaux résistent de nombreuses années, mais doivent constamment être remplis de terre humide ou d'eau, sinon ils fendent.

Le bois est un meilleur isolant que la terre cuite et de ce fait, convient très bien pour les jardinières en plein soleil. Par contre, il ne «respire» que peu ou pas, et il faut utiliser un terreau naturellement aéré. Il n'est pas nécessaire d'entrer les jardinières en bois pour l'hiver.

Comme c'est le contact avec le sol qui fait pourrir le bois rapidement, surélevez vos jardinières pour qu'elles ne touchent ni le sol, ni aucune surface plane. Utilisez des blocs de bois, des briques ou des pieds conçus à cette fin (voir à la page 41).

Enfin, on intègre souvent des bacs en bois, en brique et autre matériau à une terrasse ou un escalier. Ces bacs constituent une partie intégrante de la structure et ne peuvent être déplacés. Évidemment, il faut utiliser les meilleurs produits sur le marché, et apporter un soin particulier à leur construction et leur entretien, car leur vie doit être aussi longue que celle de la terrasse.

Plastique

Dans les jardins modernes, le plastique a remplacé la terre cuite et le bois. Habituellement moins cher que les deux autres, d'un plus faible poids et offrant un plus vaste éventail de formes et de couleurs que n'importe quel autre matériau, c'est le produit idéal pour les balcons, les toits et les terrasses surélevés. Des pots en plastique mat de couleur ocre imitent la terre cuite à s'y méprendre, et ne se tachent pas de calcaire en vieillissant.

Le plastique jouit d'une grande popularité, en grande partie à cause de la production de masse et de son faible poids qui le rend aussi économique à acheminer. Par contre, les nombreux plastiques sur le marché ne sont pas tous de même qualité, ce qui explique les énormes différences de prix entre les productions de bas de gamme et celles de haut de gamme, qu'il s'agisse de pots de culture ou autres objets. La différence de prix est davantage reliée à la durabilité qu'à l'apparence, car on trouve de très jolis pots moulés bon marché. En effet, des plastiques exposés aux rayons ultraviolets jaunissent rapidement ou deviennent cassants. Dans le pire des cas, ils ne durent guère plus d'une année. D'autres sont beaucoup plus résistants, mais cette différence n'est pas toujours visible à l'œil, du moins en magasin. Méfiez-vous des pots à prix trop alléchants, souvent des modèles de bas de gamme qui ne durent que le temps d'une rose. Certains manufacturiers de contenants en plastique indiquent clairement sur

Le plastique, peu coûteux et assez durable, est aujourd'hui le matériau le plus utilisé pour la fabrication des pots.

l'étiquette la résistance du produit aux rayons UV, ou offrent une garantie de 5 ou 10 ans. On peut acheter leurs produits en toute confiance.

Le plastique est imperméable, non poreux, et ne respire donc pas comme la terre cuite. Toutefois, il n'exige pas d'arrosages constants. Contrairement au bois, il n'a aucune qualité isolante, du moins pas le plastique de bas de gamme. Évitez alors d'exposer les pots en plastique au plein soleil. Non seulement ils se détériorent rapidement, mais les plantes risquent de cuire, surtout dans un pot en plastique de couleur foncée.

«Poids plume» des jardinières, le contenant en plastique pose parfois un problème dans les endroits venteux, surtout si vous cultivez des plantes très hautes ou s'il s'agit d'une urne ou d'un contenant sur colonne. Remplissez le pied de sable ou de gravier si vous le pouvez, sinon employez un terreau plus lourd. Si le vent est un problème, vous avez une alternative: réaliser un «double empotage» en utilisant un pot plus gros et plus lourd comme cache-pot et y glisser la potée légère pour éviter un renversement, ou tricher carrément et visser votre pot au plancher ou à son support.

Fibre de verre

À tous points de vue, la fibre de verre est un produit semblable au plastique en général, mais résiste mieux aux rayons UV que le plastique de bas de gamme, et est habituellement plus dispendieuse. Un pot en fibre de verre est très durable… sauf si on l'échappe, car ce matériau ne résiste pas aux coups.

Métal

Différents métaux sont employés dans la fabrication des jardinières. Certaines, de forme rectangulaire, sont en simple tôle pliée, non galvanisée. Les luxueux récipients en plomb, en bronze ou en cuivre durent des siècles, et se vendent d'ailleurs très chers chez les antiquaires! On en fait souvent des répliques en aluminium moulé qui ne coûtent pas beaucoup moins cher! Depuis peu, des jardinières en cuivre ou en bronze, fabriquées en Orient, sont disponibles à des prix abordables.

Avant de forer un trou dans un contenant en métal ou en plastique, collez un morceau de ruban cache («masking tape») là où vous

En plus de leur poids énorme, les jardinières en plomb sont hors prix de nos jours. On en voit aujourd'hui des répliques en aluminium moulé… mais elles n'atteignent pas cette taille!

voulez faire le trou. La surface rugueuse du ruban cache stabilise le foret, l'empêchant de glisser et d'abîmer le contenant pendant que vous forez.

Les jardinières en tôle ordinaire, habituellement de couleur verte, ne constituent pas de bons achats. À cause de leur minceur, les parois transmettent trop de chaleur et rouillent en moins d'un an.

À part la tôle non galvanisée qui rouille rapidement, la plupart des métaux durent très longtemps. Les pots de fonte rouillent plus lentement, notamment ceux aux parois très épaisses et habituellement, la surface intérieure d'un pot de fonte est couverte d'une couche de peinture, de cire ou de poix qu'il faut renouveler aux quatre ou cinq ans. Les contenants en fer galvanisé perdent leur lustre et grisonnent, mais ne rouillent pas. Le plomb est un produit immuable qui ne se décolore pas, de même que l'aluminium. Enfin, selon leur composition, les jardinières en cuivre ou en bronze verdissent jusqu'à un certain point avec le temps, et le vert-de-gris est habituellement fort apprécié.

Attention, le métal est conducteur de chaleur et de froid. Vos plantes risquent de cuire l'été et de geler l'hiver. On n'utilise habituellement les jardinières en métal que pour les plantes éphémères, l'été seulement, dans des emplacements au moins légèrement ombragés. Cependant, les contenants en plomb absorbent moins de chaleur et peuvent être placés en plein soleil.

Les pots en métal résistant bien à l'expansion de l'eau congelée, ils peuvent rester à l'extérieur toute l'année.

Les pots en véritable pierre, comme celui-ci, sont généralement des pièces d'antiquité qui valent une fortune.

Pierre et béton

Les pots en pierre véritable existent, mais surtout chez les antiquaires. Ils valent une petite fortune car ce sont en réalité des sculptures. On voit plus couramment des pots en pierre reconstituée ou en béton moulé. La pierre reconstituée se distingue du béton par sa finition plus lisse, et généralement aussi par ses décorations plus détaillées. Ces jardinières sont très durables, résistantes au froid hivernal, mais aussi hélas... très pesantes. Choisissez bien leur emplacement, donnez-leur un socle ou un support solide, car remplies de terreau, ces jardinières ne sont pas transportables. Évidemment, à cause de leur poids énorme, elles ne conviennent pas pour les balcons et les terrasses surélevées.

Les pots en béton imitent souvent la pierre, mais à un prix beaucoup plus modeste.

Les pots en pierre se réchauffent beaucoup en plein soleil, mais à l'ombre, ils sont très frais, souvent moins chauds que l'air ambiant, ce qui rafraîchit les racines des plantes en été. Ils ne favorisent toutefois que peu ou pas la circulation d'air et d'eau par leurs parois, et un terreau très aéré s'impose.

Fil de fer ou plastique ajouré

Les contenants en fil de fer nu ou recouvert de plastique, ou faits de plastique ajouré, sont strictement utilisés comme jardinières suspendues ou murales. Ils doivent être tapissés de mousse ou autre produit fibreux pour empêcher le terreau de s'échapper. Pour plus de détails sur leur plantation et leur utilisation, consultez la page 86.

Les paniers en fil de fer ne sont pas utiles tels quels, ils doivent être doublés de mousse ou de fibres pour retenir du terreau.

La forme des contenants

Visiter la boutique d'un marchand spécialisé en horticulture fait découvrir une gamme presque infinie de contenants pour la culture des plantes. Voici un résumé des formes les plus courantes.

Auge

Jardinière en forme d'auge, souvent à texture pierreuse, ce contenant imite les auges utilisées autrefois pour abreuver les animaux. Vous pouvez acheter des auges toutes faites ou en fabriquer une (voir à la page 36).

Bac

Habituellement une jardinière de très grande taille, souvent de forme rectangulaire ou carrée, utilisée pour la culture d'une ou plusieurs plantes; certains bacs sont munis de pieds, ce qui favorise un bon drainage. Alors que la plupart des contenants destinés à la culture des plantes sont amovibles, le bac ne l'est pas vraiment; il peut être fixe ou intégré à une terrasse, un escalier ou autre structure.

Jardinière rectangulaire (boîte à fleurs)

L'Office de la langue française déconseille l'utilisation du terme boîte à fleurs, car c'est un anglicisme et une traduction littérale de «flower box». Cependant, je dois dire qu'il est couramment utilisé et très descriptif. On doit dire «jardinière», un terme vague décriviant n'importe quel contenant pour la culture à l'extérieur! Disons que la «boîte à fleurs» est une jardinière longue et étroite, souvent mais pas toujours fixée à la balustrade d'un balcon, à la rampe d'un escalier, ou au tablier d'une fenêtre. À compter de maintenant, pour éviter les foudres des puristes, je parlerai de «jardinière rectangulaire».

Seulement quelques exemples de contenants commerciaux.
1. Panier suspendu; **2.** Demi-tonneau; **3.** Demi-pot; **4.** Jardinière rectangulaire; **5.** Auge en hypertuf (ciment léger); **6.** Bac de style Versailles; **7.** Urne; **8.** Vasque; **9.** Jarre à fraisiers; **10.** Colonne de fleurs.

Colonne de fleurs

C'est une jardinière cylindrique, suspendue ou non, dont la paroi est trouée de trous de plantations. Habituellement on la remplit de si nombreuses annuelles que le support disparaît complètement de la vue, créant en effet une «colonne de fleurs». Certains modèles sont en plastique solide, d'autres se replient en accordéon. Ces colonnes, fort populaires en Europe, sont peu connues en Amérique du Nord.

Conteneur

Ce terme signifie un pot de culture de grande taille, habituellement en plastique noir, utilisé pour la production de plantes de fort calibre comme les arbres, les conifères et les arbustes. Habituellement, sur la terrasse, on le cache en le glissant dans un cache-pot.

Demi-pot

Un pot présentant une paroi aplatie se fixant sur une surface plate, notamment un mur. On dit aussi pot mural.

Demi-tonneau

Un tonneau ou baril coupé en deux et utilisé comme bac. Autrefois récupérés de l'industrie vinicole, les demi-tonneaux actuellement sur le marché sont parfois fabriqués spécialement à des fins horticoles. On en trouve même en plastique moulé imitant un véritable demi-tonneau.

Jarre à fraisiers

Appelé aussi jardinière à fraisiers, ce contenant cylindrique bombé, plus haut que large et dont la paroi comporte des poches de plantation, permet un effet étagé. Autrefois, ce contenant servait vraiment à la culture des fraisiers; de nos jours, on l'utilise souvent pour d'autres cultures, notamment les fines herbes.

Panier

Jardinière ou pot suspendu retenu par ancrage. Le panier peut être ajouré ou fermé. On dit aussi panier suspendu ou jardinière suspendue. Attention, parfois dans ce livre, le mot panier signifie vraiment panier en osier ou rotin, avec ou sans anse.

Poche murale

Un sac de plastique, généralement pré-perforé d'un côté et conçu pour être accroché sur un mur ou autre surface. Les trous sont remplis d'annuelles qui, en se développant, cachent complètement le sac de plastique. C'est essentiellement la version murale d'une colonne de fleurs.

Urne

Une jardinière décorative sur pied, parfois conçue pour la culture des plantes ou convertie à cette fin.

Vasque

Grande coupe peu profonde, sur un pied ou non, qui sert de jardinière.

Les pots suspendus: un cas spécial

Beaucoup de pots suspendus ont une paroi pleine. Ce sont donc des pots comme les autres, mais suspendus à un crochet. Habituellement ce pot est plus large que haut, ce qui laisse relativement peu de place pour le terreau. Exposé aux mouvements de l'air, voire au vent, le terreau qu'il contient sèche rapidement, ce qui oblige à surveiller les arrosages de très près. De toute évidence, ils conviennent surtout aux plantes retombantes ou, tout au moins, rampantes. Pour cette raison, acheter un pot suspendu très décoratif est inutile, car les plantes cachent rapidement la paroi.

Les pots suspendus comportent habituellement une soucoupe intégrée ou attachée pour prévenir le débordement d'eau.

Les pots suspendus comportent habituellement une soucoupe assortie qui se fixe sur le fond du pot ou une soucoupe intégrée. Le surplus d'eau dégoutte dans la soucoupe et non sur votre tête ou sur le plancher. Si vous arrosez trop, elle déborde, mais ne craignez pas que les plantes pourrissent si l'eau demeure dans la soucoupe. Bien au contraire, à cause de l'évaporation accrue des plantes en suspension, ce petit surplus d'eau leur est vite utile.

Pour des renseignements sur les paniers ajourés, voir la page 92.

Les contenants récupérés

Servez-vous de votre imagination pour trouver des contenants acceptables pour la culture des plantes! Presque n'importe quel objet susceptible de contenir un peu de terre convient. Voici quelques idées: arrosoir; bidon de lait; brouette; caisses de bois; carcasse d'auto; panier d'osier ou de rotin; poubelle; seau; souche évidée; vieille mallette; vieux pneus; etc.

Un tronçon de bois évidé fait une excellente jardinière.

Même une vieille chaise défoncée peut devenir une jardinière!

Caisse de bois, paniers, vieux instruments aratoires: les possibilités sont presque illimitées lorsqu'il s'agit de contenants!

Vous y avez toujours rêvé, n'est-ce pas? Mais en voici la preuve: au ciel, les vieilles coccinelles se transforment en jardinières!

Rappelez-vous que tous ces contenants doivent être munis de trous de drainage, et que certains seront de courte durée si vous ne les traitez pas contre les intempéries! À cet effet, voyez de quelle façon rendre un panier en osier imperméable (ci-dessous)… et comment traiter le bois, à la page 33.

Si le contenant que vous avez choisi est de forme irrégulière, il est parfois plus facile de l'utiliser comme cache-pot que d'y planter des végétaux directement, en y déposant des végétaux ayant chacun leur propre pot de culture.

Conversion d'un panier d'osier en jardinière

Les paniers en osier sont très jolis en tout temps et font d'excellents contenants pour la culture des plantes… lorsque l'on sait comment les préparer. En effet, en contact avec l'eau du terreau, l'osier pourrit très rapidement. De plus, les parois très ajourées assèchent trop rapidement les racines des végétaux, vous obligeant à de nombreux arrosages. Fort, heureusement, on peut y remédier assez facilement.

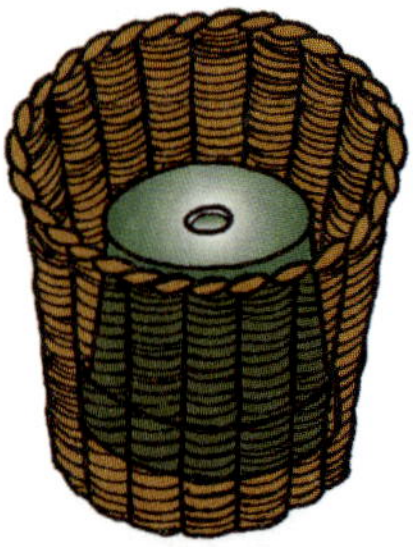

Pour élever des plantes dans un contenant trop profond, rien ne vaut un pot renversé!

Vernissez l'intérieur et l'extérieur du panier de trois couches d'un produit protecteur pour le bois ou de vernis hydrofuge, et laissez sécher.

Découpez un cercle ayant environ deux (2) fois le diamètre du panier dans une feuille de plastique épais et transparent, plus facile à dissimuler qu'un plastique coloré. Si le panier est très haut, augmentez le diamètre du cercle. Tapissez l'intérieur du contenant avec le cercle de plastique et percez plusieurs trous dans le fond pour assurer un bon drainage.

Coupez l'excédent de la feuille de plastique, remplissez de terreau la poche ainsi obtenue et plantez-y vos végétaux préférés!

Vernir le panier.

Tapisser l'intérieur d'une feuille de plastique et percer le fond.

Couper l'excédent de la feuille de plastique.

Les contenants à fabriquer soi-même

Rien ne vous empêche de fabriquer vos propres jardinières! Le matériel à utiliser et les formes dépendent des matériaux à votre disposition, de vos outils et de votre habileté.

Le bois demeure cependant le matériau de choix pour la fabrication maison de contenants à plantes. Il est facile à travailler, et ne réclame pas un outillage très sophistiqué: perceuse, scie, et tournevis suffisent. Dans les revues de bricolage, habituellement vendues en quincaillerie, on présente beaucoup de plans pour fabriquer des bacs et des jardinières. Voici deux plans très simples que vous pouvez réaliser, peu importe votre niveau d'expertise. Les bricoleurs expérimentés peuvent les modifier et les embellir, ou faire des caisses encore plus solides.

Choisissez d'abord un bois durable. Le cèdre, ou tout autre bois rouge, résiste très longtemps, mais vous pouvez aussi acheter du bois traité, ou un bois moins coûteux que vous traitez avec un produit préservateur pour en prolonger la durée. Considérant la pression exercée par la terre sur les parois et le fond du contenant, on doit utiliser des planches et du contreplaqué d'au moins 3/4″ d'épaisseur. Dans les centres de rénovation et de bricolage et chez les marchands de bois, ce dernier est vendu blanchi, mais selon les mesures de débitage, c'est-à-dire qu'une planche de 1″ x 6″ mesure en réalité plus ou moins 3/4″ x 5 3/4″. Afin de faciliter vos achats de matériaux, nous indiquons les mesures utilisées sur le marché plutôt que les mesures réelles du bois que vous recevez.

Jardinière sur mesure

Voici un plan tout simple pour fabriquer un contenant convenant spécifiquement à vos besoins, car il peut être réalisé selon les dimensions désirées. Vous pouvez lui donner la largeur et la profondeur qui vous plaisent, mais je vous suggère de lui donner 30 cm en largeur et en profondeur, ce qui donnerait un volume suffisant de terreau pour constituer une certaine réserve d'eau, et réduire énormément les arrosages. La longueur dépend de l'espace que vous voulez meubler, tel le rebord d'une fenêtre avec un contenant de même longueur. Si votre contenant est très long, de plus de 120 cm, solidifiez-le en ajoutant un muret ou entretoise au centre de la caisse.

Matériaux

Contreplaqué de 3/4″ ou planches de 1″ d'épaisseur
Quincaillerie: 12 équerres métalliques (16 pour les boîtes longues)
48 vis à bois galvanisées #6 de 5/8″ (64 pour les boîtes longues)

Coupe et assemblage

Coupez le bois aux dimensions désirées, sans oublier que la base aura la même *largeur* que les autres côtés, mais environ 2″ de *moins en longueur* que les morceaux soit deux fois l'épaisseur du bois utilisé, car il s'insère à *l'intérieur* du contenant.

1. Assemblez d'abord les côtés et les extrémités pour former un rectangle, faisant chevaucher les côtés sur les deux extrémités. Fixez-les avec 2 équerres à chaque angle, la première dans le haut de la boîte et la deuxième près de la base. Vissez solidement.

1)

2)

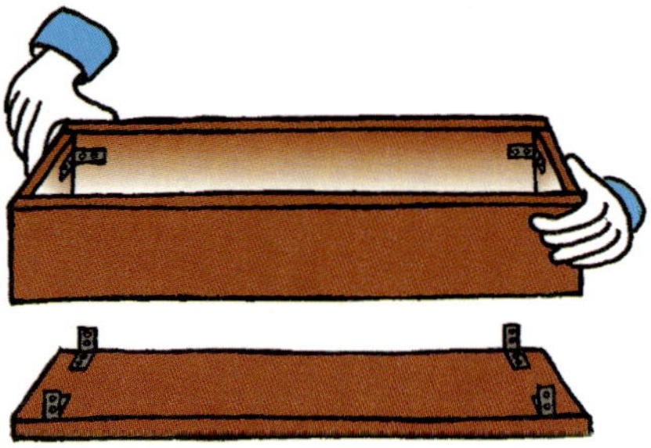

3)

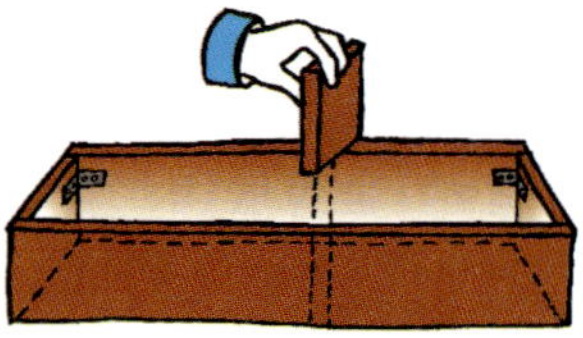

4)

5)

2. Fixez deux équerres à chaque extrémité sur la base, une de chaque côté. Glissez le cadre sur la base, puis vissez pour fixer les équerres de la base aux côtés du contenant.
3. Étape facultative. Pour les contenants dépassant 120 cm de longueur, découpez un carré supplémentaire pour servir d'entretoise, et vissez-le au centre de la boîte pour maintenir l'écartement et éviter la torsion et un évasement des parois avec le temps. Si le contenant a plus de 180 cm, des entretoises aux 60 cm sont requises.
4. En travaillant sur l'envers de la caisse, percez environ un trou de drainage de 10 mm pour chaque longueur de 30 cm.
5. Traitez le bois avec un produit préservateur non toxique pour les plantes, et ensuite, vous pouvez teindre ou peindre la caisse à votre goût.

Bac à fleurs

Voici un bac à fleurs tout simple, mais très solide et agréable à l'œil. De plus, il est sur roulettes, donc facile à déplacer. Ce travail exige un peu plus d'outillage que le précédent pour couper certains morceaux à un angle de 45°.

Matériaux

12 planches de 1″ x 8″x 22 3/4″ pour les côtés
6 planches de 1″ x 8″ x 22 3/4″ pour la base

16 morceaux de 1″ x 2″ x 22 1/4″ pour les lattes latérales
4 morceaux de 1″ x 2″ x 25 1/4″ pour la ceinture du haut
4 morceaux de 1″ x 2″ x 26-3/4″ pour le couronnement
Quincaillerie: 12 vis à bois galvanisées #6 (1 5/8″)
1 boîte de vis à bois galvanisées #6 (1 1/4″)
4 équerres d'angle de 3 1/2″
4 roulettes extra-résistantes de 2″
Fini protecteur imperméabilisant clair pour le bois

1)

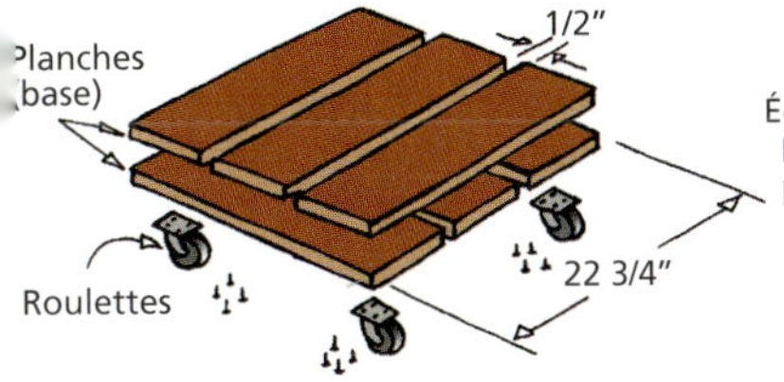

2)

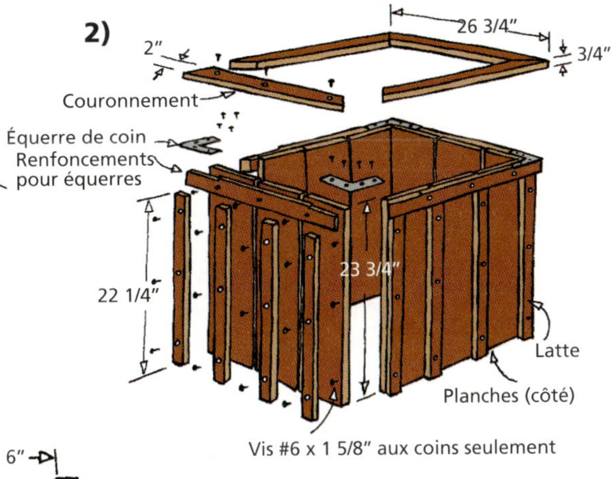

3)

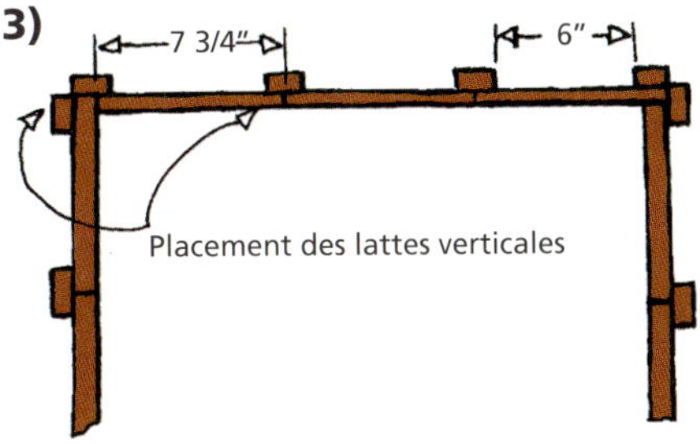

4)

1. Assemblage de la base
2. Assemblage des côtés et de la ceinture
3. Vue du haut
4. Bac terminé

Coupe et assemblage

1. Réduisez de 1/2″ la largeur des planches de la base. Assemblez la base carrée de 22 3/4″ qui, pour assurer une bonne solidité, est composée de deux planchers superposés croisés à angle droit. Placez 3 planches côte à côte, laissant un peu d'espace entre chacune pour le drainage, puis placez

les 3 autres par-dessus de la même façon, à angle droit. Vissez les deux niveaux ensemble solidement, puis attachez les roulettes sur la base. Retournez la base sur ses roulettes.

2. Faites des trous de guidage à l'une des extrémités des planches et dans la base de sorte qu'une fois vissées, les planches dépassent la base de 1/4″ pour cacher les roulettes. Avec les vis de 1 1/4″, vissez les planches une à une à la base, en plaçant la première planche de chaque côté à effleurement et les deux autres sans les espacer. La dernière planche de chaque côté dépassera afin de chevaucher le côté suivant et former un coin. Pour solidifier les quatre coins, vissez 3 ou 4 vis de 1 5/8″ dans la partie de la planche qui dépasse dans le côté du côté qu'elle chevauche.
3. Coupez à un angle de 45° les extrémités de chaque pièce de ceinture et fixez-les sur les côtés, dans le haut du contenant. À chacun des angles supérieurs du contenant, marquez l'emplacement de l'équerre d'angle sur la ceinture, et avec un ciseau à bois, enlevez une épaisseur de 1/16″ de profondeur x 3 1/2″ de longueur pour y placer l'équerre d'angle métallique. Fixez les quatre équerres d'angle métalliques pour solidifier la structure.
4. Coupez l'extrémité des quatre pièces de couronnement à un angle de 45°. Placez-les sur chacun des côtés pour former un cadre en ligne avec l'intérieur du contenant, en recouvrant les équerres.
5. Vissez les lattes verticales sur les côtés de façon à recouvrir les joints entre les planches. Vissez également deux lattes verticales à chaque coin de façon à ce qu'elles se rencontrent sans se recouvrir.
6. Au besoin, traitez l'intérieur et l'extérieur du contenant avec un agent de préservation pour le bois. Vous pouvez également teindre ou peindre l'extérieur du bac.

Auge en hypertuf (ciment léger)

L'auge est très à la mode comme forme de jardinière, et les modèles vendus en jardinerie coûtent cher. Les auges en pierre véritable sont devenues inabordables, et dire qu'autrefois elles servaient à abreuver les animaux de la ferme! Même les modèles en hypertuf (béton léger) représentent une dépense considérable. Les économies réalisées en la faisant vous-même sont donc appréciables. Par contre, sachez que vous devez fabriquer votre auge trois à six semaines à l'avance, car le béton prend plusieurs semaines à bien sécher.

L'auge est *le* contenant pour la culture des plantes alpines et des conifères nains. Pour plus de renseignements sur ces plantes, voir aux pages 117 à 118.

Matériaux

2 boîtes de carton de tailles différentes
ciment Portland
perlite, vermiculite, sable grossier ou gravier fin
tourbe
seau ou brouette
eau

2 bouchons de liège ou bouts de chandelle
grillage métallique du type «broche à poule»
ciseaux à métal pour couper le grillage
baguette ou plantoir pour étaler l'hypertuf

Assemblage

Simple abreuvoir pour les vaches, l'auge traditionnelle était de forme rectangulaire. Recherchez donc deux boîtes de carton rectangulaires, l'une

1)

2)

3)

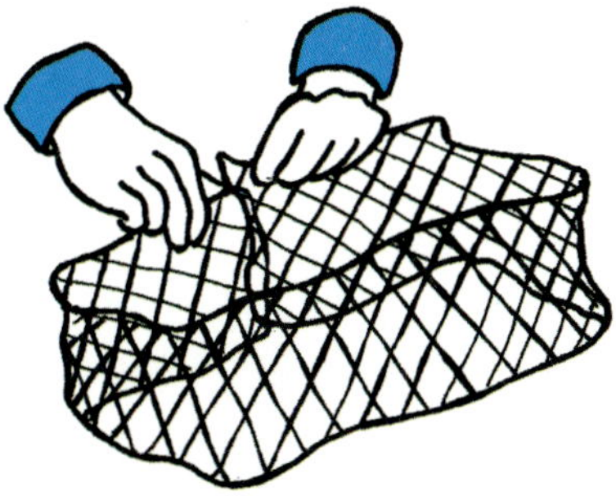

4)

5)

6)

ayant une largeur d'environ 5 cm de plus que l'autre. Elles servent de moule pour l'auge. Par contre, vous pouvez faire fi des traditions et faire une auge avec des moules de n'importe quelle forme. On en fait de très belles en utilisant deux pots ronds de taille différente, deux paniers ou deux grands seaux. Si vous prévoyez en faire plusieurs de taille identique, vous pouvez fabriquer des moules en bois, mais assurez-vous qu'ils sont facilement démontables. L'utilisation de vis plutôt que de clous est alors conseillée.

1. Commencez par faire votre mélange d'hypertuf dans un seau ou une brouette. La recette est facile: une partie de ciment, une partie de perlite, de vermiculite, de sable grossier ou de gravier «fin» et une partie de tourbe. Le mélange à base de perlite ou de vermiculite donne une auge plus légère, celui à base de sable ou de gravier une auge plus lourde. Et je me permets de souligner le mot «fin» pour le gravier, car une auge faite avec du gravier ordinaire a une apparence grossière et de plus, elle a tendance à s'effriter avec le temps. Selon l'effet désiré, vous pouvez aussi ajouter des petites pierres de rivière ou un colorant au béton.
   Versez les ingrédients secs dans un seau et mélangez-les bien, puis ajoutez de l'eau, en brassant continuellement jusqu'à ce que le mélange soit bien humidifié, mais épais et consistant.
2. Recouvrez le fond de la plus grosse boîte d'environ 2 à 3 cm de mélange. Étendez bien l'hypertuf.
3. Placez le grillage. Il suffit de le plier pour former un rectangle grossier, un peu plus petit que le moule, mais plus grand que la plus petite des deux boîtes. Le grillage sert d'armature, comme le métal utilisé dans le béton armé pour la grosse construction, pour empêcher le contenant de se fêler ou de fendre au cours des années.
4. Découpez un trou, deux si le contenant est gros, dans le grillage pour recevoir le ou les bouchons ou bouts de chandelle que vous insérez à ce moment-là et enfoncez jusqu'au fond de la couche d'hypertuf, afin d'obtenir des trous de drainage lorsqu'ils seront retirés. Rajoutez et étendez encore de l'hypertuf pour recouvrir le grillage, mais pas les bouchons ou bouts de chandelles.
5. Placez ensuite la petite boîte dans le moule en la centrant bien. Corrigez, s'il y a lieu, l'emplacement du grillage qui doit être placé entre les deux boîtes, mais sans les toucher. Remplissez peu à peu le contour du moule, en tassant bien le ciment et en ajustant le grillage au besoin. Quand le moule est rempli, laissez sécher de 24 à 48 heures, ou jusqu'à ce que le béton semble bien pris.
6. Démoulez délicatement en déchirant le carton et enlevez les bouchons ou bouts de chandelles. Alors que l'auge est encore quelque peu humide, frottez l'extérieur avec une brosse à barbecue pour enlever le surplus de ciment et faire ressortir les particules. Frottez bien les coins pour les arrondir. Cette touche finale vieillit votre auge, parfaitement carrée et d'allure résolument moderne à la sortie du moule. D'ailleurs, avec le temps, des mousses ou des lichens peuvent s'y agripper, lui

conférant un air ancien très attrayant! Enfin, laissez sécher l'auge pendant trois à six semaines avant de l'utiliser.

Vous pouvez planter ce que vous voulez dans votre auge. Par contre, si comme le veut la tradition, vous voulez y faire la culture de plantes alpines, allez à la page 117 pour quelques suggestions.

Jarre à fraisiers vieillotte

Aujourd'hui fabriquées en terre cuite, et depuis peu, en plastique, les jarres à fraisiers étaient, à l'origine, faites à partir de tonneaux. On perçait des trous dans lesquels des fraisiers étaient insérés. Vous pouvez facilement faire cette expérience avec un tonneau de bois dur dans lequel vous percez des trous d'environ 5 à 7 cm. En remplissant votre tonneau de terreau, ajoutez un «insertion perforée» (voir à la page 89 pour apprendre à fabriquer ce petit gadget utile) qui assurera un arrosage égal dans votre jarre.

Jarre à fraisiers faite avec un tonneau.

Colonne de fleurs maison

Semblable à la jardinière à fraisiers mais plus étroit, le pot cylindrique aux multiples trous de plantation fait fureur en Europe, mais on le trouve difficilement en Amérique. Cependant, il est facile à faire chez soi. Il ne vous faut que du grillage métallique, quelques baguettes ou tuteurs et un pot dans lequel insérer la colonne. Il vous suffit de remplir le pot de terreau jusqu'à mi-hauteur, de rouler le grillage pour former un tube, et de l'enfoncer jusqu'au fond, le supportant avec trois ou quatre baguettes ou tuteurs de bambou. Après, tapissez l'intérieur du grillage avec de la mousse de sphaigne en suivant la méthode expliquée à la page 86 pour les paniers suspendus, et coupez quelques trous dans le grillage pour la plantation. Enfin, comme pour la plupart des pots ayant de multiples ouvertures latérales de plantation, il vaut mieux insérer un «insertion perforée» (page 89) au centre pour assurer un arrosage égal. Bien meublée d'annuelles à croissance rapide, votre «colonne de fleurs» sera ravissante!

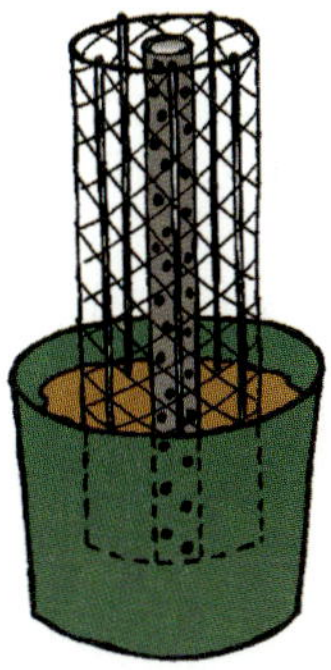

Fabriquer sa propre colonne de fleurs est facile.

La taille des contenants

Disons-le tout de suite, vous pouvez cultiver vos plantes dans des pots de n'importe quelle taille. Par contre, si vous choisissez des pots trop petits pour le nombre de plantes qu'ils contiennent, le terreau sera trop rare pour servir de réservoir d'eau. Vous passerez votre été à arroser. Au contraire, s'il est trop gros pour son contenu végétal, et surtout plus profond que la racine la plus longue, le terreau risque de demeurer constamment détrempé et vos plantes peuvent pourrir. Il faut donc viser le juste milieu.

Dans le cas d'une plante permanente cultivée dans son propre pot, comme un arbre ou arbuste ou une plante d'intérieur, recherchez une jardinière qui, d'un côté, semble proportionnée à sa taille, mais de l'autre, suffit pour une ou deux années de croissance, tel un pot ou bac ayant environ 5 à 7,5 cm de plus tant en largeur qu'en profondeur que celui dans lequel vous avez acheté la plante.

Photo: Norseco

En pleine terre, on espace les annuelles pour que chacune puisse atteindre sa pleine taille. En jardinière, on compte plutôt sur l'effet de masse, comme dans ce pot où cinq impatientes se côtoient.

Habituellement on plante les végétaux temporaires, notamment les annuelles, par groupes, en jardinières mixtes ou non, mais en les tassant beaucoup plus que dans le jardin. La plante normalement espacée de 20 ou 25 cm dans la plate-bande, se retrouve en compagnie de trois à sept compagnes dans un seul *pot* de 20 ou 25 cm! En pot, on compte sur l'effet de masse plutôt que sur la beauté individuelle de chaque plante, et l'on compense la proximité par des fertilisations et des arrosages accrus. Pour obtenir une bonne proportion, recherchez un pot dont le diamètre est plus ou moins égal aux deux tiers ou à toute la hauteur de la plante la plus grande qu'il contiendra. À titre d'exemple, un pot de 20 cm est tout à fait approprié pour des annuelles ne dépassant pas 30 cm de hauteur. Des plantes de 60 cm exigent un pot d'environ 40 à 60 cm, et celles de 90 cm demandent un pot de 60 à 90 cm, et ainsi de suite.

Comme dans toute règle, il y a bien sûr des exceptions. Les arbres, ou toute autre plante qui forme un long tronc unique, semblent souvent perdus dans un pot de grand diamètre. Dans ce cas, essayez plutôt un pot dont le diamètre est égal à la moitié de la hauteur de l'arbre. Pour les plantations d'annuelles ou autres plantes très basses, le diamètre a peu d'importance, pourvu que le pot ait l'air bien rempli. Par contre, un pot bas convient mieux, sinon il devient plus important que les plantes.

Les accessoires permettant de bien profiter des jardinières

Des pots, vous en trouverez pour les fins et les fous dans les jardineries, mais il faut aussi certains accessoires pour bien les utiliser. De nombreux vendeurs de produits horticoles par catalogue se spécialisent dans les outils et objets non disponibles dans les jardineries ordinaires. Voici quelques idées d'accessoires dont vous pourriez avoir besoin.

Pieds de pot

Les pieds soulèvent le pot pour qu'il ne touche pas le plancher.

Faire reposer un pot directement sur une surface lisse est déconseillé. Le trou de drainage est rivé sur le plancher, et s'il se bouche, le surplus d'eau ne s'écoule plus correctement et le fond du contenant repose alors constamment dans l'eau, sans compter que votre terrasse ou balcon se trouve alors constamment mouillé sous le pot, ce qui laisse des cernes, fait pourrir le bois ou abîme certains bétons.

On trouve sur le marché des pieds conçus pour élever les pots à fleurs. Habituellement, on en utilise trois par pot. Toutefois sachez que vous pouvez vous débrouiller à moindres frais avec des briques, des pierres plates, de petits cubes de bois, des rondelles de caoutchouc, etc. L'esthétique n'y est peut-être pas toujours, mais au moins votre pot est soulevé!

Soucoupes

Dans la maison, une soucoupe est indispensable. Qui souhaite voir de l'eau couler sur le plancher du salon? À l'extérieur, cependant, tout dépend de l'emplacement du pot. Dans le jardin ou sur toute surface bien drainée, une soucoupe ne donne pas grand-chose, et le surplus d'eau s'écoule sur le sol. Sur une terrasse ou un balcon, surtout sur une surface comme le bois où un écoulement constant peut laisser des marques ou rendre la surface glissante, la soucoupe a son utilité. Remarquez qu'après une forte pluie ou une séance d'arrosage très enthousiaste, la soucoupe peut quand même déborder. Contrairement à une potée imbibée d'eau qui peut s'égoutter pendant des heures après un arrosage, avec une soucoupe, le débordement cesse rapidement et la surface du plancher sèche assez vite.

Idéalement, la soucoupe est assortie au contenant: si le pot est en plastique orange fluo, il en est de même pour la soucoupe. C'est facile de se conformer à ce principe lorsqu'il s'agit de pots en terre cuite ou en plastique vert. Ce sont les deux types de pot les plus traditionnels et les plus répandus, et les manufacturiers produisent des soucoupes assorties de toutes tailles. Cependant, avec certains autres matériaux, il n'est pas toujours possible de trouver une soucoupe assortie. Les soucoupes en plastique transparent, les moins chères sur le marché, deviennent alors utiles, leur absence de couleur permet de les marier à tous les pots. Par contre, sachez qu'elles ne durent pas longtemps, surtout au soleil, jaunissent et se fendillent après quelques mois seulement.

Une soucoupe est nécessaire pour éviter de tacher la surface qui reçoit le pot.

Les soucoupes en terre cuite sont légèrement perméables à l'eau. Parce que leur fond suinte, elles peuvent alors faire exactement ce que vous vouliez éviter, tacher le plancher. L'intérieur de certaines soucoupes en terre cuite est vernissé, ce qui les rend étanches. Habituellement luisant, ce vernis les différencie des soucoupes non vernies, au fini mat. Vous pouvez appliquer un vernis sur vos soucoupes mates pour obtenir le même effet.

Enfin, pour être efficace, la soucoupe doit être *plus large que le pot* de 2 à 7 cm, sinon elle ne retient pas efficacement l'eau qu'elle reçoit. Malheureusement, souvent on nous vend des pots avec une soucoupe assortie dont le diamètre est inférieur à celui du fond du pot, donc absolument inefficace. Vous n'avez alors d'autre choix que de vous en procurer une deuxième de bonne taille.

Systèmes d'accrochage pour les pots

On ne veut pas toujours mettre toutes nos jardinières directement sur la terrasse, le balcon, le toit, etc. Placer des végétaux à différents niveaux est l'une des raisons de l'existence même de la culture en pots. Des pots à différentes hauteurs permettent de créer un jardin fort intéressant à niveaux multiples. Mais comment les accrocher?

Parfois, la forme du pot détermine son type de support. Traditionnellement, on fixe les jardinières rectangulaires («boîtes à fleurs») à une fenêtre ou une balustrade, les paniers suspendus

Les paniers suspendus demandent un support solide.

à un ancrage, etc., mais en fait, pots et jardinières peuvent être fixés sur presque n'importe quel objet, les seules limites étant celles de l'imagination... et le poids du récipient et de son contenu!

En effet, chaque type d'ancrage a une limite de charge (poids maximal acceptable). Parfois, on vous l'indique au moment de l'achat ou elle est inscrite sur l'emballage. Dans les autres cas, il faut se fier au bon sens. Si vous pouvez lever un pot sans problème d'une seule main lorsqu'il est imbibé d'eau, en supposant que vous n'êtes pas Superman, il n'est sans doute pas trop lourd pour être suspendu à un crochet normal. En général, un poids de 9 à 12 kg ne pose pas de problème. Si votre pot est plus pesant, mieux vaut acheter un crochet super solide, ou autre système d'ancrage conçu pour un plus gros poids. Les jardinières, généralement fixées à deux endroits, peuvent avoir un poids deux fois plus lourd qu'un panier tenu par un seul crochet.

Enfin, même si les supports utilisés sont souvent cachés par les jardinières et leur contenu, n'oubliez pas de choisir des modèles durables qui ne rouillent pas ou ne se dégradent pas lorsqu'ils sont exposés aux rayons ultraviolets: métal galvanisé, plastiques anti-UV, etc.

LE PROPRIÉTAIRE NE VEUT RIEN ENTENDRE?

Fixer une jardinière sur un balcon ou une terrasse oblige parfois à faire des trous... ce que plusieurs propriétaires ne permettent pas. Qu'à cela ne tienne! Il existe de nombreux ancrages pour orner l'architecture moderne de son chez-soi sans percer le moindre trou: support sur pied, piédestal, ancres qui se fixent directement sur la brique, etc. Il suffit de chercher ces produits dans les magasins ou catalogues appropriés.

Supports pour balustrade

Le marché vous propose un bon choix de supports en plastique ou en métal pour fixer les jardinières sur une balustrade. Parfois, le support est ajustable, vous permettant de l'utiliser aussi bien pour un balustrade mince en métal que pour une main courante en bois d'habituellement 10 à 15 cm de largeur. Assurez-vous toujours d'acheter celui qui convient à votre situation. Une balustrade non standard peut vous obliger à de nombreuses démarches pour trouver un modèle convenable.

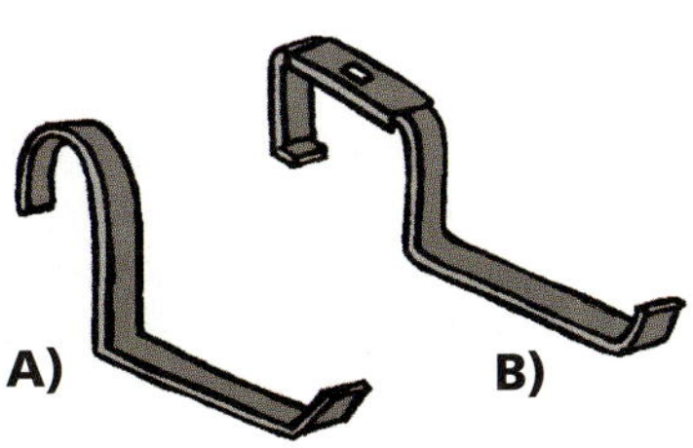

Le support A est étroit et convient à une balustrade étroite, habituellement en métal.
Le support B, de largeur ajustable, convient aux mains courantes ou parapets de 10 à 15 cm de largeur.

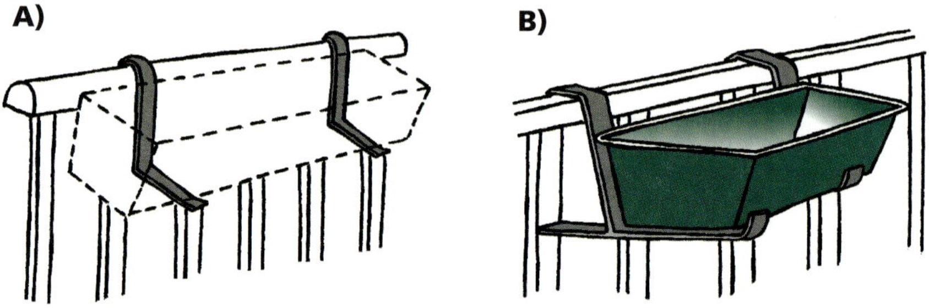

Les supports de bas de gamme (A) donnent un angle indésirable à la jardinière. Les supports de meilleure qualité (B) corrigent ce défaut de diverses façons, telle cette languette ajustable qui s'appuie sur les balustres de la balustrade.

Vous pouvez fixer le support à l'intérieur du balcon, à l'extérieur du balcon ou avoir des jardinières des deux côtés. Il existe même des jardinières à fond renfoncé qui *s'agrippent* à la balustrade ou à la main courante… mais n'oubliez pas qu'elles doivent épouser la forme de *la vôtre* car mal ajustées, elles ne sont pas solidement maintenues et risquent de basculer.

Il ne suffit cependant pas de *placer* la jardinière sur un support, il faut la *fixer*, pour éviter que le mini-jardin se retrouve quatre étages plus bas, sur la tête d'un passant. Si le support choisi n'épouse pas exactement le fond de la jardinière, plusieurs supports ayant une extrémité repliée qui sert à l'emprisonner, mieux vaut la fixer avec des vis qui traversent le fond de la boîte jusque dans le support, ou l'entourer d'un fil métallique que vous passez autour de la main courante et serrez.

Attention aux supports qui ne permettent pas d'ajuster l'angle de la jardinière, surtout si la main courante est beaucoup plus large que les balustres. Avec de nombreux modèles de bas de gamme, la jardinière n'est pas à l'horizontale mais penchée, ce qui cause des problèmes pour arroser correctement, l'eau ruisselant sur le terreau plutôt que de le pénétrer.

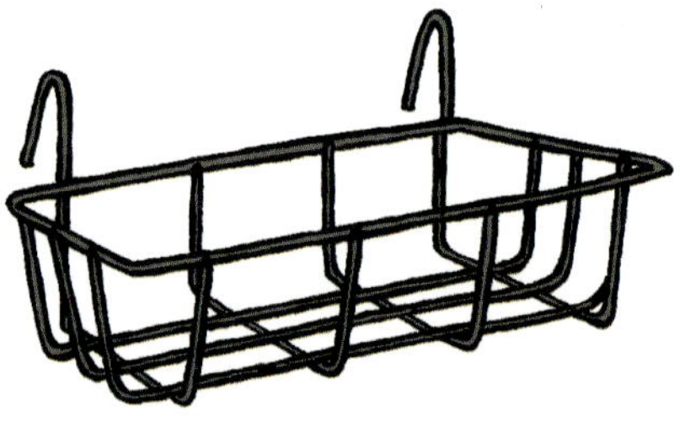

On trouve aussi un type de support à jardinière en forme de panier.

Habituellement, deux supports par jardinière suffisent, mais si la vôtre est particulièrement longue, un support supplémentaire, au centre, peut être nécessaire.

Supports pour rebords de fenêtre

Parfois, des jardinières sont intégrées à la base de la fenêtre de votre maison ou appartement, mais plus souvent qu'autrement, c'est à vous de les fixer. Même si le rebord d'une fenêtre est l'emplacement traditionnel des jardinières rectangulaires, que l'on appelle «window boxes» en anglais, rares sont les fenêtres dont le tablier est assez large pour y fixer directement la boîte, et encore faut-il

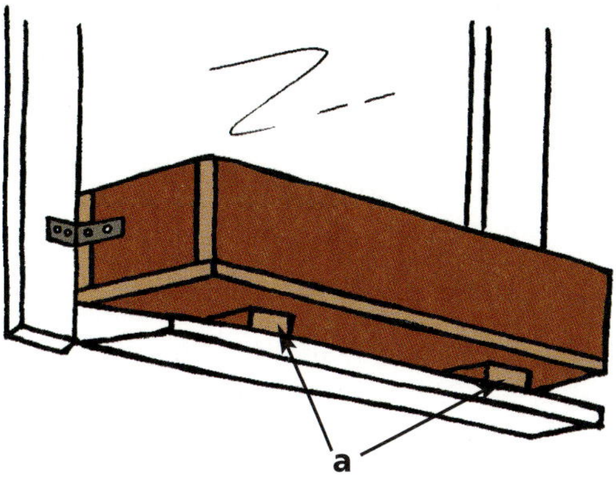

Avec des vis galvanisées ou des équerres, il est relativement facile de fixer une jardinière au rebord d'une fenêtre large. Si ce tablier est en pente, de simples cales en bois (a) redressent le contenant.

Il y a plusieurs façons pour fixer une jardinière sur un mur. Le modèle suivant utilise des équerres de 90°, et en plus, des chaînes fixées au cadre.

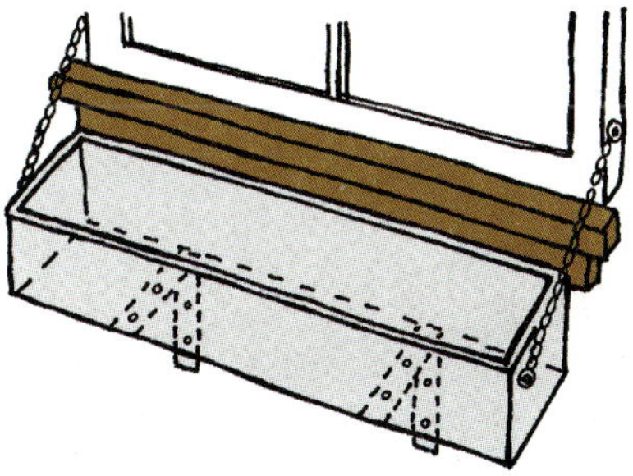

que la fenêtre soit à guillotine ou s'ouvre vers l'intérieur. Si les battants de vos fenêtres s'ouvrent vers l'extérieur, fixez la boîte sur le mur *en dessous* de la fenêtre. On peut acheter divers supports ou de solides équerres métalliques pour fixer un contenant sur le tablier, ou sur le mur en dessous de ce dernier. Les illustrations vous éclaireront… mais n'oubliez pas qu'il faut non seulement fixer le support sur le mur ou la fenêtre, mais aussi la jardinière sur son support (voir *Supports pour balustrade*): simplement la placer sur son support, sans la visser, la laisse instable et susceptible de basculer.

Supports pour pots suspendus

Si vous avez un toit ou un balcon surplombant votre espace de culture, c'est l'endroit tout indiqué pour la culture des potées suspendues. En effet, un simple crochet vissé dans l'avant-toit et le tour est joué! Et il ne manque pas de choix de pots suspendus sur le marché! Voici cependant quelques conseils qui peuvent vous être utiles dans les cas spéciaux.

Le crochet standard (A) convient aux avant-toits solides et aux poutres, mais utilisez un ancrage à ressort (B) dans les faux plafonds.

Crochet mobile

Une tringle avec galets coulissants permet de déplacer les pots suspendus à volonté!

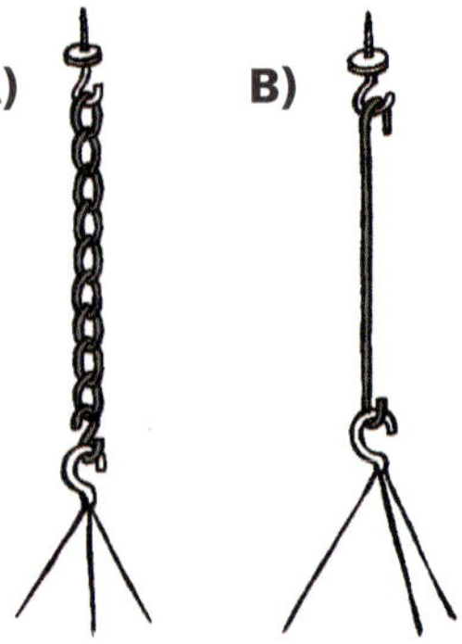

Utiliser une chaîne (A) ou une rallonge (B) pour descendre un panier suspendu trop haut.

Si vous ne pouvez ou ne voulez pas percer de trous dans l'avant-toit, sachez qu'il existe des supports qui se fixent sur la gouttière sans perçage.

Lorsque l'avant-toit dans lequel vous vous proposez de fixer un panier est en bois solide ou qu'il est possible de visser un crochet dans une poutre, tout va bien. Forez un trou d'un diamètre un peu plus petit que celui du filet de votre crochet et vissez-le. Par contre, s'il s'agit d'un faux plafond, sachez qu'il existe des crochets avec ancrage à ressort conçus justement à cette fin.

Un crochet fixe convient très bien, mais si vous désirez tourner votre panier sans efforts pour l'exposer de tous côtés à la lumière, utilisez un crochet mobile.

Vous avez plusieurs pots à suspendre en ligne droite? Chacun peut bien sûr avoir son propre crochet, mais vous pouvez aussi fixer une simple tringle à rideaux sur l'avant-toit et y accrocher vos pots. Un rail pour tentures avec des galets coulissants vous permet de déplacer vos pots en un instant!

L'avant-toit est trop haut et les pots difficiles à accrocher ou à arroser? Plusieurs possibilités s'offrent à vous. Vous pouvez tout simplement allonger la chaîne pour descendre les pots à votre niveau, mais vous devrez peut-être utiliser des esses aux extrémités de la chaîne si le crochet du panier est trop large pour pénétrer dans le dernier maillon. Une longue tige métallique crochue à chaque extrémité fait aussi une bonne rallonge; on vend d'ailleurs de telles rallonges dans les jardineries et les quincailleries, mais vous pouvez les fabriquer avec un cintre métallique. Enfin, si l'effet des pots suspendus hors de portée vous plaît, vous pouvez installer une poulie qui vous permet de descendre la plante à votre niveau pour l'arroser, certaines étant vendues spécifiquement pour les plantes. Vous pouvez aussi tout simplement installer une lance à long col (voir à la page 92) sur votre boyau d'arrosage pour atteindre une plante.

Vous avez trouvé un pot qui serait merveilleux comme panier suspendu, mais il n'est pas muni d'un crochet? Selon le matériau utilisé, vous pouvez percer des trous dans le rebord du pot et y fixer des crochets pour un panier suspendu, ou installer trois sections de chaîne sur le pot et les réunir au sommet avec des esses. De plus, il existe des crochets qui s'agrippent au rebord du pot pour en faire un panier suspendu. Et, si vous étiez là dans les années 1970, vous avez sûrement quelques notions de macramé!

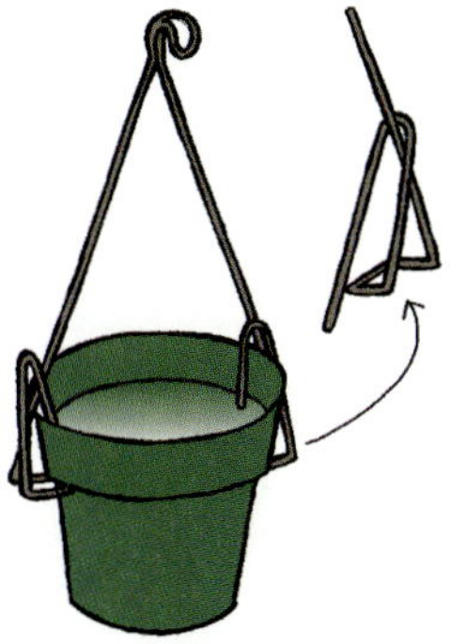

Ce crochet amovible s'attache à la plupart des pots. Pour le reproduire, coupez et pliez un cintre métallique.

Supports muraux

Certains pots, appelés pots muraux ou demi-pots, ont une face aplatie à fixer sur la surface érigée, mur, poteau, tronc, etc., en les vissant par le ou les trous existants! Il existe aussi divers modèles d'attaches que l'on fixe sur un mur pour supporter des pots d'un poids raisonnable. D'autres s'accrochent même à un mur de briques sans percer de trous! Et, bien sûr, la «plantation murale» traditionnelle existe toujours: un treillis recouvert d'une plante grimpante. Ainsi, vous n'avez jamais à regarder un mur vide et ennuyeux, ou un poteau de corde à linge nu en regrettant qu'il soit si laid: tout peut se couvrir de végétation quand on le veut vraiment.

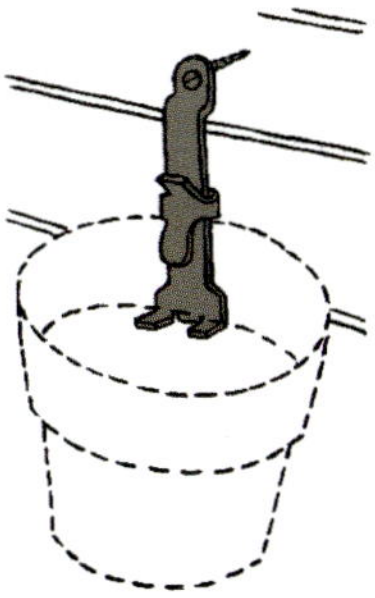

Cette simple attache murale s'ajuste à de nombreux modèles.

Supports verticaux

Votre espace de vie offre parfois des murs, des clôtures, des poteaux, des pergolas ou d'autres structures élevées sur lesquels il vous est possible de fixer des pots à différentes hauteurs et de différentes façons, et ainsi obtenir un aménagement très vivant. Mais la situation est généralement inverse: à part le mur de la maison ou de l'appartement, votre espace à meubler est plat, plat, plat, uniquement le plancher d'un balcon, d'une vaste terrasse ou un gazon ou plate-bande de niveau uniforme. Une solution consiste à planter, en pot si vous êtes sur un balcon, un toit ou une terrasse, en pleine terre si vous avez un terrain, des plantes hautes qui brisent la monotonie du plan. Mais

Un modèle plus décoratif en fonte, muni d'un cerceau dans lequel on glisse un pot.

Il existe une multitude de supports pour hausser des plantes, comme ce support antique en fonte.

À sa mort, un arbre peut se transformer en support pour une jardinière.

ces plantes prennent quelques années pour se développer ou, si vous ne disposez que d'un espace restreint, un petit balcon, elles occupent trop d'espace sur le plancher. Heureusement pour vous, on peut surélever des plantes de bien des façons, même quand aucun support «naturel» ne s'y trouve.

Avant de commencer à acheter de quelconques supports pour surélever vos pots, regardez bien autour de vous, car le support est peut-être déjà en place. Vous avez peut-être un arbre qui fera un excellent support vertical pour vos potées (voir *Des pots dans les arbres?*), ou une table de patio, une clôture ou une rampe d'escalier qui, aménagées avec des jardinières, deviennent très ornementales plutôt que strictement utilitaires. Même un arbre mort est un support intéressant, en utilisant ses branches dénudées pour accrocher des pots, ou en le coupant à hauteur de 60 à 150 cm du sol pour transformer son tronc en colonne. Le poteau de téléphone et le lampadaire devant votre maison peuvent être enjolivés par des jardinières bien placées.

On offre des supports sur pied pour les plantes, comptant généralement un ou plusieurs bras arqués, auxquels on peut accrocher un, deux, trois ou quatre paniers. Choisissez cependant un modèle adapté à vos besoins. Certains se fixent dans le sol, ce qui est excellent pour donner un peu de hauteur à une platebande trop plate, alors que d'autres sont conçus pour le balcon ou la terrasse. Vous pouvez aussi fabriquer votre propre «arbre fleuri» en enfonçant un tuyau de métal ou un poteau en

A)

B)

Différents modèles d'ancrages verticaux pour suspendre des paniers sont vendus avec un pied pour une utilisation sur le balcon ou la terrasse (A), ou avec des piquets à enfoncer dans le sol (B).

bois solide avec bras métalliques dans le sol, assez profondément pour lui assurer une certaine permanence, donc sous la ligne de gel située à 120 cm de profondeur dans les régions plus tempérées du Québec, mais à 180 cm dans les régions septentrionales de la province. N'oubliez pas non plus de peindre toutes les parties métalliques avec un produit antirouille.

Cet ancien panier de basket-ball a maintenant de longs bras droits sur lesquels on a suspendu un autre genre de panier!

Plus faciles à utiliser mais un peu moins hauts, il y a les piédouches, socles et piédestaux. Ces solides colonnes peuvent se placer sur n'importe quelle surface horizontale. Il suffit de les coiffer d'une seule jolie jardinière et l'effet désiré est obtenu. Vous pouvez acheter de véritables colonnettes souvent vendues par les marchands de décorations de jardin ou d'antiquités, ou utiliser d'autres objets à cette fin. Des tuyaux de cheminée, par exemple, font d'excellentes colonnes bon marché... et leur couleur terre cuite convient parfaitement aux pots de grès.

Déjà fort populaires à l'époque victorienne pour les jardins en contenants, les étagères ajourées aux tablettes grillagées reviennent à la mode. Elles donnent plus de hauteur et d'importance aux potées, notamment celles de petite taille, n'empêchent pas l'air de circuler comme le font les tablettes pleines, et laissent pénétrer la lumière jusqu'aux plantes des étages inférieures. On peut les acheter en sections, dans des modèles longs, courts, hauts, bas, d'angle, etc., et les rassembler le long d'un mur nu pour un très bel effet. Selon le style recherché, on peut les couvrir de nombreux pots et plantes hétéroclites pour un effet «cottage garden», ou réduire le choix de variétés et espacer les pots, ce qui est plus classique.

On peut trouver une bonne gamme de socles conçus pour supporter des statues... ou des urnes!

Enfin, si vous avez une pergola, une folie, un pavillon, une tonnelle, une gloriette ou autre structure de jardin semblable sur votre terrain, ou si vous projetez d'en construire une, n'oubliez pas que ces structures ne sont pas seulement agréables à l'œil, mais qu'elles constituent d'excellents ancrages pour les jardinières et paniers suspendus. D'ailleurs, vous pouvez même incorporer une ou deux jardinières structurelles au plan de construction. Souvent, une potée fleurie ou une jardinière est nécessaire les premières années, en attendant que les plantes grimpantes viennent meubler la construction, pour donner du «fini» à l'ensemble.

Aménager un jardin avec des pots et jardinières

Un jardin dans un jardin, c'est en quelque sorte la façon de voir une plantation en pots. Chaque fois que vous montez une jardinière, c'est un mini-jardin que vous créez, mais en même temps un élément qui, seul ou avec d'autres, s'intègre dans un ensemble plus vaste, qu'il s'agisse d'un jardin, balcon, terrasse, plate-bande, etc. Dans ce chapitre nous examinons le pour et le contre de certaines idées d'aménagement, en premier lieu celles visant divers contenants, et ensuite celles concernant leur intégration dans l'aménagement global.

Le montage des pots et jardinières

Monter une jardinière consiste à présenter des plantes, parfois une seule plante ayant son propre pot, ou des dizaines de plantes différentes réclamant un grand nombre de pots et de jardinières de toutes sortes, et par conséquent, allant du montage très simple au montage très complexe. Malgré son apparente complexité, souvenez-vous que vos efforts pour aménager consistent fondamentalement à réunir trois éléments principaux qui interagissent: le contenant, le contenu et l'emplacement. Apprendre à les agencer permet d'obtenir un bel impact visuel, tout en répondant aux besoins des végétaux.

La planification

Rares sont les jardiniers qui dessinent un plan d'aménagement pour les jardinières. On rassemble plutôt des contenants agréables et des plantes que l'on aime, en tentant tant bien que mal non seulement de bien assortir les jardinières entre elles, mais aussi les lieux qui les reçoivent.

Déterminez quels sont vos véritables objectifs en montant une jardinière. Désirez-vous tout simplement égayer un petit espace avec une tache de couleur vive? Un seul pot, bac ou jardinière suspendue y parviendra peut-être. Avez-vous une surface plus grande à couvrir, une terrasse nue, un contour de piscine sans vie, ou peut-être une clôture monotone? Vous avez alors besoin d'un groupe de contenants. Est-ce que votre objectif n'est pas vraiment d'embellir, mais plutôt de sortir et aérer votre collection de plantes d'intérieur pour l'été? Le bien-être des plantes prévaudra alors sur l'esthétique pure, leur simple effet de masse créant un intérêt de toute façon. Désirez-vous surtout cultiver des fines herbes ou des légumes en pots? Dans votre esprit, même en créant un aménagement raisonnablement attrayant et décoratif, l'aspect pratique l'emportera sans doute. Souhaitez-vous un aménagement qui semble tranché au couteau, ou relativement insouciant et sans formalité? Dramatique ou reposant? Ce sont des questions auxquelles vous devez répondre avant de commencer vos montages.

Les principes de base

Lorsque vous avez défini vos objectifs, il est temps d'analyser les détails. À compter de maintenant, nous verrons quelques principes de base utiles. Toutefois, il *n'y a pas de règles très strictes à respecter* dans le montage des contenants, et souvent les plus beaux arrangements n'en respectent aucune. Permettez-vous toujours un peu de fantaisie. Si vous commettez une erreur et n'aimez pas le résultat, vous les réaménagerez l'année suivante. Vous pouvez vous permettre d'apprendre de vos erreurs.

Voici quelques principes quasi universels. À vous de décider si vous les suivez à la lettre, les contournez quelque peu, ou les ignorez complètement.

- **Un contenant proportionné au site.** Un petit pot sur une grande surface semble aussi déplacé qu'une énorme jardinière débordant de fleurs dans un petit espace. Augmentez donc la taille ou le nombre des arrangements pour remplir de vastes espaces, et réduisez-les sur une surface plus petite.

- **Un équilibre entre la taille du contenant et celle du contenu.** La taille ou l'apparence du pot ne doit jamais écraser par son importance les plantes qu'il contient. Un montage est équilibré lorsqu'il semble assez solide pour résister au vent, sans pour autant être massif au point de laisser croire que seule une grue peut le déplacer. Une plante haute et étroite dans un pot qui l'est aussi paraît instable. Ajoutez quelques plantes retombantes pour corriger cette impression. De même, une jardinière large et basse remplie uniquement d'annuelles tapissantes donnera une impression de lourdeur; quelques éléments plus hauts et aériens l'allégeront.

- **Un centre d'intérêt unique.** Lorsque tant le contenant que le contenu rivalisent pour attirer le regard, l'impact visuel est amoindri. Si le pot est très

Ici, l'arrangement n'est guère attirant. Malgré leur éclat, les géraniums rouges ne réussissent pas à dominer le blanc trop vif du contenant. On aurait pu l'atténuer avec quelques plantes retombantes.

décoratif, un arrangement simple le met en valeur. Par contre, si la jardinière n'a aucun attrait particulier, elle est parfaite pour des aménagements colorés regorgeant de fleurs. Il demeure tout à fait possible de combiner plantes colorées et contenant ornemental, en autant que le tout ne choque pas.

- **Une bonne utilisation des couleurs.** Nous en parlerons davantage plus loin, mais pour l'instant, sachez qu'il n'y a pas de bonnes ou de mauvaises combinaisons; votre propre goût devient votre guide. En utilisant les couleurs que vous aimez, votre création a de bonnes chances de vous plaire. Combiner des couleurs à la mode uniquement parce que *la mode le veut*, risque de vous décevoir. Par contre, si vous désirez que votre aménagement soit moins agressif, utilisez des couleurs vives sur un fond sombre, tel un mur foncé, et des couleurs plus foncées sur un arrière-plan pâle, telle une clôture blanche ou beige. Sachez aussi que les couleurs froides, le bleu, le vert et le violet, suggèrent calme et sérénité et conviennent parfaitement à un coin de repos. On dit aussi qu'elles «éloignent» les frontières et agrandissent un petit espace. Les couleurs chaudes, le rouge, le jaune et l'orange, excitent et meublent bien les alentours d'une terrasse où vous recevez, car elles stimulent la conversation. Parce que les couleurs chaudes «rapprochent», utilisez-les pour créer des coins plus intimes sur une grande terrasse, ou attirer le regard vers une partie éloignée de l'aménagement.

Pour le débutant, il est souvent plus sage de miser sur la simplicité et de jouer avec des combinaisons gagnantes, tel le gris-vert de l'hélichrysum argenté et le rose des pétunias montrés ici, que de se risquer dans des arrangements multicolores.

Dans ce jardin sur le toit d'un quartier ouvrier, remarquez l'utilisation des végétaux pour diriger le visiteur vers les bancs, et non lui en interdire l'accès.

- **Une circulation sans obstacles.** Placez les contenants de façon à ce que la circulation soit facile et logique. Si vos invités doivent contourner trois grosses jardinières pour atteindre l'entrée, elle devient moins accueillante que si elles en facilitent l'accès.

- **Un regroupement des jardinières.** Deux ou trois groupes de pots, et même plus si l'espace à couvrir est vaste, paraissent mieux qu'en méli-mélo.

- **Une harmonie et un contraste.** Trop d'éléments disparates enlaidissent, mais un peu de variété est acceptable, sauf dans les aménagements très géométriques. Pour harmoniser l'aménagement tout en créant un certain contraste, utilisez des pots d'une même couleur ou texture, mais de tailles et formes différentes. Liez les plantations très diversifiées en utilisant une plante qui revient çà et là, ou laissez courir les tiges d'une plante retombante dans les pots avoisinants pour créer un lien visuel.

- **Des plantes mises en valeur.** Parfois, c'est le contraste qui crée l'harmonie. Les plantes arrondies sont mises en valeur par des plantes érigées et linéaires, retombantes ou rampantes. Les plantes aérées et plumeuses sont rehaussées par des végétaux au port plus dense et plus compact. Par contre, certaines font fi des contrastes. Seules ou en association, les plantes au port évasé ajoutent toujours une note gracieuse aux jardinières. Des plantes taillées selon l'art topiaire et les rosiers sur tige ajoutent une touche de classicisme à vos plantations, même isolées.

- **Des nombres impairs.** Les nombres pairs sont à éviter, sauf si vous essayez d'obtenir un effet très classique. Cependant, n'exagérez rien, car au-delà de sept plantes ou contenants, l'œil devient moins inquisiteur. Si vous avez placé 8 impatientes dans la même jardinière, personne n'en sera offusqué!

- **Des plantes parfumées.** Qu'elles embaument par leurs fleurs ou leur feuillage, les plantes parfumées agrémentent toujours les aménagements. Essayez d'en incorporer dans tous vos arrangements.

Les combinaisons de couleurs

Le choix de couleurs est d'ordre personnel. Parmi vos couleurs préférées, certaines combinaisons vous plairont plus que d'autres. Voici celles qui sont recommandées et quelques conseils pour les utiliser.

Aménagement polychrome

Encore récemment, presque tous les arrangements en jardinières étaient polychromes, c'est-à-dire que des couleurs différentes étaient mélangées sans trop de soucis esthétiques. Contre toute attente, les résultats étaient généralement très bons. Par contre, nous avons aujourd'hui tendance à simplifier les aménagements. Pour que l'aménagement soit moderne, recherchez plus de simplicité dans les choix de couleurs. Mais, si vous voulez vous amuser, alors là, rien n'est plus plaisant que de combiner sans vergogne plantes et couleurs des plus fantastiques!

Cet aménagement polychrome combine le violet, le rose et le jaune.

Aménagement monochrome

L'aménagement monochrome est le plus simple à élaborer… sur papier. Il repose sur l'utilisation d'une seule couleur. Dans un aménagement monochrome, on ne se borne pas à une seule teinte d'une couleur, tel le blanc pur ou le jaune citron, ce serait monotone. Utilisez plutôt une grande variété de plantes, lesquelles, une fois réunies, offrent toute la gamme des teintes de la couleur choisie, passant, à titre d'exemple, du blanc crème, au blanc pur et au blanc bleuté.

Rouge, rose, violet: un bel exemple d'aménagement aux couleurs analogues.

Aménagement aux couleurs analogues

Il ressemble à l'aménagement monochrome, mais utilise une plus grande gamme de couleurs. Il suffit de combiner deux, trois ou quatre couleurs analogues, c'est-à-dire proches, comme bleu, violet et pourpre, ou rouge, rose et pourpre, ou jaune, orange et rouge. On ajoute souvent quelques fleurs blanches à ces aménagements, ou un peu de feuillage argenté pour en rehausser l'éclat.

Aménagement aux couleurs contrastantes

Personne ne peut prétendre qu'une telle combinaison est soporifique! On y combine des couleurs contrastantes: jaune et pourpre, rouge et vert, orange et bleu, etc. Si les contrastes trop violents vous indisposent, combinez des teintes atténuées au lieu des couleurs pures.

Palette du jardinier paresseux

Personnellement, je ne me préoccupe jamais des combinaisons de couleurs: j'associe allègrement les plantes que j'aime et dont les ports se complètent, et tout est toujours très bien. Que voulez-vous? Dans la nature, toutes les couleurs se mélangent, et c'est pourtant toujours une réussite. Pourquoi en serait-il autrement en pot? Le seul conseil que je vous donne en est un dont je tiens compte personnellement: ajoutez des teintes adoucissantes, comme le blanc ou le gris, pour abaisser d'un cran l'intensité des rouges et des jaunes.

Les combinaisons de plantes dans un contenant

Voilà pour les couleurs. Qu'en est-il des combinaisons de plantes? De nouveau, il y a des règles pour le faire dans un pot. La plus importante? Ne pas s'occuper des règles! Cependant, je ne peux résister à l'envie de vous donner certains conseils, que vous suivrez ou rejetterez à votre guise.

Hautes, moyennes et basses: la sainte Trinité

Depuis que l'on mélange des plantes en pots, la méthode ne change pas: plante vedette au centre, entourée d'un ou de plusieurs végétaux de remplissage plus petits pour donner du volume, et en bordure, des plantes retombantes ou débordantes. Puisqu'il s'agit d'un montage classique qui réussit toujours, pourquoi tenter de l'améliorer?

La sainte Trinité, version jardinière rectiligne avec deux plantes vedettes. Même au début de l'automne, l'effet est encore très intéressant.

Dans un tel aménagement, il va sans dire que la plantation commence par le centre et progresse vers l'extérieur du pot. Si le pot est rond, le centre est occupé par la plante-vedette, un végétal avec du caractère, plus haut que les autres et de forme différente. Par tradition, on choisit de grandes plantes évasées, tel le dracéna des jardins, l'agapanthe ou le lin de Nouvelle-Zélande, ou des plantes impressionnantes: comme le fuchsia, le rosier ou le laurier-rose. Ce choix étant établi, on cherche des plantes qui le mettront en valeur. C'est un peu comme élaborer le décor d'une pièce autour d'un élément de base, tel un divan ou un tapis. Un énorme bac peut contenir plusieurs plantes vedettes, de même qu'une jardinière longue et étroite.

Lorsque vous avez déniché *la* plante vedette pour votre aménagement, amusez-vous à chercher quelques plantes complémentaires ayant les mêmes besoins que votre star, que vous décidiez d'utiliser une ou plusieurs variétés. Appliquez en quelque sorte le principe utilisé pour le sempiternel dracéna des jardins, au port dressé et aux longues feuilles étroites, que l'on entoure habituellement de plantes contrastantes par leur forme, telles les fleurs arrondies de l'agérate ou le port en boule des impatientes. De plus, le dracéna étant d'un vert sombre, on le souligne par l'emploi de couleurs qui s'en détachent, qu'elles soient pâles ou vives, comme le rouge, ou une combinaison des deux.

En bordure de la jardinière, on fait appel à une plante plus ou moins retombante: lobélie érine, alysse odorante, hélichrysum argenté, pervenche de Madagascar, etc.

N'oubliez pas que toutes les plantes du bac doivent réclamer le même environnement. Lorsque la plante vedette tolère autant l'ombre que le soleil, les possibilités sont quasi illimitées. Cependant, si elle a des besoins très spécifiques, tel le rosier auquel il faut le plein soleil et des arrosages réguliers, votre choix de plantes «d'accompagnement» se rétrécit.

Potée uniforme

D'accord, vous me dites souvent: «C'est toujours la célèbre sainte Trinité, suggérez autre chose.» Pourquoi ne pas mettre des plantes d'un seul genre dans un pot? Vous pouvez choisir une plante dominante qui, en d'autres circonstances, aurait joué le rôle de plante vedette, comme un rosier ou un fuchsia, ou une plantation massive d'annuelles très ordinaires: telle la même variété de pensées, de tagètes ou de pétunias, de couleur unique. Plantées par groupes de trois à sept environ, le port débordant de la plupart des annuelles leur permet de se fondre les unes dans les autres pour former un dôme parfait, plus bombé chez certaines, plus bas et débordant, et même retombant chez d'autres.

Il faut faire attention au type de pot utilisé pour ce type d'arrangement. Si la plante choisie n'est pas retombante ou débordante, oubliez les pots très hauts ou sur piédestal, à moins de vouloir surtout exposer le pot, car la plante semblera juchée sur des talons hauts. Si le pot est trop bas, il risque d'avoir l'air écrasé avec des plantes plutôt tapissantes. Pour un beau coup d'œil, utilisez un pot dont la hauteur a environ les deux tiers ou la pleine hauteur de la plante mature.

L'unique genre de plantes garnissant cette urne fait de l'effet. Remarquez l'impatiente qui déborde juste assez pour créer de l'intérêt, sans complètement cacher l'urne décorative.

Un unique pot contenant un seul genre de plante peut meubler un petit espace, ou être inséré dans des arrangements unis ou mixtes.

Plantes d'un même genre

Il est fort intéressant de combiner, dans le même pot, des plantes du même genre botanique, mais de différents cultivars ou espèces, tel un pot d'impatientes des jardins (*Impatiens* x *walleriana*) de couleurs mélangées, ou une impatiente de Nouvelle-Guinée (*I.* x *hawkeri*), plus grande, occupant le centre comme plante vedette, entourée d'impatientes des jardins d'une autre couleur, ou encore, des géraniums des jardins (*Pelargonium* x *hortensis*), en vedette au centre, entourés de géraniums-lierre au port retombant.

Ce panier abrite très agréablement des impatientes de différentes couleurs. Elles s'intercalent et l'on distingue à peine où l'une commence et l'autre se termine.

Plantes de même catégorie ou non?

Habituellement, on plante ensemble, dans le même pot, des plantes de même catégorie: seulement des annuelles, des plantes grasses, des plantes aquatiques, ou autres. C'est logique, car elles exigent les mêmes soins. D'ailleurs, on associe parfois ces plantations à un type de pot spécifique: telles les plantes alpines qui se cultivent presque uniquement en auge.

Par contre, vous pouvez aussi mélanger des plantes de catégories différentes, à condition de tenir compte de leurs besoins individuels. Il est loisible de combiner des plantes «permanentes» (vivaces, arbustes, arbres, etc.) avec des annuelles. Les permanentes sont alors généralement utilisées comme plantes vedettes et placées au centre de l'arrangement, et tous les printemps, on replante de nouvelles annuelles autour des plantes vedettes qui, elles, poursuivent peu à peu leur développement.

Évidemment, mélanger des plantes de catégories différentes dans le même bac sous-entend une sélection basée sur les exigences de chacune. Des annuelles préférant le plein soleil et un terreau maintenu humide peuvent avoisiner des vivaces et des arbustes ayant les mêmes besoins, mais pas des espèces qui demandent un terreau plutôt sec ou exigent de l'ombre. On ne plante donc pas ensemble cactus et nymphéas.

L'utilisation des pots et jardinières dans le décor

Vous créez des mini-jardins en plantant différents pots et jardinières. Il faut maintenant les utiliser dans vos aménagements.

Fondamentalement, les remarques valables pour le montage des pots le sont aussi pour leur agencement dans le jardin: harmonie, contraste, bonne utilisation de couleurs, etc., la seule différence étant l'échelle de grandeur, car le travail consiste maintenant à insérer vos petits jardins dans *un autre,* plus grand.

Le pot unique

La multiplicité des pots offre de nombreux avantages, mais il n'en demeure pas moins que, dans certaines circonstances, un seul contenant, bien choisi et convenablement mis en valeur, crée l'effet désiré et devient instantanément un point focal. Lorsque l'espace est restreint, une seule jardinière bien conçue se passe de faire-valoir. Parfois, particulièrement décoratif ou monté sur un piédestal ou un socle, le contenant devient sculptural et attire tous les regards. Dans ce cas, il ne faut surtout pas choisir des plantes trop prédominantes qui accapareront l'œil aux dépens du pot.

Dans une telle position dominante, il est évident que ce gros panier suspendu au-dessus d'un ancien puits se passe de compagnie.

Les groupes de pots

Placer des pots de façon harmonieuse est un art, tout comme la planification d'un jardin, et offre l'avantage d'une transformation rapide si vous n'aimez pas l'effet.

Un moyen facile pour créer de l'harmonie consiste à planter le même végétal dans des pots différents, mais de même modèle, taille ou couleur, ou dépareillés. Les pots peuvent être regroupés dans un escalier ou sur un muret, longer un sentier ou une aire de stationnement, créer un point focal en formant un cercle, etc. Par contre, si vous les réunissez en trop grand nombre, vous risquez d'être déçu et vous vous retrouvez avec un aménagement de couleur uniforme qui deviendra fastidieux après quelques années. Prenez l'habitude de changer les couleurs ou les genres de plantes tous les ans, ou apprenez à mélanger les couleurs.

Si vous avez de nombreuses potées fleuries et des jardinières mixtes à placer, commencez en tout premier lieu par déterminer lesquelles sont les plus attrayantes ou les plus intéressantes. Considérez-les alors comme des points focaux à faire ressortir. Par la suite, faites des regroupements comportant chacun un point focal au centre ou, s'il n'est pas visible de tous les côtés, à l'arrière du groupe.

De quelle façon mettre les jardinières en valeur? Elles contiennent probablement déjà de grandes plantes, ou sont particulièrement attrayantes en soi, sinon vous ne les auriez pas élues comme plantes étoiles de vos présentations. Sur une petite terrasse, ou un balcon minuscule, même une plante de 90 cm devient arbre et structure du décor. Il suffit de l'entourer de plantes plus petites pour y parvenir. Si votre potée préférée est relativement petite, pensez à soulever des masses à l'aide de colonnes ou autres supports. Par contre, au milieu de pots assez uniformes, tous en terre cuite, par exemple, donnez à votre étoile un contenant différent, en métal, en pierre, en bois, etc., et elle se démarquera instantanément.

Si parmi vos jardinières, aucune ne présente un intérêt particulier, votre point focal peut se composer de plusieurs contenants. Dans de telles conditions, soulever les pots devient utile. Pour créer le point focal, placez quatre étagères d'angle de façon à former un support circulaire à niveaux multiples, sur lesquels vous

Ici, la sobriété des types de contenants, pots traditionnels en grès et bacs en bois peint dans le même ton de gris, créent un lien entre des potées aux contenus très variés.

Ce vieux chariot utilisé pour regrouper les plantes a non seulement un bel effet, il se déplace facilement pour la tonte de la pelouse!

placez les pots comme bon vous semble, et entourez cette pièce maîtresse d'autres pots et jardinières.

Avec les années, le nombre de vos jardinières a tendance à augmenter, mais résistez à la tentation d'en faire un amas de pots hétéroclites. Pour dynamiser l'aménagement, laissez toujours des espaces nus. Légèrement espacés, trois, quatre, cinq îlots ou plus suscitent toujours de l'intérêt.

Il est également possible de regrouper des jardinières variées sur, ou autour d'un objet intéressant. Un escabeau meublé de plants est surprenant, mais l'effet est encore plus saisissant lorsque deux escabeaux sont réunis par une échelle à leur sommet, sans compter les nombreuses possibilités que l'arrangement vous offre pour étaler des potées de toutes sortes et de toutes tailles: petits pots sur les marches des escabeaux, paniers suspendus à l'échelle, et jardinières plus volumineuses *sur* ses barreaux. C'est la surprise totale pour les passants! Des chaises et caisses de différentes hauteurs peuvent s'amalgamer et créer un ensemble charmant à meubler de plantes. Utiliser un thème, comme avec le chariot de la photo, contribue à une bonne présentation des jardinières.

Enfin, n'oubliez pas que les montages se modifient aisément. Si la plante vedette cesse de fleurir, vous n'avez pas à l'endurer ainsi. Reléguez-la à l'arrière-scène, et permettez à une nouvelle plante étoile de la supplanter. Dans la section II, un chapitre complet (page 372 et suivantes) traite des plantes automnales qui, sans attrait en début de saison, sont mises en évidence à la fin de l'été, lorsque tant d'autres flanchent.

Les utilisations spécifiques

Voilà pour les aménagements utilisables en toutes circonstances. Passons maintenant aux lieux spécifiques.

Aménagement simple mais efficace, telle une paire de jardinières de chaque côté de l'entrée. On voit ici des pots en pierre reconstituée remplis de bégonias tubéreux.

Entrée principale

Une entrée bien décorée de plantes dit à tous, ou du moins aux gens qui empruntent votre rue, que vous êtes un jardinier, et fier de l'être. Parce que la plupart des entrées ne sont pas très vastes, vous parvenez souvent à peine à y placer quelques potées qu'il faut utiliser efficacement.

Traditionnellement, on place deux jardinières identiques sur le perron, une de chaque côté de la porte. Vous pouvez continuer dans la même veine: accrocher deux paniers suspendus, aligner des potées sur les côtés de l'entrée piétonnière ou du garage, etc. Le nec plus ultra consistant en deux arbustes identiques taillés selon l'art topiaire, et placés de chaque côté de la porte pour créer votre petit Versailles personnel!

Par contre, une telle symétrie convient à des maisons assez imposantes. Si la vôtre est plus modeste, placez une jardinière plus petite d'un côté et un bac de bonne taille de l'autre, ou un panier d'un seul côté. Si l'espace le permet, créez un îlot de potées variées d'un côté ou de l'autre, ou même des deux côtés, mais en vous assurant que l'un est plus massif que l'autre. Cette asymétrie tempère toute absence de cérémonie et rend votre entrée plus accueillante.

N'oubliez pas que l'entrée est l'endroit idéal pour exposer les plantes saisonnières, pots de jacinthes printanières parfumées ou chrysanthèmes automnaux. Décorez pour l'Halloween en remplissant une ou deux citrouilles évidées de potées d'aster. Même l'hiver,

Si votre entrée est retirée, un petit aménagement près du chemin municipal, attire l'œil vers la maison, comme le fait cette boîte à lettres décorée de fleurs.

vous pouvez décorer votre entrée: laissez vos jardinières en place et meublez-les de branches de sapin.

Malheureusement, il est vrai que certaines plantes décorant les entrées disparaissent parfois, notamment quand l'escalier mène directement à la rue, surtout dans les grandes villes. Alors, employez des pots très lourds, ou fixez-les au perron avec de la colle ou des câbles. Vous diminuez ainsi le risque que quelqu'un les emporte.

Terrasse

C'est l'emplacement tout désigné pour les plantes, et dans ce livre, vous trouverez partout des idées pour décorer la terrasse. Élevée ou au niveau du sol, sa surface plane et stérile semble spécialement conçue pour la culture en contenants. De plus, les caprices de la mode nous imposent parfois des terrasses vraiment très vastes, donc tout l'espace voulu pour tenter des expériences.

Sans trop y penser, nous avons tendance à aligner les pots en bordure, réservant inconsciemment le centre à la circulation et aux meubles. Toutefois, il est encore plus intéressant d'intégrer les plantes à l'agencement de toute la terrasse. Utilisez-les pour diriger la circulation ou créer différentes zones d'activité, tel un coin plus ombragé pour la lecture, coupé du reste par un paravent de plantes. Décorez aussi les escaliers de plantes, et si la terrasse est d'un seul niveau, suspendez des paniers et placez des pots sur des piédestaux ou des socles pour briser la monotonie des lignes et varier les hauteurs. Lors d'un cocktail ou barbecue, déposez stratégiquement une ou deux potées parfumées pour émerveiller vos invités. Et n'oubliez pas qu'un jardin d'eau sur une terrasse surprend toujours.

Balcon

Tous ont vu les magnifiques balcons fleuris de la Suisse, au moins sur une carte postale. Si votre balcon est assez grand, ou si une galerie longe toute votre maison, vous pouvez tenter d'imiter les Suisses. Je vous livre leur secret: de multiples niveaux de jardinières et de paniers suspendus, remplis de géraniums retombants. Par contre, peu de nos balcons sont aussi vastes, et exigent donc un agencement plus intime.

Toutefois, retenez l'idée de la suspension: paniers, jardiniè-

Ne vous emprisonnez pas dans votre appartement. Faites sur votre balcon ce que d'autres font dans leur cour arrière, un jardin potager.

res, pots muraux, etc. Tout ce qui est suspendu laisse plus de place pour circuler et pour quelques meubles. N'oubliez pas qu'en suspendant les jardinières du côté extérieur de la balustrade, vous ne perdez pas d'espace, vous en gagnez! Le balcon, c'est aussi le domaine privilégié des pots muraux; il faut bien profiter des murs et autres plans verticaux lorsque les surfaces horizontales sont rares.

Parce que la surface du balcon est limitée, il faut contrôler les végétaux. Recherchez des plantes naturellement miniatures. Quant à celles de grande taille, vous devrez les tailler souvent si vous les utilisez, et plus sévèrement que dans le jardin.

Les balcons sont souvent des lieux très venteux et les plantes installées dans des pots légers, notamment les plantes hautes, versent facilement. Pensez à fixer les pots à la balustrade, ou vissez-les carrément dans le plancher. Vous pouvez aussi réaliser un double empotage, c'est-à-dire utiliser un pot plus gros et plus lourd comme cache-pot et y insérer la potée légère, ou remplir le fond d'une jardinière plus grosse de pierres ou de sable et y glisser le pot instable.

Le facteur le plus ennuyeux de la culture sur un balcon est l'arrosage. En hauteur et exposées au vent, les plantes sèchent très rapidement. De plus, la plupart des balcons sont protégés contre la pluie. Lorsqu'il pleut toute la journée, toutes les plantes sur la terrasse sont arrosées, mais vous devez sortir pour arroser celles qui sont sur le balcon. Si vous pouvez installer un système d'irrigation goutte-à-goutte (voir la page 95), quitte à ce qu'un boyau longe le mur extérieur d'un bout à l'autre de votre appartement, faites-le car il économise *beaucoup* de pas!

Toit

Dans de nombreuses régions du monde, jardiner sur le toit va de soi. Les villes du sud de l'Europe, d'Amérique du Sud, d'Asie, des États-Unis, et près de chez nous, New York, sont jonchées de jardins en hauteur. Au Québec, rien ne nous empêche de le faire, mais force est de constater que ce n'est pas entré dans les mœurs: lorsque vous prétendez faire votre jardin sur le toit, tous pensent avoir affaire à un fou! Par contre, il y a quelques exemples de beaux jardins en hauteur au Québec, notamment à Montréal, et il y aurait lieu d'exploiter davantage cette possibilité.

Ce jardin comporte un mélange de pots d'annuelles, de vivaces et de fines herbes. Il est installé sur un caillebotis qui facilite le drainage et s'appuie sur les murs portants de la bâtisse, répartissant bien le poids des pots.

Trois facteurs limitent cependant le jardinage sur un toit: accès, arrosage et poids. L'accès est souvent le plus gros problème, beaucoup de jardiniers habitent des maisons ou édifices avec un toit en pente, ce qui élimine toute possibilité d'y jardiner. Même si le toit de votre maison ou appartement est plat, il n'est pas toujours facile de s'y rendre et d'y monter les sacs de terre, les pots, les plantes, etc. Souvent, les gens qui jardinent sur un toit le font en réalité sur le toit du voisin. Jouissant d'un appartement plus élevé que le toit de la maison attenante, ils peuvent s'y rendre facilement, généralement par une fenêtre qui, entre vous et moi, devrait être convertie en porte si l'intérêt pour le jardinage le justifie! Quelques braves grimpent sur leur propre toit par l'échelle de secours. Il arrive aussi assez souvent qu'une terrasse soit construite sur le toit du garage attenant. Malgré tout, si vous avez accès à un «toit jardin», vous avez de la chance car ils sont vraiment rares.

Le deuxième facteur est l'arrosage. Un toit muni d'une prise d'eau est un phénomène, et emprunter une simple échelle de secours pour monter et descendre plusieurs fois par jour, arrosoir à la main, est tout un exploit... qui n'est pas sans danger. Si vous avez un toit utilisable pour le jardinage, je vous conseille fortement d'y faire grimper un boyau d'arrosage, du moins pendant l'été!

Enfin, il y a le surplus de poids. Tout toit supporte très bien le poids d'une personne, sans talons hauts bien sûr. Mais lorsque l'on commence à l'aménager en jardin surélevé, le poids qu'il supporte devient plus important. Disons immédiatement que quelques potées déposées sur le toit en été ne causent pas de problème. Cependant, si vous les laissez sur place l'hiver, parce que vous jugez que déplacer un bac rempli de terreau est un travail énorme, des complications surgissent. En effet, dans les pays nordiques, un toit est habituellement conçu pour supporter le poids de l'accumulation normale de neige, et l'on ne peut y ajouter celui de lourds contenants sans risquer de l'endommager. Il existe cependant une porte de sortie: placez les bacs pesants directement sur les murs porteurs de l'édifice. Les plus faciles à trouver sont ceux des murs extérieurs de la bâtisse, mais il y en a habituellement au moins un vers le centre du toit. Pour le trouver, vous devez vérifier son assise au sous-sol et sa continuité aux étages et dans le comble ou le grenier. Il n'y a aucun danger de dommages sur ces points d'appui. Si des jardinières uniquement alignées dans les contours et au milieu du toit vous déplaisent, vous avez la possibilité de construire une solide plate-forme à claire-voie par-dessus le toit, appelée caillebotis, lequel doit s'appuyer sur les murs porteurs. Vous pouvez alors placer les pots où bon vous semble.

Évidemment, réellement aménager un toit en jardin comporte beaucoup plus de travail. C'est un projet à long terme qui exige mûre réflexion et un fort investissement. Il faut prévoir des garde-fous solides, une prise d'eau permanente, des emplacements pour les meubles de patio, un coin de rempotage, etc., beaucoup d'éléments qui sortent des cadres de ce livre. Cependant, l'information donnée ici devrait vous mettre sur la bonne voie.

Enfin, des plantations sur un toit souffrent des mêmes problèmes que celles faites sur un balcon. Le vent est, entre autres, une menace constante, et les mêmes solutions s'appliquent: double empotage, pots vissés sur place, mais dans le caillebotis et surtout pas dans le toit, etc. Par contre, si les jardins sur balcon ne reçoivent souvent aucune pluie, sinon quelques gouttes égarées, les plantes sur le toit reçoivent leur juste part d'eau. Cependant, cet avantage est malheureusement éliminé par la chaleur extrême qui règne sur un toit en plein soleil, encore plus accentuée s'il est recouvert de tuiles d'asphalte ou d'une couverture foncée, ce qui est souvent le cas. Un arrosage régulier est donc de toute première importance, et un système d'irrigation de type goutte-à-goutte (voir la page 95) est de nouveau fortement recommandé.

Escalier

L'aménagement des escaliers offre d'énormes possibilités. En effet, même une ou deux potées d'annuelles arrivent à embellir cet espace souvent peu attrayant. Vous avez un escalier large? Décorez-le de potées fleuries de chaque côté des marches. Il est plus petit? Alignez les potées d'un seul côté, ou accrochez des jardinières aux rampes. Parfois, l'espace de terrain est inoccupé de chaque côté de l'escalier. Si c'est le cas, oubliez les marches et créez votre jardin en pots dans ces espaces. Quelques grandes plantes en jardinières pour ajouter un peu de hauteur, entourées d'une foule de potées d'annuelles, permettent un beau coup d'œil.

Une statue surmontait autrefois le pilier à la base de cet escalier. Une jardinière bien fleurie la remplace aujourd'hui.

Fenêtre

«Fenêtre» fait immédiatement penser à la traditionnelle jardinière rectangulaire installée à sa base. On peut utiliser des jardinières commerciales ou en fabriquer sur mesure. Évitez cependant que des plantes trop hautes bloquent la vue.

La jardinière rectangulaire n'est pas l'unique moyen pour décorer la fenêtre. Vous pouvez aussi l'encadrer de paniers suspendus et de pots muraux.

La traditionnelle jardinière à la base d'une fenêtre n'est peut-être pas très originale, mais fait un bel effet.

Un pot mural plein d'écheverias décore cette clôture en bois.

Murs et clôtures

Nos maisons ont nécessairement des murs, et nous aimons borner nos terrains avec des clôtures. Presque tout le monde a donc au moins un mur ou une clôture à égayer. Souvent ces structures ne sont pas désagréables à la vue, mais nous en voyons trop; de plus, certaines clôtures en mailles, ou à la peinture écaillée, sont horribles à voir et méritent d'être complètement cachées, ou l'être du moins en partie. Quant aux murs, ils deviennent monotones, et un peu de végétation, parfois seulement quelques fleurs ici et là, leur donnent du charme.

Évidemment, très souvent des plantes en pleine terre sont utilisées pour décorer murs et clôtures. Les «plantes de fondation» qui entourent tant de maisons le font, et les grimpantes qui recouvrent les murs poussent aussi habituellement en pleine terre. Par contre, lorsqu'une surface dure est à la base d'un mur ou d'une clôture, il est impossible d'y planter des plantes décoratives. Des jardinières d'arbustes, de plantes tropicales, de plantes grimpantes avec un treillis sur le mur ou dans le pot, etc. peuvent décorer. Le demi-pot, ou pot mural, est conçu spécifiquement pour embellir murs et clôtures. Rien ne vaut un ou deux pots muraux stratégiquement placés pour briser leur monotonie. Les poches murales (voir à la page 89) leur donnent aussi beaucoup de couleurs.

Pensez aussi à fixer des jardinières sur un mur ou une clôture, ou des tablettes supportant de petites plantes en pots. Une étagère remplie de plantes et appuyée à un mur ou une clôture crée aussi un très bel effet.

Piscine

Aménager autour d'une piscine est souvent compliqué, notamment parce que la couleur artificiellement turquoise de l'eau se marie mal à plusieurs couleurs. De plus, sur un petit terrain, la surface nue d'une piscine devient un grand vide à combler. J'aimerais pouvoir vous parler de pots flottants, mais s'ils existent, je n'en ai jamais vus. Cependant, les pots et jardinières peuvent être très utiles… autour de la piscine.

Une piscine creusée jouxte habituellement une grande terrasse qui peut être agrémentée de quelques jardinières, s'il est possible de les placer à une certaine distance de l'eau, de sorte qu'elles ne soient pas éclaboussées par l'eau chlorée. Un peu d'eau chlorée de temps en temps ne leur nuit pas, mais un bain quotidien à l'eau chlorée est néfaste pour la plupart des plantes. Vu l'espace souvent immense à couvrir, pensez à créer deux ou trois îlots distincts pour vos plantations. L'impact visuel sera meilleur qu'avec un seul.

Une piscine hors terre est encore plus difficile à cacher… pardon, je veux dire à aménager. On le fait habituellement avec des arbustes ou des grandes annuelles ou vivaces en pleine terre, mais pas avec des potées fleuries. On peut toutefois agréablement garnir de pots et jardinières de toutes sortes les accès à la piscine. Comme la plupart sont entourées d'une clôture de sécurité pas toujours plaisante à voir, on peut la décorer de pots muraux, poches murales et jardinières, sans oublier les plantes grimpantes cultivées en pot. Si on fleurit suffisamment les alentours d'une piscine, on peut presque tolérer sa présence dans l'aménagement!

Terrain

Nous avons tellement pris l'habitude de voir des jardins en contenants près de la maison, sur des terrasses, et des balcons, que nous oublions qu'ils s'intègrent aussi très bien à l'aménagement paysager du terrain.

On peut aisément déposer des potées fleuries là où la plantation est trop difficile, comme dans un sol très rocailleux, ou dans les lieux plantés d'arbres. Il suffit de placer quelques potées dans la zone problématique, et ça y est! À la base d'un arbre aux racines superficielles, où même le gazon refuse de pousser, il est difficile de planter même les végétaux les plus solides car la compétition racinaire y est trop forte et, de toute façon, y creuser des trous relève de l'exploit. Par contre, y déposer des potées d'impatientes bien espacées est facile. En quelques semaines, les plantes débordent des contenants et donnent l'impression d'un épais tapis fleuri.

Des potées d'impatientes ou de bégonias placées sur le sol dénudé, au pied d'un arbre, l'entourent rapidement d'un joli tapis de fleurs.

Dans la plate-bande, cette urne garnie d'écheverias et de joubarbes crée le même effet magique qu'une statue ou une oeuvre d'art, à une fraction du prix.

Des plantes tropicales peuvent également agrémenter l'aménagement paysager pour l'été: fuchsias, orangers, palmiers, etc. Non seulement ces belles plantes profitent de leur séjour à l'extérieur, mais elles ajoutent une note d'exotisme. On pourrait les dépoter et les mettre en pleine terre, mais à quoi bon tout ce travail puisqu'il faudra les rentrer deux ou trois mois plus tard. On les sort au printemps et leurs contenants sont tout simplement déposés sur le sol, au centre d'une plate-bande ou ailleurs. En quelques semaines, la végétation environnante a suffisamment poussé pour cacher les pots, qui de toute façon ne gênent pas, et les intégrer parfaitement à l'ensemble. Avec l'arrivée des nuits fraîches, il suffit de leur donner un bain pour éliminer les insectes, puis de les entrer dans la maison.

Des plantes en pots peuvent longer un sentier et de gros bacs devenir des points focaux dans la plate-bande, surtout sur des terrains sans relief. Une plantation en urne ou une jardinière sur piédestal dans la plate-bande joue le même rôle qu'une statue ou une oeuvre d'art que peu de gens ont les moyens de s'offrir, sans oublier qu'avec des brassées de fleurs qui en jaillissent, la jardinière est bien plus vivante que la plus belle des statues.

Enfin, les pots et jardinières volent souvent la vedette dans la plate-bande en fin de saison, lorsque les autres floraisons dépérissent. Des potées de fleurs automnales, chrysanthèmes, asters, choux ornementaux, ou autres la font revivre! Voir la plage 378 pour plus de renseignements à ce sujet.

Savoir choisir des plantes

Vous avez choisi une ou plusieurs belles jardinières. Il reste maintenant à sélectionner des végétaux.

Les plantes que vous cultivez en pots peuvent être de n'importe quelle catégorie: annuelles, vivaces, arbustes, plantes aquatiques, etc., mais toutes doivent vous parvenir sous une forme quelconque: plantes adultes, jeunes plants, bulbes, graines, etc. Lesquelles conviennent le mieux à la culture en pots? En fait, il n'y a pas de règle: toute forme végétale convient, mais vous devez quand même choisir la meilleure pour chaque plante, en tenant compte de son utilisation éventuelle.

Il faut aussi choisir des plantes en santé. Parfois c'est clair: vous avez le choix entre une plante au feuillage jauni et brisé et une plante très verte aux feuilles intactes. Choisissez évidemment la deuxième! Parfois, la différence est moins apparente: normalement, si vous achetez des annuelles à repiquer, les jeunes plants qui n'ont pas encore fleuri constituent un meilleur achat que les plants plus matures, car ils récupèrent mieux après le repiquage.

Toute pépinière, jardinerie ou marché vous offre un vaste choix de végétaux convenant à la culture en jardinières.

Habituellement, vous ne vous trompez pas en achetant des plants denses, avec des feuilles jusqu'à la base et très vertes. Évitez les plants jaunis, au feuillage épars et aux tiges dénudées. Regardez aussi sous les feuilles, car les insectes indésirables s'y cachent. Enfin, tirez légèrement sur la tige. Si elle n'est pas solide, il est possible que les racines soient endommagées par le transport ou la pourriture. Si elle ne bouge pas, ou si la motte sort du pot intacte, c'est habituellement une plante de qualité.

Semences

Le bas prix des sachets de semences peut influencer votre choix. En effet, pour le coût d'une seule plante en pot, vous pouvez acheter des dizaines de sachets, qui normalement, contiennent chacun entre 20 et 2 000 graines. De plus, le choix de variétés de végétaux disponibles en sachet est remarquable, non seulement en pépinière et en jardinerie, mais encore plus si vous commandez par la poste. Les catalogues offrent littéralement des milliers de variétés; si vous commandez de deux ou trois marchands différents, vous pouvez facilement monter un véritable jardin botanique!

Par contre, la plupart des plantes intéressantes en jardinières croissent lentement à partir de semences, ce qui oblige à les semer à l'intérieur plusieurs semaines, parfois même deux ou trois mois, avant la date de plantation en jardinière. Avez-vous vraiment le temps et l'énergie pour partir des semis en février ou mars, et les entretenir tous les jours, jusqu'au repiquage à la fin avril ou en mai? Et que faire des surplus? Les sachets offrent généralement beaucoup plus de semences que vous pouvez en utiliser dans deux ou trois petites jardinières. Habituellement, les véritables avantages du bas prix des sachets de semences se font sentir si vous avez besoin d'énormes quantités de plantes, c'est-à-dire lorsque vous devez remplir de vastes plates-bandes, et non seulement quelques petits pots.

Mais pourquoi ne pas les semer directement en pot, au début de l'été? Pour le potager en pots, c'est convenable, car l'apparence du pot en début de saison est rarement importante. Mais on préfère généralement que les jardinières et les bacs de plantes ornementales aient une belle apparence dès la plantation, et jusqu'à la fin de la saison. Les semis

Le choix des sachets de semences est vaste en magasin. Imaginez ce qu'il est dans un catalogue!

réalisés directement en jardinière prennent habituellement trop de temps à fleurir et leur lenteur peut décevoir. Pour la culture en pots et jardinières, mieux vaut partir les semis à l'intérieur.

Mon but n'est pas de vous décourager, loin de là. Personnellement, je produis beaucoup de plantes par semis tous les ans, et plusieurs sont cultivées strictement pour leur utilisation en pots. Mais, si vous débutez, vous verrez plus rapidement les résultats si vous achetez des plants prêts à repiquer.

Pour apprendre à faire des semis, voir les pages 109 à 110.

Végétaux à transplanter

Les caissettes

Qui n'a pas vu des caissettes d'annuelles dans les marchés, les jardineries, les pépinières et même les supermarchés au printemps? Une caissette contient habituellement 9 à 12 plants, mais parfois aussi seulement 4 à 6 dans le cas des caissettes à alvéoles. La caissette est relativement bon marché, s'il s'agit de jeunes plants produits par semis en serre et prêts à repiquer dès le début de la belle saison. Recherchez des plants vigoureux, biens verts, mais autant que possible, ne portant pas encore de fleurs. Les plants déjà en fleurs reprennent souvent mal après le repiquage. Si vous devez les acheter quand même, car plusieurs pépinières ne les offrent pas autrement, supprimez fleurs et boutons au moment du repiquage afin de stimuler un bon enracinement.

Les pots individuels

Il arrive que les plantes les plus intéressantes pour la culture en jardinières ne soient vendues qu'en pots individuels, à un prix de beaucoup supérieur à celui des plants vendus en caissettes. Par contre, ces plantes sont souvent des cultivars spéciaux, multipliés non pas à partir de semences, mais par bouture, division ou autre forme de multiplication asexuée. Elles coûtent alors plus cher à produire, et cette culture plus coûteuse se reflète dans le prix. Il serait impensable de meubler une grosse plate-bande d'annuelles avec des plants vendus en pots individuels. Par contre, en jardinière, il faut beaucoup moins de plantes, et la valeur ornementale accrue de ces cultivars spéciaux peut alors justifier la dépense supplémentaire. De toute façon, plusieurs plantes vendues en pots individuels ne sont pas disponibles autrement; si vous les voulez, il faut les acheter en pot.

Les plants en pots individuels varient de jeunes plants relativement bon marché de 10 cm ou moins, le format idéal pour les plantes à croissance rapide, comme les annuelles, aux végétaux déjà assez matures, plus gros et à plus fort prix. Par contre, ces derniers sont souvent des arbres, des arbustes, des vivaces ou des plantes tropicales qui, achetés jeunes, mettraient trop de temps à atteindre une bonne taille ou une belle floraison. En les achetant déjà bien développés, vous avez des résultats garantis dès la plantation. Les plantes en pots individuels ne subissent pas trop de chocs lors de leur transplantation en jardinière, si leur motte de racines demeure intacte. Vous pouvez donc les acheter et les planter en pleine floraison, une chose que vous ne pouvez pas faire avec des annuelles vendues en caissettes.

Les boutures enracinées

De plus en plus de pépinières offrent des boutures enracinées, prêtes à repiquer dans des pots plus grands.

Tôt au printemps, dès février, mars ou avril, et depuis quelques années seulement, les pépiniéristes offrent une occasion en or d'économiser sur certains végétaux multipliés par bouturage, normalement vendus très cher en pots individuels. Il s'agit de petits contenants de boutures enracinées, en fait des jeunes plants déjà en bonne voie d'établissement, mais que vous devez entretenir vous-même, dans la maison, pendant un mois ou deux, en attendant le printemps. Le choix est encore assez limité, mais l'économie est appréciable. Habituellement les boutures enracinées ne coûtent qu'environ le quart du prix demandé en mai pour ces mêmes végétaux. Si vous avez le temps et l'espace pour les entretenir, pourquoi ne pas le faire?

Les multicellules

Tout comme l'on commence à offrir des boutures enracinées tôt en saison, certaines pépinières offrent maintenant, entre février et avril, des semis d'annuelles en multicellules. Ces minuscules plantes croissent dans des mottes si petites qu'on les appelle micromottes, et il faut les empoter sans tarder. Si vous voulez économiser sur l'achat des caissettes, et que vous avez le temps, l'espace, les conditions et l'énergie pour les entretenir, allez-y.

Les bulbes

Habituellement, on vend les plantes à bulbes sous deux formes: déjà en croissance en pots individuels et à fort prix, ou sous forme de bulbes secs, bon marché. Personnellement, j'opte toujours pour les bulbes secs. Pourquoi payer plus cher pour des plantes en croissance alors qu'elles sont si faciles à cultiver soi-même à partir de bulbes? Pour des renseignements sur la culture de ces plantes, voir les pages 103 et 104.

Les plantes à racines nues

Certaines plantes permanentes (voir la page 106), notamment les arbres et arbustes, sont vendues à racines nues au printemps, ou avec des racines uniquement recouvertes de jute. C'est une façon très économique d'acheter des plantes de bonne taille, mais il ne faut pas tarder à les planter. Normalement, vous le faites aussitôt revenu à la maison, directement en jardinière. Si vous ne pouvez les planter immédiatement, placez-les à l'ombre et entourez les racines de compost ou de tourbe humide. Mais ne tardez pas trop et ne les laissez surtout pas sécher!

Végétaux déjà plantés

Les jardinières toutes faites

Une véritable invention pour jardiniers paresseux! Vous allez en pépinière, vous pointez du doigt la jardinière qui vous plaît, et vous l'emportez, point à la ligne. Évidemment, vous payez plus cher pour ce service, et le choix offert

Le summum de la facilité, des jardinières, des urnes, des paniers suspendus, etc. déjà garnis!

est limité, tant pour les contenants que pour les contenus. Vous ne pouvez trouver que des annuelles traditionnelles, des couleurs traditionnelles et des mélanges traditionnels. Attendez-vous notamment à voir beaucoup de pétunias, de géraniums et d'impatientes! Par contre, un tel service est souvent commode, et si c'est votre première expérience, il peut être rassurant de ne pas planter soi-même les végétaux.

Les jardinières sur commande

Vos pouvez apporter vos anciennes jardinières chez le pépiniériste et lui demander de les planter pour vous. Vous avez le droit de choisir vos plantes, ce qui est très bien si vous en avez assez des pétunias, des géraniums et des impatientes. Le prix négocié tient compte de la taille du contenant et des types de plantes que vous voulez y mettre. Il faut commander à la mi-avril au plus tard. Ainsi, non seulement vous n'obligez pas le pauvre pépiniériste à courir pendant que ses serres sont bondées de clients, mais les plants sont déjà bien établis et en pleine croissance lorsque vous retournez les chercher vers le milieu ou la fin mai.

Commandes postales

En préparant ce livre, j'ai tenté de vous indiquer les meilleures plantes pour la culture en pots et jardinières. Fort heureusement, plusieurs de ces végétaux sont offerts dans les pépinières et jardineries locales, mais ce n'est pas toujours le cas. Plusieurs plantes très intéressantes sont rarement disponibles localement, et si vous cherchez des cultivars spécifiques, le choix est encore plus mince, ce qui vous oblige à commander certaines plantes par la poste. Il existe plusieurs spécialistes vendant par catalogue des plantes bien adaptées à la culture en jardinières. De façon générale, les plantes voyagent très bien par la poste, sauf peut-être les pélargoniums qui jaunissent un peu, mais il faut toujours des exceptions à tout, n'est-ce pas? Je vous réfère à la liste de catalogues apparaissant à la page 397 pour quelques adresses utiles.

Culture des plantes en pots et jardinières

La culture des plantes en pots et jardinières n'a rien de bien sorcier. La preuve? La plupart des gens cultivent des plantes en pots et n'ont jamais étudié le sujet, suivi de cours, ou même ouvert un livre qui en traite, et pourtant ils réussissent. Par contre, ils ont généralement une certaine expérience du jardinage. Si vous êtes un vrai novice, aussi bien commencer par quelques explications de base.

Le microclimat local

Quelles sont exactement les conditions que vous pouvez offrir à vos jardinières? Du soleil? De l'ombre? De la fraîcheur? De la chaleur? Les microclimats varient énormément d'un emplacement à l'autre. Votre terrain comporte sans doute des dizaines de microclimats, et il suffit de placer vos plantes du côté nord

À l'ombre des arbres environnants, cette terrasse jouit d'une bonne fraîcheur.

ou du côté sud de la maison pour changer leurs conditions de culture. Avant d'acheter, analysez!

Emplacement ensoleillé ou emplacement ombragé

Tous savent que les végétaux ont besoin de lumière pour croître. Mais de quelle intensité?

Les plantes ont chacune leurs exigences d'ensoleillement. On peut assez bien les regrouper en trois catégories: plantes de plein soleil, de mi-ombre et d'ombre.

- **Plantes de plein soleil:** Elles préfèrent recevoir directement le soleil pendant de nombreuses heures chaque jour, habituellement, 6 heures et plus, mais peuvent généralement se contenter d'aussi peu que 4 heures. Toutefois, même 6 heures de soleil, c'est peu en tenant compte de l'ensoleillement potentiel, car notre situation géographique nous offre des jours très longs en été, d'une durée de 14 heures et plus. Donc, en ce qui concerne la culture des plantes, un emplacement ombragé une partie de la journée peut quand même être considéré comme étant un site ensoleillé.

- **Les plantes de mi-ombre:** Elles peuvent souvent tolérer le plein soleil, mais préfèrent être protégées contre ses rayons les plus ardents. Elles réussissent mieux avec 2 à 4 heures de soleil direct par jour, mais peuvent aussi bien pousser dans un emplacement que le soleil n'atteint jamais directement, à condition de recevoir 6 heures ou plus d'ensoleillement indirect ou filtré, c'est-à-dire, du soleil direct traversant un feuillage assez léger.

- **Les plantes d'ombre:** Elles peuvent brûler en plein soleil. Habituellement elles réussissent aussi très bien à mi-ombre, mais peuvent tolérer un emplacement recevant moins de 2 heures de soleil par jour, ou un emplacement sous des arbres à feuillage assez dense.

Dans la deuxième section du livre, on vous présente plus de 100 fiches décrivant plus de 200 végétaux et spécifiant l'ensoleillement que chacun préfère. En utilisant les définitions ci-dessus, vous trouverez des plantes convenant à vos conditions d'ensoleillement. En cas de doute, prenez une chance. Si la plante produit des feuilles d'un vert pâle qui semblent s'étirer vers la lumière et fleurit peu, elle manque de soleil. Transférez le pot à un endroit plus ensoleillé. Si, au contraire, ses feuilles sont jaunies et demeurent rabougries, ou si elles présentent des plaques brunes, la plante reçoit trop de soleil. Essayez de la placer à un endroit plus ombragé.

Emplacement abrité ou emplacement venteux

Il arrive très souvent que les plantes en pots soient davantage exposées au vent que celles en pleine terre. Dans leurs pots simplement déposés sur le sol ou un plancher, même une brise peut les renverser. Plus vos plantations sont en hauteur, plus le vent est fort: il vente beaucoup plus sur un balcon du 15e étage que sur une terrasse du rez-de-chaussée. Il suffit de fixer le pot solidement (voir le texte sur la culture sur balcon, à la page 62. Vous pouvez protéger vos plantes les plus délicates contre un vent trop fort en les plaçant derrière des végétaux plus solides ou derrière un écran, tel un mur, une clôture, etc.

Emplacement frais ou emplacement chaud

Certains emplacements sont plus frais que d'autres. Dans les régions aux étés très chauds, toutes les plantes, même celles de plein soleil, apprécient la fraîcheur d'un peu d'ombre. Par contre, certains emplacements sont toujours frais, près de la mer, en haute montagne, ou dans le haut d'un gratte-ciel. Comme plusieurs plantes de jardinière, bégonia tubéreux, félicie, etc., préfèrent la fraîcheur, vous devez savoir si votre emplacement en offre un peu.

La chaleur estivale cause les plus grands problèmes. Lorsqu'un pot est placé en plein soleil, les racines subissent une chaleur beaucoup plus intense qu'en pleine terre. Elle provoque une forte évaporation susceptible de déshydrater la plante. De plus, la chaleur affecte la croissance des plantes. Plusieurs subissent un stress lorsque la température dépasse 29°C, même en les arrosant bien. Si une telle température ne dure que quelques jours, ce n'est pas grave, mais lorsqu'elle persiste, les plantes souffrent. Vous pensez sans doute que de telles températures sont rares sous notre climat, mais vous seriez surpris de constater quelle chaleur se développe dans un pot exposé au soleil, surtout s'il est de couleur foncée. De plus, la chaleur est réfléchie par les objets environnants: murs, pavés, asphalte, etc. Dans les villes, où l'on trouve beaucoup de structures et peu de végétation, les plantes souffrent davantage de la chaleur qu'en banlieue et à la campagne. Dans ces conditions, mieux vaut choisir des végétaux qui la tolèrent bien (voir le chapitre *Emplacements chauds et secs* à la page 320).

Le terreau

Tous les soins apportés aux plantes en jardinières ne valent rien sans un terreau de bonne qualité. Les racines des plantes sont aussi importantes pour leur survie que leurs feuilles, sinon plus. Sans un système racinaire en bon état, elles n'ont pas la croissance vigoureuse et la floraison abondante que vous attendez.

La terre prélevée dans le jardin n'est pas recommandée pour la culture en pots. Elle est souvent lourde, compacte et contaminée par des insectes, des maladies et des mauvaises herbes.

N'oubliez pas que les plantes cultivées en jardinières poussent beaucoup plus densément que dans le jardin. Pourtant, on s'attend à ce qu'elles fleurissent autant, sinon davantage. On peut obtenir ce résultat, mais à condition d'arroser abondamment et régulièrement, fertiliser fréquemment… et utiliser un bon terreau.

Depuis quelques années, on vend de très bons terreaux: légers, aérés, bien drainés, retenant l'humidité, pasteurisés. Que peut-on demander de plus?

De quels matériaux sont composés les terreaux commerciaux? Habituellement des produits organiques comme la tourbe de sphaigne («peat moss» ou «mousse de tourbe»), des sous-produits du bois (écorce compostée) et parfois du coir (fibre de coco), ainsi que des produits minéraux comme la perlite ou la vermiculite qui sont à la base des terreaux commerciaux. À ces éléments de base, les producteurs ajoutent habituellement un peu de chaux (généralement dolomitique) pour compenser la grande acidité des produits précédents, une petite quantité d'agent mouillant (souvent du savon), parfois du sable pour donner du poids, et généralement un peu d'engrais pour bien partir les plantes. Certains mélanges de haut de gamme intègrent aussi des cristaux hydrorétenteurs (voir à la page 79) pour améliorer la capacité de rétention d'eau du terreau.

On dit que ces terreaux sont «artificiels» car ils ne contiennent habituellement pas de véritable terre. Dans bien des cas, les ingrédients utilisés sont tout à fait acceptables pour le jardinage biologique, sauf l'engrais ajouté qui, lui, est rarement biologique. Plusieurs jardiniers, dits biologiques, ferment les yeux sur cet accroc à l'éthique et l'utilisent quand même, sachant que la faible quantité d'engrais ajouté disparaît en quelques semaines. Si vous êtes plus pointilleux, sachez qu'il est possible de trouver un terreau sans aucun engrais ajouté, et que vous pouvez aussi le préparer vous-même.

UN SECRET DE JARDINIER

Pour économiser, achetez votre terreau en ballot. Les gros cubes de plastique, normalement de 107 l (3,8 pi^3), contiennent du terreau comprimé. Après un brassage pour l'aérer, il double quasiment de volume: vous obtenez ainsi deux fois la quantité que vous avez payée!

Le terreau maison

Si vous tenez à la pureté de vos terreaux et n'aimez pas les terreaux commerciaux, utilisez l'une de ces recettes décrites ci-après.

Terreau artificiel de base

1 partie de tourbe de sphaigne
1 partie de vermiculite ou perlite
5 ml de chaux dolomitique par litre de mélange
Pour un terreau extra-léger, idéal pour les paniers suspendus, ajoutez une partie supplémentaire de perlite ou de vermiculite.

Terreau artificiel lourd

Pour la culture des plantes permanentes, arbres, arbustes, vivaces, etc., ainsi que celles réclamant davantage de poids, telles les plantes hautes sujettes au versement dans les endroits venteux.
1 partie de tourbe de sphaigne
1 partie de compost forestier
1 partie de sable lavé
5 ml de chaux dolomitique par litre de mélange

Terreau artificiel enrichi de compost

Excellent pour le jardinier biologique qui désire une certaine activité microbienne.
1 partie de tourbe de sphaigne
1 partie de vermiculite
1 partie de compost (tourbe et crevettes, forestier, etc.; évitez le compost de fumier de mouton, qui est trop lourd)
5 ml de chaux dolomitique par litre de mélange

Terreau pour la culture en auge

Les plantes alpines exigent un régime spartiate et tolèrent difficilement les terreaux riches qui absorbent l'humidité, tels ceux que nous utilisons habituellement. Il leur faut un sol pauvre et très bien drainé, comme le mélange suivant.
1 partie de gravier fin
1 partie de sable grossier
1 partie de compost
1 partie de tourbe de sphaigne
2 ml de chaux dolomitique par litre de mélange (plus pour les plantes préférant un sol alcalin)

CRISTAUX HYDRORÉTENTEURS

Appelés aussi cristaux de rétention d'eau ou gels hydrorétenteurs, lorsqu'ils sont secs, ces cristaux blancs ressemblent à de minuscules grains de sable, et humides, à des petits cubes de gélatine translucides. Ils sont déjà intégrés dans plusieurs terreaux commerciaux pour paniers et jardinières, mais on peut les acheter séparément et les ajouter à des terreaux domestiques ou des terreaux commerciaux qui n'en contiennent pas. Leur capacité d'absorption est phénoménale, 400 fois leur propre poids! Comme ils libèrent l'eau au fur et à mesure que le terreau s'assèche, ils nous donnent beaucoup plus de liberté en réduisant la fréquence des arrosages. Cependant, le produit semble plus efficace dans les terreaux denses, sans autres additifs absorbants, comme la vermiculite, et dans les climats où l'air est particulièrement sec.

La durée des terreaux

La vraie terre a une durée illimitée. Amendée régulièrement par l'ajout d'un peu de matières organiques, et lessivée de tout agent de contamination par la pluie, elle peut être utilisée sans cesse. Par contre, les terreaux artificiels ont une durée d'utilisation limitée. Composés en bonne partie de matières organiques, tourbe ou bois composté, qui se décomposent et de produits qui se compactent avec le temps, comme la vermiculite, leur utilité en pot est tout au plus de deux ou trois ans. Pour la culture des plantes qui restent longtemps dans le même pot, il est donc préférable d'employer un terreau plus lourd, comme le terreau artificiel lourd ou le terreau pour la culture en auge décrit à la page précédente.

Si vous remplissez vos contenants de terreau artificiel ordinaire, devez-vous vider vos bacs et jardinières tous les ans pour le remplacer? Bien sûr que non, pas tous les ans, mais il est absolument nécessaire de le faire aux trois ans. Procédez cependant à un surfaçage annuel (voir à la page 108), car remplacer le terreau de surface élimine toute infestation par les graines de mauvaises herbes.

Que faire du terreau après son utilisation? Jetez-le tout simplement dans votre boîte de compostage, avec vos déchets de jardin et de cuisine. Riche en minéraux et micro-organismes, le terreau usagé stimule l'activité microbienne et contribue à l'obtention d'un compost de grande qualité.

L'empotage

Avant de commencer l'empotage, réunissez les matériaux et outils nécessaires.

Certaines personnes choisissent d'acheter des jardinières déjà préparées ou de les faire planter (voir la page 73), mais de nombreux jardiniers, novices et experts, montent eux-mêmes leurs paniers suspendus, jardinières, potées fleuries et bacs de culture. Et pourquoi pas? C'est économique, facile, et en ma qualité de jardinier paresseux, est-ce que j'oserai l'admettre… plaisant! En effet, après un long hiver, beaucoup de gens sont impatients de plonger les mains dans la terre, et l'une des premières activités de jardinage de l'année, c'est la préparation des jardinières.

Commencez par réunir tous les matériaux dont vous avez besoin. Voici une courte liste:

- bon choix de plantes;
- pots et jardinières de toutes tailles;
- terreau ou ingrédients à mélanger;

- seau ou grand bol;
- engrais (si vous préférez l'ajouter au moment de l'empotage);
- sécateurs ou couteaux;
- transplantoir ou grande cuillère;
- gants de jardinage (si vous préférez ne pas vous salir les mains);
- arrosoir;
- vaporisateur rempli d'eau claire;
- tuteurs et attaches;
- moustiquaire ou autre filtre pour couvrir le trou de drainage;
- étiquettes et crayon indélébile;
- grande feuille de plastique pour recouvrir la table de la cuisine.

Préparation du terreau

Si vous mélangez vos propres terreaux, ou si vous préférez y ajouter quelques ingrédients (voir la page 78), c'est le temps de le faire. C'est aussi à cette étape que vous pouvez ajouter un engrais à libération lente (voir la page 000). Autrement, il s'agit surtout de mouiller le terreau avant son utilisation, car plusieurs repoussent l'eau lorsqu'ils sont secs. Versez le terreau dans un seau ou un grand bol, ajoutez de l'eau, et brassez jusqu'à ce que le terreau soit bien humide, mais non détrempé.

Choix du pot

Si vous avez une seule plante à empoter, choisissez un contenant plus large et plus haut d'environ 5 à 7 cm que le pot d'origine, lui réservant ainsi suffisamment d'espace pour croître. Évitez cependant de lui donner un pot trop gros, et surtout plus profond, car si les racines ne peuvent s'étendre partout dans le terreau, le risque de pourriture est accru.

Par contre, pour une plantation mixte, la taille du contenant a peu d'importance, car vous le meublerez si densément de végétaux que les racines n'auront d'autre choix que de s'étendre rapidement partout.

Préparation du pot

Si le pot a déjà servi, lavez-le dans une eau savonneuse additionnée d'un peu d'eau de Javel pour le stériliser. Traitez tout pot en bois avec un agent de préservation pour le bois quelques jours auparavant. Enfin, les pots en terre cuite doivent tremper dans l'eau pendant au moins 12 à 24 heures avant de servir, sinon ils «accaparent» l'eau du terreau et des plantes. Les autres pots ne requièrent aucun traitement spécial.

Un morceau de papier journal, un petit carré de moustiquaire ou un tesson sur le trou de drainage suffit pour empêcher le terreau de fuir.

Avant de planter, recouvrez le trou de drainage pour empêcher le terreau de s'échapper lors des premiers arrosage. Un petit morceau de papier journal ou un carré de grillage fin (moustiquaire) placé sur le trou empêche le terreau de fuir avec l'eau de drainage. Vous pouvez aussi utiliser un tesson, une petite roche, etc.

Ne mettez pas de «couche de drainage» au fond du pot. Bien que traditionnelle, cette couche n'aide pas le drainage, au contraire. De plus, les plantes ont besoin de la plus grande quantité possible de terreau. Pourquoi gaspiller un espace de 3 à 5 cm avec un matériau qui ne sert strictement à rien? Par contre, dans de grands pots profonds exposés à de forts vents, vous pouvez verser une couche de gravier ou de sable dans le fond du pot, mais pour lester le pot et non pour améliorer le drainage.

Remplissez maintenant les trois quarts du pot de terreau si vous prévoyez planter plusieurs petits plants. Si vous n'y placez qu'une seule plante de plus grande taille, versez seulement assez de terreau pour que la motte soit au niveau désiré après la plantation. Tassez légèrement. Dans le cas des pots traditionnels, le «niveau désiré» est égal au rebord qui fait saillie. Dans un pot de fantaisie sans rebord, laissez au moins 5 cm de vide pour y verser de l'eau sans qu'elle déborde. Encore une fois, tassez pour compacter très légèrement le terreau. Vous êtes prêt à planter!

Versez du terreau dans le pot et tassez-le légèrement.

Dépotage de la plante

Pour sortir une plante de son pot, inversez-le, et main ouverte, tenez la base de la plante entre les doigts, tapez fort sur le fond du pot avec la paume de l'autre. Normalement la motte vous glisse dans la main, mais il faut parfois passer un couteau entre le pot et la motte pour qu'elle lâche prise.

Si vous avez des caissettes ou plateaux contenant plusieurs plants, passez les doigts entre les plants pour éviter de les écraser et inversez le contenant pour dégager la motte commune de racines, puis redressez-la et placez-la sur une surface plane. Séparez chaque plant avec les doigts ou en taillant au couteau entre les plants. Le dépotage est encore plus facile avec les plateaux à alvéoles. Il suffit de presser sur le fond de l'alvéole pour faire sortir la motte de racines.

Dans le cas de plants venant dans des alvéoles minces, il suffit de peser sur le fond de chaque contenant pour sortir la motte de racines.

Nettoyage du plant

Profitez du fait que la plante est dans votre main pour supprimer feuilles et tiges mortes, jaunies ou endommagées ainsi que toutes les fleurs. Les jeunes plants ainsi dégarnis s'enracinent plus rapidement, ce qui leur assure un développement sain.

Plantation

Si la jardinière ou le pot doit contenir des plantes d'une seule espèce, répartissez-les sur toute la surface du terreau.

Si vous placez une seule plante dans un pot, centrez-la, ajoutez du terreau jusqu'au niveau désiré, tassant légèrement avec les doigts ou le transplantoir, et égalisez-le.

Si vous mettez plusieurs plants dans un pot, placez-les d'abord sur le terreau, debout, pour vérifier l'effet final. N'oubliez pas qu'ils peuvent être plantés densément, car avec des mottes à seulement 3 ou 4 cm les unes des autres, vous obtenez plus rapidement un effet de masse. Si le contenant est visible de tous côtés, pensez à mettre une plante vedette au centre, des plantes de remplissage autour et des plantes retombantes ou rampantes en bordure. Si la jardinière n'est vue que d'un seul côté, placez la plante vedette au fond, les plantes de remplissage autour et les plantes retombantes ou rampantes à l'avant-plan. Lorsque vous obtenez l'effet désiré, creusez un trou pour chaque plante avec les doigts ou le transplantoir, insérez les plantes dans les trous, et puis tassez légèrement. Ajoutez assez de terreau pour remplir le pot au niveau désiré et tassez de nouveau.

Arrosage

Il faut arroser généreusement les jardinières nouvellement plantées. Placez le contenant dans l'évier, et arrosez doucement, en remplissant le pot jusqu'au bord, de façon à ce que l'eau pénètre toute la masse de terreau et de racines. Laissez le pot se drainer à fond.

Retouches

Il peut être nécessaire de tailler une tige brisée durant l'empotage ou d'attacher une plante à un tuteur. Attachez aussi les plantes grimpantes à leur treillis, soit en tortillant les tiges volubiles autour des montants ou en les fixant avec des attaches (voir la page 198 pour plus de renseignements sur les plantes grimpantes). Pour terminer, vaporisez le feuillage d'eau tiède pour enlever poussière ou saleté.

Touche finale

Placez vos pots et jardinières dans un emplacement bien éclairé, mais en les protégeant contre le plein soleil pendant quelques jours, le temps que les plants se remettent de l'empotage. Puis donnez-leur un emplacement en plein soleil si possible, jusqu'à leur sortie à l'extérieur.

S'il vous reste du terreau mouillé après l'empotage, recouvrez le seau ou le bol d'un couvercle étanche pour empêcher les microbes d'y pénétrer, et scellez le sac ou ballot de terreau pour la même raison.

Vous avez retardé un peu vos plantations, et le danger de gel est faible? Le temps est particulièrement doux cette année? Vous pouvez placer vos jardinières fraîchement plantées à l'extérieur immédiatement, à condition de ne pas les exposer directement au plein soleil durant les deux ou trois premières journées, mais soyez prêt à les entrer si le temps se refroidit subitement.

L'acclimatation

Ne sortez pas vos potées en plein soleil dès la première belle journée du printemps! Ayant séjourné dans la maison, elles ont perdu leur résistance aux ultraviolets et peuvent brûler si vous les exposez trop rapidement au soleil.

Une semaine ou deux avant la date du dernier gel, ou lorsque la température nocturne demeure fidèlement au-dessus de 10°C, vous pouvez commencer à acclimater les jardinières aux conditions de l'extérieur. Placez-les d'abord à l'ombre, puis augmentez quotidiennement l'intensité lumineuse jusqu'à ce que les jardinières qui doivent être placées en plein soleil soient en mesure de le tolérer. Habituellement, une semaine d'acclimatation suffit.

L'empotage à l'extérieur

On empote habituellement les jardinières à l'intérieur afin de leur donner deux ou trois semaines d'avance sur la saison, mais vous pouvez aussi le faire directement à l'extérieur, lorsque tout danger de gel est écarté. Vous utilisez la même technique que pour l'empotage à l'intérieur, incluant l'étape au cours de laquelle vous mettez les plantes à l'ombre pendant deux ou trois jours. Installez une table de travail sur le balcon ou la terrasse. Ainsi, le nettoyage est facilité: arrosez tout simplement avec le boyau d'arrosage quand vous avez terminé.

L'empotage à l'extérieur s'impose lorsque le contenant utilisé est particulièrement lourd. Pourquoi trimballer de grosses jardinières pesantes, les entrer dans la maison et les sortir ensuite lorsque vous pouvez faire le travail sur place? Placez d'abord le bac, puis remplissez-le de terreau et de plantes sur place. Parfois, la jardinière est une partie intégrante de la structure de la terrasse, de la pergola, etc. Vous n'avez alors d'autre choix que de planter sur place.

Choisissez une journée grise pour le faire afin que les jeunes plants aient quelques jours pour s'acclimater à leur nouveau milieu avant de subir le plein soleil. Sinon, après la plantation, recouvrez-les pendant un jour ou deux d'une feuille de papier journal tenue en place avec des pierres ou des briques.

Les plantations spéciales

Voilà pour les bases de la plantation. Par contre, certains contenants réclament des traitements spéciaux. Voici quelques exemples:

Demi-tonneau

Les tonneaux de vin ou de whisky sont typiques des contenants originellement destinés à d'autres fins, mais recyclés en bacs à fleurs. Sciez votre tonneau en deux pour obtenir deux beaux bacs solides. Les véritables demi-tonneaux durent longtemps, car ils sont faits en chêne et quasiment imputrescibles. Il s'agit tout simplement de les garder toujours humides, sinon le bois rétréci et les cerceaux tombent.

Cependant, de nombreux demi-tonneaux sont fabriqués spécialement pour l'horticulture, mais en bois mou, et pourrissent rapidement. Bien sûr, on teint le bois pour qu'il imite le cèdre, mais cela ne l'empêche pas de pourrir! Il vaut mieux badigeonner votre demi-tonneau d'un produit de préservation pour le bois pour augmenter sa longévité, et aussi recouvrir l'intérieur d'une feuille de plastique avant de le remplir de terreau. Ensuite, percez des trous de drainage dans le fond et placez-le sur des pieds de pot (voir la page 41) pour faciliter le drainage, permettre une circulation d'air qui retarde le pourrissement et éviter qu'il soit directement en contact avec une surface humide.

Les croquis vous donnent une bonne idée de son aménagement. D'ailleurs, les mêmes traitements et techniques conviennent aussi aux bacs de toutes catégories.

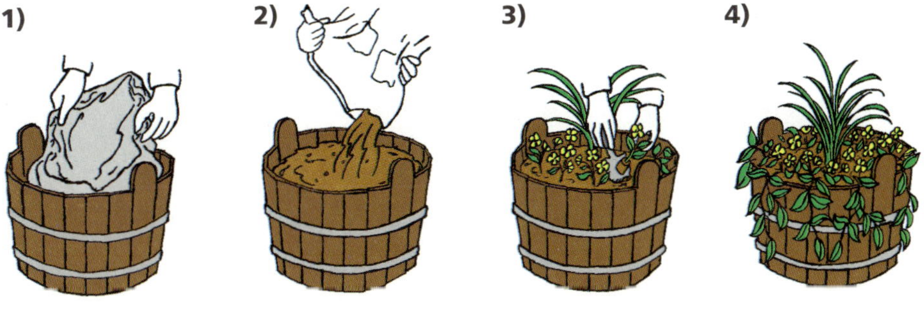

1. Recouvrez l'intérieur d'un demi-tonneau en bois mou d'une feuille de plastique ou d'un sac à ordures, puis repliez l'excédent vers l'intérieur pour le dissimuler. Percez deux ou trois trous de drainage dans le fond.
2. Remplissez-le de terreau.
3. Commencez la plantation avec une plante vedette au centre. Entourez-la d'une ou plusieurs plantes de remplissage d'une seule ou de plusieurs espèces.
4. Terminez votre plantation avec des plantes rampantes ou retombantes en bordure, et arrosez abondamment.

Panier suspendu

Les pots suspendus à parois pleines ne présentent aucune difficulté spéciale pour le jardinier. On les remplit de terreau et on y plante des végétaux de notre choix. Par contre, beaucoup de paniers sont fabriqués en fil métallique ou en gros filet de plastique pour permettre une plantation dans les parois, ce qui donne une véritable boule de feuillage et de fleurs qui cache totalement le pot. Leur plantation est cependant assez différente de celle des autres pots et exige quelques explications.

La préparation d'un panier en mousse de sphaigne

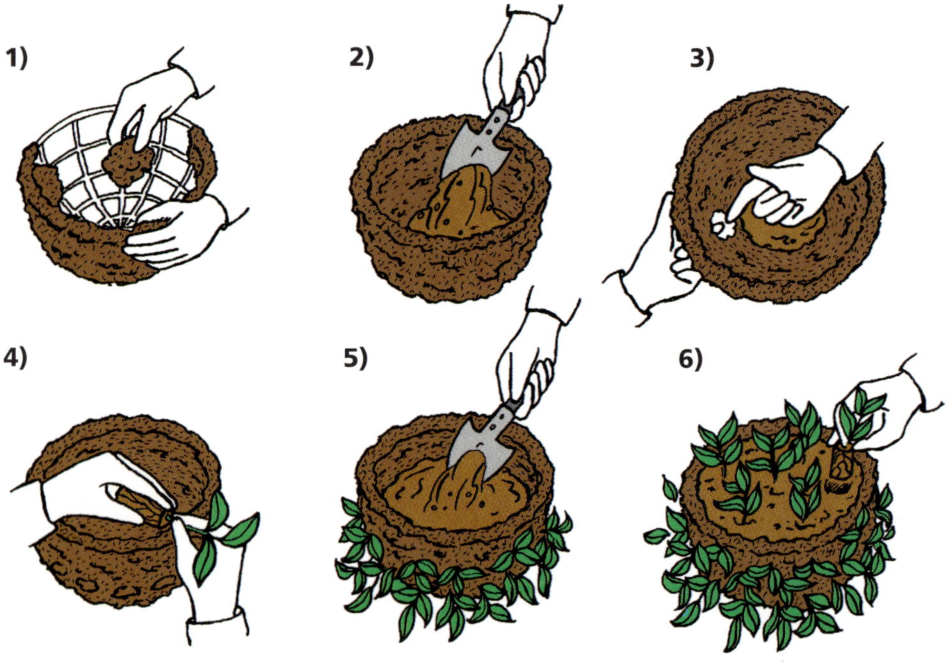

1. Tapissez l'intérieur du panier de mousse de sphaigne humide.
2. Ajoutez une couche de terreau au fond.
3. Avec le doigt, percez des trous de plantation autour du panier, juste au-dessus de la couche de terreau.
4. Comprimez légèrement la motte de racines d'un plant et passez-le à travers le trou, et couchez-le sur le côté. Recommencez jusqu'à ce que tous les trous du premier niveau soient remplis.
5. Recouvrez les mottes de terreau, puis percez une nouvelle série de trous afin de créer un autre niveau de plants. Répétez l'étape 5 au besoin.
6. Quand les parois du panier sont remplies de plants, remplissez le panier de terreau et plantez d'autres plants à la surface. Arrosez bien.

Ces paniers bien remplis décorent un tronc d'arbre mort.

Achetez un panier dont les montants sont émaillés, plastifiés ou galvanisés, sinon le fil de fer risque de rouiller. Un gros panier crée un plus bel effet et demande moins d'arrosages, mais pèse jusqu'à 10 ou 11 kilos! Assurez-vous donc de la solidité du crochet. Enfin, n'oubliez pas que ces paniers dégouttent beaucoup: placez-les à un endroit où leur égouttement ne cause pas de problèmes.

On ne peut, de toute évidence, remplir un tel panier sans d'abord le tapisser afin qu'il retienne le terreau. Plusieurs matériaux peuvent être utilisés à cette fin: feuille de plastique, papier cartonné, fibre textile, fibre de coco (coir) ou mousse, en plus de la traditionnelle mousse de sphaigne. Parfois ces produits sont moulés ou découpés pour qu'ils épousent le fond des paniers standards, sinon vous devez les découper vous-même.

Le plastique est facile à poser, mais c'est le recouvrement le moins esthétique. Par contre, c'est celui qui exige le moins d'arrosages. Vous moulez la feuille à l'intérieur de la forme, coupez l'excédent, et ensuite, vous percez des trous de plantation avec un couteau. Les autres produits en feuille se traitent de la même façon, mais étant poreux, ils exigent de plus nombreux arrosages.

La mousse de sphaigne se vend en poche ou en sac: on la fait tremper dans de l'eau tiède, puis on l'étale à l'intérieur de la forme. Les brèches de plantation sont particulièrement faciles à faire: vous passez le doigt à travers la paroi, puis agrandissez le trou au besoin. Certains jardiniers aiment allier l'apparence de la mousse à l'aspect pratique du plastique; ils tapissent d'abord l'intérieur de mousse et tapissent ensuite la mousse avec une feuille de plastique. Il faut alors percer les trous de plantation dans le plastique avec un couteau.

Dans tous les cas, on plante le panier étage par étage, utilisant habituellement des jeunes plants achetés en caissettes. Pour faciliter le travail, installez le panier sur un pot de grande taille ou un seau pour le garder en place, autrement son fond arrondi roule constamment.

Commencez par mettre une couche de terreau au fond du panier, et percer autour du pot, juste au-dessus du terreau. Glissez dans les trous les mottes de racines qu'il faut parfois comprimer un peu avec les doigts, en couchant les plants sur le côté, leur motte reposant sur le terreau. Ensuite recouvrez les mottes de terreau, puis pratiquez une deuxième série de brèches que vous remplissez aussi de plantes. Continuez ainsi jusqu'en haut du panier où vous changez de tactique. Remplissez le panier de terreau et creusez des petits trous à la surface. Vous n'avez plus qu'à y insérer des plantules dressées, puis à tasser légèrement. Pour terminer, arrosez généreusement.

Comme pour la plupart des plantations, on prépare les paniers dans la maison, quelques semaines avant la date du dernier gel, afin qu'ils soient déjà bien fournis au moment de les sortir. Mais ces paniers coulent de partout lorsqu'ils sont arrosés! Vous pouvez les suspendre au-dessus d'une grande feuille de plastique ou placer le panier sur un seau qui recueille l'eau qui s'égoutte. Vous pouvez aussi sortir les paniers à l'extérieur, si la température le permet, et les rentrer lorsqu'ils cessent de dégoutter. Vous pouvez aussi monter votre panier directement à l'extérieur dès l'arrivée du beau temps: il aura vite fait de rattraper les autres.

Si ce travail vous semble fastidieux, sachez que vous pouvez acheter des paniers déjà plantés et même en pleine floraison.

Il existe aussi des demi-pots en fil de fer: Leur utilisation et leur montage sont identiques à ceux des paniers suspendus, sauf qu'ils sont suspendus appuyés à un mur, une clôture ou un poteau plutôt que d'être suspendus à un crochet.

La tradition veut que l'on cultive des annuelles dans les paniers suspendus, mais pourquoi ne pas vous amuser à y cultiver des fines herbes, des légumes, etc.?

Jarre à fraisiers

Même si on appelle ce contenant une jarre à fraisiers, on y cultive plus souvent des fleurs ou des fines herbes. Sa plantation rappelle celle d'un panier suspendu, étage par étage, mais une étape supplémentaire s'impose parfois. Si la jarre est faite de terre cuite, faites-la tremper 12 à 24 heures avant de l'utiliser. Elle est habituellement en terre cuite, mais on trouve maintenant des jarres à fraisiers en plastique. Si la jarre mesure plus de 75 cm, il est sage d'y introduire une insertion perforée pour assurer un arrosage égal partout dans le pot.

Une jarre à fraisiers remplie de lobélies érines bleues.

1. Remplissez le fond de la jarre jusqu'à la première série d'ouvertures.
2. Placez un plant dans chaque ouverture.
3. Rajoutez du terreau jusqu'à la prochaine série d'ouvertures, placez une plante dans chacune… et continuez jusqu'à ce toutes les ouvertures soient utilisées.
4. Remplir la jarre de terreau jusqu'à 3 à 5 cm du bord, et plantez quelques plants. Arrosez bien.

INSERTION PERFORÉE

L'un des problèmes avec les contenants à plantations étagées d'une certaine hauteur, comme les jarres à fraisiers, les colonnes fleuries, les poches murales, etc., est l'arrosage inégal. En effet, au moment de l'arrosage, l'eau a tendance à sortir par les premiers orifices des parois latérales, sans descendre à travers le terreau jusqu'au fond du contenant. Les plantes du haut sont bien arrosées tandis que celles du fond manquent d'eau. Il est cependant facile de remédier à ce problème en fabriquant une insertion perforée qui laisse échapper de l'eau à tous les niveaux du pot.

De telles insertions ne sont pas disponibles commercialement, mais faciles à fabriquer. Il suffit de couper une longueur de tuyau de 2,5 cm en PVC qui doit avoir environ 2 cm de moins que la hauteur du contenant. Avec une perceuse électrique, forez autour du tuyau et sur toute sa longueur, des trous de part en part, espacés d'environ 5 cm. Bouchez le fond du tuyau et placez-le au centre du contenant, en utilisant le terreau pour le garder en place. Au moment de l'arrosage, remplissez le tuyau d'eau. L'eau est alors distribuée à tous les niveaux du terreau et non seulement jusqu'à la première rangée d'ouvertures.

On place l'insertion perforée dans toute forme de contentant étagé (ici une poche murale extra-longue). Quand on arrose, on prend la peine de remplir aussi l'insertion et l'eau arrive donc à tous les niveaux du contenant.

Poche murale

La poche murale, ou sac de croissance, est une invention assez récente mais déjà très populaire. Il s'agit d'un sac robuste de couleur verte ou noire, muni d'une poignée solide que l'on accroche à un mur ou autre plan vertical, et comportant déjà des perforations ou marqué de 'x' pour indiquer les perforations à effectuer. Il suffit de le remplir de terreau et de le planter, étage par étage, comme un jarre à fraisiers.

1)

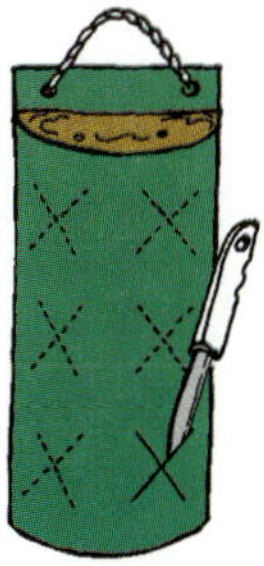

2)

1. Coupez des 'x' dans les parois de la poche murale.
2. Rajoutez du terreau jusqu'à la première rangée de trous, plantez le premier rang, ajoutez du terreau jusqu'à la deuxième rangée de trous, plantez le deuxième rang, et continuez ainsi jusqu'au sommet, où vous plantez à la surface deux ou trois plants.

Colonne de fleurs

Les colonnes de fleurs sont essentiellement des poches murales à parois rigides. Elles peuvent être dressées ou suspendues, selon le modèle. Certaines sont même à mi-chemin entre une poche murale et une colonne, le tube étant aplati pour s'appuyer sur un mur. La plantation s'effectue comme dans une poche murale, étage par étage, dans les orifices de plantation.

L'entretien des pots et jardinières

Vous avez installé votre jardinière sur le balcon, dans le jardin, etc., et elle est maintenant garnie de petites plantes. Comment allez-vous maintenant entretenir votre jardin miniature?

L'arrosage

Plus que tout, l'arrosage constitue la clé de la réussite des plantes cultivées en contenants. En effet, si vous oubliez de fertiliser une plante ou si elle reçoit trop d'ombre, elle pousse quand même, mais, si elle manque d'eau, elle meurt. Par contre, si le terreau est imbibé trop longtemps, la plante pourrit. Dans les deux cas, c'est la fin. Savoir arroser est donc l'art de prodiguer aux plantes la *quantité* d'eau exacte dont elles ont besoin, *au moment où* elles en ont besoin. L'arrosage vous laisse en conséquence un peu de jeu, mais très peu!

Arrosez moins souvent quand:

Le temps est frais.
Le temps est gris.
Le pot est à l'ombre.
Il ne vente que peu ou pas.
L'air est humide.
Il pleut abondamment.
Le pot est imperméable (plastique, métal, céramique, bois épais, béton).
Le pot est de couleur pâle.
Le pot est placé pour recevoir de la pluie.
Les plantes sont espacées et leurs racines aussi (peu après l'empotage).
Le terreau est riche en produits absorbants (tourbe, compost, vermiculite, etc.).
La plante a des feuilles et/ou des tiges épaisses (succulentes).
La plante provient d'un milieu sec (certaines plantes alpines, certaines annuelles, etc.).

Arrosez plus souvent quand:

Le temps est chaud.
Il fait soleil.
Le pot est en plein soleil.
Le vent est fort.
L'air est sec.
Il ne pleut que peu ou pas.
Le pot «respire» (en mousse, terre cuite, bois mince).
Le pot est de couleur foncée.
Le pot est à l'abri de la pluie.
Les plantes sont serrées dans le pot (après quelques mois de croissance).
Le terreau est riche en produits minéraux (sable, perlite, gravier, etc.).
La plante a des tiges et des feuilles minces (la plupart des annuelles et vivaces, etc.).
La plante provient d'un milieu humide (plantes de marécage, plantes aquatiques, etc.).

La technique de base ne pourrait être plus facile: arrosez abondamment, jusqu'à ce que toute la motte soit bien imbibée, et n'arrosez plus tant qu'elle n'est pas quasiment sèche. Il reste à apprendre jusqu'où arroser abondamment, et de quelle façon déterminer si la plante a encore besoin d'eau.

Si je pouvais seulement vous donner une fréquence d'arrosage quelconque, ce serait plus facile. Mais trop de facteurs interviennent. Voici tout simplement des principes de base.

Il n'y a pas de fréquence magique pour les arrosages. Quand il fait chaud et sec, et qu'il ne pleut pas, il faut souvent arroser quotidiennement, même deux fois par jour s'il s'agit de paniers suspendus. Quand il pleut abondamment et souvent, comme c'est le cas certains étés, vous n'avez peut-être même pas à arroser! Idéalement, il faut vérifier l'état du terreau tous les jours, sauf lorsqu'il pleut abondamment. Il existe quatre méthodes pour déterminer si les plantes ont besoin d'eau.

- **Toucher.** Enfoncez l'index jusqu'à la deuxième jointure. Si le terreau est sec ou presque sec, il a besoin d'eau. Sinon, attendez.

- **Poids.** Au fur et à mesure que le terreau s'assèche, le pot s'allège. En comparant le poids du pot après un bon arrosage et son poids après quelques jours de temps chaud et sec, vous apprendrez à connaître ses besoins en eau. Cette méthode est cependant plus valable pour les petits pots.

- **Humidimètre.** On vend des humidimètres ou lecteurs d'humidité dans la plupart des jardineries. Enfoncez la moitié de la sonde dans le terreau et regardez les résultats. Quand la sonde indique «sec», arrosez; «normal», préparez-vous à arroser; et «humide», vous pouvez prendre congé! Attention cependant aux faux résultats, car la plupart de ces sondes sont très sensibles aux sels minéraux et mentent si le terreau en contient trop ou pas assez. Si la sonde indique «sec» alors que le terreau est visiblement détrempé, ou «humide» alors qu'il est sec, utilisez une autre méthode.

- **Feuilles.** Parfois les feuilles perdent leur lustre et pâlissent. Mais quand la plante fane vraiment, elle n'est pas seulement sèche, mais *très* sèche. Certaines plantes récupèrent si elles sont arrosées dès qu'elles fanent; d'autres meurent. À bien y penser, il est préférable de se fier d'abord à l'une des trois méthodes précédentes.

Les plantes vous indiquent qu'elles ont soif en flétrissant, mais sans garantir qu'elles récupéreront. Si vous voyez une potée dans un tel état, plongez-la carrément dans un seau d'eau pendant une heure pour la laisser «se désaltérer» tout son soûl.

Avec quelques semaines d'expérience, vous apprendrez à juger passablement bien des besoins en eau de vos plantes simplement en voyant les conditions atmosphériques, et vous arriverez à établir un horaire d'arrosage convenant à vos conditions.

Méthodes d'arrosage

Vous avez plusieurs méthodes d'arrosage à votre disposition, dont les suivantes:

- **Arrosoir:** Il est idéal si vous n'avez que deux ou trois jardinières. Il est utile pour la fertilisation car vous pouvez alors ajouter l'engrais soluble à l'eau d'arrosage. Si, par contre, vous devez le remplir plus d'une fois pour vous acquitter de l'arrosage de vos plantes, pensez à un autre instrument d'arrosage, sans compter que soulever un arrosoir plein d'eau au-dessus de la tête, pour rejoindre les paniers suspendus, est une véritable prouesse.

- **Bouteille comprimable**: Elle est utile pour arroser les paniers suspendus sans monter sur un banc ou les décrocher. Cependant, si vous devez la remplir plus d'une fois au cours d'une séance d'arrosage, adoptez une autre méthode.

Une bouteille comprimable permet d'arroser les plantes en hauteur sans grimper.

- **Lance:** Elle permet d'arroser une grande quantité de jardinières sans retourner constamment au robinet, et grâce au contrôle de débit, vous pouvez ouvrir ou fermer l'eau instantanément. Si vous choisissez une longue lance, vous pouvez arroser sans difficulté toutes les plantes, sauf les paniers très hauts. Fertiliser pose cependant des difficultés, mais vous trouverez des suggestions à cet égard à la page 000. Par contre, il faut avoir accès à un robinet extérieur pour arroser avec un boyau, ce qui n'est pas toujours possible lorsque le jardin en pots se trouve sur un balcon ou un toit. Si tel est le cas, vous pouvez utiliser un adaptateur pour brancher le boyau sur le robinet de l'évier de la cuisine et le sortir par une fenêtre ou une porte.

Une lance assez longue permet d'atteindre même les jardinières, en hauteur.

- **Irrigation au goutte-à-goutte:** La facilité même! Avec ce genre de système, vous pouvez presque oublier l'arrosage! Pour de plus amples renseignements sur cette méthode d'arrosage simple et efficace, voir *Irrigation au goutte-à-goutte: la meilleure amie des jardinières et du jardinier* à la page 95.

Un simple système de poulies facilite l'arrosage des paniers très hauts.

Dans tous les cas, arrosez lentement jusqu'à ce que l'eau s'écoule par le trou de drainage, et pour vous assurer que toute la motte est bien imbibée, recommencez 5 ou 10 minutes plus tard, en arrosant encore jusqu'à ce que l'eau s'écoule. Si la plante était complètement flétrie avant l'arrosage, vous devrez peut-être plonger la motte entière dans un seau d'eau, et la «laisser boire» pendant une heure.

ARROSEZ À VOTRE PORTÉE

Vous pouvez utiliser une petite poulie ou roue à gorge pour descendre une plante à votre portée pour l'arrosage, et la remonter ensuite. Fixez-la à l'avant-toit et attachez la corde à un coulisseau sur un mur, à une hauteur facilement accessible. Plus le système compte de roues à gorge, plus il est facile de monter et descendre un panier très lourd. Ces systèmes sont vendus dans les quincailleries et les magasins d'équipement nautique.

Un contenant muni d'une soucoupe peut réduire la fréquence des arrosages, car le surplus d'eau qui reste quelque temps dans la soucoupe est plus tard absorbé par la motte des racines. Dans la maison, il faut toujours vider ce surplus, sinon la motte s'imbibe trop. À l'extérieur, l'évaporation étant plus grande et les plantes séchant plus rapidement, le surplus d'eau séjourne trop peu de temps dans la soucoupe pour causer des problèmes.

Économies d'eau

De nos jours, économiser l'eau est un souci constant. Dans plusieurs régions, des règlements municipaux déterminent la fréquence de l'arrosage des pelouses et des plates-bandes[1], rappelant à tous que l'eau est une ressource précieuse. De plus en plus de municipalités taxent l'eau, ce qui devrait vous y faire penser si vous n'en êtes pas conscient. Voici quelques façons de réaliser des économies d'eau:

- **Irrigation au goutte-à-goutte.** Comme le système fournit l'eau lentement et sans perte inutile, il conserve les plantes bien irriguées en utilisant le moins d'eau possible. C'est le système d'arrosage qui demande le moins d'eau.

1 Ces règlements permettent habituellement l'arrosage des pots et jardinières, mais il ne faut tout de même pas exagérer.

- **Paillis.** Tout comme dans le jardin, une couche de 5 à 7 cm de matières organiques à la surface du terreau contribue à réduire l'évaporation et le garder plus frais.
- **Double empotage.** En plaçant votre pot à l'intérieur d'un autre ou d'un cache-pot, le soleil ne frappe pas ses parois. Le terreau demeure plus frais et s'assèche alors moins rapidement.
- **Arrosage matinal.** Tôt le matin, l'évaporation est plus faible et plus d'eau se rend directement aux racines.
- **Plantes moins avides d'eau**. Vous arrosez moins souvent en cultivant des cactus, plantes grasses et autres plantes provenant d'un milieu sec (voir le chapitre *Emplacements chauds et secs*).
- **Rempotage fréquent.** Évitez de garder les plantes trop à l'étroit en rempotant plus souvent. Plus il y a de terreau, plus il peut jouer son rôle de réservoir d'eau.
- **Regroupement de pots.** Des pots regroupés se font mutuellement de l'ombre et moins de soleil arrive aux contenants. Le terreau demeure alors plus frais et l'évaporation est réduite.
- **Ombre.** Placez vos plantes à mi-ombre ou sous une ombre plus importante. Ce sont les plantes exposées en plein soleil qui réclament le plus d'eau.
- **Hydrorétenteurs:** Ajouter des hydrorétenteurs à vos mélanges de terreau. Ce sont de curieux cristaux blancs qui se transforment en gelée translucide lorsqu'ils absorbent de l'eau. Ils permettent d'étirer les délais entre les arrosages. Voir à la page 79.
- **Eau de pluie.** Placez un tonneau ou autre contenant sous la gouttière pour recueillir l'eau de pluie, et utilisez-la pour arroser vos jardinières.

Réservoir intégré

On vend des bacs et pots avec réservoir intégré, c'est-à-dire ayant leur propre réserve d'eau. Ils fonctionnent comme une mèche, l'eau se rendant aux racines au fur et à mesure que le terreau s'assèche, assurant ainsi, en théorie, un arrosage égal qui vous procure un peu de répit. Je dis bien «en théorie», car si ces pots sont efficaces et utiles pour la culture des plantes à l'intérieur où l'évaporation est plus faible, ils le sont moins à l'extérieur où les besoins en eau sont plus grands. En effet, le réservoir intégré n'est pas assez grand pour contenir suffisamment d'eau pour une seule journée sans arrosage lorsqu'il faut chaud et sec!

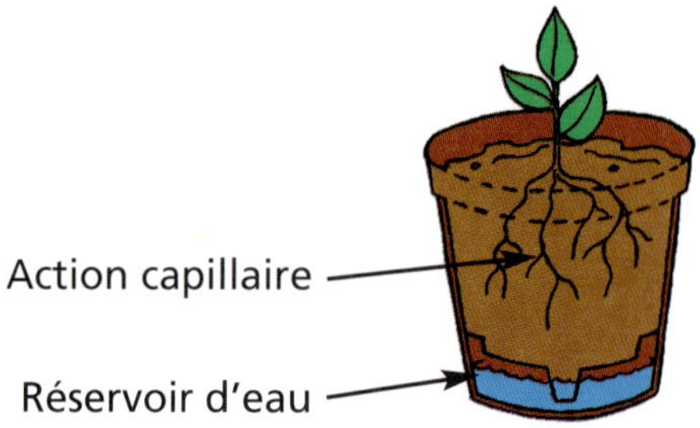

Les pots avec réservoir intégré contiennent une réserve d'eau qui arrive aux racines selon leurs besoins.

Irrigation au goutte-à-goutte: la meilleure amie des jardinières et du jardinier

Personnellement, j'aime bien laisser Dame Nature s'occuper de tout. *Collaborer avec Dame Nature* est même l'un des principes de base du jardinier paresseux! Mais il m'arrive aussi de dire: «Vive la technologie», et c'est le cas ici. Très honnêtement, s'il fallait se fier uniquement à Dame Nature pour arroser les plantes *en pots*, il faudrait se limiter à la culture des cactus et des plantes succulentes! À moins de souhaiter vous promener tout l'été, matin et soir, arrosoir ou boyau à la main, je vous suggère d'apprendre à utiliser l'irrigation au goutte-à-goutte.

Le principe de base est simple: un boyau principal va de jardinière en jardinière, et à chaque plante, un mince tuyau, appelé tuyau spaghetti, monte ou descend jusque dans le pot. Son extrémité est munie d'un goutteur qui permet à l'eau d'arriver sur le terreau sous forme de gouttelettes. En coulant les unes après les autres, ces petites gouttes imbibent toute la motte.

Pour camoufler un peu l'irrigation au goutte-à-goutte, installez le boyau principal à la base du mur ou sous la terrasse et les «tuyaux-spaghettis» derrière les pots.

Un système typique fonctionne ainsi. À chaque potée, un ou deux «tuyaux-spaghettis» sont insérés dans le boyau principal, l'autre extrémité étant maintenue sur le terreau au moyen d'un clip attaché au goutteur (certains systèmes permettent de fixer des goutteurs en série sur le même tuyau). Utilisez si possible des émetteurs régulateurs de pression qui assurent un débit égal d'eau, même si votre système comprend des goutteurs au niveau du sol et d'autres suspendus à l'avant-toit. Voyez le tableau ci-contre pour connaître la quantité de goutteurs nécessaires pour chaque pot. Pour les jardinières longues et étroites, calculez environ un goutteur pour chaque longueur de 30 cm.

Testez le système en le faisant fonctionner jusqu'à ce que de l'eau commence à sortir par les trous de drainage, normalement après une heure ou deux, et prenez note du temps écoulé. Au prochain arrosage, utilisez ce temps comme

Pour arroser des paniers suspendus, faites en sorte que le boyau principal longe le balcon supérieur ou l'avant-toit, et que des «tuyaux-spaghettis» longent les chaînes des crochets. Installé avec soin, un tel système est à peine visible!

guide. Si certains pots ne reçoivent pas assez d'eau, c'est-à-dire si leur terreau n'est pas imbibé à la fin du temps d'arrosage, ajoutez un autre goutteur ou changez celui que vous aviez utilisé pour un goutteur à plus gros débit. Certains goutteurs ont un débit réglable. Au fur et à mesure que l'été avance, les plantes croissent, absorbent plus d'eau et leurs besoins en arrosage augmentent. Ajustez la durée d'arrosage en conséquence.

Vers la fin de l'été, lorsque la température baisse et la durée du jour diminue, ce qui déclenche un ralentissement de la croissance, ajustez de nouveau votre système, soit en réduisant le temps d'arrosage, en utilisant des goutteurs à plus faible débit, ou en fermant certains goutteurs, car il existe des bouchons à cette fin.

Certains accessoires sont nécessaires pour bien utiliser un système d'irrigation au goutte-à-goutte, notamment une valve anti-siphon à installer au début du système pour empêcher l'eau d'arrosage d'être aspirée dans les tuyaux de la maison, un filtre pour éviter que les minces «tuyaux-spaghettis» soient bouchés par des particules, et pour les jardiniers vraiment, mais vraiment paresseux, des injecteurs d'engrais qui fertilisent automatiquement les plantes pendant l'arrosage.

Lorsque vous aurez de l'expérience dans l'utilisation de votre système d'irrigation, vous pourrez y ajouter un injecteur d'engrais qui s'occupera automatiquement de la fertilisation.

Une minuterie est vraiment très pratique. Dans sa forme la plus simple, elle ferme simplement l'eau à la fin de l'arrosage, et vous devez l'ouvrir chaque fois que vous arrosez. Une telle minuterie suffit si vous êtes toujours à la maison, surtout dans les régions où il pleut assez souvent, car vous n'utiliserez le système qu'occasionnellement. Les modèles plus sophistiqués ont des contrôles programmables. Surtout pratiques pour les gens qui s'absentent souvent, ainsi que dans les régions où les étés sont secs, ils permettent de programmer plusieurs sessions d'arrosage hebdomadaires d'une durée déterminée. Vous pouvez alors partir en vacances plusieurs semaines, en sachant que vos plantes seront bien arrosées. Vous pouvez même ajouter à votre système une sonde qui annule le cycle d'arrosage s'il a assez plu!

À gauche, un contrôle programmable, et à droite, une simple minuterie.

NOMBRE DE GOUTTEURS 1/2 GPH* PAR POT

(estimation)

Diamètre du pot	Nombre de goutteurs
Jusqu'à 15 cm	1
18-30 cm	2
33-45 cm	3
50-75 cm	4
Plus de 75 cm, 1 émetteur par 15 cm de diamètre	

*. 1/2 GPH = Un demi gallon/heure.

L'hiver, vidangez le système d'irrigation au goutte-à-goutte, sinon les boyaux peuvent éclater si de l'eau gèle à l'intérieur. Mieux encore, détachez-le et remisez-le à l'intérieur.

Absence prolongée

«Vacances estivales»! Voilà un terme qui glace le sang des jardiniers. Ils refusent de quitter leurs chers petits anges, même pour un week-end. Qui va arroser les plantes? Idéalement, ils aiment être sur place, car on ne sait jamais à quel moment se présente une forte période de canicule ou de sécheresse, une situation qui met à rude épreuve le système d'irrigation automatique le plus perfectionné. Faites alors comme tant d'autres, et passez vos vacances en Floride, durant l'hiver. Durant la saison morte, vous n'avez à vous soucier ni de vos jardinières, ni de votre aménagement.

Bien sûr, tous n'ont pas la possibilité de prendre des vacances hivernales. Et même un jardinier invétéré a droit à un peu de liberté. Pour que vos plantes souffrent le moins possible de sécheresse pendant votre absence, utilisez les techniques recommandées sous *Économies d'eau* à la page 93, et déplacez et regroupez vos plantes temporairement dans un emplacement plus ombragé. Sous un climat plutôt pluvieux, cela suffit, mais vous pouvez aussi demander à un ami d'arroser au besoin. Des pots regroupés lui facilitent la tâche, et il risque moins d'oublier une potée.

Si par contre, vous utilisez un système d'irrigation au goutte-à-goutte, ou autre système automatisé, bien programmé, dont le fonctionnement a été vérifié par quelques jours d'utilisation, ne changez rien, c'est déjà presque la

En regroupant vos pots autour d'un réservoir d'eau et en faisant courir des mèches de l'eau jusqu'au terreau dans lequel vous l'enfoncez, vous donnez à vos plantes une autonomie de presque 2 semaines.

perfection! Si vous craignez une canicule, augmentez tout simplement un peu la durée de l'arrosage. Vos jardinières risquent parfois de dégoutter, mais si ce n'est que pour quelques semaines …

Vous pouvez aussi utiliser des mèches ou des morceaux de fil de coton épais, tels des gros lacets de soulier, enfoncés de 3 à 5 cm dans le terreau de vos jardinières, et se rendant à un réservoir d'eau, tel un grand seau. L'eau sera amenée du réservoir jusqu'aux racines par capillarité. Il importe cependant de bien humidifier la mèche avant de l'installer, car elle doit être amorcée afin de fonctionner correctement. Comme pour l'irrigation au goutte-à-goutte, n'installez pas un système de mèches la veille de votre départ! Il faut le tester pendant au moins une semaine, car certains contenants exigeront peut-être plusieurs mèches, ou vous réalisez que la capacité de votre seau est insuffisante pour le nombre de contenants que vous avez. Mieux vaut ajuster le système avant de partir plutôt que de trouver vos plantes mortes à votre retour.

Enfin, vous pouvez transformer une bouteille de boisson gazeuse de 2 litres en réservoir d'eau. Il suffit de la rincer et la remplir d'eau, ou d'eau additionnée d'engrais. Percez un tout petit trou dans le bouchon, juste assez pour assurer un lent débit goutte-à-goutte. Renversez la bouteille et plongez-la par le col dans le terreau. Elle libère alors l'eau peu à peu. Encore une fois, testez votre système avant de partir pour connaître exactement son autonomie, c'est-à-dire la durée de l'arrosage fourni, car certaines jardinières de grande taille peuvent nécessiter deux ou trois bouteilles. Il existe des versions commerciales de ce système dans lesquelles le capuchon de la bouteille est remplacé par un piquet troué qui pénètre dans le terreau.

Une bouteille de boisson gazeuse dont le capuchon est percé peut servir de mini-système d'irrigation.

La fertilisation

Les plantes cultivées en pots à l'extérieur exigent plus d'engrais que les autres, notamment à cause du lessivage provoqué par la pluie. Pour obtenir de bons résultats, il faut donc s'assurer qu'elles sont fertilisées abondamment, et souvent.

Il y a essentiellement deux façons de fertiliser les plantes en jardinières: appliquer des engrais solubles régulièrement ou, en début de saison, mélanger au terreau des engrais à dissolution lente.

Les engrais solubles

Ces engrais se vendent liquides ou sous forme de poudre. On les applique habituellement en même temps que l'on arrose. D'ailleurs, même si les fabricants d'engrais recommandent habituellement des applications mensuelles à forte dose, il est plus intéressant de diluer la dose et de faire des applications à chaque arrosage. Ainsi les plantes sont constamment nourries et offrent une meilleure performance. Habituellement, on applique l'engrais au quart de la dose recommandée. Avec une fertilisation constante, on ne risque pas de l'oublier, car ajouter de l'engrais à l'eau fait partie de la routine de l'arrosage.

Appliquer un engrais soluble est un jeu d'enfant si vous utilisez un arrosoir. Vous ajoutez la quantité requise à l'eau, vous brassez un peu, et vous arrosez normalement. Si vous arrosez au moyen d'une lance, c'est moins facile. Une solution consiste à utiliser un siphon. C'est une rallonge munie d'un petit tube flexible qui se place entre le robinet et le boyau d'arrosage. Il s'agit de placer le tube dans un seau d'engrais selon la concentration recommandée, chaque marque ayant son propre dosage. En conséquence, lisez le mode d'emploi. Quand l'eau circule, le boyau aspire l'engrais et le mélange à l'eau d'arrosage. Vous pouvez aussi acheter un injecteur d'engrais, disponible dans les magasins de culture hydroponique. Il s'agit d'un petit appareil qui agit de la même façon que le siphon; on le remplit d'engrais selon la concentration recommandée et il le dilue dans la proportion voulue dans l'eau d'arrosage. Vous pouvez aussi utiliser une lance d'arrosage munie d'une chambre d'engrais. Vous placez dans la chambre une pastille d'engrais spécialement conçue pour ces lances, et vous arrosez!

Certaines lances comportent une chambre d'engrais, ce qui vous permet de fertiliser en même temps que vous arrosez.

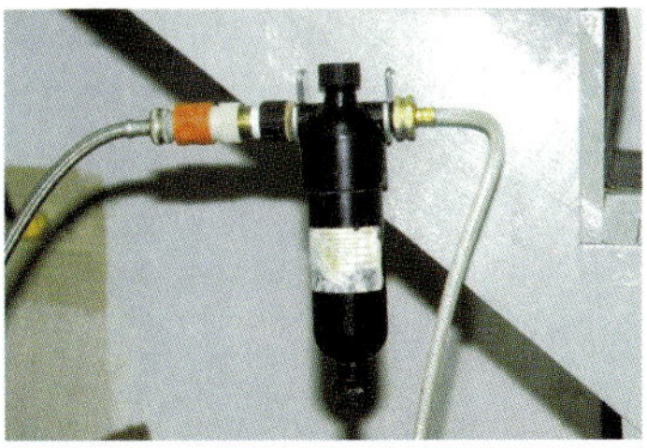

Ce petit injecteur simple peut s'intégrer à tout système d'arrosage.

Il existe des injecteurs d'engrais conçus spécifiquement pour l'irrigation en goutte-à-

LES ENGRAIS FOLIAIRES

En plus, ou au lieu de l'engrais soluble appliqué aux racines, on peut vaporiser des solutions d'engrais directement sur le feuillage des plantes. Cet engrais est absorbé plus rapidement. Diluez cependant les engrais foliaires à un huitième de la dose recommandée, sinon ils peuvent brûler les feuilles.

On utilise souvent la fertilisation foliaire comme fertilisation d'appoint pour compléter un autre programme de fertilisation. Si une ou deux plantes semblent faibles ou jaunies, on vaporise sur elles de l'engrais foliaire et elles reprennent leur coloration normale. Je recommande les algues marines pour la fertilisation foliaire, car elles contiennent *tous* les oligo-éléments. C'est exactement ce qu'il faut pour traiter les carences si difficiles à reconnaître, et pourtant si courantes dans la culture en jardinières, principalement à cause du lessivage constant que les pots subissent.

goutte. Mieux vaut utiliser un engrais recommandé pour un tel système. Il faut surtout éviter les engrais qui se dissolvent mal et risquent de boucher les fins «tuyaux-spaghettis» du système. Comme un tel injecteur augmente le prix d'un système déjà assez coûteux, vous pouvez tout simplement ajouter un engrais à dissolution lente au terreau en début de saison, et oublier la fertilisation constante.

Engrais à dissolution lente

Ces engrais sont habituellement offerts sous forme de granules. On les mélange au terreau, lors de la plantation, et ils dégagent lentement leurs éléments nutritifs, pendant trois à six, ou même 12 mois, selon la marque. Chaque marque d'engrais a son propre taux d'application, mais on peut généralement calculer environ une poignée de granules pour 4 litres de terreau. Si vous oubliez de mélanger l'engrais au terreau avant l'empotage, vous pouvez en étendre une petite poignée à la surface du terreau avant ou après la plantation, mais c'est plus facile avant. Vous faites ensuite pénétrer les granules dans le terreau avec une petite fourche. Les engrais à dissolution lente étant moins «mobiles» que les engrais solubles, il faut bien les mélanger au terreau pour qu'ils arrivent jusqu'aux racines. La plupart des engrais biologiques sont à dissolution lente.

Le marché offre aussi des engrais à dissolution lente sous forme de bâtonnets que l'on insère dans le terreau après la plantation, à raison de 1 à 6 bâtonnets par potée. La quantité exacte dépend de la marque d'engrais et de la taille du pot.

Programme combiné

Le besoin d'éléments fertilisants des plantes en jardinières est si grand que beaucoup de gens combinent les deux formes d'engrais: ils appliquent la dose habituelle d'engrais à dissolution lente lors de l'empotage printanier, et la complète avec un engrais soluble, appliqué à chaque arrosage. Un peu exagéré, pensez-vous? Ces gens ont généralement les plus belles jardinières!

Éléments nutritifs requis

Les plantes utilisent environ 16 éléments minéraux pour bien croître, mais la plupart sont des oligo-éléments, soit des micro-éléments que les plantes utilisent en quantités infimes. Il y a cependant trois macro-éléments – l'azote (N), le phosphore (P) et le potassium (K) – qu'elles

Il y a des centaines de formules et marques d'engrais sur le marché, et la plupart conviennent pour la culture en jardinières.

exigent en quantités importantes, et ce sont surtout ces derniers qu'il faut surveiller. Tous les engrais commerciaux indiquent le pourcentage de ces macro-éléments sur l'étiquette, et dans le même ordre: N, P, K. Il est donc facile de connaître leur concentration exacte.

Vous verrez sur le marché des dizaines d'engrais solubles, mais, pour les besoins de la culture en pots, vous ne devez en retenir que trois. Les engrais *pour plantes vertes* sont riches en azote (le premier chiffre) et stimulent la croissance des parties vertes de la plante. De tels engrais indiquent un pourcentage plus élevé dans le premier chiffre: 30-15-15, ou 20-10-10, par exemple. Les engrais *pour plantes à fleurs* contiennent un plus fort taux de phosphore (le deuxième chiffre) qui stimule non seulement la floraison et la fructification, mais aussi l'enracinement. Un taux typique serait 15-30-15 ou 10-15-10. Les engrais *tout usage* contiennent un taux égal des trois éléments, comme 15-15-15, ou 20-20-20. Peu d'engrais sont cependant plus riches en potassium, l'élément n° 3, qui sert surtout à augmenter la résistance des plantes et les aide à accumuler des réserves.

Le choix semble alors évident: donnez un engrais riche en azote aux plantes vertes et un engrais riche en phosphore aux plantes à fleurs. Mais il est embêtant de traîner deux arrosoirs avec soi! De plus, les plantes vertes et les plantes à fleurs occupent souvent le même pot. Alors, beaucoup de jardiniers utilisent soit un engrais tout usage qui convient aux deux types de plantes, ou alternent engrais tout usage et engrais pour plantes à fleurs.

Il reste quelques cas spéciaux, les plantes dont les besoins en engrais sont différents. Certaines, tels les agrumes et les azalées, préfèrent un engrais acidifiant. On peut acheter de tels engrais pour ces rares cas d'exception.

Brûlures

Appliquez de l'engrais, mais pas trop. Trop d'azote brûle le feuillage. Ne donnez pas d'engrais aux plantes desséchées ou par temps très chaud et très sec, pour la même raison. Si vos plantes jaunissent plus qu'elles ne verdissent, ralentissez vos applications d'engrais pendant quelques semaines.

La taille

Une taille de temps en temps est bénéfique pour les plantes. Non seulement elle permet de corriger des petits défauts, comme une croissance étiolée ou penchée, mais elle stimule aussi la floraison. Voici quelques formes de taille à pratiquer:

Pincer une jeune annuelle stimule une meilleure floraison.

- **Pinçage des jeunes plants**. Pincer les jeunes semis stimule l'augmentation du nombre des tiges et par conséquent, des fleurs. Faites-le quand les semis ont environ 10 cm de hauteur, en supprimant tout simplement la pointe de croissance.

- **Suppression des fleurs à la plantation.** On vend habituellement des annuelles pleinement fleuries en caissettes, mais au stade de la floraison, les annuelles récupèrent difficilement après le repiquage, car elles en sont à l'étape de la floraison et non à celle de la production de nouvelles racines. En supprimant tous les boutons et les fleurs, les plantes s'acclimatent beaucoup plus rapidement et fleurissent ensuite davantage.
- **Suppression des fleurs fanées.** Lorsqu'une plante commence à produire des semences, elle concentre habituellement son énergie sur la maturation des graines et cesse de fleurir. Supprimer les fleurs fanées empêche la production des graines et renouvelle la floraison. Il suffit de pincer les fleurs fanées à leur base avec le pouce et l'index.
- **Taille des plantes en déclin.** Certaines plantes «se fatiguent» à la mi-été, telles l'alysse odorante, le pavot de Californie, le pétunia, etc. Elles se dégarnissent de la base, s'ouvrent trop au sommet et fleurissent moins. À ce moment-là, rabattez toute la plante de moitié et fertilisez-la abondamment. D'habitude, elle repousse rapidement et fleurit souvent comme jamais auparavant.
- **Taille de correction.** La plante pousse d'un seul côté, a des tiges mortes ou brisées, ou est plus haute que les autres, ce qui détruit l'ensemble? Éliminez les tiges mortes, malades ou tordues, et rabattez les tiges trop hautes. Après cette taille, la plante reprend rapidement une croissance plus dense et plus attrayante.

Le toilettage

Il n'est pas toujours nécessaire de sortir le sécateur et tailler pour embellir une plante. Parfois, un simple nettoyage suffit. Si l'apparence d'une potée est diminuée par des feuilles jaunies ou brunes, ou des fleurs mortes, brassez vigoureusement toute la potée et, très souvent, les parties inesthétiques tombent d'elles-mêmes. Si une jardinière placée près de la route est poussiéreuse, lavez-la à grande eau avec un boyeau. Si une plante pousse dans un emplacement quelque peu ombragé, toutes les semaines, tournez son pot d'un quart de tour pour stimuler une croissance égale et droite.

Le tuteurage

Certaines plantes exigent un tuteur. C'est le cas des plantes sur tige, tels les rosiers et les fuchsias spécialement greffés ou taillés à cette fin, car leur «tronc» est rarement assez solide pour supporter leur poids. Certaines plantes normalement solides en pleine terre, sont parfois exposées à des vents plus forts en pots; si vous craignez qu'elles se brisent, tuteurez-les aussi. D'autres n'ont pas normalement besoin d'un tuteur, mais lorsqu'elles produisent des tiges penchées, vous avez deux choix: les tailler ou tuteurer les tiges déviantes pour les redresser. Enfin, attacher une plante grimpante sur un treillis ou support est aussi une forme de tuteurage (voir la page 198).

Enfoncez le tuteur dans le pot à côté de la tige à supporter, et liez les deux avec des attaches élastiques, ou des produits commerciaux, tels les liens

Un bon tuteur est solide, droit et de couleur neutre.

recouverts de mousse de polystyrène vert qui sont très bien, ou tout simplement d'excellentes languettes taillées dans des bas de nylon. Utilisez des attaches vertes ou neutres.

La transition automnale

L'hiver est très rigoureux dans notre partie du globe, et peu de végétaux en pots y survivent. Lorsque l'automne approche, il faut décider si certaines plantes sont à sauver. Voici trois méthodes pour le faire.

Rentrée automnale

De nombreuses plantes de jardinières sont des annuelles. À l'arrivée de l'automne, leur cycle de vie tire à sa fin. Il n'est pas très intéressant de tenter de les maintenir, car elles ne fleuriront encore que quelques semaines avant de mourir. Les fiches de la section 2 indiquent si une plante est une véritable annuelle ou non.

Plusieurs autres sont cependant des vivaces tendres que l'on cultive comme des annuelles. Elles peuvent vivre d'année en année, mais à condition de les protéger contre le gel. Par contre, il est parfois ridicule de se donner la peine de les sauver si elles se remplacent à peu de frais le printemps suivant, par des semis ou l'achat des caissettes. Est-ce valable d'utiliser le peu d'espace dont vous disposez pour cultiver des plantes aussi communes dans la maison?

D'autres plantes cultivées en pots sont tropicales ou subtropicales et ne sont disponibles ni en sachets, ni en caissettes, mais en pots individuels, et se vendent cher au printemps. Essayer de les maintenir durant l'hiver est plus logique. Il faut également accorder une attention particulière à des plantes qui, bien qu'ordinaires, non seulement survivent dans nos demeures, mais les embellissent. C'est le cas de plusieurs plantes à fleurs, tel le géranium des jardins. Son abondante floraison durant l'hiver lui confère une valeur spéciale au moment de la rentrée automnale, même s'il s'agit d'une «annuelle» très ordinaire. Pensez aussi aux plantes qui présentent d'autres attraits hivernaux, comme les fines herbes qui produisent leurs feuilles odorantes tout l'hiver, si on les rentre. Évidemment, le choix final vous revient, mais rares sont les jardiniers qui résistent à la tentation de rentrer au moins une plante «juste pour la voir».

Il faut toutefois un endroit pour maintenir ces végétaux sauvés du froid. Certaines plantes nous facilitent le travail, car elles s'endorment à l'automne. C'est le cas de la plupart des bulbes, des cormus, des tubercules et des rhizomes à floraison estivale, tels les dahlias, les bégonias tubéreux et les caladiums, et de certaines autres plantes, tels les géraniums des jardins et le fuchsia. Ces végétaux ne demandent qu'un emplacement frais mais libre de gel: une chambre froide, un coin du sous-sol ou même le garde-manger. Vous pouvez les laisser dans leur pot ou les dépoter et les placer ensemble, dans une boîte remplie de tourbe ou de vermiculite, pour qu'elles prennent moins d'espace. Elles ne réclament ni lumière, ni arrosage, du moins jusqu'au printemps. Au printemps, lorsque les journées rallongent, il est temps de les rempoter et de reprendre les arrosages, et ensuite de leur redonner une place au soleil. De cette façon, elles auront un peu d'avance sur l'été.

Les plantes qu'il est possible d'entreposer au froid et au sec, et sans la moindre attention durant de longs mois, constituent toutefois une minorité. La plupart des plantes que vous désirez peut-être rentrer ont besoin de lumière intense, de préférence du soleil direct, et d'arrosages tout l'hiver. Le soleil étant toujours une denrée rare dans nos demeures, et encore plus durant l'hiver, vous vous devez d'être sélectif. Si vous avez de l'espace pour 10 plantes seulement, que ce soit pour celles que vous préférez ou les plus dispendieuses à remplacer. Vous pouvez augmenter votre espace de culture avec un système d'éclairage artificiel. Des lampes fluorescentes ou aux halogénures permettent de transformer sous-sol ou garde-robes en jardins hivernaux. Avec 14 à 16 heures par jour d'éclairage contrôlé par une minuterie, plusieurs plantes fleuriront autant que dans le jardin.

En rentrant ces plantes, gardez-vous bien d'entrer aussi des hôtes indésirables. Les insectes n'hésiteront pas à abuser de votre hospitalité. Avant leur rentrée, lavez toutes les plantes à grande eau à l'extérieur, et vaporisez-les de savon insecticide. Plongez aussi leur pot dans de l'eau savonneuse pendant au moins 15 minutes pour détruire tous ses habitants détestables. Ce n'est qu'après ces précautions que vous pouvez les entrer dans la maison.

Quand les rentrer? Tout dépend de la plante. Les espèces véritablement tropicales, tels les palmiers, préfèrent entrer dès la fin août, avant que les nuits rafraîchissent. D'autres, comme les cactées, ont besoin de nuits fraîches pour stimuler leur floraison. On les laisse à l'extérieur jusqu'à ce qu'une menace de gel soit annoncée. Quant aux autres, une rentrée avant des nuits sous les 10°C est souhaitable. Les fiches de la section 2 indiquent les besoins hivernaux de plus de 200 plantes.

Si la plante est trop imposante, vous pouvez prélever des boutures plutôt que d'entrer le pied-mère. Les boutures s'adaptent mieux aux changements que les plantes enracinées et souffrent moins de la transition. Par contre, il faut le faire assez tôt, généralement avant la fin août, car la croissance des plantes ralentit beaucoup au début de septembre, et leurs tiges s'enracinent alors difficilement. Pour en savoir plus sur le bouturage, allez à la page 110.

Dans un environnement plus sombre et plus sec que celui du balcon ou de la terrasse, les plantes réagissent au changement: feuilles jaunies, floraison inexistante, apparence dégarnie, au point de se demander pourquoi on les a rentrées. C'est leur façon de s'acclimater. Peu après, elles produisent de nouvelles feuilles, parfois quelques fleurs, et semblent en meilleure forme.

Pour les aider à supporter la transition, utilisez un humidificateur pour élever le degré d'humidité, et augmentez le plus possible l'intensité de la lumière. Ne les fertilisez pas. Il est inutile de stimuler une nouvelle croissance si la lumière est insuffisante pour qu'elles poussent bien. Taillez sévèrement plusieurs vivaces tendres à la rentrée (impatientes, bégonias, pétunias, etc.) pour stimuler la production à leur pied de nouvelles tiges qui les enjolivent. Laissez cependant les plantes ligneuses, tels les arbres et arbustes, s'acclimater à leur rythme à ces nouvelles conditions, et taillez-les seulement au printemps.

Surveillez les insectes durant l'hiver, car les araignées rouges, les thrips, les pucerons, les aleurodes et les cochenilles sont surtout problématiques l'hiver. Une bonne douche à l'eau savonneuse en vient cependant à bout.

En février, les jours qui allongent déclenchent une grande activité chez les plantes hivernées dans la maison: nouvelles feuilles, nouvelles tiges, parfois même un début de floraison. Il est temps de rempoter, fertiliser, bouturer, et tailler. Ensuite, dès que la température le permet, commencez à les acclimater aux conditions de l'extérieur. Quelques jours à l'ombre au début et une lumière de plus en plus intense chaque jour embellissent les plantes hivernées dans la maison, et les acclimatent parfaitement aux conditions extérieures.

Comme les annuelles, les plantes tropicales doivent s'acclimater graduellement à l'environnement extérieur après un séjour dans la maison.

DÉMÉNAGER LES BACS LOURDS

Pour maintenir des plantes en bacs et en jardinières durant l'hiver, il faut généralement déplacer des gros contenants parfois très lourds. Avant d'entrer un bac très lourd, laissez d'abord sécher son terreau un peu plus que d'habitude pour l'alléger. Le jour du grand branle-bas, tous les moyens sont bons pour le déplacer: diable, chariot, planche à roulettes ou rondins que l'on glisse sous le pot en poussant, ou réclamer l'aide de quelques amis costauds. Personne n'a intérêt à se prendre pour un surhomme et se blesser au dos en le faisant seul!

Vous pouvez déplacer sans beaucoup d'efforts un bac même très lourd en le faisant rouler sur des rondins.

Protection hivernale des plantes permanentes

En lisant les livres écrits dans d'autres pays, on pourrait croire qu'il est tout à fait possible de maintenir des plantes rustiques en pots durant l'hiver, qu'il s'agisse de vivaces, d'arbres, d'arbustes, de conifères, etc. Ce n'est pourtant pas le cas, chez nous. La décision la plus logique serait même de les laisser geler tout simplement, car maintenir des plantes en contenants, à l'extérieur, est terriblement difficile.

C'est un problème de climat. On attribue à chaque plante une zone de rusticité selon le degré de froid maximal d'une zone. Sur une carte géographique (voir la page 376), ces zones vont de 0, pour les régions de permafrost où il n'y a pas de plantes, à 11, sous les tropiques. Une personne n'a qu'à identifier son lieu de résidence sur cette carte pour connaître «sa» zone de rusticité. Habituellement, elle peut cultiver toute plante de «sa» zone, ainsi que toutes les plantes des zones plus basses. Si elle vit en zone 5, elle peut y cultiver des plantes de zone 5 et celles des zones plus froides: 1, 2, 3 et 4. Une personne vivant en zone 3, a moins de choix, car elle ne peut y cultiver que les plantes des zones 1, 2 et 3. Il n'y a pas de plantes zonées 0.

Chez la plupart des plantes les racines sont moins rustiques que les parties aériennes. Une plante de zone 4 peut tolérer les températures hivernales de zone 4, uniquement si elle est cultivée en pleine terre. Si ses racines sont exposées à des températures de -35°C, la température la plus froide normalement atteinte en zone 4, la plante meurt. Or, dans une jardinière, la masse de terre est insuffisante pour empêcher le froid d'atteindre les racines. Lorsque la température extérieure est de -35°C, la température du terreau est aussi de -35°C.

On estime que les racines d'une plante peuvent supporter une température minimale qui équivaut à 2 zones de rusticité de moins que celle des parties aériennes. Voilà un point qui diminue énormément les choix. Les gens de zone 5 ne pourraient cultiver que des plantes de zones 1, 2 et 3, et les gens de zone 3, des plantes de zone 1. C'est peu, très peu.

Même cette estimation approximative suppose que le pot n'a pas tout simplement été laissé en place pour l'hiver, mais qu'on l'a bien protégé, idéalement en plaçant la plante du côté nord d'un édifice, abondamment couverte d'agrotextile, de feuilles mortes, de paille ou de branches de conifères, et en plus, sous une abondante couverture de neige. Certains jardiniers vont plus loin et tapissent l'intérieur de leurs bacs de 2 cm d'isolant en mousse de polystyrène. Un tel isolant n'empêche pas le froid de pénétrer, mais prévient effectivement les gels et dégels successifs, aussi nuisibles pour les plantes que les gels profonds.

Ma suggestion? Expérimentez avec les plantes permanentes en bacs à l'extérieur, mais ne comptez pas trop sur une survie, malgré toutes les précautions! Si vous tenez à une plante rustique, rentrez-la pour l'hiver dans une chambre froide, ou placez-la dans une tranchée creusée dans le jardin, paillez bien la tranchée et recouvrez de beaucoup de neige. Autrement, en pot, il est plus facile de combler les besoins des plantes tropicales que ceux de nos plantes rustiques!

Protection hivernale à l'abri

Une couche froide fait un excellent endroit pour hiverner les plantes rustiques et semi-rustiques.

Il existe peut-être une façon de cultiver des plantes rustiques ou semi-rustiques en pots sous notre climat. Si vous disposez d'un emplacement ni tout à fait intérieur, ni complètement extérieur, un endroit où il fait froid l'hiver, mais où il n'y a que peu ou pas de gel, vous pouvez y garder plusieurs plantes. Si vous avez un garage peu chauffé, une couche froide ou une véranda vitrée, isolée contre le froid mais chauffée indirectement par le mur d'une maison ou d'un édifice, vous avez peut-être les conditions qu'il faut pour hiverner, en bacs, des arbustes, des arbres, des conifères et des vivaces, sans parler des plantes semi-rustiques, tels le dracéna des jardins et les rosiers sur tige, qui tolèrent le froid, mais peu ou pas le gel. Que cet endroit soit sombre ou éclairé ne change pas grand-chose, car ces plantes entrent en dormance par temps froid et peuvent se passer de photosynthèse pendant les mois d'hiver. Par contre, il faut quand même les arroser. En dormance, elles exigent peu d'eau, mais elles ne doivent pas s'assécher complètement.

Le rempotage

Toute bonne chose a une fin, et les plantes en jardinières finissent par réclamer plus d'espace pour leurs racines. Sans espace pour se développer, les racines tournent en rond, soulèvent la plante et bouchent même parfois le trou de drainage. D'autres symptômes vous avertissent qu'il est temps de rempoter: une croissance ralentie et une floraison réduite malgré les fertilisations fréquentes, un terreau qui s'assèche trop rapidement, des feuilles et tiges rabougries, la chute des feuilles, et même des sections mortes. Tout cela parce que la plante n'est plus apte à absorber suffisamment d'eau et d'engrais à cause de son pot.

Les annuelles et les autres plantes cultivées pour une seule saison n'auront normalement pas, bien sûr, besoin de rempotage. Il suffit de leur donner un pot de taille suffisamment grande pour qu'elles puissent faire un bel été de croissance (voir à la page 83). Le rempotage ne concerne que les plantes que l'on conserve d'une année à l'autre.

Habituellement, si les plantes permanentes, vivaces, arbustes, arbres, etc., survivent à l'hiver, elles ont besoin de rempotage aux deux ou trois ans. Rempotez-les quand elles sont encore dormantes, au printemps.

Les plantes maintenues dans la maison l'hiver croissent plus rapidement que les plantes permanentes puisqu'elles profitent de 12 mois de croissance plutôt que cinq ou six. On les rempote donc annuellement, normalement vers la fin de l'hiver, ou en toute saison si elles montrent des signes qu'elles sont trop à l'étroit.

LE SURFAÇAGE

Si vous n'avez pas le temps de rempoter, même lorsqu'une plante manifeste ce besoin, faites au moins un surfaçage, c'est-à-dire, grattez la surface du terreau avec une fourchette pour enlever environ 5 cm de vieux terreau, et remplacez-le par un terreau frais. Par contre, ce n'est que partie remise car, de nouveau, la plante se fatigue vite, et vous n'avez pas d'autre choix que de la rempoter!

Pour sortir une plante de son pot, renversez ou penchez-la et tapez avec la paume de la main pour la sortir. Il faut sortir à deux une grosse plante d'un contenant de grande taille. Dans certains cas, exceptionnellement, il est même nécessaire de briser le pot pour sortir la plante!

Votre pot est maintenant vide et les racines de la ou des plantes à l'air. Pour réutiliser le pot immédiatement, pour y planter, par exemple, une division de la plante d'origine, lavez-le bien dans une eau savonneuse additionnée d'eau de Javel. Sinon, choisissez un pot de taille appropriée ayant environ 5 à 7 cm de plus que la motte de racines, tant en largeur qu'en hauteur. Maintenant, relisez *L'empotage* à la page 80, et suivez les étapes recommandées.

Il y a cependant un dernier détail à considérer avant de rempoter, il peut être nécessaire de tailler les racines. En effet, si la motte est une masse de racines, presque sans terreau, ou si elle contient beaucoup de racines séchées ou mortes, mieux vaut procéder à une bonne taille. Vous pouvez supprimer entre le tiers et la moitié des racines sans problème, car la plante en produira d'autres. Avec un sécateur, coupez d'abord les racines qui se sont moulées sur le pot, et toutes racines mortes ou endommagées. Ensuite, coupez 2 ou 3 cm de racines autour de la motte. Rempotez sans tarder et arrosez bien. Comme lors de l'empotage, ne placez pas la plante en plein soleil pendant quelques jours. Il peut aussi être utile de tailler les tigesdans une portion égale, question de rétablir l'équilibre racines/feuilles

La multiplication

Beaucoup de jardiniers ayant une longue expérience dans la préparation des jardinières ne multiplient jamais leurs propres végétaux. Lorsqu'ils ont besoin de plantes, ils les achètent tout simplement. Nous avons tellement pris l'habitude de remplir nos pots et jardinières de plantes temporaires qu'il suffit de remplacer annuellement, que la multiplication est oubliée.

Par contre, multiplier les plantes des jardinières peut être très avantageux. Cela vous permet d'économiser, et vous pouvez multiplier à l'infini votre plante préférée. De plus, plusieurs plantes très désirables ne sont tout simplement pas disponibles autrement que par semences. Vous n'avez alors d'autre choix que de les semer. Multiplier les plantes est aussi un passe-temps fascinant et agréable. Plusieurs personnes le font tout simplement pour le plaisir, produisant tellement de surplus qu'elles les donnent à tout venant. Pour ces raisons, même si la multiplication n'est pas un élément essentiel dans la production de jardinières et de paniers, je vous la présente quand même brièvement. Cependant, si la multiplication des végétaux vous intéresse plus particulièrement, je vous suggère de consulter un livre plus approfondi sur le sujet, et si vous voulez semer des annuelles, notamment un autre livre de cette série, *Le jardinier paresseux: Les annuelles*.

Semis

La production de semis est peu coûteuse, mais donne souvent une quantité de plants qui dépasse toutes vos espérances. Si vous ne faites que quelques jardins en pots, prenez l'habitude de semer qu'une petite partie des graines de chaque sachet, sinon votre maison au complet risque d'être envahie par des semis de toutes sortes.

1. Semez les graines à la volée ou en sillon, à la surface du terreau et recouvrez légèrement.

2. Recouvrez le bac d'ensemencement d'un sac en plastique, et donnez-lui un emplacement chaud et éclairé, mais abrité du soleil.

3. Déterrez délicatement les plantules lorsqu'elles commencent à se toucher.

4. Repiquez chaque plantule dans un pot ou alvéole individuel, en la tenant par une feuille.

Achetez vos semences en hiver, dans un magasin local ou par catalogue. À la date recommandée dans la section 2 du livre ou sur le sachet de semences, normalement en mars ou avril, remplissez un pot ou plateau de terreau humide, et égalisez. Semez les graines à la volée ou, si elles sont grosses, dans des sillons. Recouvrez les graines plus grosses qu'une tête d'épingle d'une mince couche de terreau. Ne recouvrez pas les graines très fines, car la plupart ont besoin de lumière pour germer. Vaporisez d'eau tiède pour assurer un bon contact des graines avec le terreau. Recouvrez le contenant d'une feuille, d'un sac ou d'un dôme en plastique transparent pour conserver l'humidité. Placez le contenant dans un emplacement chaud et bien éclairé, mais à l'abri du soleil. Enlevez la protection de plastique après la germination, c'est-à-dire lorsque les premiers petits semis verts apparaissent.

Lorsque les feuilles des jeunes plants commencent à se toucher, il faut les repiquer dans des contenants plus grands. Remplissez des petits pots de 6 ou 6,5 cm de terreau, puis creusez un petit trou de plantation dans chacun. Ensuite, soulevez les plantules, une à une, avec la pointe d'un crayon et en les tenant par une feuille, jamais par la tige. Transplantez chacune d'elles dans son propre pot, en l'enterrant jusqu'aux premières feuilles. Arrosez doucement, et placez les pots dans un emplacement mi-ombragé pendant un jour ou deux, et ensuite au soleil. Les plants ont maintenant assez d'espace pour plusieurs semaines de croissance.

Quelques semaines avant la date du dernier gel, lorsque les plantules sont bien développées, plantez-les en jardinière, tel qu'expliqué à la page 83.

Bouturage

C'est la façon la plus populaire de multiplier les plantes à domicile, et avec raison, c'est si facile. On peut bouturer une plante en toute saison, mais le plus souvent, on le fait soit au printemps, pour multiplier une plante qui a été maintenue dans la maison durant l'hiver et que l'on désire en plusieurs exemplaires, ou à la fin août afin de rentrer dans la maison la version rajeunie d'une plante préférée. Presque toutes les plantes ayant des tiges visibles peuvent se bouturer, mais les plantes aux tiges très ligneuses sont plus faciles à multiplier par marcottage aérien (page 111).

Bouturer des plantes est un jeu d'enfant. Commencez par remplir un ou plusieurs petits pots de terreau humide, puis creusez un trou au centre de chacun avec un crayon. Sectionnez un bout de tige d'environ 10 à 15 cm et supprimez les fleurs, les boutons et aussi les feuilles inférieures. Si vous

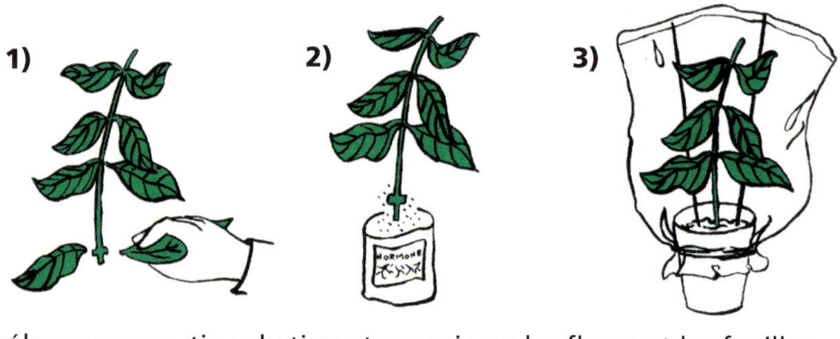

1. Prélevez une section de tige et supprimez les fleurs et les feuilles inférieures.
2. Plongez l'extrémité inférieure de la bouture dans une hormone d'enracinement (boutures ligneuses seulement).
3. Insérez la bouture dans le terreau et recouvrez-la d'un sac en plastique.

rentrez la bouture provenant d'une plante à l'extérieur, plongez-la de plus dans une solution de savon insecticide pour éliminer tout insecte indésirable.

Si la bouture est semi-ligneuse ou ligneuse, plongez son extrémité inférieure dans une hormone d'enracinement. N'appliquez pas d'hormone d'enracinement sur les boutures de tiges vertes.

Enfoncez la bouture dans le trou et tassez légèrement le terreau. Recouvrez d'un sac en plastique transparent, et placez vos boutures dans un emplacement éclairé et chaud, mais à l'abri du soleil. De nouvelles feuilles indiquent que la bouture est bien enracinée. Vous pouvez enlever le sac en plastique et placer la bouture en plein soleil. Transplantez en jardinière 3 à 4 semaines avant la date du dernier gel.

Marcottage

Dans la nature, beaucoup de plantes «se marcottent» naturellement. Ce terme veut tout simplement dire que leurs tiges prennent racines lorsqu'elles touchent le sol. En pot, beaucoup de plantes rampantes ou retombantes se marcotteront là où elles sont en contact avec le terreau, tels le lierre terrestre, l'herbe aux écus et la misère. Dans ce cas, si vous avez besoin de plus de plantes, vous n'avez qu'à couper ces marcottes naturelles et les empoter. Ce n'est pas plus compliqué que cela.

Il est aussi possible de marcotter des plantes dressées à tiges molles. Vous pliez une tige et la couchez sur le terreau. Gardez-la en place avec une pierre ou une épingle à cheveux. En quelques semaines, de nouvelles racines se forment là où elle touche le terreau, et vous pouvez alors couper la nouvelle plante et la transplanter ailleurs.

Pour marcotter une plante, couchez une tige sur le sol et maintenez-la sur le terreau avec une pierre. Des racines se forment rapidement.

Marcottage aérien

Le marcottage aérien se pratique surtout sur des plantes aux tiges très ligneuses, comme du bois, et qui, de ce fait, se bouturent difficilement, tels l'oranger, le citronnier et le dracéna des jardins. Le marcottage aérien est en fait une bouture de tige, mais une bouture qui s'enracine *avant* d'être sectionnée du pied-mère.

Avec un couteau tranchant, faites une petite entaille dans la tige choisie, et glissez un éclat de bois ou une allumette dans l'entaille pour éviter qu'elle se

Pour effectuer un marcottage aérien, entourez la tige entaillée de mousse de sphaigne humide et entourez la motte ainsi formée d'une feuille de plastique. Des racines se forment dans la mousse après quelques semaines… ou quelques mois.

referme. Appliquez ensuite une hormone d'enracinement sur la blessure et entourez-la d'une poignée de mousse de sphaigne humide. Pour garder la mousse en place et la tenir humide, emballez-la d'une feuille en plastique tenue en place par deux attaches, une juste au-dessus de la boule de mousse, l'autre juste en dessous.

Surveillez la progression de la marcotte, quitte à ouvrir le sac pour arroser si la mousse semble pâlir, signe qu'elle s'assèche. Soyez patient. Il faut parfois jusqu'à six mois pour que certaines marcottes produisent des racines. Lorsque les racines sont apparentes, coupez la tige juste au-dessous de la boule de mousse, et empotez la marcotte. Comme elle a déjà des racines, vous pouvez la traiter tout de suite comme une plante adulte.

Division

Les plantes qui se divisent poussent en touffes composées d'une plante mère et de plusieurs rejets, chacun ayant son propre système racinaire. Avec le temps, la touffe grossit, ce qui vous oblige éventuellement à déterrer la motte pour la diviser, soit pour la multiplier ou réduire sa taille. Vous pouvez le faire au printemps avec des plantes permanentes, mais en toute saison avec des plantes tropicales.

Lorsque la touffe est déterrée, rincez les racines pour mieux voir où commencent et finissent les rejets. Parfois, il faut les séparer avec un sécateur ou un couteau, mais habituellement il suffit de tirer avec les doigts pour les libérer. Rempotez les divisions sans tarder.

Pour diviser une plante, déterrez la touffe, rincez les racines et tirez sur les rejets pour les séparer. Rempotez-les sans tarder.

Cas spéciaux

Jusqu'ici, nous avons vu les besoins typiques des plantes cultivées en jardinières, qu'il s'agisse d'annuelles, de plantes tropicales, de bulbes estivaux, de vivaces, d'arbustes, d'arbres, etc. Toutefois, certaines plantes sont tellement différentes qu'il faut les classer dans une catégorie à part. Vous pouvez sauter ce chapitre si franchir les frontières de la culture de base ne vous attire pas. Je vous suggère cependant de le lire, au cas où l'une des techniques présentées corresponde à vos goûts et vos attentes, même si, faute d'espace, je ne peux approfondir chacune d'elles. Cependant, si j'éveille votre curiosité, la consultation d'un livre spécialisé est recommandée.

La taille ornementale

Un passe-temps intéressant auquel vous pouvez vous livrer avec des plantes en jardinières est la taille ornementale, aussi appelée art topiaire. En pot, avec des plantes croissant rapidement et sans arrêt, réaliser une topiaire simple, telle une boule sur une tige dressée, peut prendre moins d'un an, voire même 6 ou 7 mois, si vous choisissez une plante à croissance rapide comme le coléus!

Les topiaires taillées

Plusieurs plantes en pots peuvent être transformées en topiaires. Les plantes greffées sur un tronc dressé, comme le rosier sur tige, sont en soi des topiaires qu'il suffit parfois de tailler quelque peu pour contrôler leur forme. Par contre, le greffage n'est pas une technique à la portée de tous, et les plantes greffées sur tige sont coûteuses. Il existe cependant plusieurs plantes couramment cultivées en pots qu'il est possible de rapidement transformer en topiaires uniquement par la taille, tels le géranium, le fuchsia, l'érable de maison, le lantana, le laurier-rose, la mauve africaine et le roselle rouge. Concentrons-nous ici sur le coléus, car sa croissance rapide permet d'en faire une jolie topiaire en quelques mois.

Choisissez un coléus à forte croissance, produisant naturellement une tige solide. Un jeune plant de coléus bien droit est un bon point de départ, mais il est facile d'en partir un par bouturage. Dans un pot assez grand, plantez votre sujet avec un tuteur que vous enfoncez solidement dans le terreau, près du tronc. La

On peut faire un coléus sur tige en aussi peu que 4 ou 5 mois.

1)

2)

3)

4)

5)

1. Attacher le sujet à son tuteur. Supprimer la tige secondaire

2. Supprimer les rameaux secondaires.

3. Lorsque la topiaire atteint la hauteur désirée, pincez pour supprimer la pointe de croissance.

4. Continuer de pincer afin d'obtenir une tête de plus en plus fournie.

5. Supprimer les feuilles du «tronc» pour le dégager. Vous avez maintenant une belle topiaire.

Lorsque l'épi floral du coléus est supprimé, la plante produit deux tiges. Supprimez-en une et redressez l'autre en l'attachant au tuteur.

partie aérienne du tuteur doit dépasser la hauteur finale désirée d'au moins quelques centimètres. Pour vous guider, disons qu'un tronc qui aura 60 cm réclame un tuteur de 90 cm, en calculant que 20 cm seront dans le terreau. Attachez le tronc au tuteur environ à tous les 10 cm, au moyen d'attaches peu visibles, lanières de bas de nylon, attaches horticoles commerciales, etc. Supprimez toutes les tiges secondaires partant de la base ou du «tronc». Procurez-lui les meilleures conditions de culture possibles, selon l'espèce car le coléus n'est qu'un exemple. Au fur et à mesure que la plante grandit, continuez de l'attacher au tuteur et de supprimer les branches superflues.

Le coléus a seulement un défaut pour une topiaire: lorsqu'il fleurit, il cesse de croître. Si vous supprimez l'inflorescence, il produit *deux* tiges à partir de bourgeons dormants juste sous la fleur enlevée, alors que vous n'en voulez qu'une. Pour corriger ce défaut, supprimez l'une des tiges et redressez l'autre en l'attachant solidement au tuteur.

Lorsque la plante atteint la hauteur désirée, il est temps de la former. Commencez par pincer l'extrémité de la tige pour éliminer la pointe de croissance, ce qui force la plante à produire deux nouvelles flèches. Lorsqu'elles ont chacune 4 feuilles, pincez-les à leur tour pour que chacune produise encore deux nouvelles tiges. Avec des pinçages répétés, le nombre de tiges s'accroît de façon exponentielle. En peu de temps, du moins avec le coléus, vous avez un vrai petit arbre! Il ne reste qu'à effeuiller le tronc pour le mettre en valeur.

Si le coléus devient rapidement une topiaire, il faut en payer le prix par une taille à toutes les deux ou trois semaines. D'autres plantes, comme le géranium et le fuchsia, exercent davantage votre patience. Leur formation peut être d'un an ou plus, mais l'entretien minimal, parce qu'elles croissent assez lentement, est qu'en conséquence les tailles sont moins fréquentes.

Pour maintenir votre topiaire, continuez à tailler la tête pour qu'elle soit bien ronde et plus fournie, et supprimez toute branche ou feuille sur le tronc. Retirer le tuteur est cependant risqué, car un petit coup de vent peut briser un spécimen de 4, 7 ou même 10 ans! Je vous suggère de le conserver, quitte à déplacer les attaches à tous les 4 à 6 mois afin qu'elles ne marquent pas le tronc.

Les topiaires sur forme

Vous pouvez réaliser une topiaire en quelques semaines, si vous utilisez des formes en fil de fer vendues à cet effet. Vous avez le choix de deux méthodes: attacher tout simplement les tiges à la forme, ou la remplir de mousse dans laquelle vous piquez des boutures. Dans les deux cas, toute plante rampante peut servir, mais on utilise traditionnellement le lierre commun (*Hedera helix*, décrit à la page 277). Les formes vont de la simple boule ronde, aux couronnes, aux formes complexes, géométriques, animales, etc. Elles peuvent reposer sur le sol ou être montées sur tiges.

Forme vide

Ces topiaires sont uniquement attachées à leur forme. Il suffit de choisir une plante ayant déjà de longues tiges retombantes, tel un lierre en panier, et piquer la forme dans son pot. Commencez à enrouler ses tiges autour de la forme choisie. Au début, il faut parfois utiliser des attaches que l'on enlève habituellement après quelques semaines. Si votre forme a un «tronc», c'est-à-dire une section droite surmontée d'une partie arrondie ou autre, supprimez toutes les feuilles des tiges longeant le «tronc». Dans les premiers temps, les feuilles seront tant à l'intérieur qu'à l'extérieur de la forme, et dans tous les sens, mais elles iront d'elles-mêmes vers la lumière, si vous tournez régulièrement votre topiaire d'un quart de tour chaque semaine pour lui assurer une croissance égale.

Enroulez les tiges autour des montants et vous avez une topiaire presque finie en seulement quelques minutes!

L'entretien d'une telle topiaire est facile. Continuez d'enrouler les tiges au fur et à mesure qu'elles allongent pour couvrir les sections vides de la forme, puis pincez, pincez, et pincez encore par la suite pour contrôler la croissance et obtenir une topiaire plus fournie.

Forme pleine

Habituellement, cette technique utilise des formes tridimensionnelles, les formes bidimensionnelles, telles les couronnes, n'étant guère plus que des cerceaux convenant surtout pour les topiaires à forme vide.

Chats, oursons, lapins, coqs: un véritable zoo en topiaires!

Commencez par faire tremper dans de l'eau tiède, pendant une vingtaine de minutes, de la mousse de sphaigne. Essorez la mousse et remplissez la forme. Allez-y généreusement, car plus vous en mettez, plus vous la compactez, moins vous arroserez votre topiaire par la suite.

Après avoir préparé la forme, choisissez des boutures de lierre d'une longueur d'environ 10 à 15 cm, le lierre étant la plante typiquement utilisée à cette fin. Supprimez les feuilles inférieures et piquez vos boutures un peu partout dans la mousse, en enfonçant bien l'extrémité coupée, et utilisez des pinces à cheveux pour attacher le reste de la bouture à la mousse. Recouvrez l'ensemble d'un sac en plastique transparent, et placez la topiaire dans un endroit éclairé, mais sans l'exposer directement au soleil.

Remplissez simplement la forme de mousse de sphaigne humide dans laquelle vous piquez ensuite des boutures.

Lorsque les boutures sont bien enracinées, enlevez le sac de plastique. Continuez d'attacher les tiges à la mousse, les dirigeant au besoin vers les parties nues. Une fois la forme bien couverte de verdure, pincez, pincez et repincez pour lui conserver sa forme.

La topiaire à forme pleine est cependant la plus difficile à entretenir. Les topiaires taillées ou à forme vide s'arrosent comme toute autre plante, mais il *faut maintenir la mousse de la topiaire à forme vide constamment humide*, et selon les condition de culture, une vaporisation *quotidienne* peut être nécessaire.

Les plantes alpines en auge

Vous apprenez à faire vous-même votre propre auge à la page 36, et trouvez une bonne recette de terreau pour les auges à la page 79. Il reste à apprendre comment la remplir.

Traditionnellement, l'auge est réservée aux petites plantes qui seraient perdues dans tout autre type de contenant, notamment les plantes alpines et les plus petits conifères miniatures. La liste des plantes potentielles est trop

Vous pouvez préparer une seule auge... ou en faire plusieurs!

longue pour vous la donner ici, mais plusieurs genres offrent des «plantes pour l'auge»: campanule élégante (*Campanula cochleariifolia*, zone 2), draba (*Draba* spp., zone 3), dryade à huit pétales (*Dryas octopetala*, zone 3), épinette naine (*Picea abies* 'Little Gem' et autres, zone 3), joubarbe (*Sempervivum* spp., zone 3), sédum (*Sedum* spp., zone 3) et thym (*Thymus*, zone 3). Choisissez toujours des plantes d'au moins 2 zones de rusticité plus froides que la vôtre, telles celles de zone 2 si vous vivez en zone 4 (voir la carte à la page 396). Heureusement, la plupart des véritables plantes alpines résistent très bien au froid, car non seulement elles poussent en altitude, mais doivent également composer avec le manque de neige et les vents violents.

Remplissez l'auge avec le terreau recommandé à la page 79, ou tout autre terreau très, très bien drainé et plutôt pauvre. Éparpillez les plants, les plus belles auges étant généralement les moins chargées. Pour qu'elle rappelle la montagne, mettez dans votre auge des pierres de différentes tailles, se mariant bien entre elles et avec la couleur de l'auge, puis recouvrez le terreau d'une couche de 2 cm de gravier fin de couleur assortie. Bien montée, une auge de plantes alpines rappelle une pente rocailleuse où de minuscules plantes s'accrochent désespérément dans les fissures du rocher.

Vivant normalement dans des conditions difficiles, les plantes alpines exigent peu de soins, sinon des arrosages réguliers. Même la fertilisation est réduite au minimum, soit une ou deux fois en début d'été uniquement. L'hiver, placez votre auge à l'abri du vent, recouverte de paille, de feuilles déchiquetées ou de géotextile.

Le jardin d'eau en contenant

Vous serez sans doute surpris si je vous dis que le jardin d'eau dans un contenant offre la plus facile de toutes les cultures en pots. C'est pourtant le cas, à condition de miser sur la simplicité, bien sûr! Il faut oublier les poissons qui requièrent des soins spéciaux et une eau moins chaude que celle d'un contenant, les pompes et jets qui augmentent l'évaporation et vous obligent à constamment

Ce jardin d'eau dans un contenant contient une acore panaché (*Acorus calamus* 'Variegatus'), des jacinthes d'eau (*Eichhornia crassipes*) et des laitues d'eau (*Pistia stratiotes*).

remplir votre bac, et aussi les plantes théoriquement rustiques qui exigent d'avoir l'air de momies sous leur protection hivernale. Le petit bassin dans un contenant est tout simple, sans artifice, muni de plantes temporaires que l'on jette à la fin de la saison. Un petit coin de repos dans votre jardin ou sur votre balcon, un point c'est tout.

Choisissez d'abord un bac convenable, pour une fois *sans* trou de drainage. S'il en a un, bouchez-le. Il doit également être fait d'une matière non poreuse, pas de grès, et imputrescible. Le contenant en bois ne convient donc pas, à moins d'en tapisser l'intérieur d'une feuille de plastique pour empêcher qu'il soit en contact avec l'eau. La seule exception à cette règle est le demi-tonneau, mais un *vrai* demi-tonneau en chêne récupéré dans une entreprise vinicole ou une distillerie, car il est spécifiquement conçu pour résister à l'eau, et en dépend même pour gonfler et demeurer en bon état.

La taille réduite de votre baquet ne vous laisse pas trop de choix pour la disposition des plantes. Habituellement, on insère la ou les plantes semi-aquatiques au centre, mais à l'arrière-plan si le contenant est adossé à un mur ou autre. Elles sont généralement de port élevé et ajoutent donc un peu de hauteur à l'ensemble. Ensuite, ajoutez des plantes flottantes ou à feuillage flottant.

Qu'en est-il de l'entretien? Il n'y en a presque pas! Au cours d'un été normal, il pleut assez souvent pour que votre bassin se maintienne à un niveau raisonnable en tout temps. S'il diminue de plus de 10 cm, il serait toutefois sage d'ajouter de l'eau.

Qu'en est-il des algues qui représentent toujours un gros problème dans les

Vous pouvez partir en vacances en toute tranquillité avec un bassin. Il suffit tout simplement de bien le remplir avant votre départ. Même s'il ne pleut pas pendant votre absence, et aussi longtemps que pendant trois semaines, le niveau d'eau ne baisse pas suffisamment pour causer des dommages, sauf si le petit animal du voisin l'utilise comme abreuvoir! À votre retour, il suffit de remplacer l'eau évaporée.

Placez les plantes semi-aquatiques sur des pots renversés ou des briques. Les pots des plantes à feuillage flottant vont au fond du bac.

bassins creusés? Si vous mettez suffisamment de plantes flottantes, il ne passera pas assez de lumière pour les algues, c'est aussi simple que cela. Est-ce que des plantes oxygénantes au fond de l'eau sont nécessaires? Mettez-en si vous le voulez, mais sachez que les plantes oxygénantes servent surtout aux poissons.

Pour l'hiver, videz le bac et rangez-le à l'abri. S'il s'agit d'un véritable demi-tonneau, vaporisez-le de temps à autres car il ne doit jamais sécher complètement. Jetez les plantes dans le composteur et recommencez à zéro l'année suivante. Si vous tenez à garder les plantes, ce qui n'est pas nécessairement facile, videz le bac, placez-le dans la maison sous éclairage intense, sous des fluorescents dans le sous-sol, ou dans une serre ou une verrière, et remontez votre jardin d'eau à l'intérieur. Il est difficile de maintenir des plantes aquatiques à l'extérieur, même celles qui sont rustiques dans votre zone, à moins d'avoir la possibilité de placer les pots dans un bassin creusé à une profondeur d'au moins 90 cm.

Parmi les plantes semi-aquatiques, celles dont les racines doivent toujours être dans l'eau avec leur pot à peine recouvert, les plus intéressantes pour la culture en contenants sont l'acore panaché (*Acorus calamus* 'Variegatus'), le jonc torsadé (*Juncus effusus* 'Spiralis'), le papyrus (*Cyperus alternifolius*, décrite à la page 164) et la quenouille naine (*Typha minima*). Mieux vaut toutes les considérer comme des plantes tropicales, même si l'acore survit parfois à l'extérieur si elle est bien protégée.

Les meilleures plantes flottantes pour la culture en pots sont l'azolla (*Azolla caroliniana*), la jacinthe d'eau (*Eichhornia crassipes*), la laitue d'eau (*Pistia stratiotes*) et le salvinia (*Salvinia* spp.). Elles sont toutes gélives sous notre climat.

Enfin, les deux seules plantes dont le pot doit toujours rester sous l'eau, sont les nymphéas miniatures (*Nymphaea* spp.), comme 'Aurora' (rustique, fleurs changeantes), 'Blue Danube' (tropical, fleurs bleu-violet) ou 'Hevola' (rustique, fleurs blanches), et les lotus nains (*Nelumbo* spp.). Par contre, en voyant leur prix, vous changerez peut-être d'idée, surtout si vous désirez éviter l'entretien hivernal en compostant vos plantes à l'automne. Peu de gens sont disposés à perdre sans broncher une plante si coûteuse! Vous devez alors hiverner les lotus et les nymphéas rustiques au fond d'un bassin creusé profond, tel qu'expliqué ci-dessus, et les nymphéas tropicaux dans la maison comme les autres plantes décrites ici. De plus, les lotus et nymphéas exigent une fertilisation suivie. Achetez des pastilles d'engrais pour plantes aquatiques et enfoncez-les dans le terreau, en respectant la fréquence et le dosage recommandés sur l'étiquette.

Le bonsaï

L'art du bonsaï et d'autres arts asiatiques semblables, tel le penjing en Chine, consistent à cultiver des arbres miniaturisés dans des contenants. Ils visent à évoquer, à faible échelle, des paysages naturels. On peut recréer un paysage de montagne ou une forêt chez soi, sans aller l'admirer sur place, un peu comme une carte postale vivante. Avec le temps, l'art du bonsaï a imposé ses règles: pots de style typique, techniques de taille et vieillissement artificiel des arbres pour les faire paraître très anciens, etc., à tel point que même un novice sait immédiatement de quoi il s'agit lorsqu'il voit un bonsaï.

Dire que ce sujet dépasse le cadre de ce livre n'est pas exagéré. Des livres entiers en traitent, et maîtriser l'art du bonsaï exige une vie d'expériences et de recherches. Je vous suggère de commencer par lire sur le sujet et suivre aussi des cours. Par contre, je devais mentionner rapidement les bonsaïs ici, car c'est bel et bien de la culture en pots et jardinières.

Contrairement à une croyance bien ancrée chez la plupart des gens, la plupart des bonsaïs sont des plantes d'extérieur. Tout au plus entrent-ils dans la maison pour une occasion spéciale. Sous notre climat, les bonsaïs rustiques exigent une protection hivernale importante (voir à la page 106). Les véritables amateurs de bonsaïs possèdent souvent des structures, des tunnels ou des serres à peine chauffés, couche froide, etc., pour hiverner leurs plantes. La plupart des conifères et des arbres à feuilles caduques sont des bonsaïs d'extérieur.

Il existe aussi quelques espèces tropicales utilisées dans l'art du bonsaï et que l'on pourrait donc qualifier de «bonsaïs d'intérieur»: sérissas, azalées, figuiers, etc., mais même celles-ci préfèrent être cultivées à l'extérieur durant l'été.

Un dernier détail avant que vous entrepreniez des recherches sur les bonsaïs: ils ne conviennent pas vraiment à un jardinier paresseux! Il faut savoir que, durant l'été, les bonsaïs ont besoin d'arrosages quotidiens, voire même deux. On ne prend tout simplement *jamais* de vacances durant leur saison de croissance lorsque l'on cultive des bonsaïs, à moins de pouvoir faire confiance à une personne qualifiée pour les garder! Un bonsaï demande autant de soins qu'un bébé, sans offrir l'avantage de le voir éventuellement mûrir et devenir autonome. Ne vous livrez à l'entretien ou la création d'un bonsaï que si vous désirez y consacrer le reste de votre vie!

La plupart des bonsaïs préfèrent passer l'été à l'extérieur.

Le potager en contenants

Il est tout à fait possible de cultiver des plantes comestibles en pots. C'est même très facile, si vous savez bien choisir vos plantes. Dans la culture en contenants, le plus restreignant est la culture de plantes permanentes en pots. Or, la plupart des plantes comestibles étant par essence des annuelles, c'est-à-dire des plantes produisant feuilles, tiges, racines, fleurs ou fruits comestibles au cours d'un été, il est facile de les faire produire dans des pots. Il est compliqué de maintenir des plantes comestibles rustiques d'une année à l'autre à cause du froid extrême que les plantes subissent dans un pot.

Habituellement aussi, les plantes comestibles sont des plantes de plein soleil. Trop d'ombre restreint votre choix de végétaux. De plus, pour produire de beaux légumes, fines herbes et fruits comestibles, il ne faut pas que la plante manque d'eau. Évidemment, tout cela est également vrai pour un potager en pleine terre, mais comme les plantes sèchent plus rapidement en jardinières, l'arrosage est à surveiller.

Enfin, la question de la culture biologique se pose pour les plantes comestibles. Ici, on ne parle pas de fleurs, mais d'aliments. Personnellement, j'utilise des engrais biologiques dans mon potager en pots, mélangeant une bonne dose d'engrais biologique à dissolution lente au terreau en début de la saison, et pulvérisant régulièrement le feuillage d'engrais biologiques solubles, (algues marines, émulsion de poisson) pour compenser le lessivage.

Les légumes

N'oubliez pas que vous semez la plupart des légumes directement en jardinières, après la date du dernier gel. C'est le cas des pois, des laitues, des haricots, des concombres, des épinards et de toutes les racines comestibles: carottes, navets, radis, etc. Les oignons et les pommes de terre se partent aussi à l'extérieur, mais avec des petits bulbes ou tubercules. Certains légumes, comme les tomates ou les piments, doivent toutefois être semés dans la maison ou achetés sous forme de plants à repiquer.

Photo: Sélections All-America

Certaines lignées de légumes ont été développées spécialement pour la culture en pots, comme ce concombre 'Salad Bush'.

Il faut cependant savoir choisir des légumes pour la culture en contenants. Par exemple, l'épinard est difficile à cultiver en pot, car il demande de la fraîcheur et le soleil en chauffant son pot ne l'aide pas. Semez-le vraiment très tôt et placez son contenant dans un coin ne recevant que le soleil du matin, ou encore, semez-le en août pour une production automnale. La laitue déteste aussi la chaleur, mais est moins délicate que les épinards; il suffit de la placer à mi-ombre quand il fait chaud, et de choisir, dès le départ, un cultivar résistant à la chaleur ou «lent à monter», et ça va très bien.

Le maïs pose des problèmes, surtout à cause de l'espace énorme que chaque plant exige: avec un rendement d'un épi, rarement deux par plant, lorsque chaque plant exige un pot d'au moins 30 à 45 cm de diamètre, vous ne faites pas de grosses épluchettes! Les courges et melons sont également des mangeurs d'espace, car même les formes dites compactes, telles les courgettes de type zucchini, exigent un pot de 45 cm! À vous de juger si la récolte vaut une telle perte d'espace.

Dans les catalogues, on offre une longue liste de légumes spécialement recommandés pour la culture en contenants, notamment des légumes nains. Pourquoi utiliser des légumes de plus petite taille? Ils occupent moins d'espace non seulement par leur feuillage, mais aussi leurs racines, et se comportent donc très bien dans des pots relativement petits. De plus, leur rendement est habituellement meilleur au mètre carré que celui des légumes de grande taille. Plus de produits dans moins d'espace? C'est intéressant. Dans le cas des légumes racines, l'importance des variétés naines est encore plus évidente, car vous ne pourriez tout simplement pas cultiver des carottes de 25 cm dans un pot ayant 20 cm de profondeur. On a aussi développé des variétés retombantes de tomates et de concombres pour la culture en panier suspendu.

La seule exception concernant les variétés de petite taille pour la culture en pots sont les légumes à tiges grimpantes. Si vous pouvez les faire grimper, attachées à des cordes fixées sur l'avant-toit ou au balcon du dessus, il est souvent valable de cultiver dans un gros pot de 45 cm en surveillant de près les arrosages, des variétés grimpantes de bonne taille, comme la tomate cerise 'Sweet Million' ou le haricot d'Espagne, car un seul plant fournit souvent toute la famille.

Photo: National Gardening Bureau

La tomate est particulièrement productive en pot, car elle donne plus de fruits quand ses racines sont un peu à l'étroit.

Enfin, certains légumes fruits doivent être pollinisés pour produire des fruits, notamment les tomates, les courges, les melons et les concombres. Si les abeilles ne visitent pas votre potager, jouez le rôle de bourdon, et passez de fleur en fleur avec un coton-tige pour assurer la pollinisation.

Les fines herbes

Avec la culture en jardinières, vous pouvez avoir des fines herbes fraîches à votre portée tout l'été... même si vous vivez en appartement!

Abstraction faite des fines herbes de taille monstrueuse, comme l'angélique et la livèche, lesquelles occupent beaucoup trop d'espace pour le peu qu'elles produisent, les fines herbes sont exceptionnellement intéressantes à cultiver en pots. Elles occupent généralement peu d'espace et se plantent densément. De plus, comme seulement quelques feuilles ou têtes florales sont cueillies à la fois, il n'en faut pas beaucoup pour satisfaire vos besoins. La plupart d'entre elles fournissent une récolte abondante la première année. Que vous les laissiez geler à l'automne, comme la plupart des fines herbes rustiques, est donc moins dérangeant. Par contre, d'autres, tel le romarin, le persil, la sauge, etc., peuvent aussi se cultiver dans la maison l'hiver, permettant une récolte continuelle. Vous pouvez aussi entrer certaines fines herbes rustiques, dont la ciboulette, en autant que vous laissiez la plante subir le froid et même le gel à l'extérieur, jusqu'en novembre. Quand vous rentrez la potée, la plante réagit comme si l'hiver était terminé, et elle recommence à croître.

Dans la majorité des cas, les fines herbes sont avides de soleil, mais tolèrent des sols plus secs et de ce fait, leur arrosage exige donc une moins grande régularité que celui des légumes. Si certaines fines herbes (basilic, persil, etc.) sont faciles à semer pour une production la première année, il est souvent plus pratique d'acheter des plants au printemps, car, quand il ne vous faut habituellement qu'un ou deux plants, est-ce vraiment valable de les semer?

Libre à vous de décider quels contenants utiliser pour vos fines herbes, mais il est intéressant de savoir que plusieurs ont un port rampant ou retombant (thym, origan, certaines formes de romarin, etc.) et paraissent bien en panier. Il est également agréable de réunir les fines herbes dans une jarre à fraisiers ou, mieux encore, dans une jardinière fixée au tablier de la fenêtre de la cuisine, ce qui vous permet de les récolter sans sortir.

Les fruits

Si ce livre fait parfois miroiter l'idée que la culture en pots et jardinières est facile, il y a cependant des cas d'exception, et c'est le cas des fruitiers. La plupart de ceux que nous connaissons le mieux, pommiers, poiriers, cerisiers, etc., sont des végétaux rustiques qui ne produisent habituellement pas avant plusieurs années... et il est difficile de maintenir des plantes rustiques en contenants d'une année à l'autre. De plus, ce sont souvent d'assez gros arbres réclamant d'énormes contenants difficiles à déplacer, même lorsqu'il s'agit de variétés naines. Je vous suggère donc d'éviter la culture des fruitiers, sauf les exceptions suivantes.

- **Fraises:** Cultiver des fraisiers pour une récolte la première année seulement se fait très bien et, vu leur petite taille, ils sont faciles à transporter dans un garage ou chambre froide si vous décidez de les conserver pour une deuxième saison. Les fraisiers produisent des stolons rampants et retombants et font donc un bel effet en panier ou, c'est évident, en jarre à fraisiers. Attention cependant aux arrosages, il ne faut pas les laisser sécher.

- **Agrumes et fruits tropicaux:** Aussi curieusement que cela puisse paraître, il est beaucoup plus facile de cultiver des fruits tropicaux que des fruits rustiques sous un climat nordique, du moins en pots. C'est parce que nous pouvons les entrer dans la maison à l'automne et les maintenir d'une année à l'autre sans trop de problème. Les agrumes et le figuier se cultivent facilement en pots; ils sont décrits respectivement aux pages 138 et 150. L'ananas se cultive aussi très bien à partir d'une couronne que vous faites enraciner, mais son unique fruit n'est pas produit avant plusieurs années. Sa culture est décrite dans le livre *Les plantes d'intérieur*, du même auteur.

  Par contre, beaucoup de fruits tropicaux, tels l'avocat, la mangue, etc., poussent dans des arbres beaucoup trop gros pour la culture en pots. Même un bananier nain est gigantesque! Si vous tenez à les cultiver comme plantes vertes, la production de fruits n'étant pas du tout assurée, je vous suggère de le faire à partir des noyaux ou pépins des fruits tropicaux que vous achetez au marché. Vous devrez cependant acheter un plant si vous désirez faire pousser un bananier, car les variétés comestibles ne produisent pas de graines!

Les fraisiers sont non seulement productifs en pots, mais aussi très jolis, comme ce demi-pot en témoigne.

Ennemis des pots et jardinières

Disons-le tout de suite: insectes et maladies sont rarement la cause d'un problème majeur dans les jardinières. Lorsque les choses tournent mal, c'est le plus souvent dû à un problème cultural. On peut immédiatement pointer le coupable: le dessèchement. Avec le soleil qui plombe sur les parois du pot et le mouvement d'air accru, en plus d'une plantation exceptionnellement dense, les plantes en contenants sont beaucoup plus sujettes à l'évaporation que celles en pleine terre, et elles souffrent aisément et rapidement d'un manque d'eau. Sécher à maintes reprises, parfois juste un peu, parfois au point de faner, est difficile à supporter pour la majorité des plantes. Plus rarement, un arrosage exagéré est responsable des dégâts, en particulier avec l'utilisation, contrairement à toutes mes recommandations, d'un pot sans trou de drainage. Si vous apprenez à bien arroser (pages 90 à 98) et si, pour la majorité des plantes, vous ne laissez le terreau s'assécher que très légèrement, la plupart des problèmes culturaux disparaîtront comme par magie!

Les plantes en contenants souffrent aussi souvent d'un manque d'engrais, dû notamment au lessivage par la pluie et à la concentration d'un grand nombre de plantes où chacune veut sa part du gâteau. Cette carence se reconnaît par une floraison réduite et une apparence jaunie ou «fatiguée». Le correctif est facile à administrer: une vaporisation d'engrais foliaire pour les faire verdir rapidement, suivie de fertilisations plus fréquentes à l'engrais soluble (voir à la page 98). Par temps particulièrement sec, il est aussi possible que les feuilles brûlent, se desséchant et brunissant par suite d'un *excès* d'engrais, mais c'est une situation reliée à un manque chronique d'arrosage qui se produit plus souvent sous un climat très sec.

Les insectes et autres bestioles nuisibles

L'un des avantages de la culture en pots est le nombre très réduit des problèmes d'insectes, surtout si les contenants sont surélevés et ne touchent jamais le sol, et encore plus si le contenant est placé très haut, comme sur un balcon. Plus le balcon est élevé, moins il y a d'insectes! En plus, dans la culture en pots, on renouvelle constamment plantes et terreaux, ce qui ne donne pas de nombreuses possibilités d'hivernage aux insectes. Malgré tout, il peut quand même y avoir infestation occasionnelle, et c'est pourquoi il faut toujours garder les yeux ouverts.

Bonne nouvelle! La plupart des insectes, comme ces doryphores de la pomme de terre, ne trouveront probablement jamais votre jardin en pots et jardinières!

La plupart des insectes se contrôlent facilement: faites-les tomber avec un fort jet d'eau ou vaporisez-les avec un savon insecticide. À cette fin, utilisez toujours un produit concentré que vous diluez vous-même, c'est beaucoup moins cher. Les deux techniques sont efficaces et sécuritaires pour vous et pour l'environnement, et réussissent d'ailleurs mieux en pots que dans le jardin, car vous pouvez atteindre plus facilement *toutes* les parties des plantes infestées étant donné leur situation surélevée qui expose toutes les surfaces au traitement. Un seul traitement ne suffit pas, il faut recommencer aux moins trois à quatre fois, à trois ou quatre jours d'intervalle. Et, pour ne pas entrer les insectes dans la maison à l'automne, n'oubliez pas de nettoyer et de vaporiser du savon insecticide sur les parties aériennes des plantes et aussi de faire tremper les racines dans une solution de savon insecticide avant leur rentrée.

Voici des portraits éclairs des insectes les plus couramment rencontrés dans la culture en pots.

- **Aleurodes:** Appelés aussi mouches blanches, ces petits insectes ressemblent à des pellicules volantes. Ils affaiblissent les plantes en suçant leur sève. **Traitement:** savon insecticide.
- **Araignées rouges:** Appelées aussi mites araignées et tétranyques, ces mites minuscules, presque invisibles à l'œil nu, affaiblissent les plantes en suçant

leur sève. Lors des infestations sévères, les feuilles et tiges se couvrent de «fils d'araignée». Elles représentent surtout un problème au cours des étés secs et dans les endroits protégés contre la pluie, car il suffit d'une bonne ondée pour que leur nombre diminue à un niveau tolérable. **Traitement:** jet d'eau, savon insecticide.

- **Cochenilles:** Les cochenilles farineuses ressemblent à de petites boules d'ouate qui se trouvent surtout à l'aisselle des feuilles; les cochenilles à carapace (kermès) forment de petites bosses brunes, grises ou translucides sous les feuilles et sur les tiges. Habituellement, les deux se trouvent uniquement sur les plantes d'intérieur ou autres plantes ayant séjournées dans la maison. **Traitement:** savon insecticide.

Photo: Florida Foliage Association

La cochenille farineuse est davantage un problème chez les plantes qui passent l'hiver dans la maison, et l'été sur la terrasse, que chez les plantes temporaires.

- **Chenilles:** Solitaires ou en groupe, selon l'espèce, ces vers font des dégâts très rapidement, car elles dévorent les feuilles. Ce sont des larves de papillons divers. **Traitements:** cueillette manuelle, savon insecticide.

- **Limaces et escargots:** Ces petits êtres gluants, sans carapace dans le premier cas, avec carapace en hélice dans le deuxième, sont rarement vus dans les contenants, à moins qu'ils ne soient sur le sol, car limaces et escargots ne volent pas. La nuit et par temps pluvieux, ils mangent les feuilles et les fleurs des plantes dans les pots placés sur le sol ou les terrasses au niveau du sol. **Traitement:** plat de bière placé sur le terreau où ils iront se noyer, cueillette manuelle.

- **Mineuses et perceuses:** Les premières percent des galeries dans les feuilles, laissant des tracées blanches très visibles, et les deuxièmes creusent dans les tiges, provoquant leur assèchement. **Traitement:** supprimez les parties atteintes.

- **Perce-oreilles:** Aussi appelés forficules, ces insectes longilignes brun-roux se reconnaissent facilement par les pinces qu'ils portent à l'extrémité de leur corps. Habituellement, ils sont plus dérangeants que véritablement nuisibles, car ils préfèrent se nourrir d'insectes, mais si leur nombre augmente trop, ils deviennent un peu végétariens. **Traitement:** savon insecticide, vaporisé notamment *dans les interstices* des feuilles et fleurs enroulées où les perce-oreilles aiment se cacher.

- **Pucerons:** Ces petits insectes dodus peuvent prendre n'importe quelle couleur de l'arc-en-ciel et forment des colonies massives à l'extrémité des branches, affaiblissant les plantes en suçant leur sève et en leur transmettant des maladies. **Traitement:** jet d'eau, savon insecticide.
- **Thrips:** De petits insectes ailés qui sont rarement vus, mais qui laissent des traces: feuilles marquées de petites taches argentées ou brunes et des fleurs striées ou déformées. **Traitement:** jet d'eau, savon insecticide.

Les maladies

On peut regrouper les maladies vues sur les plantes en pots en deux groupes: celles qui tachent les feuilles et celles qui causent la pourriture. Elles sont peu courantes en pots, car la plupart se développent surtout à l'air stagnant, ce qui est rarement le cas lorsque vous cultivez des plantes en jardinières! Pour les prévenir, choisissez des plantes résistantes aux maladies et évitez aussi d'arroser le feuillage des plantes, surtout le soir et par temps gris. Aussi, ne laissez pas les plants reposer dans l'eau (i.e. assurez un bon drainage). Le traitement est habituellement draconien: couper les parties atteintes ou arracher et détruire la plante infestée!

- **Blanc ou mildiou:** Ressemble à une poudre blanche recouvrant les feuilles. **Traitement:** détruire les parties infestées.
- **Oedème:** N'est pas une maladie infectieuse, mais le symptôme d'un arrosage excessif. De petites cloques translucides ou brunes apparaissent sous les feuilles, notamment celles des géraniums. **Traitement:** assurez un bon drainage, laissez le terreau s'assécher un peu entre les arrosages.
- **Pourriture:** Seulement un problème lorsque le terreau demeure humide. Aussi, elle peut affecter les jeunes semis partis à l'intérieur (on l'appelle alors «fonte des semis»). La plante fane subitement, et sa base devient brune et molle et sent la pourriture. **Traitement:** aérez davantage (fonte des semis), arrachez la plante infestée.
- **Tache noire:** Un problème surtout sur les rosiers. Comme le nom le suggère, la feuille est marquée de taches noires. **Traitement:** détruire les parties infestées.

Photo: Claude Filteau, MAPAQ

Le blanc ou mildiou, ici sur des feuilles de muflier, est surtout courant à la fin de la saison, quand les nuits sont fraîches et humides et que les plantes sont stressées par un manque d'eau.

Section 2

Quelques plantes de choix pour les pots et jardinières

Beaucoup de plantes convenant à la culture en jardinière ont besoin de compagnie: elles sont trop petites pour créer un bel effet, telles de petites pensées dans une grande vasque, ou pas assez colorées ou attrayantes pour mériter leur propre jardinière, comme c'est le cas des nombreuses «plantes d'accompagnement» (voir *Juste pour la verdure* à la page 262 pour une explication de ce terme). On les regroupe alors, avec leurs pareilles ou en compagnie d'autres plantes, pour obtenir une belle jardinière colorée et bien remplie.

Cependant, d'autres plantes placées seules, dans un pot ou bac, font l'admiration des visiteurs par leur port, leur envergure ou leur attrait. Au centre d'un arrangement, elles dominent, même entourées de plantes plus colorées. J'aime les appeler «plantes vedettes», car c'est vraiment leur rôle.

Ces plantes ne doivent pas nécessairement être seules dans un pot. En effet, plusieurs aiment faire équipe, habituellement plantées en plein centre de la jardinière où elles prennent la vedette, entourées de végétaux plus petits, au port tapissant ou retombant. Vous apprendrez à connaître, dans les descriptions de ces plantes vedettes, quelles sont celles qui se marient bien à d'autres, ou dominent tellement qu'il vaut mieux les planter seules, ou encore apprécient l'une ou l'autre de ces situations.

Ne croyez surtout pas que ces vedettes ont nécessairement un comportement de prima donna. Contrairement aux humains, ou même aux animaux, les plantes ne sont pas sensibles à la flatterie. En jardinière, elles ne sont ni plus faciles, ni plus compliquées à maintenir que les autres. Ce sont de bons végétaux de base, mais tout simplement un peu plus dominants que les autres.

Vous remarquez immédiatement que la très grande majorité des plantes présentées dans ce chapitre ne sont pas de véritables annuelles, mais plutôt des vivaces ou arbustes d'origine subtropicale, aptes à vivre de nombreuses années… si vous les soustrayez au gel à l'automne, car aucune n'est suffisamment rustique pour traverser l'hiver nordique dans un pot. Compte tenu du fait que la plupart des plantes présentées ici se vendent cher, voire même davantage qu'une caissette complète d'annuelles ordinaires, il est fort intéressant de les abriter du froid à l'automne, soit en les rentrant pour l'hiver ou en leur offrant une autre protection.

Enfin, les plantes décrites ici ne sont pas les uniques vedettes possibles. Toute plante de bonne taille ou présentant un port spécial peut remplir ce rôle. Par exemple, chez les annuelles, l'amarante queue-de-renard (*Amaranthus caudatus*) et le cléome (*Cleome hasslerana*), que l'on ne considère pas toujours comme des sujets à cultiver en bac, font d'excellentes plantes vedettes, et il en est de même de plusieurs vivaces, arbustes, conifères rustiques ou plantes à bulbes, tel le canna (*Canna*). Vous trouverez aussi d'autres plantes qui ont la trempe d'une vedette dans d'autre chapitres de ce livre, tels l'agave (voir *Emplacements chauds et secs*) et la roselle rouge (voir *Couleur dans le feuillage*). L'agave et la roselle ne sont pas exactement des vivaces, arbustes, conifères rustiques ou plantes à bulbes, couverts dans d'autres livres de la série, mais se classent plutôt dans des catégories qui leur sont spécifiques. N'importe quelle plante présentée de façon originale est mise en évidence et prend la vedette: une plante grimpante (voir *Plantes volages*) montée sur un treillis, un arbuste sculpté en topiaire, une annuelle bien ordinaire présentée dans un pot très original, etc. Toutefois, les plantes suivantes n'exigent aucun effort de votre part pour être des superstars.

Le vedettariat, elles l'ont dans… la sève!

Une plante vedette typique : un dracéna des jardins entouré de pélargoniums rouges.

Agapanthe
Agrume
Asclépiade de Curaçao
Bambou
Canne panachée
Dracéna des jardins
Érable de maison
Figuier comestible
Lantana
Laurier-rose
Lin de Nouvelle-Zélande
Marguerite de Paris
Mauve africaine
Palmier
Papyrus
Pennisétum soyeux
Rosier

Agapanthus x

Agapanthe

(*Agapanthus*)

Noms anglais: Lily-of-the-Nile, African Lily.

Hauteur: Feuillage: 45-90 cm; fleurs: 60-120 cm.

Espacement en pot: 1 plant par pot de 30-45 cm.

Espacement dans le jardin: 60-90 cm.

Emplacement: Ensoleillé ou légèrement ombragé.

Terreau: Bien drainé.

Arrosage: Tolère la sécheresse.

Multiplication: Division, semis.

Disponibilité: «Bulbe», pot individuel, sachet de semences.

Utilisation: Point focal, bac, plante d'intérieur, plate-bande, attire les colibris, fleur coupée.

Avant la floraison, les énormes et épaisses feuilles rubanées de l'agapanthe, appelé aussi lis du Nil ou tubéreuse bleue, montent vers le ciel pour ensuite s'arquer gracieusement, suggérant un amaryllis (*Hippeastrum*). Mais lorsqu'il fleurit, on ne peut les confondre. L'agapanthe produit une haute tige florale solide, coiffée d'une boule composée de nombreuses petites trompettes bleues, violettes ou blanches qui n'ont rien de commun avec les énormes trompettes de l'amaryllis.

Produisant un nombre impressionnant de grosses racines tubéreuses, l'agapanthe réclame beaucoup d'espace et se cultive habituellement dans un bac imposant. Il peut s'y développer pendant des années et former, avec le temps, une belle colonie fournissant de plus en plus de fleurs. Pour limiter sa croissance, vous pouvez le diviser aux sept ou huit ans, mais ce n'est pas une mince tâche, car l'enchevêtrement inextricable de ses racines rendent la division très ardue. Inutile donc de préciser que, dans ces circonstances, il doit avoir son propre pot!

Ne songez même pas à l'agapanthe si vous ne voulez pas l'entretenir durant l'hiver. Bien que vendu comme «bulbe d'été», même s'il ne s'agit pas d'une véritable plante bulbeuse mais d'une vivace subtropicale, sa croissance est si lente qu'il fleurit rarement le premier été, et sa floraison s'améliore d'une année à l'autre. C'est la raison pour laquelle il vaut mieux le cultiver dans un pot et ne pas le déterrer à tous les automnes comme les vrais bulbes d'été. Pour l'hiver, rentrez et placez le bac au frais dans le sous-sol, sans aucun arrosage, ou dans une pièce éclairée en l'arrosant parcimonieusement durant l'hiver. Habituellement, il perd ses feuilles à la noirceur, mais en conserve quelques-unes si on lui donne du soleil. Dans les deux cas, augmentez l'éclairage et l'arrosage au printemps, et votre agapanthe refleurira.

Variété recommandée:

❧ *Agapanthus* x (agapanthe hybride): Qu'on le vende sous le nom d'*A. praecox*, d'*A. orientalis*, d'*A. africanus* ou autre, l'agapanthe moderne est essentiellement d'origine hybride. La vaste majorité des plantes vendues sans nom sont de grosses variétés à fleurs bleu-violet, mais en cherchant bien, vous trouvez parfois des plants à fleurs blanches ou des variétés naines, comme 'Peter Pan' (bleu-violet pâle, 30-45 cm de hauteur).

Agapanthus x 'Kingsmere'

Agrume

(*Citrus*)

Noms anglais: Orange, Lemon, Grapefruit, Mandarin Orange.

Hauteur: 75-200 cm.

Espacement en pot: 1 plant par pot de 30-45 cm.

Emplacement: Ensoleillé.

Terreau: Bien drainé, acide.

Arrosage: Peut sécher légèrement entre les arrosages.

Multiplication: Bouturage.

Disponibilité: Pot individuel.

Utilisation: Point focal, bac, plante d'intérieur, écran, fleur parfumée, fruit comestible.

Pamplemousse (*Citrus* x *paradisii* 'Marsh')

Depuis quelques années, les pépinières nous offrent des agrumes de toutes sortes, orangers, pamplemoussiers, citronniers, etc., comme plantes d'intérieur. Cependant, il vaut mieux les considérer comme des plantes de terrasse que l'on ne rentre que pour l'hiver, car ils ne fructifieront probablement jamais s'ils sont constamment dans la maison, la lumière étant trop faible pour ces plantes de plein soleil.

Cultiver des agrumes n'est absolument pas difficile: il suffit de les protéger du gel et de les laisser croître plus ou moins à leur guise, en supprimant occasionnellement un rameau trop long. Même la pluie que l'arbre reçoit lui fait le plus grand bien en contribuant à acidifier le terreau, car les agrumes ne supportent pas les sols alcalins. Pour les variétés produisant de gros fruits, n'en laissez mûrir qu'un seul sur chaque branche et supprimez les autres, pour éviter que le poids des fruits ne la brise. L'hiver, ces plantes exigent un emplacement éclairé et une température minimale de 1°C. Parfois une galerie couverte ou un garage bien éclairé, attenant à la maison, fait l'affaire.

Les fleurs étoilées blanches, agréablement parfumées, sont produites à l'année. Par contre, pour avoir des fruits, il faut polliniser manuellement toutes les fleurs produites à l'intérieur, car les abeilles s'y font rares. Les fruits grossissent très lentement, ont une maturation exigeant jusqu'à 9 mois, et ne se colorent que lorsqu'ils sont mûrs. Par contre, fort attrayants à maturité, ils peuvent être laissés sur le plant durant des mois.

Il est facile de produire des agrumes à partir des pépins prélevés dans les fruits que vous mangez, mais malheureusement, les plants qui en résultent donnent rarement des fruits.

Variétés recommandées:

Les pays tropicaux comptent de nombreux agrumes, et tous conviennent à la culture en bac. Dans les régions nordiques, les plus couramment offerts sont:

❧ *Citrus sinensis* (oranger): 'Valencia' semble être le cultivar le plus répandu.

❧ *C. limon* (citronnier): 'Improved Meyers', 'Ponderosa' et 'Bearss' fleurissent abondamment et fructifient bien, même dans la maison!

❧ *C.* x *paradisii* (pamplemoussier): Toute variété offerte convient.

❧ x *Citrofortunella mitis* (oranger calamondin): Cet hybride, entre le mandarinier (*C. reticulata*) et le kumquat (*Fortunella*), une plante naine d'à peine 60-90 cm de hauteur, produit une quantité surprenante de petits fruits orange. Il fructifie bien, même dans la maison durant l'hiver. Malheureusement, ses fruits sont trop amers pour être consommés comme tels, mais peuvent s'utiliser dans des marmelades.

Oranger de Valence
(Citrus sinensis 'Valencia')

Asclépiade de Curaçao

Asclepias curassavica

Asclépiade de Curaçao
(*Asclepias curassavica*)

Nom anglais: Bloodflower.

Hauteur: 60-90 cm.

Espacement en pot: 3 plants par pot de 20-25 cm.

Espacement dans le jardin: 30-60 cm.

Emplacement: Ensoleillé.

Terreau: Bien drainé.

Arrosage: Terreau humide en tout temps.

Multiplication: Semis, division.

Disponibilité: Pot individuel, sachet de semences.

Utilisation: Point focal, remplissage, bac, jardinière, plante d'intérieur, plate-bande, coin humide, attire les papillons, fleur coupée.

Cette plante, originaire d'Amérique du Sud et d'Amérique centrale, est la version tropicale de l'asclépiade commune (*Asclepias syriacus*), communément appelée «petits cochons» et si abondante dans les champs de l'est de l'Amérique du Nord. Les deux espèces sont très prisées par les papillons qui s'abreuvent du riche nectar de leurs fleurs. Le monarque, célèbre papillon migrateur, pond ses oeufs sur les deux espèces dont ses larves se nourrissent exclusivement. Au Mexique, durant l'hiver, sa première génération se nourrit de l'asclépiade de Curaçao avant d'entreprendre son périple vers le Nord, puis sa troisième génération se nourrit au Nord d'*Asclepias syriacus*, juste avant son départ pour le Sud. Si vous découvrez une chenille bariolée se nourrissant de votre asclépiade de Curaçao, c'est une larve du monarque, car aucune autre chenille ne mange le feuillage de l'asclépiade. Ne l'écrasez surtout pas et transportez-la sur une asclépiade sauvage, pour qu'elle fasse des réserves, devienne papillon et retourne vers les Tropiques.

L'asclépiade de Curaçao produit une touffe de tiges dressées, recouvertes de feuilles étroites vert foncé. Durant une bonne partie de l'été, elle produit, à l'extrémité de ses tiges, des ombelles de fleurs de forme curieuse, comme une fleur à l'intérieur d'une autre fleur, colorées de jaune vif et d'écarlate, qui se transforment en jolies cosses allongées en fin de saison. Comme dans le cas de l'espèce nordique, ces cosses s'ouvrent pour décharger de jolis parasols plumeux... partout dans la maison, si vous rentrez la plante pour l'hiver. Je vous suggère donc de les supprimer avant de l'entrer.

À cause de son port dressé assez rigide, l'asclépiade de Curaçao convient au centre des jardinières composées, mais peut entourer une plante encore plus imposante. On peut aussi lui offrir sa propre jardinière.

Pour des plants à peu de frais, semez tôt les graines offertes commercialement chez plusieurs vendeurs, 10 à 12 semaines avant la date du dernier gel, ou divisez les plants des années précédentes.

Variété recommandée

❧ *Asclepias curassavica* (asclépiade de Curaçao): Présentement, l'asclépiade de Curaçao est la seule espèce vendue comme annuelle pour la culture en bac, mais plusieurs autres asclépiades tropicales présentent un bon potentiel. Récemment on a commencé à introduire des cultivars de couleurs différentes, comme 'Silky Gold', à fleurs jaunes, et des miniatures comme 'Red Butterfly', à fleurs rouges, de seulement 15 à 25 cm de hauteur.

Asclepias curassavica 'Silky Gold'

Bambou

Bambou

(*Bambusa* et autres)

Nom anglais: Bamboo.

Hauteur: variable, 15-250 cm.

Espacement en pot: 1 plant par pot de 20-30 cm pour les variétés basses; 1 plant par pot de 45 cm et plus pour les variétés hautes.

Espacement dans le jardin: 30-45 cm pour les variétés basses; 60-120 cm pour les variétés hautes.

Emplacement: Ensoleillé ou légèrement ombragé.

Terreau: Bien drainé.

Arrosage: Peut sécher légèrement entre les arrosages.

Multiplication: Bouturage, division.

Disponibilité: Pot individuel.

Utilisation: Point focal, remplissage, bordure, bac, écran.

Pleioblastus auricomus

L'arrivée sur le marché de pots et vasques peu dispendieux d'origine orientale a suscité beaucoup d'intérêt pour les plantes asiatiques. Le bambou, jusqu'alors peu connu dans les pays nordiques, a intéressé les horticulteurs friands d'exotisme. La bonne nouvelle est que la culture du bambou en pot est parfaitement réalisable. En effet, les bambous placés à l'extérieur l'été, et à l'intérieur l'hiver, de préférence dans une pièce fraîche et bien éclairée, donnent d'excellents résultats... et une réelle ambiance orientale!

Certains ne mesurent que 15 cm de hauteur, les plus petits ressemblent à des graminées et impressionnent peu, bien qu'ils constituent d'excellentes plantes de remplissage pour d'autres végétaux ou plantes compagnes pour les bonsaïs. Par contre, les bambous de taille intermédiaire, et même les plus grands que l'on peut tailler pour les rentrer dans la maison, offrent tout ce que l'on recherche dans un bambou: cannes dressées, épaisses, souvent joliment colorées, nœuds proéminents, et nombreuses feuilles étroites et pointues sur de minces tiges arquées ou pleureuses. Ils reflètent la philosophie chinoise du yin et du yang, le contraste: dressé et retombant, dur et mou, robuste et délicat.

Sachez cependant qu'il faut plusieurs années pour produire commercialement un bambou et qu'en conséquence, les plants sont dispendieux. Il est valable de les traiter aux petits oignons. Il faut apporter une attention particulière aux arrosages. Avec le temps, les racines remplissent le pot et absorbent rapidement toute l'eau que vous leur donnez. Il faut donc surveiller étroitement le terreau et l'humidifier dès qu'il commence à sécher, sans toutefois noyer les racines.

Enfin, ne paniquez pas en constatant une chute massive de feuilles après la rentrée automnale, les bambous sont naturellement moins fournis l'hiver.

Variétés recommandées:
Il y a littéralement des centaines de bambous, répartis dans des dizaines de genres. Voici seulement quelques suggestions:

❧ *Bambusa* spp.: De taille moyenne à grande. Le bambou Alphonse Karr (*B. multiplex* 'Alphonse Karr') produit des cannes vertes, striées de jaune. Le bambou «ventre de Bouddha» (*B. ventricosa*) offre des cannes curieusement gonflées. Plusieurs *Bambusa* ont un feuillage panaché.

❧ *Phyllostachys* spp.: De taille moyenne à grande. Cannes épaisses, souvent colorées. Le bambou doré (*P. aurea*), aux cannes jaune verdâtre, et le bambou noir (*P. nigra*), aux cannes vertes noircissant la deuxième année, sont populaires.

❧ *Pleioblastus* spp.: Généralement de petite à moyenne taille, il est idéal lorsque l'espace est restreint. *P. chino argenteostriatus* atteint 60-120 cm de hauteur et produit de minces cannes aux feuilles panachées de blanc. Le bambou jaune (*P. auricomus*) est fortement panaché de jaune. Le bambou nain panaché (*P. variegatus*), aussi panaché de blanc, n'atteint que la moitié de la hauteur de *P. argenteostriata*.

Bambusa multiplex 'Alphonse Karr'

Canne panachée

Canne panachée

(*Arundo donax versicolor*)

Nom anglais: Variegated Giant Reed.

Hauteur: 90-180 cm.

Espacement en pot: 1 plant par pot de 30-45 cm.

Espacement dans le jardin: 60 cm.

Emplacement: Ensoleillé.

Terreau: Humide, voire inondé.

Arrosage: Terreau humide en tout temps.

Multiplication: Division.

Disponibilité: Pot individuel.

Utilisation: Point focal, bac, plante d'intérieur, plate-bande, écran, coin humide.

Arundo donax versicolor

Cette graminée panachée géante qui atteint de 3 à 4 m de hauteur en plein sol, est quelque peu nanifiée par la vie en pot et grimpe rarement à plus de 120 cm, mais produit le même effet que dans les jardins du Sud où elle est si populaire: des tiges solidement dressées portant des feuilles longues et ensiformes, joliment arquées et fortement panachées de blanc et de vert. Dire que son effet est saisissant suffit à peine: époustouflant, peut-être? En pot, la canne panachée ne fleurit pas et se cultive strictement pour son feuillage et son port.

Évidemment, la canne panachée ne peut guère s'employer autrement que comme plante vedette, dominant aisément tout arrangement. Vous pouvez la planter au centre d'un gros bac d'annuelles mélangées, ou seule dans son propre contenant. Pensez à un demi-tonneau ou à une jardinière orientale, car les deux soulignent son exotisme.

Cette plante, originaire des marécages de la Provence, exige beaucoup d'eau. Vous pouvez même la cultiver dans un bac *sans trou de drainage*! Une pluie abondante ne la noiera pas puisqu'elle peut très bien pousser avec des racines constamment recouvertes d'eau. Elle se contente aussi d'une jardinière normalement drainée, à condition de ne *jamais* la laisser se dessécher. Par contre, en compagnie d'autres végétaux, il *faut* la cultiver dans un contenant permettant le drainage de tout surplus d'eau... pour le bien des autres plantes!

Rentrez la canne panachée à l'intérieur pour l'hiver, en lui procurant un bon éclairage et des arrosages fréquents. Pour qu'elle occupe moins d'espace à l'intérieur, taillez-la sévèrement à ce moment-là. Sa croissance sera toutefois minimale durant l'hiver et ne reprendra qu'à l'extérieur, l'été suivant.

Variétés recommandées:

❧ *Arundo donax versicolor*, syn. *A. d.* 'Variegata' (canne panachée): Seul ce cultivar est cultivé en jardinière.

❧ *Zea mays japonica* (maïs ornemental): Il existe plusieurs lignées de maïs cultivés uniquement pour leur feuillage décoratif strié de blanc, de rose, de vert et parfois aussi de rouge. 'Quadricolor' est le plus populaire. C'est un substitut peu dispendieux de la canne panachée, car on l'obtient à partir de semences. Semez-le à l'intérieur 3 à 4 semaines avant la date du dernier gel. Un terreau humide mais bien drainé est idéal. C'est une annuelle qu'il n'est ni nécessaire, ni possible de maintenir durant l'hiver.

Photo: Johnny's Selected Seeds

Zea mays japonica

Dracéna des jardins

Dracéna des jardins

(*Cordyline*)

Noms anglais: Spike, Dracaena, Cabbage Tree.

Hauteur: 30-120 cm.

Espacement en pot: 1 plant par pot de 30-45 cm.

Espacement dans le jardin: 30-40 cm.

Emplacement: Ensoleillé ou ombragé.

Terreau: Bien drainé.

Arrosage: Tolère la sécheresse.

Multiplication: Semis, bouturage de tiges et de racines, marcottage aérien.

Disponibilité: Pot individuel, sachet de semences.

Utilisation: Point focal, bac, jardinière, plante d'intérieur, plate-bande.

Cordyline australis dans son «milieu naturel»: une urne!

Le dracéna des jardins est *la* plante vedette par excellence, ayant l'aspect d'une fontaine de feuilles vertes, longues et pointues, montant d'abord, puis se courbant vers le sol, sans aucune fleur. On le place toujours en plein centre du bac, entouré d'annuelles plus basses. Lorsque vous achetez une jardinière toute préparée, elle a de bonnes chances de comporter un dracéna, et même dans la composition de ses propres arrangements, il est difficile de ne pas succomber à son attrait. Il y a une bonne raison à cela: il va avec tout, convient à tout style de pot et croît dans presque toutes les conditions. C'est un classique de la culture en jardinière.

C'est d'ailleurs, le seul aspect un peu négatif du dracéna des jardins, il est trop classique. Si vous le pensez aussi, lisez l'information sur les autres plantes vedettes de ce chapitre. Sinon, profitez de sa facilité et de son effet passe-partout.

Achetez toujours le dracéna des jardins en pot, déjà bien parti. N'essayez pas de le semer: il exige trop de temps et sa germination est irrégulière. On le trouve dans tous les catalogues de semences, mais souhaitez-vous vraiment attendre 18 à 24 mois? C'est le temps nécessaire pour le produire!

Cultivez-le au soleil ou à l'ombre, à l'extérieur ou à l'intérieur, dans un sol humide ou sec, riche ou pauvre. Même si n'importe quelle condition le satisfait, il est préférable de ne pas tenter le diable et exposer un jeune plant fraîchement empoté à une sécheresse profonde. Le seul entretien qu'il réclame est la suppression des feuilles inférieures qui jaunissent, car elles le déparent un peu.

Il est triste de voir combien de personnes laissent le dracéna des jardins geler l'hiver. D'accord, vous pouvez le laisser à l'extérieur assez tard dans la saison, car il tolère un peu de gel, mais, évitez de lui faire subir des températures de –15°C! C'est une excellente plante d'intérieur, son port rappelant un palmier. À l'intérieur, il tolère tout, ombre ou soleil, grosse chaleur ou températures fraîches. Il n'est «pas tuable», comme on dit communément. Avec les années, il prend beaucoup de hauteur, car c'est un arbre de 15 m et plus dans sa Nouvelle-Zélande natale, avec un véritable tronc. Vous pouvez l'étêter quand il devient trop grand. La base émet une nouvelle flèche et la tête peut être enracinée.Vous pouvez aussi le multiplier par marcottage aérien.

Si vous manquez d'espace pour l'abriter dans la maison, et qu'il n'y a pas de risque de gel dans votre garage, il peut y passer l'hiver, comme dans une chambre froide, à la noirceur totale, s'il le faut. Il n'est vraiment «pas tuable», je vous le dis!

Variétés recommandées:

❧ *Cordyline australis* (dracéna des jardins): C'est l'espèce décrite ci-dessus. La variété à feuillage pourpré, 'Atropurpurea', disponible en nombre limité, deviendra sans doute très populaire avec le temps. Les différentes variétés panachées si populaires en Europe, comme 'Variegata' (blanc et vert), ne semblent pas encore disponibles ici. Si vous en voyez, avertissez-moi: j'en cherche depuis une décennie!

❧ *C. indivisa* (dracéna bleu): Lorsque des plantes sont vendues sous ce nom, il s'agit invariablement de *C. australis*. Le véritable *C. indivisa* porte des feuilles plus larges, de couleur vert bleuté.

Érable de maison

Érable de maison

(*Abutilon* x)

Noms anglais: Flowering Maple, Chinese-Lantern.

Hauteur: 30-90 cm.

Espacement en pot: 1 plant par pot de 30-45 cm.

Espacement dans le jardin: 45 cm.

Emplacement: Ensoleillé ou légèrement ombragé.

Terreau: Bien drainé.

Arrosage: Peut sécher légèrement entre les arrosages.

Multiplication: Bouturage, semis.

Disponibilité: Pot individuel, sachet de semences.

Utilisation: Point focal, remplissage, bordure, élément retombant, bac, potée suspendue, jardinière, plante d'intérieur, plate-bande, muret, écran, taille ornementale, attire les colibris.

Abutilon striatum 'Thompsonii', taillé en arbre.

L'érable de maison reprend de la popularité après une éclipse de plus de 75 ans, et c'est tant mieux, car en plus d'être une excellente plante de maison, comme son nom le suggère, il s'est toujours bien comporté sur la terrasse et le balcon. Cette fois, il nous revient dans une plus grande gamme de formes. En effet, alors qu'autrefois on appréciait les formes arbustives de grande taille, on préfère aujourd'hui les variétés naines pour le bac et les variétés évasées pour les jardinières suspendues, mais les variétés hautes demeurent toujours intéressantes, car une taille appropriée en fait de petits arbres. Le port retombant des fleurs permet surtout de l'apprécier dans des pots surélevés ou suspendus, à la hauteur des yeux ou plus haut.

Cette plante se reconnaît d'abord à la forme de ses feuilles: larges, velues, plus ou moins en forme de cœur, parfois fortement découpées comme une feuille d'érable. Les fleurs, en forme de cloches suspendues et de texture crêpée, ne rappellent aucunement l'érable, mais davantage l'hibiscus, un proche parent.

On offre l'abutilon sous forme de semences que l'on sème à l'intérieur, 10 à 12 semaines avant la date du dernier gel, après un trempage de 24 heures dans de l'eau tiède. Cependant, plusieurs des plus belles variétés, notamment panachées, ne sont pas fidèles au type. Pour les obtenir, il faut les acheter en plants individuels. Par la suite, vous pouvez facilement les multiplier par bouturage. Il est facile de maintenir l'érable de maison d'une année à l'autre en le rentrant pour l'hiver.

Si les fleurs de l'érable de maison tombent d'elles-mêmes et éliminent ce nettoyage, elles vous obligent par contre à nettoyer votre plancher, mais ça, c'est une autre histoire! Il faut occasionnellement tailler la plante, car même les variétés naines ont tendance à déborder de l'espace prévu.

Variétés recommandées:

❧ *Abutilon* x (érable de maison hybride): La plupart des érables de maison sont d'origine hybride. Ils diffèrent par leur port arbustif, nain, étalé ou retombant, leur couleur rouge, rose, pêche, jaune ou blanche, leur forme allant de cordiforme à très découpée et la couleur de leurs feuilles, dont plusieurs sont panachées. La «panachure» des feuilles tachées de jaune vient d'un virus... mais un virus non dommageable, qui ne s'étend pas aux autres abutilons lorsque l'on greffe un plant sain sur un plant infesté. Par contre, les panachures blanches sont dues à une mutation.

Abutilon x 'Nabob'

Figuier comestible

Ficus carica 'Brown Turkey'

Figuier comestible

(*Ficus carica*)

Nom anglais: Fig.

Hauteur: 60-120 cm.

Espacement en pot: 1 plant par pot de 60 cm et plus.

Emplacement: Ensoleillé.

Terreau: Bien drainé.

Arrosage: Terreau humide en tout temps.

Multiplication: Bouturage.

Disponibilité: Pot individuel.

Utilisation: Point focal, bac, écran, fruitier.

Dans plusieurs régions du monde, personne ne s'étonne de voir des figuiers ou de cueillir leurs fruits délicieux. Pour eux, les grosses feuilles rugueuses du figuier, ressemblant vaguement à une main, et ses curieux fruits oblongs ne sont ni originaux, ni exotiques. Mais sous un climat nordique, le figuier l'est énormément et, de ce fait, devient une excellente plante vedette.

Si le feuillage du figuier comestible possède un attrait certain, sans parler de celui que lui confèrent ses fruits délicieux, sa floraison est par contre décevante. Nous avons l'habitude de constater toute la beauté des arbres fruitiers, pommiers, cerisiers, agrumes, etc., au moment de leur floraison. Pour le figuier, oubliez la beauté de la floraison, elle se fait à *l'intérieur* du fruit. Dans la nature, il est fécondé par une minuscule guêpe qui perce un trou dans le fruit pour le polliniser. Les cultivars modernes sont tous autopollinisants, ce qui est fort heureux car cette guêpe pollinisatrice ne survit pas sous notre climat!

La plupart des figuiers modernes ont deux saisons de production. Des fruits sont produits sur le bois nouveau du printemps, mais comme ils ne mûrissent normalement qu'en octobre, ils n'arrivent pas toujours à la maturité sous notre climat. D'autres sont aussi produits sur le bois de l'année précédente, si les branches ne gèlent pas. Ces fruits sont faciles à obtenir, car ils mûrissent bien avant la fin de l'été, habituellement en juillet, et un changement de couleur indique qu'ils sont mûrs.

Vous l'avez deviné, le figuier ne résiste pas aux froids des régions nordiques: il faut le rentrer pour l'hiver. Par contre, peu exigeant, il se contente de n'importe quel endroit à l'abri du gel: un garage un peu chauffé, une véranda couverte, une chambre froide, une pièce de la maison, etc. Au besoin, il tolère même un peu de gel. Normalement, il entre totalement en dormance l'hiver, et perd tout son feuillage. Par contre, dans une pièce chauffée et éclairée, il peut ne pas entrer en dormance et garder ses feuilles tout l'hiver, ou seulement quelques-unes à l'extrémité de ses tiges. Durant la dormance, gardez son terreau au moins légèrement humide, parce qu'il ne tolère aucune sécheresse.

Cultivez le figuier dans le bac le plus gros que vous pouvez manipuler, en le munissant de roulettes s'il le faut pour faciliter son déplacement et sa sortie de l'intérieur à la terrasse. L'été, parce que le vent empêche un mûrissement rapide, placez-le dans un endroit chaud et protégé. Au besoin, taillez légèrement la plante lors de sa rentrée automnale pour contrôler sa croissance, mais toujours très légèrement parce que les fruits les plus susceptibles de mûrir sont sur le bois que vous vous apprêtez à couper! Si par malheur votre figuier subit un gel, rien n'est perdu, sauf sans doute la première récolte de l'année suivante, car il repousse habituellement au niveau du pied.

Variété recommandée:

Il existe des centaines de figuiers (*Ficus*) dont plusieurs font de belles plantes d'intérieur pouvant être sorties à l'extérieur l'été. Seule l'espèce suivante est cultivée pour ses fruits.

❧ *Ficus carica* (figuier): Recherchez un cultivar recommandé pour les climats frais, comme 'Brown Turkey', car plusieurs ne fructifient pas sous un climat nordique.

Ficus carica sortant de sa période de dormance, en mai.

Lantana camara 'Variegata'

Lantana

(*Lantana*)

Noms anglais: Lantana, Yellow Sage.

Hauteur: 60-120 cm.

Espacement en pot: 1 plant par pot de 40 cm.

Espacement dans le jardin: 30-45 cm.

Emplacement: Ensoleillé ou légèrement ombragé.

Terreau: Bien drainé.

Arrosage: Peut sécher légèrement entre les arrosages.

Multiplication: Semis, bouturage.

Disponibilité: Pot individuel, sachet de semences.

Utilisation: Point focal, remplissage, bordure, élément retombant, bac, potée suspendue, jardinière, plante d'intérieur, plate-bande, taille ornementale, attire les papillons et les colibris.

Le lantana est un arbuste d'Amérique du Sud et d'Amérique centrale, depuis longtemps utilisé pour la culture en jardinière. Si on la froisse, sa feuille ovale et rugueuse dégage une forte odeur, parfois agréable, parfois très désagréable de menthe ou de citron. Par contre, le lantana n'est pas cultivé pour son feuillage aromatique, mais pour ses ombelles de petites fleurs tubulaires produites tout l'été, même à l'année si vous le rentrez, bien sûr! Parfois la plante produit des petites baies comestibles noires, ce qui n'en fait pas pour autant une plante fruitière, toutes ses autres parties, feuilles, tiges et même fleurs, étant toxiques. Simplement frôler son feuillage provoque des réactions allergiques chez certaines personnes!

On peut semer le lantana et le traiter comme une annuelle, mais il faut commencer tôt, environ 12 à 14 semaines avant la date du dernier gel. Dans la grande gamme de variétés offertes, je vous suggère de choisir un plant de cultivar reconnu qui correspond à vos goûts, et de le maintenir d'une année à l'autre en le rentrant l'automne ou en prélevant des boutures.

Le lantana se prête à la taille ornementale, permettant de créer de jolis petits arbres pour orner la terrasse. Au début, un tuteur est nécessaire parce que lorsqu'il est jeune, les branches du lantana sont très cassantes.

Variétés recommandées:

❧ *Lantana camara* (lantana à feuilles de mélisse): C'est l'espèce typique, au port buissonnant et aux branches raides et souvent épineuses. Son ombelle est souvent bicolore ou tricolore, car les fleurs foncent en vieillissant: les plus âgées formant le périmètre de l'ombelle sont souvent rouges, les plus récentes s'ouvrant au centre sont jaunes et celles formant la couronne intérieure sont roses ou orange. Par contre, beaucoup de cultivars modernes, vendus sous le nom de *L. camara,* sont des hybrides complexes d'autres espèces dont la couleur est stable. Vous trouverez des cultivars de cette plante dans différentes teintes de rose, de rouge, d'orange et de jaune. Parfois, le feuillage est panaché de jaune.

❧ *L. montevidensis*, anc. *L. sellowiana* (lantana de Sellow): C'est une plante au port plutôt étalé ou retombant qui, pour cette raison, est moins utilisée comme plante vedette que *L. camara*. On l'emploie plutôt en bordure d'un bac et dans un panier suspendu. L'espèce d'origine porte des fleurs magenta pâle, mais plusieurs cultivars, sans doute des hybrides, ont des fleurs roses ou blanches.

Lantana montevidensis

Laurier-rose

Nerium oleander 'Petite Pink'

Laurier-rose

(*Nerium oleander*)

Nom anglais: Oleander.

Hauteur: 75-200 cm.

Espacement en pot: 1 plant par pot de 45 cm et plus.

Espacement dans le jardin: 75-100 cm.

Emplacement: Ensoleillé.

Terreau: Bien drainé.

Arrosage: Peut sécher légèrement entre les arrosages.

Multiplication: Bouturage.

Disponibilité: Pot individuel.

Utilisation: Point focal, bac, plante d'intérieur, plate-bande, écran, taille ornementale.

L'utilisation du laurier-rose en bac remontant au moins au milieu du 19e siècle, il s'agit donc depuis longtemps d'une plante traditionnelle pour la culture en pot. Certaines familles possèdent le même laurier-rose depuis trois ou quatre générations!

Grand arbuste au port dressé, ou plutôt petit arbre pouvant atteindre 7 m en pleine terre, il porte, à l'extrémité de ses rameaux, des verticilles de feuilles longues, étroites et vernissées rappelant celles du saule, et produit des bouquets de fleurs en trompette, souvent parfumées. Sa floraison dure normalement une bonne partie de l'été.

Le terme «laurier-rose» désigne tous les *Nerium*, peu importe leur couleur. Ainsi, vous ne possédez pas un laurier jaune, mais un laurier-rose jaune.

Parce que toutes les parties du laurier-rose sont très toxiques, il ne faut absolument pas confondre le laurier-rose avec le laurier-sauce (*Laurus nobilis*) cultivé pour son feuillage comestible. On dit que le laurier-rose est la plante ornementale la plus toxique; en conséquence, la prudence s'impose avec de jeunes enfants ou des animaux familiers!

Laissé à lui-même, le laurier-rose devient trop volumineux pour la maison. Le moyen le plus simple pour réduire sa taille consiste à supprimer une tige complète de temps en temps, en la coupant près du pied, afin de stimuler son renouvellement constant depuis la base. Ainsi la plante garde toujours des branches plus âgées en état de fleurir et développe des rameaux de remplacement. Comme sa sève toxique est très collante, il faut se laver les mains soigneusement après avoir manipulé le laurier-rose.

Le laurier-rose exige beaucoup de soleil, que vous le placiez à l'extérieur comme à l'intérieur, car vous ne laisserez sûrement pas une si belle plante geler. Adulte, le laurier-rose tolère assez bien la sécheresse, mais plus jeune, il exige un terreau humide en tout temps. Il est possible d'hiverner le laurier-rose dans un endroit très frais, car il supporte bien le froid et même un peu de gel, et tolère alors un emplacement moins éclairé.

Variété recommandée:

❧ *Nerium oleander* (laurier-rose): Seule cette espèce est disponible. On trouve des formes à fleurs simples, doubles ou semi-doubles, roses, rouges, jaunes, blanches ou bicolores, et parfois à feuillage panaché. De nouvelles variétés naines, de moins de 120 cm à maturité, comme 'Petite Pink' (rose) et 'Petite Salmon' (saumon), sont très populaires.

Nerium oleander

Lin de Nouvelle-Zélande

Lin de Nouvelle-Zélande

(*Phormium*)

Nom anglais: New Zealand Flax.

Hauteur: 45-250 cm.

Espacement en pot: 30 cm.

Espacement dans le jardin: 1 plant par pot de 30-60 cm.

Emplacement: Ensoleillé ou légèrement ombragé.

Terreau: Bien drainé.

Arrosage: Tolère la sécheresse.

Multiplication: Division.

Disponibilité: Pot individuel.

Utilisation: Point focal, bac, plante d'intérieur, plate-bande.

Phormium x 'Yellow Wave'

Cette plante ne tire pas son nom d'une quelconque ressemblance avec le lin européen (*Linum usitatissimum*), petite plante annuelle maigrelette aux fleurs bleues. C'est l'utilisation, par les Maoris de la Nouvelle-Zélande, de cette plante originaire de leur pays pour en faire un tissu semblable au lin, qui lui a valu le nom de lin de Nouvelle-Zélande. Semblable à une graminée ornementale très robuste, le lin de Nouvelle-Zélande n'en est pourtant pas une, mais un lointain parent de l'agave. C'est la plante vedette par excellence, remplissant admirablement tout contenant décoratif, sans autres végétaux pour la mettre en valeur, et surclassant plusieurs plantes fleuries.

On cultive le lin de Nouvelle-Zélande uniquement pour son feuillage. Il fleurit rarement, mais alors, il devient spectaculaire avec ses hautes tiges dressées, portant des fleurs tubulaires rouges ou jaunes qui durent plusieurs semaines. Par contre, son feuillage présent à l'année compense largement l'absence de fleurs. Les feuilles ensiformes qui émergent à sa base forment une rosette en éventail. Épaisses, solides, dressées ou légèrement arquées, elles ressemblent à des glaives romains. Le lin de Nouvelle-Zélande pousse habituellement en colonies denses, les éventails s'entremêlant pour créer un effet de touffe.

Le lin de Nouvelle-Zélande, spécialement facile à cultiver, tolère presque toutes les conditions, même un sol parfois inondé. Par contre, les jeunes plants résistent mal à la sécheresse, et une ombre trop forte réduit presque à néant sa croissance déjà lente. Par mesure de précaution, il vaut mieux l'exposer à un peu de soleil et l'arroser régulièrement. L'hiver, deux possibilités s'offrent à vous: rentrer la plante et l'utiliser comme plante d'intérieur, ou la mettre en dormance dans un coin, à la noirceur et quasiment au sec. Le lin de Nouvelle-Zélande, qui tolère assez bien une température minimale de -5°C, peut même hiverner dans un garage légèrement chauffé.

Très populaire en Europe, il l'est également à l'ouest de l'Amérique du Nord mais demeure rarement offert à l'est, où il faut le commander par la poste.

Variété recommandée:

❧ *Phormium* x (lin de Nouvelle-Zélande): Tous les cultivars sur le marché sont des hybrides nains résultant de croisements entre *P. tenax* et *P. colensoi* (anc. *P. cookianum*), deux espèces sauvages. Le mot nain est important, car *P. tenax* produit des feuilles atteignant 2,5 m de hauteur, alors que *P. colensoi* n'est que légèrement plus petit … un peu trop gros pour la culture en contenant! Vous trouverez surtout des cultivars de 45 à 90 cm de hauteur. La plupart d'entre eux sont des formes à feuillage coloré: pourpré ou panaché de blanc, de rose ou de jaune, souvent multicolore.

Phormium x 'Sundowner'

Marguerite de Paris

Argyranthemum frutescens

Marguerite de Paris

(*Argyranthemum*)

Noms anglais: Marguerite, Paris Daisy.

Hauteur: 60-120 cm.

Espacement en pot: 1 plant par pot de 30-45 cm.

Espacement dans le jardin: 45-75 cm.

Emplacement: Ensoleillé.

Terreau: Bien drainé.

Arrosage: Peut sécher légèrement entre les arrosages.

Multiplication: Bouturage.

Disponibilité: Pot individuel.

Utilisation: Point focal, remplissage, bordure, bac, plante d'intérieur, plate-bande, taille ornementale, attire les papillons, fleur coupée.

Une marguerite en arbuste: voici une très bonne description de la marguerite de Paris. En effet, sur des tiges lignifiées et ramifiées apparaissent des feuilles découpées vertes ou argentées et de nombreuses fleurs en forme de marguerite. En supprimant les branches inférieures de cette plante, et en pinçant ses branches supérieures pour stimuler une croissance plus dense, on peut lui donner la forme d'un petit arbre.

En Europe francophone, on lui donne le nom d'«anthémis», nom que je préfère ne pas utiliser, car la véritable *Anthemis* est une toute autre plante, et dans les noms horticoles, la confusion est déjà suffisamment grande sans en remettre. Si le nom de marguerite de Paris est quand même utilisé en Europe, il n'indique pas pour autant la véritable provenance de la plante. En effet, elle est originaire des îles Canaries, mais fut utilisée comme fleur coupée à Paris, au 19e siècle.

Encore assez récemment, toutes les marguerites de Paris portaient des fleurs simples blanches. Aujourd'hui, il existe des formes semi-doubles et doubles en blanc, rose ou jaune citron. La tendance actuelle privilégie les formes plus compactes, car les variétés anciennes exigeaient de nombreux pinçages pour éviter qu'elles deviennent très hautes et peu fournies.

Placée au soleil, la marguerite de Paris fleurira tout l'été. Si on la rentre pour l'hiver, elle peut même fleurir durant la saison froide, mais moins qu'en été. D'ailleurs, pourquoi la laisser geler? Elle s'entretient facilement dans la maison, et un seul plant entré en septembre fournit de nombreuses boutures en mars, en nombre suffisant pour remplir plusieurs jardinières l'été suivant.

Variétés recommandées:

❧ *Argyranthemum frutescens*, anc. *Chrysanthemum frutescens* (marguerite de Paris): C'est l'espèce d'origine, à fleurs blanches au cœur jaune et au feuillage plutôt argenté. La plupart des variétés vendues aujourd'hui, notamment celles à fleurs roses ou jaunes, ont cependant un feuillage vert et sont des hybrides résultant de croisements avec d'autres espèces d'*Argyranthemum*. Les choix s'accroissent, car de nouvelles variétés de cette plante de jardinière si populaire sont lancées tous les ans.

❧ *Euryops pectinatus* (euryops): Proche parent de la marguerite de Paris, l'euryops produit des feuilles argentées, très découpées, et des marguerites d'un jaune franc, la couleur de la marguerite de Paris étant plutôt jaune pastel. Cependant, les feuilles du cultivar 'Viridis' sont vertes.

Argyranthemum 'Fairy Dream'

Mauve africaine

Anisodontea capensis

Mauve africaine

(*Anisodontea*)

Noms anglais: South African Mallow, Cape Mallow.

Hauteur: 60-180 cm.

Espacement en pot:
1 plant par pot de 30-45 cm.

Espacement dans le jardin: 45-60 cm.

Emplacement: Ensoleillé ou légèrement ombragé.

Terreau: Bien drainé.

Arrosage: Peut sécher légèrement entre les arrosages.

Multiplication: Bouturage.

Disponibilité: Pot individuel.

Utilisation: Point focal, remplissage, bac, plante d'intérieur, plate-bande, taille ornementale, écran.

À cause surtout de sa croissance rapide et sa capacité de fleurir sans arrêt tout l'été, cet arbuste d'origine sud-africaine s'est mérité une place de choix dans notre répertoire de plantes pour jardinières. Si vous le rentrez pour l'hiver, à des températures plutôt chaudes et sous un éclairage intense, il fleurira autant en février qu'en juillet. Particulièrement intéressant au centre d'un grand bac composé, il ajoute de la hauteur aux arrangements.

La mauve africaine est un arbuste au port dressé, plutôt évasé, pouvant atteindre 180 cm ou plus, en pot. Cependant, on le pince habituellement de temps en temps pour stimuler une croissance plus dense. Vous lui donnez une forme d'arbre en conservant une tige principale sortant du tronc et en éliminant toutes les autres branches. Lorsque le «tronc» atteint la hauteur souhaitée, pincez son extrémité et, par la suite, pincez régulièrement pour obtenir plus ou moins la forme d'une boule.

Les petites feuilles à trois ou cinq lobes de la mauve africaine ressemblent à des feuilles d'érable en miniature. En forme de coupe ouverte, les fleurs à cinq pétales sont roses, plus rarement blanches, avec nervures plus foncées. Plutôt petites, rarement de plus de 2 cm de diamètre, leur abondance rachète leur petitesse.

Variétés recommandées:

❧ *Anisodontea capensis*, syn. *Malvastrum capense* (mauve africaine): C'est l'espèce décrite ci-dessus.

❧ *A.* x *hypomandarum* (mauve hybride): C'est, théoriquement, une plante différente. Toutefois, les spécimens vus jusqu'à maintenant semblent identiques à ceux vendus sous le nom d'*A. capensis*. Un jour, un expert clarifiera sans doute la situation.

Anisodontea capensis

Palmier

Palmier

(*Chamaedorea*, *Chrysalidocarpus*, etc.)

Noms anglais: Palm, Palm Tree.

Hauteur: 15-250 cm.

Espacement en pot: 1 plant par pot de 30 cm ou plus.

Emplacement: Variable, ensoleillé à ombragé.

Terreau: Bien drainé.

Arrosage: Variable.

Multiplication: Semis, division.

Disponibilité: Pot individuel, sachet de semences.

Utilisation: Point focal, bac, plante d'intérieur, écran.

Rhapis excelsa

Vous désirez une atmosphère exotique sur votre terrasse ou balcon? Il suffit d'y placer un palmier pour y parvenir. Rien n'est plus évocateur des Tropiques qu'un grand cocotier au tronc penché, dont les énormes feuilles pennées se balancent paresseusement au gré du vent. Malheureusement, le véritable cocotier, *Cocos nucifera*, ne convient pas à la culture en pot. Cependant, presque tous les autres palmiers s'y trouvent à l'aise, et garantissent aussi un effet tropical.

Évidemment, cultiver des palmiers en pot n'est pas une nouveauté, du moins à l'intérieur. Le rayon des plantes d'intérieur de toute jardinerie offre un assez bon choix de palmiers en pot. Rien ne vous empêche de les sortir pour l'été. Je vous suggère de choisir un palmier convenant aux dimensions de votre terrasse, toit ou balcon, et à l'automne, de l'intégrer au décor de votre maison.

Bien que seulement quelques espèces de palmiers soient décrites ci-après, il en existe plusieurs, et chaque espèce a ses besoins particuliers. L'une préfère le plein soleil et l'autre l'ombre, demande un sol humide ou tolère un sol sec, etc. Pour un bel effet à l'extérieur, la plante doit être d'assez grande taille, environ 120 à 200 cm. La plupart des palmiers pouvant atteindre 7 m ou plus sous les tropiques, résistez à la tentation d'acheter un véritable géant que vous ne pourrez rentrer pour l'hiver, car il est impossible de couper la tête d'un palmier en espérant qu'il en développe une nouvelle. Ces végétaux primitifs possèdent une unique pointe de croissance et n'ont pas la capacité de se ramifier lorsqu'elle est endommagée. Seuls les palmiers poussant en touffe vous permettent de supprimer une tige malade ou endommagée, car ces variétés émettent des drageons à leur base.

Variétés recommandées:

Il existe littéralement des centaines de palmiers différents. Voici quelques variétés couramment disponibles.

❧ *Chamaedorea elegans* 'Bella' (palmier nain): Palmier aux feuilles pennées vert foncé, dont le tronc vert et mince n'est visible que chez les sujets plus matures. Achetez un plant de bonne taille. Mi-ombre à ombre. Peut sécher légèrement entre les arrosages.

❧ *Chrysalidocarpus lutescens* (palmier d'Arec): Palmier aux grandes feuilles pennées vert moyen qui pousse en touffe. Les bases des frondes et le tronc annelé, visible seulement sur les grands spécimens, sont dorés. Soleil à mi-ombre. Peut sécher légèrement entre les arrosages.

❧ *Rhapis excelsa* (rhapide): Il porte des feuilles en éventail vert foncé, et son tronc très visible est recouvert de fibres brunes. Mi-ombre à ombre. Peut sécher légèrement entre les arrosages.

Chamaedorea elegans 'Bella'

Papyrus

Cyperus alternifolius

Papyrus

(*Cyperus*)

Noms anglais: Umbrella Plant, Papyrus.

Hauteur: 40-120 cm.

Espacement en pot: 1 plant par pot de 30 cm.

Emplacement: Ensoleillé ou légèrement ombragé.

Terreau: Toutes sortes.

Arrosage: Terreau humide à inondé en tout temps.

Multiplication: Semis, bouturage, division.

Disponibilité: Pot individuel, sachet de semences.

Utilisation: Point focal, bac, jardinière suspendue, jardin d'eau, écran.

Il est presque superflu de décrire cette plante si populaire, mais nous en donnons une description pour les novices. Il s'agit d'une plante semi-aquatique dont l'apparence se rapproche de celle d'une graminée, produisant une touffe dense de tiges vertes, portant à leur extrémité un cercle de «feuilles» ensiformes vertes, en fait, des bractées. Elle donne l'impression d'une petite réunion de parapluies haut perchés. On lui donne parfois le nom de «plante ombrelle». Des petites fleurs vertes, devenant brunes et de peu d'attrait, se forment à l'aisselle des bractées.

D'une certaine façon, le papyrus nain est une des plantes

en pots les plus faciles à cultiver; il suffit de garder ses racines humides en tout temps. Comme la motte de racines peut être immergée, il suffit de cultiver le papyrus dans un pot ordinaire placé dans un cache-pot étanche deux ou trois fois plus grand, remplir le contenant d'eau et inonder tout pour créer un mini jardin d'eau... le tour est joué! Comme l'évaporation d'une telle quantité d'eau exige environ deux semaines ou plus, vous pouvez alors partir en vacances sans souci.

Évidemment, le papyrus n'est pas un compagnon idéal pour les végétaux ordinaires qui exigent un bon drainage. Cultivez-le seul dans son pot, ou dans un jardin d'eau en compagnie d'autres plantes aquatiques et semi-aquatiques.

Comme vous l'avez deviné, le papyrus ne craint que la sécheresse. S'il arrive que le vôtre jaunisse, il n'est pas irrémédiablement perdu. Coupez toutes les tiges au ras du sol et arrosez bien: habituellement, il produit rapidement de nouvelles tiges.

Le papyrus nain est de culture très facile dans la maison, à condition que, comme à l'extérieur, son terreau soit toujours détrempé. Ne le laissez donc pas geler à l'automne. Et surveillez les araignées rouges.

Enfin, sa multiplication est très aisée. Vous pouvez le diviser ou prélever une rosette de bractées au sommet d'une tige, la placer dans un verre d'eau ou en contact avec un terreau humide, la tête en haut ou en bas. Elle ne tardera pas à émettre des racines et de nouvelles tiges. Les fleurs produisent des graines que le vent emporte facilement: ne soyez donc pas surpris si des petits papyrus apparaissent dans tous les pots environnants.

Variétés recommandées:

Vous trouverez chez les spécialistes des jardins d'eau plusieurs *Cyperus* qui produiront un excellent effet en jardinière. Par contre, les plus courantes sont les deux espèces suivantes:

❧ *Cyperus alternifolius* (papyrus nain, papyrus d'appartement, plante ombrelle; anglais: umbrella plant): C'est la plante décrite ci-dessus. L'espèce atteint environ 60-120 cm de hauteur, mais la forme naine, *C. alternifolius* 'Gracillimus', seulement 45 cm. Une forme à feuillage panaché de blanc, 'Variegatus', est parfois offerte.

❧ *C. papyrus* (papyrus): Il s'agit du véritable papyrus utilisé par les Égyptiens pour écrire, une plante géante de 1,5 à 4 m qui ne convient qu'aux grands contenants. Ses tiges solides sont coiffées d'une véritable boule de minces bractées.

Cyperus alternifolius 'Variegatus'

Pennisétum soyeux

Pennisétum soyeux

(*Pennisetum setaceum*)

Nom anglais: Fountain Grass.

Hauteur: 75-150 cm.

Espacement en pot: 1 plant par pot de 30-45 cm.

Espacement dans le jardin: 45-75 cm.

Emplacement: Ensoleillé.

Terreau: Bien drainé.

Arrosage: Peut sécher légèrement entre les arrosages.

Multiplication: Semis, division.

Disponibilité: Plants à repiquer, sachet de semences.

Utilisation: Point focal, bac, plate-bande, écran, fleur coupée, fleur séchée.

Pennisetum setaceum 'Rubrum'

La popularité croissante des graminées ornementales vivaces dans l'aménagement paysager se répercute sur la culture en contenants, notamment avec le développement du pennisétum soyeux comme plante vedette pour la culture en bac. Des touffes de feuilles minces et arquées sont produites tout autour du plant. Ses inflorescences plumeuses roses, d'apparence délicate, bougent à la moindre brise et donnent du mouvement à votre jardin en pot.

Vivace dans les régions plus chaudes et ne supportant que de légers gels ailleurs, le pennisétum soyeux se cultive comme une annuelle. À croissance relativement rapide, on peut le cultiver à partir de semences, environ 10 à 12 semaines avant la date du dernier gel. Par contre, les formes à feuillage pourpré, les plus appréciées, ne se reproduisent pas fidèlement à partir de semences, et il faut les acheter au printemps sous forme de plants. Par la suite, vous pouvez rentrer la plante mère pour l'hiver ou prendre des divisions afin de le maintenir d'une année à l'autre. Dans la maison, vous pouvez le cultiver durant l'hiver à la température de la pièce ou dans un emplacement froid, mais à l'abri des gels sévères, dans un garage abrité par exemple.

Enfin, pour faire durer votre plaisir, vous pouvez aussi utiliser les inflorescences du pennisétum soyeux comme fleurs coupées fraîches ou séchées.

Variétés recommandées:
En plus des espèces «annuelles» décrites ici, il existe de nombreuses espèces vivaces de *Pennisetum* qui conviennent surtout à la culture en pleine terre.

❧ *Pennisetum setaceum*, syn. *P. ruppellianum* (pennisétum soyeux): C'est l'espèce décrite ci-dessus. Les cultivars 'Rubrum' (syn. 'Cupreum' et 'Atrosanguineum'), aux feuilles rougeâtres, et 'Burgundy Giant', aux feuilles pourpres, sont particulièrement prisées.

❧ *P. villosum*, syn. *longistylis* (pennisétum à long style, anglais: Feathertop Grass): C'est une graminée plus petite au feuillage vert, de 30 à 60 cm de hauteur, et à croissance particulièrement rapide. On peut le semer à l'intérieur seulement 6 semaines avant la date du dernier gel. Il produit de gros épis cylindriques plumeux d'un blanc éclatant. Excellente fleur séchée.

❧ *Saccharum officinarum* 'Purpureum' (canne à sucre pourpre): Il s'agit d'une variante à feuilles pourpres de la canne à sucre, celle qui donne le sucre de table… et le rhum! Par son feuillage, elle ressemble, en version géante, au pennisétum 'Burgundy Giant' mais ne fleurit habituellement pas sous notre climat, ayant besoin d'un emplacement chaud pour bien performer. Hauteur: 1-2 m.

Pennisetum setaceum

Rosier
(*Rosa*)
Nom anglais: Rose.
Hauteur: 15-90 cm.
Espacement en pot: 1 plant par pot de 15-45 cm.
Espacement dans le jardin: 45-100 cm.
Emplacement: Ensoleillé.
Terreau: Bien drainé.
Arrosage: Peut sécher légèrement entre les arrosages.
Multiplication: Bouturage.
Disponibilité: Plant à racine nue, pot individuel.
Utilisation: Point focal, bordure, élément retombant, bac, potée suspendue, jardinière, plate-bande, rocaille, écran, treillis, fleur comestible, fleur parfumée, fleur coupée, fleur séchée.

Rosa

Commençons d'abord par déterminer de quels genres de rosiers il s'agit. La plupart des rosiers arbustifs et des rosiers grimpants sont trop gros pour la culture en pots. En général, les célèbres hybrides de thé et grandifloras, aux tiges épaisses mais peu feuillues, ne donnent pas un bel effet en pot, étant plus attrayants vus d'en haut, comme dans la plate-bande, que de côté comme en pot. Il reste les rosiers qui font des feuilles plus petites mais plus nombreuses, comme les floribundas, les polyanthas, les miniatures et les rosiers couvre-sols, tous très intéressants pour le pot. Quant aux rosiers sur tige, ceux taillés en forme de petit arbre, nous en parlons à la page 394.

Les rosiers en jardinière présentent un attrait indéniable, car ils fleurissent tout l'été ou presque, parfois même jusqu'en novembre. De plus, leurs fleurs sont magnifiques et souvent parfumées. Simples, doubles ou semi-doubles, elles viennent dans une vaste gamme de couleurs. Il ne manque que le bleu et le noir pour obtenir une gamme complète! Par contre, il n'est pas facile de maintenir un rosier deux années de suite dans un contenant. Afin de profiter pleinement de l'unique saison de fleurs qu'ils peuvent parfois offrir, mieux vaut abandonner les rosiers à racines nues, moins coûteux mais plus lents, aux jardiniers patients qui les cultivent dans la plate-bande. Achetez plutôt des rosiers empotés, déjà en fleurs ou en boutons, porteurs de nombreux boutons prometteurs. Même les rosiers vendus à la fête des Mères, habituellement des polyanthas ou des floribundas, sont d'excellents sujets.

Placez les rosiers au plein soleil, assurez une bonne ventilation et des arrosages adéquats. En effet, ils ne doivent jamais tremper constamment dans l'eau, et tout au plus effleurer la sécheresse. Lorsque le terreau semble presque sec, il est temps d'arroser!

Beaucoup de problèmes sont éliminés par la culture en contenants, notamment celui des maladies, habituellement un problème majeur chez les rosiers. Le mouvement d'air étant plus important autour d'un pot, il empêche le développement de la plupart des maladies. Dans le jardin, la majorité des spores responsables des maladies hivernent dans le sol, et la pluie les projette sur le feuillage des rosiers. Dans un pot, le feuillage étant plus élevé, donc plus éloigné du sol, les spores ne peuvent l'atteindre. Dans les rares cas où une maladie surgit, vous pouvez arrêter sa progression en arrachant les feuilles atteintes. Quant aux insectes, lorsque les pucerons posent un problème, un jet d'eau ou un traitement à l'eau savonneuse en vient habituellement à bout, surtout si vous le répétez aux trois ou quatre jours.

En réponse à la grande question que tous se posent, à savoir s'il est possible de conserver un rosier en pot d'une année à l'autre, je réponds un «oui» hésitant. Sous un climat nordique, le gel traverse complètement un pot. Habituellement, les rosiers sont des plantes de zone 7 ou 8. Même bien emmitouflés, leurs chances de survivre en pot dans les zones 2, 3, 4 ou 5 sont bien minimes. La meilleure façon de les conserver consiste à creuser un trou dans le jardin à la fin de l'automne, les enterrer avec leur pot et recouvrir le site d'enfouissement d'une bonne couche de paillis, pour ensuite les déterrer au dégel et les remettre à leur emplacement habituel. À défaut de pouvoir les enterrer au jardin, vous pouvez les maintenir dans une chambre froide ou un garage à peine chauffé, à une température d'environ 1 à 5°C, en surveillant cependant les arrosages, car même en dormance, les rosiers ne doivent jamais manquer d'eau.

Variété recommandée:

❧ *Rosa* x (rosier): Tel que suggéré ci-dessus, les meilleurs rosiers pour la culture en contenant sont les rosiers miniatures, polyanthas, floribundas et couvre-sol.

Pluie de fleurs

On ne peut le nier, les plantes retombantes font toujours un très bel effet en pot, encore plus lorsqu'elles sont florifères. Plusieurs végétaux décrits dans ce chapitre ne sont pratiquement pas cultivés autrement, tant ils semblent n'avoir été créés que pour garnir des pots.

La majorité des plantes dites «retombantes» ne retombent pas vraiment dans la nature. Ce sont généralement des couvre-sol qui forment des tapis de verdure et de fleurs. Une recherche sur l'origine de ces plantes vous permet de découvrir que la plupart d'entre elles croissent à l'état naturel dans des lieux très ouverts, sur des sols pauvres ou rocailleux ou sur des falaises ou rochers, là où la compétition pour les ressources, notamment le soleil, est minimale. Dans un lieu très ouvert, ces plantes tapissantes n'éprouvent aucun besoin de gaspiller une énergie précieuse en utilisant la technique de presque toutes les plantes vivant dans un sol plus riche, soit monter plus haut, lorsqu'il est si facile de capter la lumière en laissant courir librement leurs branches sur le sol.

Évidemment, d'autres plantes ont, dans la nature, un port plutôt dressé qui devient retombant en culture. Généralement, ces mutations que les humains apprécient beaucoup seraient défavorables à leur survie dans un site naturel. Mais, dans le but précis de développer des plantes de plus en plus retombantes, les hybrideurs accentuent ces mutations en croisant des plantes au port lâche.

Si les plantes retombantes servent dans toutes sortes de jardinières, de bacs et surtout, de potées suspendues, elles deviennent moins intéressantes lorsque le pot qui les reçoit est particulièrement beau, car elles cachent rapidement un pot magnifique. Si vous avez une belle collection de jardinières et souhaitez les mettre en valeur avec des végétaux, choisissez principalement des plantes au port dressé ou seulement étalé. Une plante retombante ça et là ne nuit pas et met même le pot en valeur, mais dans ce cas, il faut les utiliser avec modération.

Les plantes naturellement retombantes sont aussi d'excellents sujets, lorsque plantées à travers les tapis de mousse ou de fibre de coco des paniers ajourés (voir à la page 86), ainsi que dans les poches et pots muraux de toutes sortes, sans oublier les jarres à fraisiers, urnes comportant de petites ouvertures en saillie pour la plantation. Vous pouvez aussi changer radicalement l'aspect de la plupart de ces végétaux en les attachant à un tuteur et en faire des plantes dressées.

Alysse odorante
Bacopa
Bident à feuilles de fougère
Calibrachoa
Géranium-lierre
Liseron de Mauritanie
Nolane
Queue-de-renard retombante
Scaevola
Streptocarpella
Verveine rampante
Violette australienne

Alysse odorante

Lobularia maritima

Alysse odorante

(*Lobularia maritima*)

Nom anglais: Sweet Alyssum.

Hauteur: 8-20 cm.

Espacement en pot: 3-5 plants par pot de 20-25 cm.

Espacement dans le jardin: 15-25 cm.

Emplacement: Ensoleillé ou légèrement ombragé.

Terreau: Bien drainé.

Arrosage: Peut sécher légèrement entre les arrosages.

Multiplication: Semis.

Disponibilité: Plants à repiquer, sachet de semences.

Utilisation: Remplissage, bordure, élément retombant, bac, potée suspendue, jardinière, plate-bande, rocaille, muret, attire les abeilles.

L'alysse odorante est une vieille amie du jardinier, une bonne annuelle de base, une des premières plantes utilisées en contenants, dont la popularité n'a jamais décliné. De plus, magnifique en bordure de la platebande, c'est une véritable beauté dans la rocaille. Pourtant, prises individuellement, ses fleurs ne sont guère attirantes, tellement petites qu'elles se remarqueraient difficilement sans leur très grand nombre. En effet, chaque tige se coiffe d'un dôme allongé, constitué de si nombreuses petites fleurs blanches, roses, mauves, violettes ou rouge pourpré, parfois même jaune crème ou saumon pâle, que le feuillage se voit à peine. De plus, elles exhalent un léger et délicieux parfum de miel que l'on perçoit davantage lorsque la plante est cultivée dans un bac, plus près des narines que dans la plate-bande. Si leur arôme vous attire, sachez que les variétés à fleurs blanches sont habituellement les plus parfumées.

Achetez des caissettes d'alysse odorante au printemps ou semez-les vous-même à l'intérieur, deux ou trois semaines avant le dernier gel. Elle croît *très* rapidement et parvient à la floraison en aussi peu que cinq semaines. On peut la cultiver dans tout terreau bien drainé, dans un emplacement ensoleillé ou légèrement ombragé. Arrosez juste assez pour que le terreau ne se dessèche jamais, car un sol détrempé est quasiment la seule chose que l'alysse ne tolère pas.

Dans la nature, l'alysse odorante est vraiment rapide; elle fleurit, fructifie et meurt en moins de trois mois. En culture, on réussit à prolonger considérablement son cycle de vie, mais elle a tendance à cesser de fleurir vers la mi-été. Pour stimuler une floraison plus durable, pincez les petits plants au repiquage, ce qui stimule un dédoublement du nombre de fleurs en début de saison et prolonge la floraison. Lorsque la floraison diminue, rabattez toutes les tiges de moitié. L'alysse refleurira en moins de deux semaines.

Variété recommandée:

❧ Dans les genres *Alyssum* et *Aurinia,* il existe plusieurs alysses vivaces tapissantes qui, malgré une floraison uniquement printanière, sont d'excellentes plantes de jardinières, mais seule l'espèce décrite ci-dessus, *Lobularia maritima,* anciennement *Alyssum maritimum* (alysse odorante), est couramment cultivée pour sa floraison continue durant tout l'été.

Lobularia maritima 'Easter Bonnet Lavender'

Bacopa

Sutera cordata

Bacopa

(*Sutera cordata*)

Nom anglais: Bacopa.

Hauteur: 15-20 cm.

Espacement en pot: 3-4 plants par pot de 20-25 cm.

Espacement dans le jardin: 20 cm.

Emplacement: Ensoleillé ou légèrement ombragé.

Terreau: Bien drainé.

Arrosage: Terreau humide en tout temps.

Multiplication: Bouturage.

Disponibilité: Pot individuel.

Utilisation: Remplissage, bordure, élément retombant, élément grimpant, bac, potée suspendue, jardinière, plate-bande, rocaille, muret, coin humide.

Un nom commun s'installe incroyablement vite. Au milieu des années 1990, cette plante a fait une modeste entrée sur le marché, sous le nom erroné de *Bacopa*. Dès l'année suivante, une correction a été apportée, mais c'était déjà trop tard. Même si «sutera» est un aussi beau nom que «bacopa», le mal était fait. Parions que dans 300 ans, on utilisera toujours le mot «bacopa» en parlant de cette plante!

Donc, au début des années 1990, ce petit arbuste sud-africain fut commercialisé par les Australiens qui l'utilisent surtout dans la plate-bande, car il est rustique sous leur climat. En Europe et en Amérique du

Nord, on l'emploie strictement dans les jardinières, malgré le grand potentiel qu'elle présente comme «annuelle» pour la plate-bande.

Le bacopa est une plante buissonnante aux petites feuilles vert foncé, et aux nombreuses petites fleurs étoilées à cinq pétales. L'espèce d'origine porte des fleurs blanches et si la majorité des cultivars ont gardé cette couleur, on voit maintenant des lignées à fleurs roses, mauves et rouges, et avec le temps, sa gamme des couleurs s'élargira sans doute davantage.

Le port naturel du bacopa est plutôt dressé, mais on a réussi à obtenir des plantes plus tapissantes par l'hybridation et la sélection. Certains cultivars débordent de leur pot sans vraiment retomber, alors que d'autres retombent de 30 à 45 cm ou même plus. Pour obtenir une plante plus fournie, n'oubliez pas de la pincer légèrement au moment de la plantation.

Le bacopa se comporte mieux sous un climat frais et sa floraison ralentit durant une période de canicule. Bien que l'on vous dise toujours de garder son terreau humide, cette consigne est surtout valable pour les plants cultivés au plein soleil. À mi-ombre, le terreau peut s'assécher entre les arrosages. On peut garder le bacopa d'une année à l'autre en entrant des plants ou des boutures à l'automne et les cultiver sous un éclairage intense jusqu'au printemps suivant.

Variété recommandée:

❧ *Sutera cordata* (bacopa): Les plantes identifiées par ce nom sont probablement tous des hybrides des espèces de *Sutera*, un genre ayant beaucoup de potentiel. Sans doute verrons-nous d'autres suteras sur le marché maintenant que ce genre a acquis une certaine notoriété.

Sutera cordata 'Pink Domino'

Bident à feuilles de fougère

Bidens ferulifolia

Bident à feuilles de fougère
(*Bidens ferulifolia*)
Noms anglais: Fern-leaved Beggar-ticks, Golden Goddess.
Hauteur: 45-75 cm.
Espacement en pot: 3-4 plants par pot de 20-25 cm.
Espacement dans le jardin: 15-30 cm.
Emplacement: Ensoleillé.
Terreau: Bien drainé.
Arrosage: Peut sécher légèrement entre les arrosages.
Multiplication: Bouturage, semis.
Disponibilité: Pot individuel, sachet de semences.
Utilisation: Point focal, remplissage, bordure, élément retombant, bac, potée suspendue, jardinière, plate-bande, attire les papillons, fleur coupée.

Personne n'est aussi surpris que moi par la transformation de cette annuelle traditionnelle de jardin en plante pour la jardinière. Je la cultivais dans mon enfance, car le bident faisait partie des semences de «plantes faciles à cultiver» que mon père nous remettait pour nous initier à l'horticulture. Le bident que je connaissais avait un port dressé et rigide, facilement 75 cm de hauteur, ne présentant alors aucune des caractéristiques recherchées dans une plante de jardinière. Puis, au milieu des années 1990, dans les jardinières de la Suisse et de la France, j'ai commencé à voir une plante rampante ressemblant au bident à feuilles de fougère de mes jeunes années, toujours accompagnée de géraniums rouge sang, une combinaison flamboyante et saisissante, sans doute stupéfiante pour certains spécialistes de l'aménagement paysager qui réprouvent une telle utilisation de couleur! Est-ce que cette plante pouvait être apparentée au bident de mon enfance? Eh oui!

Grâce à la sélection, on a réussi à faire de mon bon vieux bident si haut dressé, une plante rampante. De nos jours, il en existe plusieurs cultivars rampants, dont 'Goldie' et 'Samsara', généralement à port plus compact que 'Goldmarie' qui, il faut l'avouer, se dégarnissait du centre durant l'été.

Quel que soit son port, le bident à feuilles de fougère est une plante aux feuilles vertes fortement découpées, produisant des fleurs de couleur jaune or mesurant jusqu'à 6 cm de diamètre, très semblables à celles du cosmos sulfureux, mais ne comptant habituellement que cinq rayons. N'éprouvez donc aucune culpabilité si, l'ayant vu, vous avez pris le bident à feuilles de fougère pour une nouvelle variété de cosmos.

La forme dressée traditionnelle est très facile à produire à partir de semis, réalisés à l'intérieur 6 semaines avant la date du dernier gel, ou à l'extérieur. Les variétés retombantes ne sont pas fidèles au type et on ne peut les maintenir qu'en rentrant la plante mère pour l'hiver ou en prélevant des boutures à l'automne. «Supprimer les fleurs fanées aide à stimuler une floraison continuelle», dit-on. Pourtant, si je me fie à ma propre expérience, la floraison n'a jamais diminué chez les plantes non nettoyées.

Soit dit en passant, ce bident si attrayant est bel et bien un parent du bident sauvage, *B. cernua*, souvent appelé «fourchettes», dont les petites graines aux extrémités courbées s'accrochent à vos vêtements lors de vos randonnées estivales. Le nom «bident» est dû aux deux «dents» de l'extrémité des graines qui causent tant de désagréments.

Variété recommandée:

❧ *Bidens ferulifolia* (bident à feuilles de fougère): Seule cette espèce et ses cultivars à port retombant sont cultivés en pots.

Biden ferulifolia 'Goldmarie'

Calibrachoa

Calibrachoa

(*Calibrachoa* x)

Noms anglais: Calibrachoa, Beach Petunia.

Hauteur: 15-25 cm.

Espacement en pot: 3 plants par pot de 20-25 cm.

Espacement dans le jardin: 25-35 cm.

Emplacement: Ensoleillé ou légèrement ombragé.

Terreau: Bien drainé.

Arrosage: Peut sécher légèrement entre les arrosages.

Multiplication: Bouturage.

Disponibilité: Pot individuel.

Utilisation: Remplissage, bordure, élément retombant, bac, potée suspendue, jardinière, plate-bande, rocaille, muret, attire les colibris.

Calibrachoa x 'Million Bells Trailing Pink'

Le calibrachoa semble la plante dernier cri... mais il n'est pas vraiment nouveau. Il a été introduit dans la culture dès le début du 19e siècle, mais ne convenant pas aux goûts de l'époque, on ne l'a presque plus revu ailleurs que dans les jardins botaniques. Ce n'est qu'en 1988 que la compagnie japonaise, Suntory Ltd. a de nouveau cueilli différentes espèces de calibrachoa en Amérique du Sud, son lieu d'origine, et que *Calibrachoa* x est né, quelques croisements plus tard.

Le genre *Calibrachoa* était autrefois inclus dans le genre *Petunia*, le calibrachoa ressemblant à un pétunia miniature. Il a de petites feuilles plutôt arrondies et produit, littéralement et en même temps, des centaines de fleurs d'environ 2 cm de diamètre en forme de trompette. Sa gamme de couleurs comprend le bleu, le violet, le rouge, le rose, le jaune et le blanc. Une nouveauté, 'Terra Cotta', indécise quant à la couleur à adopter, passe du rouge

Calibrachoa x 'Million Bells Terra Cotta'

brique au jaune et à l'orange. Le port du calibrachoa est variable: certains cultivars sont plutôt buissonnants et débordent à peine du pot, alors que d'autres, franchement retombants, atteignent 45 à 60 cm de longueur à la fin de l'été. Contrairement au pétunia, le calibrachoa possède le grand avantage d'être «autonettoyant», les fleurs fanées tombant d'elles-mêmes.

Cette plante tolère bien le froid et continue à fleurir très tard l'automne, même lorsque les pétunias voisins sont trépassés. Quelques espèces sauvages de ce genre sont d'ailleurs passablement rustiques. On trouve *C. parviflora* naturalisé sur les plages et vivace un peu partout aux États-Unis, jusque dans le Maine! Qui sait, peut-être verrons-nous un jour des calibrachoas hybrides véritablement rustiques!

Si les plantes adultes tolèrent un peu de sécheresse, les jeunes plants exigent par contre un terreau constamment humide. Idéalement, il faut placer le calibrachoa en plein soleil, sinon sa floraison peut être affaiblie et ses tiges un peu dégarnies.

Même si le calibrachoa est vendu comme annuelle, il est facile à maintenir durant l'hiver, dans une pièce chauffée, mais sa floraison est faible ou même nulle alors, ne reprenant qu'avec les jours plus longs du printemps.

Variété recommandée:

❧ *Calibrachoa* x (calibrachoa): Seules les variétés hybrides décrites ci-dessus sont actuellement disponibles.

Géranium-lierre

Pelargonium peltatum

Géranium-lierre

(*Pelargonium peltatum*)

Nom anglais: Ivy Geranium.

Hauteur: 30-75 cm.

Espacement en pot: 1-3 plants par pot de 20-25 cm.

Espacement dans le jardin: 15-30 cm.

Emplacement: Ensoleillé ou légèrement ombragé.

Terreau: Bien drainé.

Arrosage: Peut sécher légèrement entre les arrosages.

Multiplication: Bouturage, semis.

Disponibilité: Pot individuel, sachet de semences.

Utilisation: Point focal, remplissage, en bordure, élément retombant, bac, potée suspendue, jardinière, rocaille, muret.

Qui dit «géranium pour le panier suspendu» dit principalement géranium-lierre, aussi appelé géranium des balcons. Il s'agit d'une plante aux tiges parfois prostrées, parfois semi-érigées, mais ployant et retombant toujours sous leur propre poids. Certains cultivars retombent véritablement et peuvent même atteindre une longueur de 1 m ou plus; d'autres débordent plutôt de leur pot, mais suffisamment pour le cacher. Les feuilles plutôt rondes, mais avec cinq lobes bien définis, rappellent celles du lierre (*Hedera*), d'où son nom commun.

On ne cultive pas le géranium-lierre pour ses feuilles, mais pour les nombreuses ombelles de fleurs roses, blanches, rouges, orangées, magenta ou lavande produites à l'extrémité des tiges. Elles se succèdent sans arrêt au printemps et à l'été, parfois même toute l'année si les plants sont rentrés à l'automne. Chez les meilleurs cultivars, la plante disparaît sous les fleurs!

Bien que friand de soleil, le géranium-lierre ne tolère pas la chaleur aussi bien que les autres géraniums (*Pelargonium*). Idéalement, placez-le à l'abri du soleil du midi, les géraniums-lierres étant à leur mieux dans les régions où les températures nocturnes sont fraîches. Sans pécher par excès et laisser les plantes sécher complètement, il est préférable de garder les géraniums-lierres un peu trop secs qu'un peu trop humides. Un terreau bien drainé contribue énormément à empêcher la pourriture, leur problème le plus fréquent.

Rentrez les plants ou les boutures à l'automne. Un éclairage intense et une température plutôt fraîche sont nécessaires pour les maintenir durant l'hiver.

On peut depuis peu obtenir des géraniums-lierres de qualité à partir de semences. Traitez les graines de la même manière que celles du géranium des jardins à la page 248. Habituellement, on achète cependant le géranium-lierre en pot individuel.

Variétés recommandées:

Vous trouverez des fiches sur le géranium des plates-bandes et le géranium à feuillage décoratif respectivement aux pages 248 et 307.

❧ *Pelargonium peltatum* (géranium-lierre): Il existe des centaines de cultivars de cette plante, de nains à géants, à fleurs simples ou doubles, grosses ou petites et à feuillage vert ou panaché. Pour un effet particulièrement intéressant dans un emplacement chaud et ensoleillé, essayez les lignées Cascade ou Balcon qui résistent mieux à la canicule.

❧ *P.* x (géranium floribunda): Ces hybrides au port plus étalé, se situent entre le géranium-lierre et le géranium des jardins, portent des feuilles plus rondes et produisent des fleurs plus larges que celles du géranium des jardins, dans une gamme de couleurs rappelant celle de ce dernier. La plupart des cultivars portent des noms de femme, comme 'Elizabeth' (rouge à feuille zonée) et 'Maureen' (orange saumoné et blanc).

Pelargonium peltatum
'Balcon Imperial'

Liseron de Mauritanie

Convolvulus sabaticus

Liseron de Mauritanie

(*Convolvulus sabaticus*)

Noms anglais: Bush Morning Glory, Morning Trails.

Hauteur: 20 cm.

Espacement en pot: 1-3 plants par pot de 20-25 cm.

Espacement dans le jardin: 30 cm.

Emplacement: Ensoleillé.

Terreau: Très bien drainé.

Arrosage: Tolère la sécheresse.

Multiplication: Bouturage.

Disponibilité: Pot individuel.

Utilisation: Point focal, remplissage, bordure, élément retombant, bac, potée suspendue, jardinière, plate-bande, rocaille, muret.

Même si cette plante est un liseron, elle ne possède pas les tiges grimpantes volubiles du liseron que l'on connaît. Au contraire, sa croissance est tout à fait évasée. Dans la nature, elle s'étale sur les roches chaudes bordant les côtes sud-ouest européennes et nord-ouest africaines de la Méditerranée. En culture, les tiges sans tonus, retombent joliment de n'importe quel contenant sur une longueur de plus de 60 cm à la fin de l'été, et créent un effet splendide dans une rocaille ou sur un muret.

Le liseron de Mauritanie produit de nombreuses trompettes bleu-violet au centre blanc, sur un feuillage arrondi gris-vert. Comme sa cousine, la gloire du matin (*Ipomoea*), les fleurs s'ouvrent tôt le matin, mais contrairement à cette dernière, restent ouvertes toute la journée. Elles se referment cependant en soirée, parfois même en après-midi durant une canicule. Fait intéressant, les fleurs fanées se fondent dans le feuillage, ne nécessitant aucune suppression ou taille. La floraison se poursuit tout l'été, jusqu'au début de l'automne.

Bien que considérée comme vivace dans les régions méridionales nord-américaines et européennes, elle manque de rusticité en deçà de la zone 7, donc dans les régions nordiques. Maintenez la plante par bouturage à l'automne ou entrez la plante mère, dans un lieu ensoleillé à la température de la pièce ou dans un garage légèrement chauffé.

Variétés recommandées:

❧ *Convolvulus sabaticus*, anc. *C. mauritanicus* (liseron de Mauritanie): Voir la description ci-dessus. Il existe quelques cultivars dont les fleurs sont plus foncées que celles de l'espèce, mais aucun ne semble facilement disponible à l'heure actuelle.

❧ *C. cneorum* (liseron argenté; anglais: Silver Bush Morning Glory): Une plante similaire, mais à feuillage beaucoup plus argenté et à fleurs blanches. Fort populaire en Europe, mais encore très rare en Amérique du Nord.

❧ *Evolvulus glomeratus*, syn. *E. nuttallianus* (liseron miniature; anglais: Blue Daze): Il s'agit d'une version miniature du liseron de Mauritanie. Les feuilles sont plus petites et légèrement plus grises. Les fleurs ne mesurent qu'environ 2,5 cm de diamètre et sont d'un véritable bleu azur.

Evolvulus glomeratus 'Hawaiian Blue Eyes'

Nolane

Nolana paradoxa

Nolane

(*Nolana*)

Nom anglais: Chilean Bellflower.

Hauteur: 25 cm.

Espacement en pot: 3-4 plants par pot de 20-25 cm.

Espacement dans le jardin: 10 cm.

Emplacement: Ensoleillé ou mi-ombragé.

Terreau: Bien drainé.

Arrosage: Tolère tant la sécheresse qu'un sol constamment humide.

Multiplication: Semis.

Disponibilité: Plants à repiquer, sachet de semences.

Utilisation: Remplissage, bordure, élément retombant, bac, potée suspendue, jardinière, plante d'intérieur, plate-bande, rocaille, muret.

La nolane est une belle d'autrefois qui mérite de reprendre la place qu'elle occupait au palmarès des plantes pour la culture en pot. C'est d'ailleurs l'une des annuelles les plus faciles à cultiver, s'accommodant de presque toutes les situations extrêmes: chaleur ou froid, sécheresse ou inondation, plein soleil ou mi-ombre. Par contre, c'est sa résistance à la chaleur et à la sécheresse que vous apprécierez le plus, car ce sont deux problèmes constants pour la culture en pots.

N'allez pas croire que sa résistance la rend peu attrayante! Au contraire, la nolane est une plante ayant beaucoup de charme. Courant sur des roches dans la nature, ses tiges épaisses et succulentes, naturellement lâches, portent des feuilles luisantes, légèrement succulentes elles aussi. La fleur en forme de trompette, aux marges ondulées, est d'un bleu plus ou moins violacé selon le cultivar, avec une large gorge blanche, jaune ou vert pâle. Elle rappelle un peu le pétunia. Après la floraison, apparaissent de jolies capsules de graines évoquant les coupoles des églises orthodoxes.

La nolane a cependant un défaut majeur: elle est difficile à trouver sous forme de plants à repiquer. En effet, sans un pépiniériste local produisant des plantes inhabituelles, vous devrez la cultiver vous-même à partir de semences. Fort heureusement, c'est très facile. Il suffit de semer les graines à l'intérieur, environ 6 semaines avant la date du dernier gel, à une profondeur de 3 mm et dans des godets de tourbe, car l'épaisse racine pivotante tolère difficilement le repiquage. Semez trois graines par godet, puis après la germination, environ 10 jours plus tard, éliminez deux plants et ne gardez que le plus solide.

Variétés recommandées:

❧ *Nolana paradoxa* (nolane commune): C'est la nolane la plus courante, offerte par plusieurs semenciers vendant par catalogue et souvent aussi, en magasin. Différents cultivars offrent une coloration plus ou moins bleutée.

❧ *N. humifusa* 'Little Bells' (nolane rampante): Nouveauté encore très rare, son utilisation abondante au Jardin botanique de Montréal devrait éveiller l'intérêt des semenciers. Ses tiges sont encore plus longues que celles de sa cousine, et retombent sur 60 cm et plus. Ses fleurs sont bleu pâle, à gorge nervurée de pourpre.

Nolana humifusa 'Little Bells'

Queue-de-renard retombante
(*Acalypha repens*)

Noms anglais: Strawberry Firetails, Strawberry Foxtail.

Hauteur: 10-20 cm.

Espacement en pot: 3-4 plants par pot de 20-25 cm.

Emplacement: Ensoleillé ou légèrement ombragé.

Terreau: Bien drainé.

Arrosage: Terreau humide en tout temps.

Multiplication: Bouturage.

Disponibilité: Pot individuel.

Utilisation: En bordure, élément retombant, potée suspendue, jardinière, plante d'intérieur.

Acalypha repens

Sans doute une des plantes les plus curieuses parmi celles cultivées en suspension, la queue-de-renard produit de minces épis floraux rose foncé, retombant du panier comme des mini-boas de plumes! Ils bougent au moindre vent, créant du mouvement dans votre potée suspendue. C'est un effet inusité… et très réussi. Ses chatons sont composés de centaines de petites fleurs plumeuses, produites autour d'une mince tige retombante.

La queue-de-renard produit des tiges rampantes ou retombantes et des feuilles ovales, vert moyen, légèrement duveteuses, munies de petites dents. La plante n'a aucun tonus et s'utilise uniquement en potée suspendue ou dans le contour d'une jardinière, sinon les inflorescences se coucheront sur le terreau.

Cette plante d'origine tropicale n'apprécie pas le froid. Il faut donc éviter de la sortir avant que les températures nocturnes commencent à grimper. La plante fleurit davantage, et même énormément en plein soleil, mais ne tolère pas la sécheresse. Sans un système d'irrigation, il est préférable de placer son contenant à la mi-ombre où le danger d'assèchement est moindre. La plante est totalement autonettoyante: les inflorescences tombent d'elles-mêmes à la fanaison et aucune semence indésirable ne se développe. Cependant, il faut parfois pincer l'extrémité des tiges lorsqu'elles sont trop longues.

À l'automne, vous pouvez rentrer la plante mère ou prélever des boutures. Placée au soleil dans la maison, la queue-de-renard peut fleurir tout l'hiver, mais moins abondamment que l'été. Dans une situation moins lumineuse, elle se contente de végéter… ce qui est très bien, d'ailleurs!

Variétés recommandées:

❧ *Acalypha repens* ou peut-être *A. pendula* (queue-de-renard retombante): Cette plante est un mystère pour les botanistes. Même si cet acalypha se vend pour la culture en panier suspendu depuis au moins 20 ans, personne ne sait d'où il vient et son nom botanique est tout à fait hypothétique. Il est fort possible qu'il s'agisse tout simplement d'une mutation miniature et retombante d'*A. hispida*, décrit ci-dessous.

❧ *A. hispida* (queue-de-renard, queue-de-chat, plante chenille; anglais: Red Hot Cat's Tail, Chenille Plant): Voyez cette plante comme une version dressée et à grandes feuilles de *A. repens*, mais avec des chatons plus longs, et plus rouges que roses. Parce qu'elle peut atteindre 2 m ou plus, même si une hauteur de 90 cm est plus habituelle, on ne l'utilise pas en suspension à cause de sa grande taille, et elle sert surtout de plante vedette dans les bacs composés. Son entretien est identique à celui de la forme retombante.

Acalypha hispida

Scaevola

Scaevola aemulea 'Blue Wonder'

Scaevola

(*Scaevola aemulea*)

Nom anglais: Blue Fan Flower.

Hauteur: 15-25 cm.

Espacement en pot: 3-4 plants par pot de 20-25 cm.

Espacement dans le jardin: 25-35 cm.

Emplacement: Ensoleillé ou légèrement ombragé.

Terreau: Bien drainé.

Arrosage: Peut sécher légèrement entre les arrosages.

Multiplication: Bouturage.

Disponibilité: Pot individuel.

Utilisation: Remplissage, bordure, élément retombant, élément grimpant, bac, potée suspendue, jardinière, plante d'intérieur, plate-bande, rocaille, muret.

On peut accorder au scaevola le mérite partiel de l'actuelle popularité de la culture en pots et jardinières. Issue d'Australie, cette plante est apparue sur nos marchés au début des années 1990. Peu après, on la voyait dans toutes les jardinières des parcs et jardins publics. Voyant le grand public intrigué par cette plante si florifère, les pépinières l'ont multipliée, suscitant ainsi un intérêt pour d'autres plantes originales en potées fleuries, et la mode était lancée! Avant l'arrivée du scaevola, les populaires «annuelles multipliées par bouturage» n'existaient pratiquement pas.

La sélection et l'hybridation ont transformé le scaevola en

plante semi-retombante, lui qui, à l'état naturel, était un petit arbuste au port dressé ou étalé. Certaines sélections ne débordent pas simplement du pot, elles retombent sur 60 cm ou davantage.

La plante est recouverte de feuilles vert foncé rappelant, en beaucoup plus raffiné, des feuilles de pissenlit. Cependant, ce sont ses nombreuses et curieuses fleurs qui lui confèrent son attrait particulier. En effet, les quatre lobes de la fleur n'encerclent pas sa gorge, comme chez la majorité des plantes, mais forment un éventail sur sa partie inférieure, d'où le nom anglais «fan flower». De façon typique, les fleurs sont bleu-violet à oeil blanc, mais la gamme des couleurs s'agrandit et comprend maintenant le blanc, le rose, plusieurs teintes de mauve et de violet.

Cette plante plaît énormément aux jardiniers aux prises avec un emplacement très chaud, car elle tolère des températures de 40°C sans même diminuer sa floraison. Le scaevola s'accommode tout aussi bien de la fraîcheur et ne craint que le froid. Un terreau très bien drainé et un arrosage attentif sont les secrets de la réussite, car le scaevola ne supporte ni un terreau toujours humide, ni la sécheresse. Curieusement, contrairement à presque toute autre plante cultivée en pot, la scaevola accepte difficilement les engrais riches en phosphore: le deuxième chiffre indiquant leur composition. Mieux vaut utiliser un engrais indiquant un taux de phosphore inférieur aux deux autres. Personnellement, j'ai beaucoup de succès avec un fertilisant foliaire à base d'algues, que j'applique lorsque je constate que le feuillage est moins vert, un signe que la plante commence à souffrir de carences.

On peut conserver le scaevola l'hiver en rentrant des plants ou en le bouturant. Un emplacement au plein soleil est cependant nécessaire.

Variété recommandée:

❧ *Scaevola aemulea* (scaevola): C'est la seule espèce d'un genre pourtant assez vaste qui est couramment cultivée. Voir la description ci-dessus.

Scaevola aemulea
'Petite Wonder'

Streptocarpella

Streptocarpella x 'Concord Blue'

Streptocarpella

(*Streptocarpella* x)

Nom anglais: Streptocarpella.

Hauteur: 30 cm.

Espacement en pot: 3-4 plants par pot de 20-25 cm.

Espacement dans le jardin: 30-45 cm.

Emplacement: Ensoleillé ou légèrement ombragé.

Terreau: Bien drainé.

Arrosage: Peut sécher légèrement entre les arrosages.

Multiplication: Bouturage.

Disponibilité: Pot individuel.

Utilisation: Remplissage, bordure, élément retombant, bac, potée suspendue, jardinière, plante d'intérieur, rocaille, muret, attire les colibris.

Cette gesnériacée, plante de la famille de la violette africaine, est probablement classée dans la section des plantes d'intérieur de vos livres de référence, et sans doute aussi sous son ancien nom, *Streptocarpus*. Pourtant, elle est encore plus belle et florifère en potée suspendue, à l'extérieur de la maison. Le genre *Streptocarpus* a été scindé en deux parties il y a fort longtemps. En effet, les plantes sans tige apparente et portant de larges feuilles ondulées, comme la populaire primevère du Cap, *Streptocarpus* x *hybridus*, ont gardé le nom de *Streptocarpus*. Celles ayant des tiges normales, d'ailleurs souvent fortement ramifiées comme celles de notre sujet, portent maintenant le nom de *Streptocarpella*. Les noms botaniques des deux genres font référence aux capsules, «carp», de graines tordues, «strepto», que les plantes produisent après la floraison.

Le streptocarpella produit des tiges vertes ou violacées assez charnues, habituellement dressées au début, ensuite arquées et puis franchement retombantes, et de petites feuilles ovales, duveteuses, opposées ou verticillées, souvent plus ou moins succulentes. Durant l'été et l'automne, parfois toute l'année dans le cas des plantes mises sous bon éclairage à une température normale d'intérieur, la plante produit de minces pédoncules portant plusieurs petites fleurs en trompette, habituellement violettes ou bleues, mais aussi mauves ou blanches.

Sa culture est très facile, car le streptocarpella tolère bien les écarts, même les températures chaudes, et un occasionnel manque d'arrosage. Originalement vendue comme plante d'intérieur, cette plante se conserve très facilement dans la maison durant l'hiver. Rentrez soit la plante mère ou des boutures.

Variétés recommandées:

❧ *Streptocarpella* x (streptocarpella hybride): De nombreux cultivars sont disponibles, dont plusieurs à feuillage panaché, mais 'Concord Blue', aux fleurs bleu-violet, est de loin le plus populaire.

❧ *S. saxorum* (violette dauphine): L'un des parents des hybrides modernes, cette plante est une véritable succulente, conservant beaucoup d'eau dans ses feuilles gonflées. Ses fleurs, d'un bleu très pâle, sont produites en abondance uniquement lorsqu'elle reçoit le plein soleil.

Streptocarpella x 'Concord Blue'

Verveine rampante

Verbena x 'Tapien Powder Blue'

Verveine rampante
(*Verbena*)
Nom anglais: Trailing Verbena.
Hauteur: 15-30 cm.
Espacement en pot: 3 plants par pot de 20-25 cm.
Espacement dans le jardin: 15-20 cm pour les variétés semi-érigées; 30 cm pour les variétés rampantes.
Emplacement: Ensoleillé.
Terreau: Bien drainé.
Arrosage: Tolère la sécheresse.
Multiplication: Bouturage, semis.
Disponibilité: Plants à repiquer, pot individuel, sachet de semences.
Utilisation: Remplissage, bordure, élément retombant, bac, potée suspendue, jardinière, plate-bande, rocaille, muret.

Les verveines (*Verbena*) forment un genre très complexe de plus de 200 espèces qui intéressent fortement les hybrideurs, à l'heure actuelle. Il en résulte une vaste gamme de formes, de ports, de hauteurs et de couleurs qui m'embarrassent pour tenter une classification quelconque des verveines. Pour les fins de ce livre, je me suis donc limité aux variétés surtout utilisées en pot. Il existe de grandes verveines pour l'arrière-plan dans la plate-bande, comme la verveine de Buenos Aires (*Verbena bonariensis*) et d'autres, de petite taille, utilisées surtout en bordure, mais j'ai traité abondamment de ces variétés dans *Le jardinier paresseux: les annuelles*. Ici, je me concentre plutôt sur les verveines rampantes et retombantes, les petites chéries des amateurs de culture en pots et en jardinières.

Les verveines utilisées en contenants ont des tiges lâches et par conséquent, un port évasé, voire même retombant, et des feuilles rugueuses aux formes très variables, entières, dentées ou fortement découpées. Par contre, les petites fleurs en trompette sont toujours regroupées en ombelles, habituellement bombées, et souvent parfumées. La gamme des couleurs est très vaste: blanc, rose, pêche, rouge, pourpre, bleu et lavande, souvent avec un oeil blanc.

Plusieurs verveines sont offertes sous forme de semences que vous pouvez semer à l'intérieur, 8 à 10 semaines avant le dernier gel. Recouvrez à peine les graines, placez-les à la noirceur jusqu'à la germination, puis ensuite sous un éclairage intense. Ces mêmes variétés sont offertes en caissette au printemps sous forme de plants à repiquer. Par contre, les semences d'un nombre toujours plus grand de verveines ne sont pas fidèles au type, et ne peuvent être produites que par bouturage. Évidemment, ces plantes coûtent beaucoup plus cher à produire et c'est le consommateur qui en paye le prix! Vous les trouvez en pots individuels, à des prix souvent six fois plus élevés que celui des plants en caissettes, et des dizaines de fois plus élevés que celui des plants que vous semez vous-même. Par contre, les verveines bouturées sont généralement des sélections exceptionnelles. À vous de juger si leur qualité vaut le prix demandé.

Arrosez bien les verveines nouvellement plantées. Par la suite, elles résistent mieux à la sécheresse et préfèrent même sécher un tout petit peu entre les arrosages. Les verveines pourrissent rapidement dans un terreau toujours humide.

Avant d'acheter des verveines, informez-vous toujours de leur résistance au blanc, car à la fin de l'été, cette maladie provoque des ravages incroyables, notamment dans les climats humides. Le feuillage se couvre d'abord d'une mousse blanche, puis

Verbena x 'Tapien Pink'

la plante entière noircit et meurt. Habituellement, les variétés produites par bouturage, de même que plusieurs variétés produites à partir de semences, résistent assez bien à cette maladie. Si vos verveines résistent au blanc, vous pouvez espérer une longue floraison, car toutes résistent au moins légèrement au gel.

Vous pouvez entrer des plants ou des boutures de verveine dans la maison à l'automne pour les conserver d'une année à l'autre, un effort très payant, surtout si vous payez le gros prix pour des plants bouturés.

Variétés recommandées:

Verbena x *hybrida*

❧ *Verbena* x *hybrida*, syn. *V. hortensis* (verveine rampante hybride): On peut placer sous ce nom la plupart des verveines modernes, notamment les très populaires séries Temari et Tapien, produites par bouturage. Les verveines Temari ont un feuillage denté entier et produisent de grosses ombelles de fleurs dans une vaste gamme de couleurs. La série de base a une croissance nettement étalée, voire retombante, et convient surtout à la suspension et aux jardinières de balcon, mais les verveines Temari Patio, semi-érigées, atteignent jusqu'à 35 cm de hauteur et sont surtout conçues pour la culture en bac. Quant aux verveines Tapien, que l'on distingue facilement des autres par leur feuillage fortement découpé, elles produisent des ombelles plus petites mais plus nombreuses, et leur port va de rampant à retombant. Les deux séries ont la réputation de résister au blanc, mais sont parfois atteintes en fin de saison.

❧ *V. canadensis* (verveine du Canada; anglais: Clump Verbena): Malgré son nom, cette plante n'est pas originaire du Canada, mais du sud des États-Unis. L'espèce d'origine était plutôt dressée, atteignant 45 cm de hauteur, avec des feuilles entières, plutôt grosses pour une verveine, et des fleurs violet rosé. Les formes hybrides ont une croissance plus étalée. 'Homestead Purple', qui forme un dôme parfait de fleurs pourpre foncé, est le plus populaire des hybrides.

❧ *V. peruviana*, syn. *V. chamaedryfolia* (verveine du Pérou; anglais: Peruvian Verbena): Cette plante produit des tiges rampantes et retombantes, couvertes de petites feuilles entières. Les ombelles sont plus aplaties que celles des autres verveines et portent, chez l'espèce, des fleurs rouges à cœur blanc, parfois roses ou blanches chez les hybrides. Cette plante, très résistante à la sécheresse et à la canicule, convient à merveille aux paniers placés dans les endroits exposés et difficiles à arroser. Par contre, elle est très sensible au blanc.

❧ *V. rigida*, syn. *V. venosa* (verveine rugueuse; anglais: Veined Verbena): Cette verveine, au port plus dressé que les autres, ressemble à une forme naine de la populaire verveine de Buenos Aires (*V. bonariensis*), avec des tiges carrées rigides portant des ombelles cylindriques de fleurs pourpres, et ses feuilles allongées et dentées. La plupart des hybrides ont cependant une croissance étalée et conviennent bien aux contenants. De plus, la gamme des couleurs a été grandement améliorée. 'Flame', par exemple, est rouge feu et franchement rampant, n'atteignant que 10-15 cm de hauteur.

❧ *V. tenuisecta*, syn. *V. erinoides* (verveine mousse; anglais: Moss Verbena): C'est cette plante au port étalé et aux feuilles finement découpées qui a donné aux verveines hybrides leur feuillage découpé. Les fleurs sont roses, violettes ou blanches.

Verbena rigida 'Polaris Tender Blue'

Violette australienne

(*Viola hederacea*)

Nom anglais: Australian Violet.

Hauteur: 5 cm.

Espacement en pot: 3-4 plants par pot de 20-25 cm.

Espacement dans le jardin: 20 cm.

Emplacement: Ensoleillé ou ombragé.

Terreau: Bien drainé, riche.

Arrosage: Terreau humide en tout temps.

Multiplication: Bouturage, division.

Disponibilité: Pot individuel.

Utilisation: Remplissage, en bordure, élément retombant, bac, potée suspendue, jardinière, plante d'intérieur, rocaille, muret.

Viola hederacea

Voici une petite violette très connue dans les pays subtropicaux, où elle sert de couvre-sol dans les endroits ombragés. En pot, à la hauteur des yeux, ces petites fleurs sont davantage mises en valeur. Elles sont la réplique exacte des différentes violettes de sous-bois des régions tempérées, avec une différence majeure, elles fleurissent tout l'été plutôt que seulement au printemps.

La violette australienne, aussi appelée violette à feuilles de lierre, produit de petites rosettes de feuilles réniformes, vert pâle, et de longs stolons portant des rosettes secondaires. Dans la nature, elles s'enracinent dès qu'elles touchent le sol. En pot, les stolons retombent en cascades jusqu'à 1 m ou davantage, créant un véritable rideau de verdure. Comme les rosettes secondaires fleurissent sans nécessairement être enracinées, l'effet est des plus jolis.

Les fleurs de la violette australienne sont identiques aux violettes que nous connaissons, mais les pétales sont plus arqués vers l'arrière, un peu comme un cyclamen. Habituellement les pétales sont bleu-violet au centre et blancs aux extrémités, mais on trouve aussi des lignées à fleurs blanches.

Bien que la violette australienne tolère très bien le plein soleil, il est préférable de la cultiver à l'ombre ou à la mi-ombre, car en plein soleil, il est difficile de maintenir l'humidité constante dont elle a besoin. La multiplication est très simple: prélevez une rosette, avec ou sans racines, et fixez-la à la surface d'un terreau humide. Elle s'enracinera rapidement et produira peu après des rosettes supplémentaires.

Comme on peut l'imaginer en constatant son pays d'origine, la violette australienne manque de rusticité et ne survit pas à l'hiver dans nos jardins. On peut cependant rentrer un plant dans tout lieu abrité du gel ou ne subissant que des gels très légers pendant l'hiver. Dans la maison, la plante refleurit vers le début du printemps.

Variétés recommandées:

Il existe de nombreuses espèces de *Viola* (la pensée, *V.* x *wittrockiana*, est décrite à la page 368), mais peu d'entre elles ont un port retombant.

❧ *Viola hederacea* (violette australienne): Voir la description ci-dessus.

❧ *V. labradorica* (violette du Labrador): Zonée 3, cette espèce indigène, sosie nordique de la violette australienne et couvre-sol populaire dans les emplacements ensoleillés ou mi-ombragés, convient aussi à la culture en pots. Le cultivar habituel, 'Purpurea', produit un feuillage arrondi, vert rehaussé de pourpre, et des fleurs surtout printanières bleu foncé, mais quelque peu remontantes jusqu'en septembre. Comme la violette australienne, ce cultivar produit des stolons plus courts qui débordent du pot sans être vraiment retombants. On peut la faire hiverner à l'extérieur en la protégeant légèrement.

Viola hederacea

Plantes volages

«Êtes-vous attiré par les hauteurs ou par le plancher des vaches?» Ces plantes sont en effet volages, grimpantes si elles trouvent un support qui leur convient, ou retombantes si elles n'en trouvent pas, elles peuvent parfois faire les deux. Votre instinct vous dicte sans doute de les laisser retomber, ce qui est très bien, tout le monde appréciant énormément l'effet pleureur dans la culture en pots, tel celui très élégant des plantes du chapitre précédent, *Pluie de fleurs*. Mais, contrairement aux plantes dont les tiges sont tout simplement faibles, les plantes volages grimpent sans aide. Pour qu'elles entreprennent leur montée, il suffit de leur fournir un support quelconque, comme des branches insérées dans le terreau, un tuteur, un petit treillis, etc. La majorité des plantes de ce chapitre peuvent atteindre 3 m ou plus dans un seul été, si leur support a cette taille.

Pour faire retomber les plantes volages, lisez l'introduction du chapitre précédent, puisque les plantes décrites ici s'emploient exactement de la même façon. Seule la longueur des tiges est différente, retombant sur 2 m ou plus si on ne les taille pas.

Par contre, pour les utiliser comme plantes grimpantes, il est essentiel d'installer un support au moment de l'empotage. En effet, contrairement à la plupart des végétaux comptant sur la rigidité de leurs tiges pour garder la tête haute, les plantes grimpantes possèdent des tiges totalement dépourvues de corps qui, sans appui, retombent mollement. Parfois l'emplacement choisi offre ce support, comme dans le cas d'un pot placé près d'une clôture, d'un poteau, d'une pergola, d'un treillis, ou autre. Dans une potée suspendue, les plantes grimpantes s'entortillent autour des câbles et du crochet. Dans toute autre situation, il faut fournir le support pour les voir grimper.

Les supports les plus faciles à utiliser sont des petits tuteurs ou des branches. En les enfonçant dans le terreau, de préférence jusqu'au fond du pot pour assurer leur stabilité, ils conservent l'angle donné. Cependant, l'effet des tuteurs et branches n'est pas très élégant, et la hauteur assez limitée.

Il est également possible d'attacher des fils allant du pot à un point quelconque sur un mur, une pergola, etc. ou d'utiliser à cette fin, un filet de plastique vendu dans les jardineries.

Vous pouvez aussi acheter ou fabriquer un treillis ayant la forme et les dimensions désirées, et laisser les plantes s'y hisser à leur guise. Toutefois, il n'est pas suffisant de tout simplement enfoncer un treillis dans un contenant pour qu'il reste à la verticale. Les deux, treillis et pot, risquent de basculer! Si vos bacs sont de bonne taille, fixez le treillis au contenant avec des vis galvanisées ou des boulons. Sinon, il est plus facile de fixer le treillis à un mur, une clôture ou un poteau, puis d'y placer le pot.

Ce bac a été conçu avec un treillis intégré.

La plupart des plantes grimpantes sont volubiles, c'est-à-dire qu'elles se fixent à un support en s'enroulant tout autour, comme un tire-bouchon. C'est parfois la tige qui est volubile, parfois les vrilles ou les pétioles qu'elles produisent. Cependant, les parties composantes du support doivent toujours être assez petites pour que la plante puisse s'y fixer. Presque toutes les plantes volubiles s'enroulent autour d'un diamètre n'excédant pas 3 cm, plusieurs allant jusqu'à 5 ou 7 cm, mais peu peuvent s'agripper à un poteau ou autre support de grand diamètre. Si le diamètre du support est trop important, vous avez la possibilité d'installer des fils allant du contenant jusqu'à la hauteur désirée, ou un filet de plastique sur le support, car la rouille arrive habituellement à attaquer les grillages métalliques, même galvanisés. Pour que la plante s'enroule d'elle-même, il faut parfois lui indiquer la route à suivre au début, en l'entortillant autour de son support.

Certaines plantes grimpantes non volubiles s'agrippent grâce à leurs ventouses ou racines aériennes. Il s'agit presque toujours de plantes grimpantes rustiques, rarement cultivées en contenants, comme la vigne vierge (*Parthenocissus quinquefolia*). Pour les utiliser, la surface sur laquelle vous les voulez doit être au moins légèrement rugueuse, sinon elles ne s'y accrocheront pas. Le bois convient très bien, mais certains métaux et plastiques sont trop lisses.

D'autres grimpantes sont sarmenteuses, c'est-à-dire qu'elles s'appuient sur un objet pour grimper. Dans la nature, ces plantes atteignent des hauteurs souvent vertigineuses, traversant le fouillis des branches entremêlées des arbres. En pot, on doit habituellement les attacher à un support, sinon elles retombent. Les attaches commerciales, semblables à celles utilisées pour fermer les sacs à ordures, conviennent pour les annuelles grimpantes, car leurs tiges demeurent relativement minces. Cependant, pour attacher les variétés dont les tiges grossissent année après année, il faut des attaches quelque peu extensibles, afin d'éviter qu'elles coupent ou pénètrent la tige, et réduisent ou arrêtent même la circulation de la sève. Bien que les jardineries offrent une variété d'attaches, notamment celles entourées de mousse de polystyrène, qui ne compriment pas les tiges, des lanières découpées dans des vieilles paires de collants de nylon font des attaches aussi efficaces, et beaucoup moins coûteuses.

Chaque fiche indique si la plante s'agrippe d'elle-même ou si elle doit être attachée à son support.

N'oubliez pas que les plantes volubiles sont souvent de nature assez agressive, s'entortillant autour des autres plantes dans les arrangements. À la longue, elles peuvent même les étouffer. C'est un défaut facile à corriger. Détachez-les dès qu'elles commencent à envahir leurs voisines, et dirigez-les vers leur support ou, si vous souhaitez qu'elles retombent, laissez-les pendre. Certaines espèces cessent de s'enrouler lorsque leurs pointes de croissance sont plus basses que leurs racines. D'autres continuent à le faire… autour de leurs propres tiges.

Enfin, n'oubliez pas que les fiches qui suivent ne présentent que quelques-unes des plantes grimpantes particulièrement intéressantes pour la culture en pots, et que vous pouvez faire votre choix entre des centaines de variétés, rustiques ou annuelles. Si vous désirez plus de renseignements sur les plantes grimpantes, je vous suggère de consulter un livre spécialisé.

Capucine

Tropaeolum majus 'Alaska'

Capucine
(*Tropaeolum majus*)
Nom anglais: Nasturtium.
Hauteur: 1-3 m.
Espacement en pot: 3-4 plants par pot de 20-25 cm.
Espacement dans le jardin: 30-45 cm.
Emplacement: Ensoleillé ou légèrement ombragé.
Terreau: Bien drainé, plutôt pauvre.
Arrosage: Peut sécher légèrement entre les arrosages.
Multiplication: Bouturage, semis.
Disponibilité: Plants à repiquer, pot individuel, sachet de semences.
Utilisation: Point focal, en bordure, élément retombant, élément grimpant, bac, potée suspendue, jardinière, plate-bande, rocaille, écran, treillis, attire les colibris, fleurs et feuilles et graines comestibles.

On reconnaît facilement la capucine à ses feuilles rondes, attachées comme des boucliers à leur pétiole central, de couleur vert jaunâtre, parfois panachées de blanc. Les fleurs simples ou doubles, de 8 cm de diamètre, avec de grands pétales déployés de couleur rouge, orange, jaune, pêche, lie de vin, crème ou bicolore, portent habituellement un long éperon arrière qui, rempli de nectar, attire les colibris. Plusieurs variétés modernes, notamment les variétés doubles, ont perdu cet éperon et intéressent donc moins les colibris.

Curieusement, chez la capucine, toutes les parties de la plante sont comestibles, fleurs, boutons, feuilles, graines, etc. Elle ajoute aux salades un goût piquant rappelant le cresson.

Il existe deux formes de capucine, grimpante et naine. La forme grimpante, le type d'origine, s'accroche grâce aux pétioles volubiles de ses feuilles, mais grimpe faiblement et doit être attachée à son support pour atteindre une bonne hauteur, car autrement, elle retombe sur 2 m ou plus. Le port de la forme naine n'est pas vraiment dressé, mais étalé, et les tiges retombent sur 30 à 45 cm lorsque la plante est cultivée en pot.

Semez les grosses graines de capucine dans des godets de tourbe, 3 ou 4 semaines avant le dernier gel. On peut aussi acheter des plants. Tout récemment, aucune des variétés doubles n'était fidèle au type. Ces dernières se multipliaient habituellement par bouturage et se vendaient à prix fort, en pot individuel. Il existe depuis peu des variétés doubles se reproduisant à partir de semences, ce qui en réduit énormément le coût.

Considérant la croissance rapide de la capucine, il n'est probablement pas valable de maintenir les variétés courantes d'une année à l'autre. Ramasser les graines en été et les semer le printemps suivant est plus logique. À l'automne, on peut cependant rentrer les plants ou les boutures de capucines de collection, au chaud et sous un éclairage normal.

Un détail très important: il vaut mieux cultiver la capucine dans son propre pot et *ne pas du tout la fertiliser*. Si les engrais, notamment ceux riches en azote, stimulent un feuillage abondant, ils réduisent ou anéantissent la floraison. Dans des jardinières composées, la capucine ne fait que du feuillage, alors que les autres plantes fleurissent.

Variétés recommandées:

❧ *Tropaeolum majus* (capucine): Voir la description ci-dessus.

❧ *T. peregrinum*, anc. *T. canariensis* (capucine des Canaries; angl.: Canary Bird Climber): Très différente de sa cousine, la capucine des Canaries produit des feuilles d'un vert bleuté, profondément lobées, et de curieuses fleurs jaunes frangées. Cette forme grimpe plus solidement que l'autre, mais peut aussi être utilisée en potée suspendue.

Tropaeolum peregrinum

Étoile de Bethléem

Solanum jasminoides 'Album'

Étoile de Bethléem

(*Solanum jasminoides*)

Nom anglais: Potato Vine.

Hauteur: 1-2 m.

Espacement en pot: 3-4 plants par pot de 20-25 cm.

Espacement dans le jardin: 20 cm.

Emplacement: Ensoleillé ou légèrement ombragé.

Terreau: Bien drainé.

Arrosage: Peut sécher légèrement entre les arrosages.

Multiplication: Bouturage.

Disponibilité: Pot individuel.

Utilisation: Point focal, élément retombant, élément grimpant, bac, potée suspendue, jardinière, plante d'intérieur, plate-bande, muret, écran, treillis.

Comme l'indique son nom commun anglais, Potato Vine, c'est une proche parente de la pomme de terre. Comme cette dernière, elle porte des bouquets de fleurs étoilées presque identiques: étamines jaunes en colonne, entourées de cinq pétales larges et pointus. Toutefois, elle ne produit pas de tubercule, et son port est nettement grimpant. Ses feuilles lisses, découpées, comptant de trois à cinq folioles, ressemblent beaucoup à celles d'un autre *Solanum*, la morelle douce-amère (*S. dulcamara*), une mauvaise herbe grimpante à fruits rouges.

Les tiges de l'étoile de Bethléem sont légèrement volubiles.

En pleine terre sous les tropiques, elles forment des bosquets impénétrables atteignant jusqu'à 5,5 m de hauteur. En pot, sa croissance est plus modeste, dépassant rarement 2 m, et par la taille, il est possible de la maintenir à la hauteur désirée. Il faut généralement fixer cette plante à son support pour qu'elle grimpe. Bien que la plante puisse être cultivée sur un treillis, on l'utilise surtout en potée suspendue, afin d'obtenir un effet très agréable lorsque les tiges ploient sous leur poids.

La semence de cette plante ne semble pas disponible et on la multiplie par bouturage. On peut conserver la plante mère ou des boutures d'une année à l'autre, en les rentrant dans une pièce chauffée et éclairée pour l'hiver, ou dans un emplacement froid mais libre de gel, comme un garage, un caveau, ou autre. Dans un emplacement froid, la plante perd habituellement son feuillage qui repousse le printemps suivant.

Variétés recommandées:

Comme source de plantes ornementales, on découvre à peine les riches possibilités du genre *Solanum*, qui regroupe plus de 1 700 espèces. Certaines variétés arbustives ont déjà acquis de la popularité comme plantes d'intérieur, et le potentiel des espèces arbustives comme plante vedette pour la culture en bac est énorme, tel *S. rantonnettii*, aux fleurs pourpres. Cependant, les espèces suivantes sont toutes grimpantes.

❧ *Solanum jasminoides* 'Album' (étoile de Bethléem): Voir la description cidessus. Selon les livres de référence, l'étoile de Bethléem a des fleurs bleu-violet, mais cette forme ne semble pas cultivée actuellement. On ne trouve que des variétés à fleurs blanches, 'Album' à feuilles vertes, 'Album Variegatum' à feuilles panachées de blanc ou crème, et 'Aureovariegatum' à feuilles panachées de jaune.

❧ *S. crispum*: Encore rarement disponible, cette plante est semblable à l'étoile de Bethléem, mais à feuilles ovales, et ses fleurs sont de couleur violette à pourpre.

❧ *S. wendlandii*: Aussi semblable à l'étoile de Bethléem, mais aux feuilles plus grosses et aux fleurs presque rondes.

Solanum crispum

Fleur de la passion

(*Passiflora*)

Nom anglais: Passion Flower.

Hauteur: 6-9 m.

Espacement en pot: 1 plant par pot de 30-45 cm.

Espacement dans le jardin: 90 cm.

Emplacement: Ensoleillé.

Terreau: Bien drainé.

Arrosage: Peut sécher légèrement entre les arrosages.

Multiplication: Bouturage, semis.

Disponibilité: Pot individuel, sachet de semences.

Utilisation: Point focal, élément retombant, élément grimpant, bac, potée suspendue, jardinière, plante d'intérieur, plate-bande, écran, treillis.

Passiflora caerulea

La passiflore offre la quintessence de l'exotisme. Ses fleurs curieuses, complexes et spectaculaires captent toujours l'oeil.

Bien qu'il en existe plus de 450 espèces, toutes les passiflores sont grimpantes, la plupart très vigoureuses et produisant des vrilles qui s'accrochent à tout support relativement mince. Le feuillage qui varie selon l'espèce, est généralement vert foncé et trilobé. Les fleurs se composent de dix tépales, soit pétales et sépales, surplombés d'une couronne de filaments colorés, disposés autour d'une colonne érigée. Selon l'espèce, les pétales sont de couleur blanche, bleue, violette, rose, jaune ou rouge. Plusieurs espèces produisent à l'occasion des fruits comestibles.

Le nom «fleur de la passion» ne fait malheureusement pas référence à un effet aphrodisiaque quelconque, mais à la Passion du Christ. Autrefois, les Jésuites utilisaient cette plante pour expliquer la Passion aux païens, les dix tépales représentant les apôtres, la couronne symbolisant la croix, etc.

Procurez à cette plante un emplacement chaud, abrité contre le vent lorsqu'il est en plein soleil. On peut la laisser retomber, mais habituellement, on la fait monter sur un treillis ou des fils. Évitez les engrais riches en azote qui stimulent une croissance abondante, mais réduisent la floraison. Un engrais pour bulbes, riche en potasse, lui convient davantage.

On offre souvent des semences de passiflore dans les catalogues spécialisés, mais à moins de rechercher des variétés rares difficiles à obtenir autrement, il est préférable de multiplier la passiflore par bouturage. La germination est souvent lente, et il faut parfois 12 mois de culture avant que la première fleur ne s'ouvre, alors que les boutures fleurissent souvent en quelques semaines.

Rentrez la passiflore pour l'hiver, mais uniquement après une taille sévère. Cultivée à l'intérieur sous une bonne chaleur et une lumière intense, elle peut continuer à fleurir, mais moins abondamment que durant l'été.

Variétés recommandées:

Il est impossible de vous présenter ici toutes les passiflores convenant à la culture en contenant, elles sont trop nombreuses. En voici quelques-unes que vous pourriez trouver.

❧ *Passiflora caerulea* (passiflore bleue): C'est la passiflore la plus courante. Malgré son nom, ses tépales sont plutôt blancs ou verdâtres, parfois à peine teintés de bleu, car c'est la couronne bleu vif qui donne ce ton à la fleur.

❧ *P. vitifolia* (passiflore rouge): C'est peut-être la plus florifère, certainement plus que *P. coccinea*, l'autre passiflore courante dont la fleur est rouge écarlate.

Passiflora vitifolia

Gloire du matin

Ipomoea tricolor

Gloire du matin

(*Ipomoea*)

Nom anglais: Morning Glory.

Hauteur: 2-5 m.

Espacement en pot: 3-4 plants par pot de 20-25 cm.

Espacement dans le jardin: 30-45 cm.

Emplacement: Ensoleillé.

Terreau: Bien drainé.

Arrosage: Peut sécher légèrement entre les arrosages.

Multiplication: Semis.

Disponibilité: Sachet de semences.

Utilisation: Point focal, élément retombant, élément grimpant, bac, potée suspendue, jardinière, plante d'intérieur, plate-bande, muret, écran, treillis, les variétés à fleurs rouges attirent les colibris.

«Gloires du matin», au Québec, ou «belles-de-jour», en Europe, les diverses ipomées ont toujours été populaires. Habituellement utilisées comme annuelles grimpantes pour la platebande, elles donnent un très bel effet en pot, d'une potée suspendue elles retombent jusqu'au sol, ou leurs tiges volubiles les hissent jusqu'au toit.

La plupart produisent des feuilles cordiformes, parfois entières, parfois lobées ou fortement découpées, et des fleurs de taille variable en forme de trompette, mais ouvrant habituellement au petit matin pour se refermer en avant-midi, ou en après-midi par temps gris. Ces dernières sont blanches, roses, rouges, violettes, bleues ou pourpres, souvent à gorge blanche ou jaune parfois striée d'autres couleurs.

Rarement offertes sous forme de plants à repiquer, il faut les semer. Faites-le directement dans la jardinière en début de saison, ou à l'intérieur environ 4 semaines avant le dernier gel, dans des godets de tourbe, car les jeunes plants tolèrent difficilement le repiquage. Pour une germination plus rapide, laissez tremper les graines dures de l'ipomée dans de l'eau tiède, durant 24 heures, avant de les semer. Les ipomées sont vivaces sous les tropiques, mais croissent si rapidement à partir de semences, qu'habituellement, il est préférable de les ressemer tous les printemps plutôt que de les conserver à l'intérieur durant l'hiver.

Variétés recommandées:

Il y a littéralement des centaines d'espèces d'*Ipomoea*, mais les catalogues n'établissent pas beaucoup de distinction entre elles, se contenant de les répertorier comme «gloires du matin».

❧ *Ipomoea* (belle-de-nuit): Seule espèce à floraison nocturne. Énormes fleurs blanches très parfumées. Semez cette plante à croissance plus lente à l'intérieur, 8 à 10 semaines avant le dernier gel.

❧ *I.* x *imperialis* (ipomée impériale): Ce genre hybride regroupe une vaste gamme de plantes variables, habituellement à feuilles lobées, parfois panachées. Comprend toutes les couleurs citées.

❧ *I. quamoclit* (ipomée quamoclit, jasmin rouge de l'Inde): Très différente des autres, avec de petites fleurs écarlates et un feuillage très découpé.

❧ *I. tricolor* (ipomée tricolore): L'espèce, vendue sous le nom de cultivar 'Heavenly Blue', produit de grosses fleurs d'un véritable bleu ciel. Feuillage cordiforme. Aussi offert en blanc.

❧ *Convolvulus tricolor* (belle-de-jour): Cette plante proche des ipomées ne grimpe pas. Elle produit des tiges rampantes ou retombantes, recouvertes de petites feuilles et de belles trompettes roses, rouges, bleues, violettes ou blanches, à gorge jaune entourée de jaune. Ses fleurs demeurent ouvertes toute la journée.

Convolvulus tricolor 'Ensign Purple'

Mandevilla

(*Mandevilla*)

Noms anglais: Mandevilla, Dipladenia.

Hauteur: 70-300 cm.

Espacement en pot: 1 plant par pot de 30-45 cm.

Emplacement: Ensoleillé.

Terreau: Bien drainé.

Arrosage: Peut sécher légèrement entre les arrosages.

Multiplication: Bouturage.

Disponibilité: Pot individuel.

Utilisation: Point focal, élément retombant, élément grimpant, bac, plante d'intérieur, fleur parfumée.

Mandevilla x *amoena* 'Alice M. Dupont'

Après une longue utilisation comme plante d'intérieur, le mandevilla, aussi vendu sous un nom commun dérivé de son ancienne appellation botanique *Dipladenia*, est subitement devenu une vedette des terrasses et des balcons. Il s'agit d'une liane tropicale aux tiges volubiles et aux feuilles ovales lustrées, qui produit des grappes de fleurs en trompette d'assez bonne taille, habituellement très parfumées. Les fleurs sont roses, rouges ou blanches, généralement à gorge jaune.

Les pépinières offrent habituellement cette plante mature, cultivée sur un treillis dans un pot de bonne taille, et bien sûr, à un prix très fort. Vous pouvez cependant trouver des plants plus jeunes dans des pots plus petits, soit des boutures enracinées se détaillant au quart du prix des plantes matures. Plantez-les dans un bac ou contenant assez gros, d'au moins 25 cm, car si le mandevilla *croît* bien dans un pot de petit ou moyen diamètre, il fleurit plus abondamment si vous lui fournissez de l'espace pour se développer.

N'hésitez pas à tailler le mandevilla, sinon il devient trop massif. Sous les tropiques et en pleine terre, le mandevilla atteint 9 m et plus.

Après avoir déboursé un prix très élevé pour le mandevilla, peu de gens le laissent geler à l'automne. Ils le traitent plutôt en pacha, le rentrent bien avant les premiers gels et lui offrent une place de choix dans la maison, exposé en plein soleil, à une température minimale de 13°C. On peut aussi rentrer des boutures.

Variétés recommandées:

❧ *Mandevilla* x *amoena*, syn. *M.* x *amabilis*, *Dipladenia splendens*, *D. amoena*: Probablement la forme la plus courante. 'Alice M. Dupont', à grosses fleurs roses, est le plus populaire.

Mandevilla x *amoena* 'Alice M. Dupont'

❧ *M. boliviensis*: Fleurs blanches à gorge jaune.

❧ *M. sanderi*, syn. *M.* x *amabilis*, *M. splendens*: Souvent confondu avec *M. amoena*, mais généralement à fleurs roses, blanches ou rouges, plus petites. 'Red Riding Hood', à fleurs rouges, est le cultivar le plus connu.

❧ *Allamanda cathartica* (allamanda, trompette-d'or): Si vous voyez un «mandevilla» à fleurs jaune vif, il s'agit probablement de cette plante populaire pour les bacs et jardinières.

Muflier grimpant

(*Asarina*)

Noms anglais: Creeping Gloxinia, Climbing Snapdragon, Chickabiddy, Hummingbird Vine.

Hauteur: 1-3 m.

Espacement en pot: 3-4 plants par pot de 20-25 cm.

Espacement dans le jardin: 30 cm.

Emplacement: Ensoleillé ou légèrement ombragé.

Terreau: Bien drainé, humide, fertile et riche en matière organique.

Arrosage: Peut sécher légèrement entre les arrosages.

Multiplication: Semis au printemps, boutures à toute période de l'année.

Disponibilité: Pot individuel, sachet de semences.

Utilisation: Élément retombant, élément grimpant, bac, potée suspendue, jardinière, plante d'intérieur, muret, écran, treillis.

Photo: Norseco

Asarina x 'Formula Mix'

Le muflier grimpant pousse lentement, délicatement, sans envahir ou dominer quelque autre plante que ce soit. On peut le laisser grimper, comme dans la nature, ou profiter de sa douce nature et le laisser ployer joliment autour du pot. Il produit de minces tiges et des petites feuilles vert foncé, plus ou moins triangulaires. Ce sont les pétioles des feuilles qui servent de vrilles pour attacher la plante. Ses fleurs, en forme de trompette, sont menues mais nombreuses.

En espagnol, *Asarina* signifie muflier. Le muflier grimpant *est* un parent du muflier ou gueule-de-loup (*Antirrhinum majus*), mais cependant, les fleurs nettement tubulaires du muflier grimpant ressemblent davantage au gloxinia qu'à la fleur fermée de la gueule-de-loup.

Le muflier grimpant est une vivace tendre. Pour le cultiver comme annuelle, il faut le semer à l'intérieur très tôt, ou bouturer des plantes existantes. C'est ce que font les pépiniéristes en vendant des boutures enracinées dans des pots individuels. Après l'achat d'un premier muflier grimpant, il est facile de le maintenir d'année en année. Il suffit de rentrer la «plante mère» ou de prélever des boutures avant le premier gel d'automne.

Pour semer vous-même le muflier grimpant, commencez tôt, environ 10 à 12 semaines avant la date du dernier gel. Semez les graines dans des godets de tourbe, sans les recouvrir. À la température de la pièce, elles germeront en 10 à 20 jours. Repiquez le muflier lorsque tout danger de gel est passé.

Variétés recommandées:

Il y a un grand nombre de mufliers grimpants, mais les suivants sont les plus courants. Dans les ouvrages plus anciens, vous trouverez les *Asarina* sous leur ancien nom de *Maurandya*. Par contre, les variétés plus récentes étant des hybrides interspécifiques, il n'est pas toujours possible de les placer dans un genre quelconque.

❧ *Asarina antirrhiniflora*, syn. *Maurandella antirrhiniflora*, *Maurandya antirrhiniflora* (muflier grimpant commun): C'est l'espèce dont les fleurs ressemblent le plus à celles du muflier. Ce sont de petites fleurs de 3 cm de long, rouges, roses, pourpres ou blanches, dont la base de la gorge est marquée d'une tache jaune vif.

❧ *A. barclaiana*, syn. *Maurandya barclaiana* (muflier grimpant de Barclay): Ses fleurs sont duveteuses, plus grosses, d'une longueur de 3-7 cm, et plus tubulaires. Elles sont à gorge blanche et à lobes pourpres, roses ou blancs, selon le cultivar.

❧ *A. erubescens*, syn. *Lophospermum erubescens*, *Maurandya erubescens* (muflier grimpant rougissant): Ses fleurs roses à gorge jaune atteignent une longueur de 6-7 cm. Lorsqu'il est froissé, son feuillage duveteux dégage un doux parfum.

❧ *A. scandens*, syn. *Maurandya scandens* (muflier grimpant lavande): Cette espèce est très semblable à *A. barclaiana*, mais avec des fleurs de couleur lavande chez l'espèce, rose à pourpre chez les cultivars.

Rhodochiton

Rhodochiton

(*Rhodochiton atrosanguineus*)

Nom anglais: Purple Bell Vine.

Hauteur: 1-3 m.

Espacement en pot: 3-4 plants par pot de 20-25 cm.

Espacement dans le jardin: 30-45 cm.

Emplacement: Ensoleillé.

Terreau: Bien drainé.

Arrosage: Tolère la sécheresse, terreau humide en tout temps.

Multiplication: Semis au printemps; boutures de tige.

Disponibilité: Plants à repiquer, sachet de semences.

Utilisation: Point focal, élément retombant, élément grimpant, bac, potée suspendue, jardinière, plante d'intérieur, treillis, coin humide.

Rhodochiton atrosanguineus

Le rhodochiton est si nouveau sur le marché des annuelles grimpantes, qu'il n'a pas encore de nom commun français, ou du moins, je n'en ai pas trouvé. Plante grimpante à croissance modeste, aux tiges volubiles minces, presque filiformes, le rhodochiton atteint une hauteur relativement faible et, contrairement à d'autres grimpantes, malgré sa vigueur parfois menaçante, il n'envahit jamais les plantes avoisinantes. En effet, même s'il peut atteindre 3 m au cours d'un seul été, il mesure souvent à peine 1,5 m.

Cette plante produit de petites feuilles vert foncé, pointues en forme de cœur, de seulement 3 à 5 cm de longueur, et dont les nervures sont parfois pourprées. Les pétioles des feuilles s'enroulent autour d'objets minces, tel un grillage ou des rameaux fins, permettant à la plante de poursuivre son ascension. À l'aisselle de chaque feuille, du moins dans la partie supérieure de la plante, surgit une petite clochette rose pourpré à cinq pointes, suspendue à l'envers et retenue par un mince fil pourpre de 3 à 5 cm qui descend bien droit. La clochette s'ouvre et s'agrandit pour atteindre jusqu'à 4 cm de diamètre. On peut penser que c'est la fleur du rhodochiton, mais celle-ci n'apparaît que lorsque la clochette, en fait un calice, atteint sa plénitude. La longue fleur tubulaire duveteuse, d'un pourpre très sombre, presque noir, suspendue la tête en bas, s'ouvre enfin pour révéler cinq lobes égaux. Le calice demeure longtemps sur la plante après la chute de la fleur, prolongeant ainsi la «floraison». L'effet est encore plus charmant lorsque le vent fait bouger les minces fils très flexibles qui retiennent les fleurs. Celles-ci ressemblent alors à une troupe de ballerines.

Dans les pépinières, le rhodochiton est souvent vendu déjà monté sur un mini-treillis, sous forme de potée fleurie. Mais, pourquoi ne pas le semer pour économiser? Vous pouvez produire des dizaines de semis pour le prix d'une seule potée fleurie. Pour une floraison hâtive, semez les graines 8 à 10 semaines avant la date du dernier gel. Versez du terreau à semis dans un contenant, éparpillez les graines plates en surface et couvrez-les d'une mince couche de ce terreau. Recouvrez le contenant d'une feuille de plastique et gardez-le à des températures plutôt fraîches, 15 à 18°C jusqu'à la germination, environ deux à trois semaines plus tard.

Cultivez le rhodochiton au plein soleil dans un terreau ordinaire, et ne lui permettez pas de s'assécher. À l'automne, rentrez une ou deux plantes et taillez-les sévèrement pour les rajeunir, ou prenez des boutures de tige. Elles s'enracinent facilement à la température de la pièce.

Variété recommandée:

❧ *Rhodochiton atrosanguineus*, anc. *R. volubilis* (rhodochiton): C'est la seule espèce couramment cultivée. Voir sa description ci-dessus.

Photo: Bertrand Dumont

Rhodochiton atrosanguineus

Thunbergie ailée

Thunbergie ailée
(*Thunbergia alata*)
Noms anglais: Black-Eyed Susan Vine, Clock Vine.
Hauteur: 1,5-3 m.
Espacement en pot: 3-4 plants par pot de 20-25 cm.
Espacement dans le jardin: 30-40 cm.
Emplacement: Ensoleillé ou légèrement ombragé.
Terreau: Bien drainé, riche.
Arrosage: Peut sécher à peine entre les arrosages.
Multiplication: Semis, bouturage.
Disponibilité: Plants à repiquer, sachet de semences.
Utilisation: Point focal, remplissage, en bordure, élément retombant, élément grimpant, bac, potée suspendue, jardinière, plante d'intérieur, écran, treillis.

Thunbergia alata

Les tiges filiformes et les minces feuilles en pointe de flèche et dentées de la thunbergie ailée lui donnent une apparence frêle, mais ne vous y fiez pas. Cette plante légèrement duveteuse croît rapidement, recouvrant en quelques semaines toute surface offrant un appui à ses tiges volubiles. La plante produit à profusion des fleurs en trompette, parfois légèrement parfumées, jaunes, orange ou blanches, souvent à oeil marron, d'où son nom anglais, Black-eyed Susan Vine.

La thunbergie est tout aussi jolie grimpante que retombante. En potée suspendue, elle fait habituellement les deux, certaines tiges montent sur les câbles, d'autres retombent autour du pot. Dans la plate-bande ou la rocaille, elle devient un excellent couvre-sol temporaire.

Il est relativement facile de se procurer des thunbergies ailées en caissettes au printemps, mais vous pouvez aussi les semer à l'intérieur, 6 à 8 semaines avant le dernier gel, et économiser. Il est possible de ne conserver que votre couleur préférée de cette plante qui se vend habituellement en mélange, en prélevant des boutures ou en rentrant une plante mère à l'automne. Cultivée à l'intérieur, à une température raisonnable, supérieure à 10°C, elle fleurit parfois tout l'hiver.

Variétés recommandées:

Si de nombreuses thunbergies sont populaires comme plantes grimpantes sous les tropiques, une seule espèce, la thunbergie ailée, est facile à trouver dans les pépinières nordiques, peut-être à cause de sa croissance particulièrement rapide à partir de semences. Ceci permet de la cultiver comme annuelle, alors que les autres exigent du temps pour se développer et doivent normalement être produites par bouturage.

❧ *Thunbergia alata* (thunbergie ailée):Voir la description ci-dessus.

❧ *T. battsicombei*: Cette liane d'une certaine ampleur est parfois offerte en bac et en panier. Fleurs violettes à gorge jaune. *T. grandiflora* est similaire, mais à fleurs bleues, blanches chez le cultivar 'Alba'.

Thunbergia alata

Plantes de remplissage

Les plantes intéressantes pour la culture en pots ne possèdent pas nécessairement toutes des caractéristiques distinctives: port unique et saisissant qui les met en vedette, port retombant les désignant tout spécialement pour le contour des contenants et les potées suspendues, etc. Ces plantes peuvent n'être que jolies, fleurir tout l'été et bien paraître en jardinière.

Nous venons de faire une description sommaire des plantes de ce chapitre: des plantes au port dense et buissonnant, formant souvent un dôme de feuillage et de fleurs, excellentes compagnes pour les vedettes au centre de la jardinière composée, plantes dressées et végétaux retombants plantés en bordure. Elles sont également fort intéressantes seules ou par groupes de trois, quatre ou cinq dans un pot individuel où leurs tiges entremêlées soutiennent un vaste dôme, ou dans les interstices des paniers suspendus et poches murales pour former des boules ou des colonnes de fleurs. On peut aussi les planter en bordure des jardinières composées, car elles débordent suffisamment, quoique beaucoup moins que les plantes évasées et retombantes habituellement cultivées pour obtenir cet effet.

Les professionnels de la culture en pots les appellent tout simplement plantes de remplissage, terme que, personnellement, je juge peu sympathique, compte tenu des grands services qu'elles nous rendent. Je dois cependant admettre que même si je trouve ce terme désagréable, il est juste. On utilise effectivement ces plantes pour remplir les trous de toutes nos plantations mixtes et leur donner du corps. Certains les appellent aussi plantes compagnes ou plantes d'accompagnement, un terme que je préfère réserver aux plantes qui ne sont jamais en vedette, et cultivées uniquement pour leur feuillage. Plantées dans un pot qui leur est propre, les vraies «plantes de remplissage» peuvent, par leur floraison abondante, arriver à voler la vedette. J'ai donc fini par accepter ce terme que je juge un peu froid, «plantes de remplissage», car ni dressées, ni retombantes, elles occupent l'espace entre les plantes vedettes et les végétaux pleureurs. Ce sont les bouche-trous des jardinières mixtes.

Exploitée judicieusement, aucune catégorie de plante n'est plus facile à utiliser que celle des plantes de remplissage. Ces végétaux servent à toutes les sauces dans la culture en pots, et évitent les gaffes. En même temps, aucun autre groupe de plantes n'est probablement plus difficile à amalgamer correctement lorsqu'elles sont combinées entre elles. Il est facile de pécher par excès et d'employer quatre, cinq ou six plantes trop contrastantes dans un même pot, créant ainsi un mélange indigeste de formes et de couleurs. Par contre, respecter scrupuleusement la «règle de la Sainte Trinité» (une plante dressée, une plante buissonnante ou de remplissage et une plante retombante dans chaque contenant) n'est pas toujours nécessaire. Dans un grand bac, surtout lorsque l'on marie des plantes aux caractéristiques communes pour les harmoniser, deux ou trois plantes de remplissage se mêlent facilement. Il serait cependant avantageux de relire la section traitant de la composition des jardinières (page 50) avant de vous aventurer dans des mélanges trop complexes.

La catégorie des plantes de remplissage peut englober presque toutes les plantes de ce livre, et plus encore! En effet, plusieurs plantes décrites dans le chapitre *Plantes vedettes* peuvent servir de remplissage, si elles accompagnent des plantes encore plus grosses ou fortement dominantes, ou si on les taille. De même, placées un peu plus au centre d'une jardinière, les plantes retombantes remplissent parfaitement les espaces vides. Dans la nature, presque toutes les plantes ont un rôle de remplissage, s'entremêlant les unes aux autres et croissant de façon à combler tout vide. Si c'est bon dans la nature, il est normal qu'il en soit de même dans un contenant.

Si ces plantes ont été regroupées ici, c'est qu'elles sont des passe-partout, utiles dans de fort nombreuses situations. De plus, la plupart sont très populaires, facilement disponibles et à prix avantageux. On peut difficilement utiliser pour le remplissage une plante achetée à l'unité et à prix fort: qui peut se permettre un tel luxe? Peu importe leurs qualités, on a plutôt tendance à mettre en vedette les plantes dispendieuses, réservant les rôles secondaires aux plantes meilleur marché.

Enfin, je ne fais qu'effleurer le concept des plantes de remplissage pour la culture en pots. Presque toutes les annuelles (voir *Le jardinier paresseux: Les annuelles*) et bon nombre de vivaces, arbustes, graminées, et autres végétaux auraient pu être décrits ici. Je me suis borné à présenter uniquement les plantes plus populaires, tellement courantes qu'elles *doivent* apparaître dans un livre sur la culture en pots et jardinières. J'ajoute aussi quelques nouveautés qui, pour l'instant, ne s'utilisent que pour la culture en contenants.

Agérate
Astérisique maritime
Cuphéa à feuilles d'hysope
Félicie ou marguerite bleue
Géranium sud-africain
Héliotrope
Immortelle à bractées
Marguerite de Dahlberg
Melampodium
Mouron
Plante incendiaire

Ageratum houstonianum 'Blue Horizon'

Agérate

(*Ageratum houstonianum*)

Noms anglais: Ageratum, Flossflower.

Hauteur: 15-30 cm.

Espacement en pot: 4-5 plants par pot de 20-25 cm.

Espacement dans le jardin: 10-15 cm.

Emplacement: Ensoleillé ou légèrement ombragé.

Terreau: Bien drainé.

Arrosage: Terreau humide en tout temps.

Multiplication: Bouturage, semis.

Disponibilité: Plants à repiquer, sachet de semences.

Utilisation: Remplissage, en bordure, bac, jardinière, plate-bande, rocaille, muret.

Les fleurs mousseuses de l'agérate sont maintenant connues par tous les jardiniers amateurs. Sous la forme que l'on connaît le mieux, l'agérate nain, c'est une plante basse au port buissonnant, idéal pour le remplissage des pots. On oublie que l'agérate a déjà été une plante assez haute, employée surtout comme fleur coupée, mais cette forme ancienne n'est pratiquement plus disponible, et moins intéressante en pots. La forme offerte aujourd'hui est la forme naine. D'ailleurs, la description suivante ne concerne que l'agérate de taille réduite.

L'agérate forme une boule de petites feuilles cordiformes hirsutes de couleur vert pâle, habituellement presque cachées par les bouquets de fleurs composées. Chacune des inflorescences du bouquet est presque ronde et dominée par des étamines qui ressortent, ce qui donne à l'ensemble son aspect plumeux. Normalement, cette annuelle si populaire est d'un bleu violacé, l'unique couleur qui existait assez récemment, d'où le nom qu'elle portait, «agérate bleu». Les cultivars actuels présentent des fleurs violettes, lavande, roses, rouge pourpré, blanches, et même curieusement bicolores, blanches aux étamines bleues.

Plantez l'agérate densément, car il ne se développe pas beaucoup en largeur. Tolérant peu le froid, c'est une des dernières annuelles à sortir pour l'été, lorsque l'air est bien réchauffé. Bien qu'un emplacement au plein soleil favorise une plus grande floraison, une trop grande chaleur lui est néfaste. Il est préférable de cultiver l'agérate à la mi-ombre, du moins dans les régions aux étés chauds. Un peu d'ombre aide aussi à prévenir l'assèchement du terreau, une condition que l'agérate ne tolère pas du tout. Même si les variétés modernes ont généralement une floraison très durable, elle peut baisser en plein été. Si cela se produit, rabattez la plante d'un tiers. En supprimant ainsi les fleurs fanées, elle refleurira rapidement.

L'agérate est offert à bon prix comme annuelle à repiquer, mais vous pouvez aussi le semer vous-même, à l'intérieur, 6 à 8 semaines avant de dernier gel, et ainsi économiser davantage.

Variété recommandée:

❧ *Ageratum houstonianum*: C'est la seule espèce couramment cultivée. Voir la description ci-dessus.

Ageratum houstonianum 'Bavaria'

Astérisique maritime

Photo: EuroAmerican Propagators

Asteriscus maritimus 'Gold Coin'

Astérisque maritime
(*Asteriscus maritimus*)

Noms anglais: Sea Aster, Sea Daisy.

Hauteur: 20-35 cm.

Espacement en pot: 3-4 plants par pot de 20-25 cm.

Espacement dans le jardin: 20 cm.

Emplacement: Ensoleillé.

Terreau: Bien drainé.

Arrosage: Peut sécher légèrement entre les arrosages.

Multiplication: Bouturage, semis.

Disponibilité: Pot individuel, sachet de semences.

Utilisation: Point focal, remplissage, en bordure, bac, potée suspendue, jardinière, plante d'intérieur, plate-bande, rocaille, muret, attire les papillons, fleur coupée.

Si vous êtes déjà allé sur les plages de la Méditerranée l'été, vous connaissez sans aucun doute cette plante qui tapisse de ses belles marguerites jaune soleil toutes les roches, grèves et falaises des zones surplombant la ligne des hautes marées. Cette vivace semi-rustique à floraison continue a aussi commencé, depuis peu, à décorer nos terrasses et balcons comme annuelle pour la culture en pots et jardinières.

C'est une plante basse, formant un dôme aplati de tiges semi-ligneuses, aux petites feuilles spatulées, recouvertes de poils soyeux. La fleur au centre jaune or, parfaite imitation de la marguerite, porte des rayons légèrement moins orangés qui semblent avoir été coupés à leur extrémité avec des ciseaux à denteler.

Originaire du bord de la mer, poussant dans les sols très pauvres où il y a à peine plus que des pierres délavées, l'astérisque maritime semble tolérer la culture dans un terreau plus riche mais très bien drainé, car elle ne supporte pas un sol détrempé. En fait, même si elle tolère la sécheresse, l'astérisque fleurit davantage lorsque son terreau ne sèche pas entièrement. Pour la contenter, arrosez bien en laissant son sol presque sécher entre les arrosages.

La chaleur n'est pas tellement intense au bord de la Méditerranée, du moins là où les vents marins soufflent. C'est la raison pour laquelle, bien qu'exigeant le plein soleil, l'astéristique s'accommode difficilement des emplacements chauds où l'air stagne. Elle se développe mieux dans les emplacements venteux et aux nuits fraîches. Inutile de dire qu'elle adore les conditions de bord de mer, et n'est pas le moindrement dérangée par les embruns salins.

Vous pouvez conserver l'astérisque maritime pendant plusieurs années si vous la rentrez pour l'hiver, en lui donnant beaucoup de soleil et des températures normales d'intérieur, ou un emplacement froid mais libre de gel, au soleil ou à la noirceur. Comme la plante tolère un peu de gel, un garage abrité suffit souvent pour l'hiverner.

Variété recommandée:

❧ *Asteriscus maritimus*: Plusieurs cultivars sont offerts, mais ils diffèrent peu de l'espèce décrite.

Asteriscus maritimus 'Sun Fan'

Cuphéa à feuilles d'hysope

Photo: EuroAmerican Propagators

Cuphea hyssopifolia 'Lavender Lace'

Cuphéa à feuilles d'hysope

(*Cuphea hyssopifolia*)

Noms anglais: Mexican Heather, Elfin Herb, False Heather.

Hauteur: 30-60 cm.

Espacement en pot: 3-4 plants par pot de 20-25 cm.

Espacement dans le jardin: 25 cm.

Emplacement: Ensoleillé ou légèrement ombragé.

Terreau: Bien drainé.

Arrosage: Terreau humide en tout temps.

Multiplication: Bouturage, semis, division.

Disponibilité: Pot individuel.

Utilisation: Remplissage, en bordure, bac, jardinière, plante d'intérieur, plate-bande, rocaille, muret.

Cette jolie petite plante, aussi appelée fausse bruyère ou salquier, est surtout connue comme plante d'intérieur, mais devient de plus en plus populaire dans la composition des jardinières estivales. Il s'agit d'un petit arbuste tropical aux minuscules feuilles étroites vert foncé, comme des aiguilles. Le nom commun fausse bruyère vient surtout de son port et de ses petites feuilles. Les fleurs, petites mais nombreuses, ne ressemblent en rien aux petites cloches pendantes des bruyères, adoptant plutôt une silhouette plus standard, un tube vert avec six pétales bien étalés, comme une étoile quelque peu asymétrique. Rose pourpré chez l'espèce, elles varient du blanc au pourpre chez les cultivars. Malgré leur nombre souvent important, leur petite taille et leur disposition bien espacée plutôt qu'en bouquet, les fleurs donnent à la plante l'aspect d'un arbuste vert tacheté de rose pourpré plutôt que couvert de fleurs.

Le cuphéa est de culture facile en pots et jardinières. Il se plaît spécialement à des températures chaudes qui nuisent à tant d'autres végétaux, mais seulement si l'arrosage est régulier, car il ne tolère aucunement la sécheresse. On peut rentrer la plante ou des boutures à l'automne et les garder dans une pièce chauffée et bien éclairée. Dans ces conditions, elle peut fleurir tout l'hiver. Évitez le froid, car la plante peut être endommagée si les températures sont inférieures à 4°C.

Variétés recommandées:

Le genre *Cuphea* regroupe près de 300 espèces et semble de plus en plus connu, si j'en juge par les variétés à l'essai observées lors de mes visites dans les pépinières californiennes. Cependant, peu d'entre elles sont aisément disponibles actuellement. Voir aussi la plante incendiaire (*Cuphea ignea*) à la page 242.

❧ *Cuphea hyssopifolia*, syn. *C. rosea* (cuphéa à feuilles d'hysope): Voir la description ci-dessus.

❧ *C. llavea*: Curieuse annuelle de culture facile, à port semi-prostré et aux fleurs rouges, roses, lavande ou pourpres, beaucoup plus grosses et voyantes que celles du cuphéa à feuilles d'hysope. Tiges et feuilles sont couvertes de poils visqueux qui emprisonnent de petits insectes. Cette annuelle est facile à cultiver à partir de semences, mais peu connue.

Cuphea hyssopifolia

Félicie ou marguerite bleue

Photo: Norseco

Felicia 'Spring Merchen'

Félicie ou marguerite bleue
(*Felicia*)
Noms anglais: Blue Daisy, Kingfisher Daisy, Blue Marguerite.
Hauteur: 15-45 cm.
Espacement en pot: 3-4 plants par pot de 20-25 cm.
Espacement dans le jardin: 15 cm pour les variétés basses; 30 cm pour les variétés hautes.
Emplacement: Ensoleillé ou légèrement ombragé.
Terreau: Bien drainé, riche à pauvre.
Arrosage: Peut sécher légèrement entre les arrosages.
Multiplication: Bouturage, semis, division.
Disponibilité: Plants à repiquer, pot individuel, sachet de semences.
Utilisation: Point focal, remplissage, en bordure, bac, potée suspendue, jardinière, plante d'intérieur, plate-bande, rocaille, muret, attire les papillons, fleur coupée.

Cette charmante petite plante convient à merveille au remplissage. Elle forme un dôme de petites feuilles ovales, légèrement parfumées, débordant juste assez pour bien paraître en bordure du pot, et mélangée à d'autres plantes, remplit admirablement tous les trous de la plantation. Le bleu de ses fleurs est non seulement très beau lorsque la plante est cultivée seule, il met en valeur les autres couleurs des jardinières composées.

La félicie est facile à reconnaître, car aucune

autre «marguerite» ne se rapproche autant du véritable bleu azur. On trouve aussi des cultivars à fleurs violettes, roses et blanches. Seul le brachyscome (voir à la page 328) a des fleurs semblables, mais ses rayons sont plus étroits et plus nombreux et son feuillage est découpé.

Offrez à votre félicie un emplacement plutôt ensoleillé et surtout, frais. Sous plusieurs climats, un peu d'ombre l'après-midi est nécessaire, sinon la plante cuit littéralement. Si la floraison baisse vers le milieu de l'été, surtout dans un milieu trop chaud, rabattez la plante d'un tiers et elle reproduira des fleurs.

Vous pouvez cultiver la félicie à partir de semences, les partant à l'intérieur 10 à 12 semaines avant le dernier gel. La germination réussit mieux si vous placez les pots au réfrigérateur pendant deux ou trois semaines avant de les exposer à une température normale d'intérieur. Des plants de félicie sont aussi offerts au printemps, généralement en caissettes pour les formes produites à partir de semences, et en pots individuels pour les cultivars maintenus par bouturage.

Si vous achetez des plants en caissettes, prenez-les jeunes. S'ils sont déjà en fleurs au moment de l'achat, ils supportent mal le repiquage et risquent de sécher subitement, sans raison apparente. Comme les pépiniéristes aiment bien vendre des plantes déjà en fleurs, ceci pose un problème. Heureusement, il est possible de récupérer les plantes trop avancées en les taillant sévèrement, d'un tiers ou même de moitié, lors du repiquage.

Certaines félicies sont des vivaces tendres que vous pouvez rentrer pour l'hiver. D'autres, de véritables annuelles qu'il est impossible de sauver à l'automne.

Variétés recommandées:

❧ *Felicia amelloides*, syn. *Agathaea coelistis* (félicie bleue, marguerite bleue, agathée bleue): C'est la forme la plus courante, et qui offre le plus de variétés. Il y a même des formes à feuillage panaché, comme 'Variegata', produites par bouturage.

❧ *F. bergeriana* (félicie annuelle, marguerite bleue annuelle): Très semblable à l'espèce précédente, mais à feuillage poilu. C'est une annuelle à croissance rapide.

Felicia amelloides

Géranium sud-africain

Photo: EuroAmerican Propagators

Geranium incanum 'Sugar Plum'

Géranium sud-africain

(*Geranium incanum*)

Nom anglais: Hoary Geranium.

Hauteur: 35-45 cm.

Espacement en pot: 3-4 plants par pot de 20-25 cm.

Espacement dans le jardin: 45 cm.

Emplacement: Ensoleillé ou légèrement ombragé.

Terreau: Bien drainé.

Arrosage: Terreau humide en tout temps.

Multiplication: Semis, division.

Disponibilité: Pot individuel, sachet de semences.

Utilisation: Point focal, remplissage, en bordure, bac, potée suspendue, jardinière, plante d'intérieur, plate-bande, rocaille, muret.

Habituellement, on explique la différence entre les «vrais géraniums», le genre *Geranium*, et les «géraniums des jardins», le genre *Pelargonium*, en disant que les vrais géraniums sont des plantes rustiques et les pélargoniums, des plantes subtropicales ne tolérant pas le gel. C'est à 99 % vrai, mais la plante décrite ici se situe dans le 1% faisant exception.

En effet, certaines plantes du genre *Geranium* ne proviennent pas des régions froides d'Asie, d'Europe ou d'Amérique du Nord, mais de climats plus doux, dans ce cas, d'Afrique du Sud. Le géranium sud-africain ne résiste qu'à quelques degrés de gel et se cultive habituellement, du moins dans les régions nordiques, en pot, comme plante pour la terrasse et parfois, comme plante d'appartement ou de serre froide. Il s'agit d'une plante formant un dôme parfait de feuilles extrêmement découpées, presque plumeuses, vertes sur le dessus et couvertes de poils gris-argenté en dessous, aromatiques lorsque froissées. Les fleurs sont typiques des vrais géraniums, cinq pétales également disposés, d'apparence fragile, de couleur violacée à pourpre, et produites sans arrêt durant tout l'été.

Placez le géranium sud-africain dans un emplacement ensoleillé, mais frais ou venteux, car il craint la chaleur. Il réussit notamment très bien près de l'eau, car l'air y est habituellement plus frais. Sa culture ne pose aucun problème si son terreau ne s'assèche jamais.

À l'automne, placez la plante à l'abri du gel, dans la maison ou dans un garage abrité.

Habituellement, on multiplie cette plante par division, mais certains catalogues l'offrent sous forme de semences. Semez à l'intérieur, 12 à 14 semaines avant le dernier gel, pour une floraison la première année.

Variétés recommandées:

Beaucoup de géraniums rustiques, du genre *Geranium*, sont d'excellentes plantes pour la culture en pots, notamment ceux à floraison durable, comme *G.* 'Anne Folkard' et *G.* x *cantabridgiense*. Par contre, ils n'égalent pas les deux espèces suivantes pour ce qui est d'une floraison constante tout l'été.

❧ *Geranium incanum* (géranium sud-africain): Décrit ci-dessus. Plusieurs cultivars sont souvent plus florifères que l'espèce, dont 'Sugar Plum' aux fleurs pourpres.

❧ *G. incanum* x *robustum* (géranium sud-africain hybride): Un géranium similaire, mais plus compact que *G. incanum*, aux feuilles plus argentées et fleurs bleu-violet à nervures plus foncées.

Geranium incanum

Héliotrope

Heliotropium arborescens 'Perfume White'

Héliotrope
(*Heliotropium arborescens*)
Noms anglais: Heliotrope, Cherry Pie.
Hauteur: 30-90 cm.
Espacement en pot: 3-4 plants par pot de 20-25 cm.
Espacement dans le jardin: 30-45 cm.
Emplacement: Ensoleillé ou légèrement ombragé.
Terreau: Bien drainé.
Arrosage: Terreau humide en tout temps.
Multiplication: Bouturage, semis.
Disponibilité: Pot individuel, sachet de semences.
Utilisation: Point focal, remplissage, en bordure, bac, potée suspendue, jardinière, plante d'intérieur, plate-bande, rocaille, muret, attire les papillons et les colibris, fleur parfumée.

L'héliotrope, autrefois l'une des plantes les plus populaires dans la plate-bande, a disparu de nos jardins pendant presque un siècle. Il est de retour, mais sous des formes plus compactes qu'auparavant. Cependant, du moins à mon nez, plusieurs des nouveaux cultivars nains n'ont plus de parfum, ou si peu. Le principal attrait de cette plante est pourtant son arôme. Si vous le commandez par catalogue, lisez la description pour voir si son parfum est mis en évidence. Si vous l'achetez en personne, sentez-le d'abord. Habituellement, les variétés à fleurs blanches ou lavande sont les plus parfumées.

Celles à fleurs violettes, actuellement les plus courantes, ne dégagent qu'une faible fragrance. Selon la variété, les fleurs sentent la vanille ou la poudre de bébé.

L'héliotrope, un arbuste tropical aux tiges ligneuses et aux feuilles profondément nervurées, produit d'énormes bouquets de petites fleurs à cinq pétales à l'extrémité de ses branches. La gamme de couleurs se limite au blanc et aux teintes de lavande et de violet. Certaines variétés à fleurs blanches deviennent bleu pâle en vieillissant.

L'héliotrope n'est pas trop exigeant, mais il n'aime ni un manque d'eau, ni un terreau toujours imbibé. Arrosez-le bien, puis attendez que le terreau commence à sécher avant d'arroser de nouveau.

Les variétés compactes modernes font d'excellentes plantes de remplissage. Autrefois on taillait toutefois les grands cultivars pour en faire de magnifiques petits arbres, semblables à des lilas en bac, utilisés alors comme plantes vedettes.

À l'automne, rentrez soit la plante mère ou des boutures. On peut maintenir la plante dans toute pièce bien éclairée et un peu chauffée.

Variété recommandée:

❧ *Heliotropium arborescens* (héliotrope): C'est la seule espèce couramment cultivée. Voir la description ci-dessus.

Heliotropium 'Marine'

Immortelle à bractées

Helichrysum bracteatum 'Golden Beauty'

Immortelle à bractées

(*Helichrysum bracteatum*)

Nom anglais: Everlasting.

Hauteur: 25-90 cm.

Espacement en pot: 3 plants par pot de 20-25 cm.

Espacement dans le jardin: 25-40 cm.

Emplacement: Ensoleillé.

Terreau: Bien drainé, assez pauvre.

Arrosage: Tolère la sécheresse.

Multiplication: Bouturage, semis.

Disponibilité: Plants à repiquer, pot individuel, sachet de semences.

Utilisation: Point focal, remplissage, en bordure, bac, potée suspendue, jardinière, plate-bande, rocaille, muret, fleur coupée, fleur séchée.

Qui ne connaît pas l'immortelle, dont les fleurs séchées en forme de marguerite décorent tant de bouquets dans nos maisons? Personnellement, même si je l'ai longtemps cultivée comme annuelle de plate-bande, je n'ai jamais pensé à la cultiver dans un pot. C'est vrai qu'il n'y a pas si longtemps, toutes les immortelles étaient encore très près de la forme sauvage, une grande plante de 75-90 cm aux tiges rigidement dressées, pas véritablement ce que l'on recherche dans une plante pour la culture en jardinières. Cependant, les variétés modernes ont tendance à être plus basses et plus ramifiées et, depuis quelques années, les hybrideurs ont même développé des lignées spécialement pour la culture en pots. La première, 'Golden Beauty', une variété naine de 25-35 cm, forme un dôme de tiges étalées, presque pleureuses, recouvertes de nombreuses fleurs jaunes. Puis sont venues 'Silverbush', en blanc, et 'Blushing Beauty', en jaune et rose, et depuis la liste allonge annuellement. Évidemment, on peut aussi faire sécher les fleurs des variétés conçues pour la culture en jardinières. Les horticulteurs en herbe n'ont rien perdu, mais beaucoup gagné.

On pourrait presque décrire les immortelles comme étant des «marguerites en papier». Les vraies fleurs de couleur orange composent le centre de l'inflorescence. Elles sont entourées de nombreuses bractées pointues ayant la texture du papier, de couleur blanche, jaune, rose, rouge, pourpre ou orange. Fait curieux, les bractées se referment par temps pluvieux. Pour le séchage, récoltez la fleur juste avant son mûrissement complet et suspendez-la la tête en bas pendant quelques jours.

Cultivez les immortelles dans un emplacement chaud, au soleil, car les fleurs ouvrent tardivement à l'ombre. Elles fleurissent davantage lorsqu'arrosées régulièrement, mais peuvent tolérer la sécheresse.

Les immortelles sont habituellement faciles à produire par des semis à l'intérieur, 6 à 8 semaines avant le dernier gel, sans recouvrir les graines qui ont besoin de lumière pour germer. On les trouve aussi facilement en caissettes au printemps. Les nouvelles variétés semi-étalées, conçues spécialement pour la culture en pots, ne sont cependant pas fidèles au type et sont vendues à l'unité, à partir de plantes bouturées. Pour protéger votre investissement, vous pouvez rentrer ces plantes plus coûteuses pour l'hiver, mais il leur faut un lieu chauffé et très ensoleillé.

Variété recommandée:

❧ *Helichrysum bracteatum* (immortelle à bractées): C'est la plus connue des immortelles, et sans doute la meilleure pour la culture en pots et jardinières.

Helichrysum bracteatum 'Silverbush'

Marguerite de Dahlberg

Dyssodia tenuifolia

Marguerite de Dahlberg

(*Dyssodia tenuifolia*)

Noms anglais: Dahlberg Daisy, Golden Fleece.

Hauteur: 10-30 cm.

Espacement en pot: 3-4 plants par pot de 20-25 cm.

Espacement dans le jardin: 20-25 cm.

Emplacement: Ensoleillé.

Terreau: Bien drainé.

Arrosage: Tolère la sécheresse.

Multiplication: Semis.

Disponibilité: Plants à repiquer, sachet de semences.

Utilisation: Point focal, remplissage, en bordure, élément retombant, bac, potée suspendue, jardinière, plate-bande, rocaille, muret, fleur coupée.

La marguerite de Dahlberg est une véritable annuelle, fleurissant sans arrêt pendant environ quatre mois, puis s'asséchant complètement après la production de ses semences. Les marguerites jaunes de 2,5 cm rappellent beaucoup les fleurs du chrysanthème annuel. La marguerite de Dahlberg a d'ailleurs déjà été classée sous le nom de *Chrysanthemum tenuiloba.* Dans les déserts du Mexique, son lieu d'origine, elle s'appuie sans doute sur d'autres plantes pour croître, car en culture, ses tiges n'ont aucun tonus et ont tendance à ramper plutôt que de se dresser. Dans un pot, la plante déborde joliment, devenant presque retombante. Dans la plate-bande, on met son port lâche en vedette en l'utilisant en bordure des sentiers.

Le feuillage vert très découpé, presque comme celui d'une fougère gracieuse, est non seulement attrayant mais parfumé lorsque vous le frottez doucement. D'ailleurs, il est très intéressant de placer cette plante dans un endroit qui nous oblige à la frôler.

L'entretien de cette plante est très simple et consiste à l'arroser un peu de temps à autre, c'est tout. La marguerite de Dahlberg tolère la sécheresse et n'exige aucun nettoyage, car ses fleurs fanées ne réduisent pas la floraison, ni ne la déparent. Tolérant les sols les plus pauvres, elle fleurira abondamment même sans aucun engrais. Par contre, bien que d'origine désertique, cette plante fleurit normalement l'hiver dans son pays d'origine et préfère donc un emplacement ensoleillé, mais frais.

La marguerite de Dahlberg est rarement offerte sous forme de plants, ce qui vous oblige presque nécessairement à la cultiver vous-même, à partir de semences, chose très facile à faire à l'intérieur, 6 à 8 semaines avant le dernier gel. Ramassez des semences en fin de saison pour repartir d'autres plants le printemps suivant.

Variété recommandée:

❧ *Dyssodia tenuifolia*, syn. *Thymophylla tenuiloba, Chrysanthemum tenuiloba* (marguerite de Dahlberg): L'espèce décrite ci-dessus est la seule couramment cultivée.

Dyssodia tenuifolia

Melampodium

Melampodium paludosum 'Showstar'

Melampodium

(*Melampodium paludosum*)

Noms anglais: Butter Daisy, African Zinnia.

Hauteur: 20-60 cm.

Espacement en pot: 3-4 plants par pot de 20-25 cm.

Espacement dans le jardin: 15-20 cm.

Emplacement: Ensoleillé.

Terreau: Bien drainé.

Arrosage: Tolère la sécheresse.

Multiplication: Semis.

Disponibilité: Plants à repiquer, sachet de semences.

Utilisation: Point focal, remplissage, en bordure, bac, potée suspendue, jardinière, plante d'intérieur, plate-bande, fleur coupée.

Cette plante est passée d'inconnue à très populaire en quelques années seulement. Elle est sur le marché depuis si peu de temps, qu'en français, on ne lui connaît aucun autre nom que «melampodium». Les noms communs en anglais semblent aussi très récents et peu appropriés, comme c'est le cas de «African Zinnia», considérant que la plante est originaire du Nouveau Monde.

Il est vrai que son feuillage ressemble un peu à celui du zinnia, large, entier et vert clair. Si la plante d'origine est plutôt de haute taille, les cultivars sont par contre tous des plants compacts, buissonnants et bien recouverts de feuillage. Le melampodium produit tout l'été une profusion de petites marguerites jaunes de 2 cm de diamètre.

Le nom botanique de cette plante peut induire en erreur, car *paludosum* veut dire «des marais». Je veux bien croire que la plante vient d'une région marécageuse, mais il n'en demeure pas moins qu'elle s'adapte extrêmement bien aux conditions les plus diverses, tolérant même la sécheresse. Les jardiniers des régions aux étés chauds et humides s'en feront un fidèle ami, car le melampodium prospère dans de telles conditions. Son défaut majeur est sa forte sensibilité au gel. Sortez-le tard en saison, seulement quand l'été semble vraiment bien installé, et ne vous attendez à rien après le premier gel automnal.

Le melampodium, une véritable annuelle, meurt à la fin de l'été. Inutile donc de le rentrer à l'automne. Le melampodium est facile à cultiver à partir de semis à l'intérieur, commencés six semaines avant le dernier gel.

Variété recommandée:

❧ *Melampodium paludosum* (melampodium): Voir la description ci-dessus. Malgré sa nouveauté, le nombre de ses cultivars est assez surprenant, au moins une demi-douzaine. Tous sont toutefois des formes naines de 20 à 45 cm de hauteur, aux fleurs jaunes. J'ai remarqué un défaut chez ces cultivars: chaque semis donne au moins un ou deux plants de haute taille parmi des plants nains. Vous n'aurez qu'à les éliminer dès que vous les verrez.

Melampodium paludosum 'Medallion'

Mouron

EuroAmerican Propagators

Anagallis monellii 'Skylover'

Mouron
(*Anagallis*)
Noms anglais: Pimpernel, Poor Man's Weatherglass.
Hauteur: 10-45 cm.
Espacement en pot: 3-4 plants par pot de 20-25 cm.
Espacement dans le jardin: 30-45 cm.
Emplacement: Ensoleillé ou légèrement ombragé.
Terreau: Léger, sablonneux.
Arrosage: Tolère la sécheresse.
Multiplication: Semis au printemps, bouturage.
Disponibilité: Pot individuel, sachet de semences.
Utilisation: Remplissage, bordure, élément retombant, potée suspendue, jardinière, bac, plate-bande, rocaille, muret, fleur parfumée.

Qui aurait cru que cette mauvaise herbe européenne deviendrait un jour une plante si prisée? Pourtant, c'est le cas! Cependant, la mauvaise herbe américaine appelée «mouron des oiseaux» (*Stellaria media*), ne possède aucun attrait, et n'est aucunement apparentée aux vrais mourons (*Anagallis*).

Le mouron attire l'œil par les couleurs très vives de ses fleurs à cinq pétales, tantôt rouge orangé vif, tantôt bleu-violet brillant. D'un port habituellement buissonnant ou tapissant, son feuillage en forme de dôme abonde de petites feuilles arrondies, parfois étroites, et de fleurs à odeur de miel qui ne s'ouvrent qu'au soleil. Le fait que les fleurs se referment à l'approche d'un orage lui a valu le nom anglais de «poor man's weatherglass».

Le mouron se plaît en plein soleil, dans un sol assez bien drainé. Par contre, comme il fleurit davantage par temps frais, il est préférable de le cultiver dans un emplacement mi-ombragé dans les régions aux étés chauds.

Le mouron rouge est une véritable annuelle qu'il faut ressemer tous les ans. On peut le semer l'intérieur, 6 semaines avant la date du dernier gel, dans des godets de tourbe en recouvrant les graines de 3 mm de terreau, car il tolère mal le repiquage. Par contre, le mouron bleu est une vivace tendre qui se multiplie par bouturage, et si on le sème, il faut compter de 10 à 12 semaines entre le semis et le repiquage.

Variétés recommandées:

❧ *Anagallis monellii* (mouron bleu, anglais: Blue Pimpernel): Cette plante aux feuilles étroites est la coqueluche des jardiniers ces temps-ci, surtout le cultivar à port retombant, 'Skylover'. Dans le monde végétal, rien n'égale la coloration exceptionnelle de ses fleurs: bleu-violet vif et centre rose violacé, rehaussé d'étamines jaunes! Si sa popularité se maintient, on peut s'attendre à ce que les hybrideurs s'acharnent sur lui pour élargir sa gamme de couleurs. Hauteur: 35-45 cm.

❧ *A. linifolia*: Il s'agit d'une forme de *A. monellii,* à feuilles particulièrement étroites.

❧ *A. arvensis* (mouron rouge; anglais: Scarlet Pimpernel): Oui, «mouron rouge» comme dans les aventures de cape et d'épée! Cette plante, plus petite que le mouron bleu et aux feuilles plus arrondies, produit habituellement des fleurs écarlates, mais aussi de différentes teintes de rose ou même de blanc. *A. arvensis* réussit parfois à se ressemer dans nos plates-bandes après une première culture. Hauteur: 15-30 cm.

Anagallis monellii

Plante incendiaire

Cuphea ignea

Plante incendiaire

(*Cuphea ignea*)

Noms anglais: Firecracker Plant, Cigar Plant.

Hauteur: 20-40 cm.

Espacement en pot: 3-4 plants par pot de 20-25 cm.

Espacement dans le jardin: 30-45 cm.

Emplacement: Ensoleillé ou légèrement ombragé.

Terreau: Bien drainé, riche.

Arrosage: Terreau humide en tout temps.

Multiplication: Bouturage, semis.

Disponibilité: Plants à repiquer, pot individuel, sachet de semences.

Utilisation: Point focal, remplissage, en bordure, bac, potée suspendue, jardinière, plante d'intérieur, plate-bande, rocaille, muret, attire les colibris.

Nous avons vu un autre cuphéa (*C. hyssopifolia*) à la page 226, mais cette plante ne peut être plus différente, notamment quant à ses fleurs. Le cuphéa à feuilles d'hysope produit en effet des fleurs «traditionnelles», aux pétales proéminents. La plante incendiaire n'a pas de pétales, la fleur se réduisant à un simple tube. D'ailleurs, c'est cette curieuse fleur tubulaire qui fait l'attrait de la plante. Longue de 2,5 cm, très étroite, elle est rouge feu et se termine par un cercle noir coiffé d'une tache blanche. De près, on croirait voir une longue braise coiffée de cendres! C'est cette apparence «enflammée» qui lui a valu le nom de «plante incendiaire». D'ailleurs, son apparence la rend particulièrement intéressante pour les enfants, qui s'émerveillent devant cette plante qui semble briller de mille feux.

Il s'agit d'une petite plante au port plutôt buissonnant et arrondi. Les nombreux rameaux minces supportent des feuilles étroites vert moyen qui rougissent à leur tour lorsque exposées au soleil. La plante incendiaire porte une quantité assez extraordinaire de fleurs et fleurit tout l'été, sans exiger la suppression des fleurs fanées. À la fin de la saison, si vous le voulez bien, vous pouvez rentrer le cuphéa pour l'hiver comme plante d'intérieur, car il fleurit très bien dans la maison.

Rarement offerte en pépinière, la plante incendiaire est cependant facile à cultiver soi-même à partir de semences. Semez-la à l'intérieur 6 à 8 semaines avant le dernier gel, sans couvrir les graines qui ont besoin de lumière pour germer. Vous pouvez aussi multiplier cette plante par bouturage.

Pour amuser les enfants, cultivez quelques plantes incendiaires dans des pots de 10 cm. Elle fait aussi un excellent élément de remplissage pour les jardinières composées… et les colibris l'adorent!

Variétés recommandées:

❧ *Cuphea ignea* (plante incendiaire): Voir la description ci-dessus. Depuis peu, on offre la plante incendiaire en trois nouvelles couleurs: rose, orange et blanche.

❧ *Manettia luteo-rubra*, syn. *M. bicolor*, *M. inflata* (manettia; anglais: Brazilian Firecracker, firecracker vine): Plusieurs jardiniers confondent cette plante avec la plante incendiaire, car leurs fleurs tubulaires ont la même coloration rouge feu. Par contre, il s'agit d'une plante grimpante, non pas d'une plante à port buissonnant comme la plante incendiaire. Si vous laissez ses tiges volubiles s'entortiller autour d'un support, il peut facilement atteindre une hauteur de 3,5 m! Les fleurs sont rouge vif à l'extrémité jaune. Les feuilles ovales sont vert moyen et très luisantes. Attendez que les températures soient bien réchauffées avant de sortir la plante au printemps; à part son besoin d'un tuteur élevé et son intolérance au froid, sa culture est identique à celle de la plante incendiaire.

Cuphea ignea

Fleurs polyvalentes

Selon leur port, il est généralement assez facile de savoir où placer les végétaux dans un contenant. Les plantes hautes, de toute évidence des plantes vedettes, vont nécessairement au milieu des bacs ou pots individuels. Les plantes basses ou étalées occupent la couronne, et les variétés aux longues tiges sans tonus, donc retombantes, en débordent, leurs fleurs s'épanouissant entre ciel et terre. Quant aux plantes de taille intermédiaire, il s'agit de les placer entre celles de grande taille et celles de petite taille, ou retombantes, les utilisant donc comme plantes de remplissage. C'est logique, facile, compris par tous.

Mais comment catégoriser des plantes aux ports variés, tels les mufliers dont certains de grande taille, atteignant 90-120 cm, sont évidemment des plantes à placer au centre d'un pot, alors que d'autres de taille intermédiaire sont de bonnes plantes de remplissage, et d'autres, de forme naine, débordent juste un peu et conviennent alors en bordure, sans oublier les sélections retombantes? Comment traiter une telle gamme de possibilités autrement qu'en les plaçant pêle-mêle dans la même catégorie? C'est pourquoi, plutôt que de vous présenter quatre fiches de mufliers, trois de pétunias, etc., j'ai placé ces plantes dans ce chapitre consacré aux plantes polyvalentes.

Le terme «polyvalentes», ne signifie pas que chaque lignée convient à de multiples utilisations, mais plutôt que les nombreuses variétés de cultivars d'une plante d'origine permettent de multiples possibilités. Toutes les plantes répertoriées ici comptent plusieurs variétés. À la lumière des descriptions de leurs différentes formes, c'est à vous de décider où et de quelle façon les utiliser.

Si aujourd'hui ces plantes ont des ports très différents, il n'en a pas toujours été ainsi. La plupart d'entre elles étaient, à l'origine, rigidement dressées ou quelque peu évasées. C'est l'humain, principalement sa sous-espèce,«l'hybrideur», qui, par des sélections et des croisements, a joué au Créateur et les a de plus en plus fait dévier de la norme. Sous l'énorme pompon des géraniums doubles (*Pelargonium* x *hortorum*), on reconnaît à peine la petite fleur simple qui poussait dans les champs sud-africains. Il en est ainsi de la plupart des végétaux décrits ici. Ils sont beaux, utiles, de culture facile, et surtout, faits sur mesure pour le rôle que l'humain lui a assigné, soit décorer ses plates-bandes et ses jardinières!

Dahlia
Géranium des jardins
Muflier
Œillet d'Inde
Pétunia
Sauge
Zinnia

Dahlia x 'Inflammation'

Dahlia

(*Dahlia x*)

Nom anglais: Dahlia.

Hauteur: 30-300 cm.

Espacement en pot: 3-4 plants par pot de 20-25 cm pour les variétés naines; 1 plant par pot de 30-45 cm pour les variétés hautes.

Espacement dans le jardin: 30-45 cm pour les variétés basses; 45-60 cm pour les variétés hautes.

Emplacement: Ensoleillé.

Terreau: Bien drainé.

Arrosage: Terreau humide en tout temps.

Multiplication: Bouturage, semis, division des tubercules.

Disponibilité: Plants à repiquer, tubercules, sachet de semences.

Utilisation: Point focal, remplissage, en bordure, bac, jardinière, plate-bande, écran, treillis, attire les papillons, fleur coupée.

Cette tubéreuse offre une variété infinie de formes: haute ou basse, feuillage vert ou bronzé, fleurs petites ou grosses, simples, semi-doubles ou doubles, en pompon ou de type cactus, c'est-à-dire avec de minces rayons pointus, et de toutes les couleurs sauf le véritable bleu. Habituellement, on utilise les dahlias nains pour la culture en pots, car y maintenir de gros dahlias, dont certains atteignent jusqu'à 3 m de hauteur, est complexe étant donné la difficulté d'y fixer des tuteurs solides. De plus, une longue floraison est bigrement désirée chez les plantes pour la culture en pots, ce qui milite en faveur des dahlias nains qui fleurissent du début jusqu'à la fin de l'été, tandis que les variétés plus hautes ne commencent souvent à fleurir qu'au mois d'août.

Habituellement, les dahlias nains semés en serre et vendus en caissettes quelques semaines plus tard sont les plus populaires. Évidemment, vous pouvez économiser passablement en les semant vous-même à l'intérieur, 6 à 8 semaines avant la date du dernier gel. Cependant, on offre aussi des dahlias de toutes tailles sous forme de tubercules qu'il est possible de partir dans la maison, quelques semaines avant la plantation, ou directement dans la jardinière. Attendez toutefois que l'air soit bien réchauffé avant de sortir les dahlias, car ils sont plus gélifs que la plupart des plantes pour contenants.

À l'automne, lorsque le feuillage a été détruit par le gel, rentrez les tubercules de dahlia, en fait des racines tubéreuses, gardez-les au sec dans un lieu frais durant l'hiver, et repartez-les au printemps suivant. Divisez les tubercules avant la plantation, en prenant soin de laisser au moins un «œil» par section. Les jeunes tiges produites sont faciles à bouturer pour une multiplication rapide.

Variété recommandée:

❧ *Dahlia* x (dahlia): Voir la description ci-dessus. Parmi les lignées naines intéressantes pour la culture en pots, se trouvent 'Figaro', 'Harlequin', 'Bambino' et 'Redskin', ce dernier ayant un feuillage bronzé. Les plus petits dahlias, d'à peine 20 cm de hauteur, sont de la lignée 'Baby Dahl', et non fidèles au type produit à partir de semences, ils ne se vendent que sous forme de plants ou de tubercules.

Dahlia x 'Bishop of Llandaff', au feuillage pourpre foncé

Géranium des jardins

Photo: National Gardening Bureau

Pelargonium x *hortorum*

Géranium des jardins

(*Pelargonium* x *hortorum*)

Nom anglais: Zonal Geranium.

Hauteur: 30-90 cm.

Espacement en pot: 3-4 plants par pot de 20-25 cm.

Espacement dans le jardin: 20-30 cm.

Emplacement: Ensoleillé ou légèrement ombragé.

Terreau: Bien drainé.

Arrosage: Peut sécher légèrement entre les arrosages.

Multiplication: Bouturage, semis.

Disponibilité: Pot individuel, sachet de semences.

Utilisation: Point focal, remplissage, en bordure, bac, jardinière, plante d'intérieur, plate-bande, rocaille, taille ornementale.

Lorsque l'on pense au géranium, c'est presque toujours cette plante qui s'impose à l'esprit. Pourtant, ce n'est pas un vrai géranium, car ce nom devrait appartenir en exclusivité au genre *Geranium*, qui comprend surtout des vivaces rustiques. Le géranium des jardins (*Pelargonium* x *hortorum*) est un pélargonium, un arbuste subtropical.

On reconnaît facilement le géranium des jardins à ses épaisses tiges dressées et ses feuilles presque rondes, souvent marquées d'une zone marron foncé en forme de fer à cheval, d'où l'un de ses noms usuels, géranium zonal. Presque à l'extrémité de ses tiges, il porte des pédoncules soutenant de grosses ombelles de fleurs, aux pétales habituellement larges, dans des teintes de blanc, de rose, de rouge, d'orange ou de violet, parfois bicolores. Parmi ses milliers de cultivars, il est possible de trouver des formes à fleurs étoilées, frangées ou autres.

Les fleurs sont simples ou doubles. Doubles, elles durent plus longtemps, mais exigent par contre d'être nettoyées, car leurs pétales ont tendance à demeurer sur le plant et former un amas brun lorsqu'elles sont fanées, alors que les pétales des fleurs simples sont emportés par le vent.

Même si le géranium des jardins tolère presque toutes les conditions, il préfère le plein soleil et des arrosages modérés, car il a tendance à pourrir dans les terreaux maintenus trop humides. L'hiver, rentrez les plants ou les boutures et cultivez-les au plein soleil, dans un endroit protégé contre le gel. Vous pouvez aussi mettre la plante en dormance dans une chambre froide, au sec et à la noirceur.

Il est inutile de récolter les semences des géraniums pour les multiplier puisqu'ils ne sont pas fidèles au type. Vous pouvez toutefois acheter des semences de géraniums F_1, c'est-à-dire des semences produites annuellement à partir des croisements entre parents spécifiques. Elles sont fiables et reviennent beaucoup moins cher que des plants achetés chaque année. Partez-les à l'intérieur, 14 à 16 semaines avant le dernier gel. Tous les hybrides F_1 sont à fleurs simples.

Pour la culture en pots, une nouveauté irrésistible vous séduira si vous le trouvez, le «géranium à colonne». Il s'agit d'une traduction littérale de l'anglais «pillar geranium». On pourrait aussi dire «géranium grimpant». Placez 4 ou 5 plantes dans un pot de 30 à 36 cm, et installez ensuite un petit treillis ou un support à tomates au centre pour y attacher les tiges à mesure qu'elles poussent. Grâce à leur pousse rapide et leur ramification abondante, ces plantes atteignent aisément 90 cm et plus, et la «colonne» ainsi produite se recouvre entièrement de fleurs. À l'heure actuelle, seul 'Pillar Salmon' est couramment disponible.

Variété recommandée:

❧ *Pelargonium* x *hortorum*, syn. *P. zonale* (géranium des jardins): Voir la description ci-dessus. Les variétés à feuillage panaché sont décrites à la page 306 Quant aux formes retombantes, en réalité des hybrides entre le géranium des jardins et le géranium-lierre, vous trouverez leurs descriptions à la page 181.

Pelargonium x *hortorum* 'Multibloom Scarlet Eye'

Muflier

(*Antirrhinum majus*)
Nom anglais: Snapdragon.
Hauteur: 15-120 cm.
Espacement en pot: 3-4 plants par pot de 20-25 cm.
Espacement dans le jardin: 15 cm pour les variétés basses; 30 cm pour les variétés hautes.
Emplacement: Ensoleillé ou légèrement ombragé.
Terreau: Bien drainé.
Arrosage: Tolère la sécheresse.
Multiplication: Semis, bouturage.
Disponibilité: Plants à repiquer, pot individuel, sachet de semences.
Utilisation: Point focal, remplissage, en bordure, élément retombant, bac, potée suspendue, jardinière, plate-bande, rocaille, muret, attire les colibris, fleur parfumée, fleur coupée, fleur séchée.

Photo: Paul Ecke Ranch

Un tout nouveau muflier retombant, *Antirrhinum*x 'Chandelier White'

Aussi appelé gueule-de-loup à cause de ses curieuses fleurs à deux lèvres s'ouvrant comme la gueule d'un animal à la moindre pression, le muflier offre non seulement une gamme de couleurs presque complète à laquelle il ne manque que le bleu et le vert, mais aussi des formes très différentes, des grandes plantes pour l'arrière-plan jusqu' aux formats réduits pour la bordure. Certains cultivars ont des fleurs grandes ouvertes ou doubles, ce qui, à mon avis, leur fait perdre malheureusement ce qui donnait leur plus grand charme, la «gueule» que l'on pouvait ouvrir en pesant sur la fleur. Avec de si nombreux ports, dans la culture en pots, le muflier sert autant de plante vedette, que de plante de remplissage ou de bordure. De plus, le muflier retombant (voir *Antirrhinum* x ci-dessus) vient tout récemment de faire son entrée.

La culture des mufliers est facile: plein soleil ou presque, et tout terreau bien drainé lui suffisent. Les formes à épis réclament cependant un peu de nettoyage, sinon elles cessent de fleurir dès que la dernière fleur fane. Dans ce cas, coupez l'épi à sa base et la plante refleurira de plus belle. Parce que le muflier résiste au gel, vous pouvez le sortir tôt en saison, même si la température est encore froide, et profiter ainsi de vos jardinières deux à trois semaines avant tout le monde.

Semez le muflier à l'intérieur, 10 à 12 semaines avant le dernier gel, et placez le plateau au réfrigérateur pendant 48 heures avant de l'exposer à des températures plus chaudes. Lorsque les jeunes plants ont six à huit feuilles, pincez pour stimuler la production de plusieurs épis plutôt que d'un seul.

Bien que traité comme annuelle, le muflier est une vivace de faible rusticité. Durant l'hiver, vous pouvez conserver la plante d'une année à l'autre en plaçant son contenant dans un endroit froid mais libre de gel, tel un garage abrité.

Variétés recommandées:

❧ *Antirrhinum majus* (muflier, gueule-de-loup): C'est la forme traditionnelle, décrite ci-dessus.

❧ *A.* x (muflier retombant): Les nouveaux mufliers retombants sont des hybrides interspécifiques impliquant des espèces à port naturellement rampant. Certaines formes produisent des épis de fleurs à l'extrémité de leurs tiges, et exigent alors le même traitement que tout autre muflier, c'est-à-dire pinçage des jeunes plants et suppression des fleurs fanées pour stimuler une reprise de la floraison. Les autres dont les fleurs sont produites tout le long des tiges retombantes n'exigent aucun traitement spécial pour fleurir tout l'été. Pour le moment, les mufliers rampants sont surtout disponibles sous forme de plants bouturés, mais quelques marchands commencent à offrir leurs semences.

Photo: National Gardening Bureau

Antirrhinum majus

Œillet d'Inde

Tagetes patula 'Little Hero Harmony'

Œillet d'Inde

(*Tagetes patula*)

Nom anglais: French Marigold.

Hauteur: 14-45 cm.

Espacement en pot: 3-4 plants par pot de 20-25 cm.

Espacement dans le jardin: 15-20 cm.

Emplacement: Ensoleillé ou légèrement ombragé.

Terreau: Bien drainé.

Arrosage: Peut sécher légèrement entre les arrosages.

Multiplication: Semis.

Disponibilité: Plants à repiquer, sachet de semences.

Utilisation: Point focal, remplissage, en bordure, bac, potée suspendue, jardinière, plate-bande, rocaille, muret, fleur coupée.

Aussi populaire dans les pots et jardinières qu'en bordure de la plate-bande, l'œillet d'Inde est une petite plante plutôt arrondie, au feuillage découpé vert foncé. La fleur, de 4 à 5 cm de diamètre, se présente sous trois formes: simple, crêtée et double en forme de pompon. Dans la forme simple, de larges rayons encerclent un centre légèrement bombé; crêtée, le centre est rempli de très gros fleurons et entouré d'une «couronne» de pétales ordinaires; double en forme de pompon, les rayons extérieurs sont presque cachés par les fleurons du centre. La gamme des couleurs comprend des teintes de jaune, d'orange, de rouge orangé et d'acajou, et l'inflorescence est souvent bicolore. Lorsqu'il est froissé, le feuillage exhale un parfum quelque peu désagréable, mais il éloigne les insectes.

L'œillet d'Inde est de culture facile et si difficile à rater, qu'il compte parmi les meilleures plantes pour l'initiation des enfants à l'horticulture. Semez-le à l'intérieur 3 à 4 semaines avant le dernier gel, ou directement dans une jardinière à la fin mai. L'achat de plants à repiquer ne présente aucun problème car toutes les pépinières les offrent.

D'un entretien facile, l'œillet d'Inde se contente d'être arrosé lorsque son terreau est presque sec, et de la suppression de ses fleurs fanées pour stimuler leur renouvellement constant. Laissez cependant quelques fleurs parvenir à maturité pour obtenir les graines étroites à «barbichette» qui vous fourniront les plants de l'année suivante. Fleurissant bien dans les sols pauvres, l'œillet d'Inde n'a pas besoin de fertilisant.

L'œillet d'Inde est une véritable annuelle qui meurt à la fin de la saison. Rien ne peut le sauver à l'automne, mais vous pouvez le ressemer à l'intérieur pour obtenir une floraison hivernale.

Variétés recommandées:

❧ En plus des plantes décrites ici, vous trouvez des renseignements concernant la rose d'Inde à la page 168.

❧ *Tagetes patula* (œillet d'Inde): Voir la description ci-dessus.

❧ *T. tenuifolia*, anc. *T. signata* (tagète ou tagète moucheté; anglais: Tagetes, Dwarf Marigold, Signet Marigold): Imaginez un œillet d'Inde au feuillage décoratif fortement découpé, semblable à une fougère spécialement plumeuse. Son feuillage répand un délicieux arôme quelque peu citronné. Les petites fleurs jaunes ou orange sont simples. L'espèce est une grande plante de 60 cm ou plus, mais aujourd'hui, on cultive surtout des variétés naines de 30 cm ou moins.

Tagetes patula
'Disco Flame'

Pétunia
(*Petunia* x *hybrida*)
Nom anglais: Petunia.
Hauteur: 15-45 cm.
Espacement en pot: 3-4 plants par pot de 20-25 cm.
Espacement dans le jardin: 20-50 cm.
Emplacement: Ensoleillé ou légèrement ombragé.
Terreau: Bien drainé.
Arrosage: Peut sécher légèrement entre les arrosages.
Multiplication: Bouturage, semis.
Disponibilité: Plants à repiquer, pot individuel, sachet de semences.
Utilisation: Point focal, remplissage, en bordure, élément retombant, bac, potée suspendue, jardinière, plate-bande, rocaille, muret, fleur parfumée, fleur coupée.

Photo: Sélections All-America

Petunia x *hybrida multiflora* 'Celebrity Chiffon Morn'

Le pétunia est si populaire tant en pot que dans la plate-bande, que l'on se demande ce que deviendrait le jardinage advenant sa disparition. D'ailleurs, au milieu des années 1990, l'arrivée sur le marché de la série du pétunia couvre-sol Surfinia a déclenché, en partie, l'actuelle vague de popularité des jardins en pots et jardinières.

Le pétunia est une plante rampante ou semi-érigée, au feuillage vert tendre, poilu et quelque peu visqueux, portant à l'aisselle de chaque feuille une fleur en trompette de dimension variable, simple ou double, aux pétales dentelés ou lisses. Sa gamme des couleurs est très vaste: violet, mauve, pourpre, rouge, rose, blanc, bicolore et même jaune. Les fleurs pourpres et violettes sont très parfumées, les blanches et certaines roses le sont légèrement, et la plupart des autres ne le sont pas du tout.

Le pétunia fleurira jusqu'aux gels si on supprime ses fleurs fanées. C'est un vrai travail de moine, et désagréable en plus, puisque les doigts deviennent collants. Il est plus facile de rabattre la plante de moitié lorsque la floraison décline, ce qui stimule son renouvellement global. Une bonne chaleur est importante, car constamment exposé à des températures froides, le pétunia est peu florifère. La pluie, les vents forts et la canicule abîmant plusieurs pétunias, surtout ceux à grosses fleurs, il est préférable de choisir des lignées spécialement réputées pour leur résistance aux intempéries. Un bon drainage s'impose puisque le pétunia tolère mal un sol détrempé, et il est recommandé de laisser le terreau s'assécher un peu entre les arrosages.

Semez les pétunias à l'intérieur, 8 à 10 semaines avant le dernier gel pour les variétés simples, 12 à 14 semaines dans le cas des variétés doubles à croissance plus lente, sans couvrir les graines qui ont besoin de lumière pour germer. Cependant, plusieurs lignées modernes ne sont pas fidèles au type et sont uniquement multipliées par bouturage.

Les plants de pétunia produits à partir de semences se vendent en caissettes au printemps, à un prix vraiment bas. Les rentrer à l'automne n'est donc pas rentable. Cependant, pour les variétés plus coûteuses produites par bouturage, il est valable de rentrer quelques plants ou boutures à l'automne et de leur réserver un coin chaud et ensoleillé pour l'hiver. En mars, les plantes rentrées en septembre vous fourniront des boutures en quantité suffisante pour remplir bacs et jardinières en mai.

Variétés recommandées:

Petunia x *hybrida* (pétunia hybride): La grande variété des formes a entraîné le reclassement des pétunias en plusieurs catégories comportant toutes des lignées simples et doubles, sauf milliflora, du moins à l'heure actuelle.

Grandiflora: Comme le nom l'indique, cette catégorie est celle qui offre les plus grosses fleurs, 8 à 10 cm de diamètre, parfois même 12 cm. Comme la pluie les détruit, elles résistent moins que les autres aux intempéries. Leur culture en pot n'est donc pas recommandée parce que dans ces conditions, les plantes sont plus exposées aux éléments qu'en pleine terre.

Petunia x *hybrida*
retombant 'Anthofinia Victor'

❧ **Cascade:** Sous-catégorie à tiges plus lâches que les grandifloras et retombant sur 30 cm ou plus, ces pétunias furent longtemps les plus populaires pour la culture en contenants. Aujourd'hui en perte de vitesse, ils cèdent leur place aux pétunias couvre-sols dont les fleurs plus petites résistent mieux aux intempéries.

❧ **Multiflora:** Pétunias les plus populaires, ils produisent des fleurs d'environ 4 à 7,5 cm de diamètre, plus petites que celles des grandifloras, mais plus nombreuses. Intéressantes plantes de remplissage pour la culture en pots, elles ne retombent pas. Leur résistance aux intempéries est excellente.

❧ **Floribunda:** Par la grosseur de leurs fleurs et leur résistance aux intempéries, ces plantes sont intermédiaires entre les grandifloras et les multifloras.

Petunia x *hybrida milliflora* 'Fantasy'

Photo: National Gardening Bureau

Photo: National Gardening Bureau

Petunia x *hybrida* retombant 'Purple Wave'

❧ **Milliflora:** Ce sont simplement des pétunias à fleurs toutes petites produites sur des plants denses et buissonnants. Excellents choix comme plantes de remplissage et pour les poches murales, ils résistent parfaitement aux intempéries.

❧ **Pétunias couvre-sol**: Aussi appelés pétunias retombants pour la culture en pots, ce sont des as pour garnir le contour des pots, car leurs tiges tombent sur 120 cm, et parfois plus. Leurs fleurs sont de taille tout au plus moyenne, résistant généralement assez bien aux intempéries. Bien qu'encore limitée, la gamme de couleurs s'accroît d'année en année. Au moment où j'écris ces lignes, on annonce le lancement prochain de lignées à fleurs jaunes.

Les pétunias couvre-sol sont très gourmands et, pour pousser et fleurir, réclament des engrais riches en azote. De telles fertilisations ne présentent aucun problème lorsqu'ils sont cultivés seuls ou avec d'autres pétunias couvre-sol. Cependant, dans les plantations mixtes, ces fertilisations azotées assidues nuisent aux autres végétaux, sans compter que les pucerons *adorent* les plantes riches en azote!

La plupart des pétunias couvre-sol, dont les séries Surfinia, Colgado, Anthofinia, Solana Royal et Supertunia, ne sont offerts que sous forme de plants bouturés, donc à prix fort. Cependant, chez ces plantes, l'avenir appartient peut-être à la série Wave, offrant tant le port que la floraison des autres pétunias couvre-sol, mais à un excellent prix, car il s'agit de lignées stables qui se reproduisent à partir de semences, et qui en plus, s'adaptent mieux que les autres à une fertilisation normale.

Sauge

Salvia splendens

Sauge
(*Salvia*)
Noms anglais: Salvia, Sage.
Hauteur: 20-120 cm.
Espacement en pot: 3-4 plants par pot de 20-25 cm.
Espacement dans le jardin: 15-20 cm pour les variétés basses; 25-30 cm pour les variétés hautes.
Emplacement: Ensoleillé ou légèrement ombragé.
Terreau: Bien drainé.
Arrosage: Varie selon l'espèce.
Multiplication: Bouturage, semis.
Disponibilité: Plants à repiquer, sachet de semences.
Utilisation: Point focal, remplissage, en bordure, bac, potée suspendue, jardinière, plante d'intérieur, plate-bande, rocaille, muret, attire les colibris.

On ne peut faire plus que de brièvement esquisser ici les caractères des sauges, car elles comptent trop d'espèces d'origines très variées. En effet, en plus de la sauge officinale, *Salvia officinalis*, utilisée comme condiment, il y a les annuelles, les bisannuelles et les vivaces, les plantes rustiques et gélives, hautes et basses, et de milieu sec ou humide. Je me limite donc aux espèces les plus couramment utilisées dans les jardinières, toutes des vivaces non rustiques, cultivées comme annuelles sous notre climat.

La plupart de ces sauges forment une basse touffe de feuilles, variables tant par leur forme que par leur texture. Sur des tiges carrées, elles portent des épis de fleurs tubulaires labiées, toujours accompagnées de bractées colorées parfois aussi attrayantes qu'elles... et beaucoup plus durables!

Au printemps, les trois sauges décrites ici sont facilement disponibles sous forme de plants à repiquer. Vous pouvez aussi les semer à l'intérieur, 6 à 8 semaines avant le dernier gel. Il est nécessaire d'acheter des semences de l'année, car les graines ne sont pas très viables. Pincez les jeunes plants pour stimuler une bonne ramification, sinon ils ne forment qu'un seul épi floral. Repiquez les plants «en vert», c'est-à-dire avant la floraison, pour éviter une croissance rabougrie, ou supprimez les épis floraux au moment du repiquage. La plupart des sauges étant gélives, ne les sortez pas avant que l'air soit réchauffé.

Variétés recommandées:

Il existe plus de 800 espèces de sauge, mais les trois suivantes sont les plus populaires en jardinières:

❧ *Salvia splendens* (sauge éclatante, salvia; anglais, Scarlet Sage): C'est la sauge ornementale la plus populaire, offerte sous de nombreuses formes, de naines à géantes, 20-120 cm. Ses feuilles vert foncé sont larges, et ses denses épis abondamment colorés de rouge, de rose, de blanc, de saumon, de blanc ou de pourpre. Les vraies fleurs sont plutôt éphémères, mais les bractées durent une bonne partie de l'été. Cette plante exige de la lumière pour germer, et un terreau toujours quelque peu humide.

❧ *S. coccinea* (sauge écarlate; anglais: Red Sage): Comme le précédent, mais au port nettement plus ouvert. Hauteur: 30-60 cm.

❧ *S. farinacea* (sauge farineuse; anglais: Mealy Sage): Plante au feuillage étroit et grisâtre; elle produit un grand nombre de minces épis de petites fleurs bleues, pourpres ou blanches aux bractées d'aspect farineux. Semez cette sauge plus précocement que les autres, 10 à 12 semaines avant le dernier gel. Elle *ne réclame pas* de lumière pour germer. Parce que la sauge farineuse résiste mieux au froid que les autres, on peut la sortir plus tôt au printemps. Elle tolère bien la sécheresse. Hauteur: 35-90 cm.

Salvia farinacea 'Blue Bedder'

Zinnia

Photo: Sélections All-America

Zinnia elegans 'Scarlet Splendor'

Zinnia
(*Zinnia*)
Nom anglais: Zinnia.
Hauteur: 10-90 cm.
Espacement en pot: 3-5 plants par pot de 20-25 cm.
Espacement dans le jardin: 25-30 cm.
Emplacement: Ensoleillé ou légèrement ombragé.
Terreau: Bien drainé.
Arrosage: Tolère la sécheresse.
Multiplication: Semis.
Disponibilité: Plants à repiquer, sachet de semences.
Utilisation: Point focal, remplissage, en bordure, bac, potée suspendue, jardinière, plate-bande, rocaille, muret, attire les papillons, fleur coupée.

Sauf le dahlia, peu de plantes offrent autant de variété que le zinnia. Il est d'ailleurs possible d'établir plusieurs rapprochements entre les deux plantes: formes naines ou géantes, à petites fleurs de 1 à 2 cm ou grosses fleurs de 15 à 20 cm, simples, semi-doubles ou doubles, aux rayons arrondis ou pointus, dans une gamme de couleurs presque complète à laquelle il ne manque que le bleu ciel. Eh oui! Il existe des zinnias à fleurs vertes.

Le zinnia n'est pas seulement varié, il est aussi facile à cultiver. Semez-le à l'intérieur 4 à 6 semaines avant le dernier gel, recouvrant à peine les graines, et préférablement dans des godets de tourbe, car les plants se repiquent mal. Comme il est de croissance très rapide, vous pouvez également semer le zinnia directement dans la jardinière et éviter ainsi tout problème au repiquage. À l'achat de plants, il faut les choisir jeunes, ou supprimer les fleurs au moment de la plantation. D'ailleurs, il est toujours préférable de supprimer la toute première inflorescence d'un zinnia pour obtenir une floraison plus abondante.

En repiquant les zinnias de toute sorte, assurez-vous que leurs racines sont au même niveau que dans le pot d'origine, car ces plantes tolèrent difficilement que leur motte soit recouverte de terre.

Originaire du Mexique, le zinnia ne tolère pas le froid. Attendez donc que les températures se réchauffent avant de le sortir. Enfin, prenez garde au blanc, une maladie qui endommage énormément cette plante. Évitez notamment de mouiller le feuillage lors des arrosages, ce qui entrouvre une porte dont la maladie tire profit.

Variétés recommandées:

❧ *Zinnia elegans* (zinnia élégant): C'est le zinnia typique, aux feuilles larges. Voir la description ci-dessus. Hauteur: 10-90 cm.

Zinnia angustifolia 'Profusion Cherry'

❧ *Z. angustifolia*, anc. *Z. linearis* (zinnia à feuilles étroites): Ce zinnia, à petites fleurs et à feuilles plus étroites que les autres, devient rapidement le plus populaire de son genre. Une de ses lignées,'Profusion',porte bien son nom, car le zinnia à feuilles étroites fleurit vraiment à profusion. Il produit des plants de bon diamètre, 30 cm, qui remplissent bien les espaces dénudés, et n'est absolument pas sujet au blanc. Hauteur: 20-40 cm.

❧ *Z. haageana* (zinnia du Mexique): Semblable au zinnia élégant, mais aux fleurs bigarrées, tel rouge ou orange avec du jaune ou du blanc. Il est malheureusement sujet au blanc.

Juste pour la verdure

Des fleurs, des fleurs et encore des fleurs... c'est sans doute le rêve de nombreux jardiniers, mais dans certains cas, notamment dans les jardinières mixtes, trop de variétés créent une confusion visuelle et les yeux ne savent plus où regarder, de là l'importance d'inclure dans vos arrangements quelques plantes strictement pour la verdure. Le vert est reposant et sépare bien les couleurs et les formes souvent trop contrastantes des fleurs. On pourrait dire que c'est une «couleur de conciliation». Tout comme l'arrière-plan d'un tableau, on ne remarque pas toujours, au premier coup d'œil, les plantes à feuillage. Ce n'est qu'en analysant l'aménagement que l'on découvre la touche du maître, souvent donnée non par les plantes fleuries extravagantes, mais par la simplicité qu'y ajoute le feuillage.

En plus de cultiver les «plantes vertes» décrites dans ce chapitre comme plantes de remplissage retombantes, car c'est bien un rôle de «remplissage» qui leur est attribué dans les jardinières composées, il est aussi fort intéressant de les cultiver dans des pots individuels, notamment dans un panier suspendu, une urne ou tout autre contenant mettant leur forme pleureuse en évidence. Placées ça et là parmi les potées fleuries, ces jardinières de plantes vertes jouent leur rôle habituel, c'est-à-dire réduire les contrastes des couleurs plus riches et ajouter une note de réalisme à un aménagement exagérément fleuri.

Vous verrez que toutes les plantes du chapitre *Juste pour la verdure* sont retombantes. Cela se comprend facilement: les fleurs dominent au centre du tableau, car c'est aux abords que l'on souhaite de la verdure. Habituellement, les plantes vertes entourent les plantes à fleurs, ou sont placées çà et là en bordure du pot, parmi des retombantes fleuries. Pour s'amuser un peu, il est loisible d'outrepasser les règles, d'installer des plantes vertes au centre du pot et de les tuteurer pour leur donner de la hauteur, mais habituellement, elles bordent et débordent.

Les plantes présentées ici appartiennent surtout à deux catégories. Dans la nature, certaines sont grimpantes. En pot, sans treillis ou autre support dressé, elles ne peuvent que ployer joliment, puisque leurs tiges sont molles. D'ailleurs, plusieurs ont hérité du nom commun de «lierre». Toutes ne sont pas de véritables lierres, nom revenant de droit au genre *Hedera*, mais «lierre» est le terme général utilisé pour toute plante grimpante verte.

D'autres sont des plantes tapissantes, des végétaux couvre-sols. Dans la nature ou le jardin, elles poussent au ras du sol, propageant dans tous les sens branches ou stolons qui s'enracinent souvent pour perpétuer l'espèce. Avec le temps, ces plantes forment de véritables tapis de verdure. En jardinière, les tiges normalement rampantes s'arquent parfois, ou retombent carrément.

Généralement, les plantes cultivées uniquement pour leur feuillage exigent moins de lumière que celles cultivées pour leurs fleurs. C'est normal. Fleurir exige beaucoup d'énergie solaire! Comme elles sont vertes, la plupart des plantes présentées dans ce chapitre tolèrent une ombre assez profonde, mais croissent plus densément à mi-ombre. Cependant, bien acclimatées, il est également possible de les cultiver en plein soleil. Dans les coins vraiment sombres, où peu de plantes à fleurs s'épanouissent, on peut réussir des aménagements spectaculaires en mélangeant des potées individuelles de plantes vertes avec d'autres comportant quelques rares plantes à fleurs convenant à l'ombre, comme les impatientes et les bégonias.

Il ne faut pas croire que ces plantes «juste pour la verdure» ne fleurissent jamais! Dans la nature, toutes les plantes présentées ici fleurissent et souvent, produisent même de très jolies fleurs. Par contre, cette floraison est souvent brève, et personne ne désire vraiment entretenir, pendant cinq mois, une potée dont la floraison dure à peine deux semaines, ou est peu captivante. En utilisant ces plantes, il est donc préférable de faire abstraction de la floraison et même l'oublier, ou encore, la considérer comme un effet intéressant mais éphémère, trop insignifiant ou ordinaire pour que la floraison en soi détermine le choix de la plante, se contentant de l'apprécier lorsqu'elle se produit. Enfin, plusieurs de ces plantes ne fleurissent que très rarement, sinon jamais en pots et jardinières, notamment parce que nous les cultivons habituellement comme annuelles, alors qu'elles exigent une ou deux années, et même parfois plus, pour atteindre une maturité suffisante.

Ici, aucune des plantes n'est véritablement une annuelle, même souvent cultivée comme telle, mais toutes peuvent être maintenues d'une année à l'autre, avec les précautions appropriées. La plupart sont des vivaces, non rustiques, que l'on peut rentrer pour l'hiver, ou dont on peut prélever des boutures que l'on élève à l'intérieur. Ce que les plantes de ce chapitre ont d'exceptionnel, c'est que plusieurs sont des vivaces rustiques, qui survivent sans problème à l'hiver dans nos plates-bandes, alors que celles des autres chapitres sont gélives. Ceci ne signifie pas pour autant que ces plantes survivront à l'hiver si elles sont maintenues dans leurs jardinières! Le froid pénétrant de notre climat a souvent raison des plus rustiques d'entre elles. Par contre, il est possible que ces végétaux résistent au froid si vous *protégez* leur contenant en le recouvrant de géotextile ou de feuilles mortes et en le plaçant près d'un mur, ou en le transportant simplement dans un lieu protégé du gel, tel un garage ou une véranda. Vous pouvez aussi déposer les jardinières sur le sol, dans un secteur boisé… et espérer que vos plantes survivent à l'hiver! Si elles meurent, dites-vous que de toute façon, elles avaient été achetées pour une unique saison d'utilisation, et que vous auriez tort de vous plaindre.

De plus, ces vivaces rustiques sont toutes des plantes très prolifiques. Qu'elles meurent durant l'hiver ne devrait pas vous déranger, car si vous les cultivez dans la plate-bande, vous pouvez déterrer annuellement quelques plants pour les jardinières d'été. Plusieurs se bouturent si facilement qu'il suffit de piquer quelques tiges dans une jardinière et garder le terreau humide. Elles s'enracinent rapidement et sont très décoratives en seulement quelques semaines.

Finalement, les plantes de ce chapitre ne représentent que la pointe de l'iceberg, car il existe des milliers de plantes cultivées uniquement pour leur verdure. On les trouve notamment parmi les vivaces couvre-sol, les grimpantes tropicales et rustiques, les plantes d'intérieur, les conifères et autres catégories. Bien sûr, certaines exigent des soins particuliers l'hiver, mais aucun assez exigeant pour vous empêcher de garder l'œil ouvert afin de trouver des plantes vertes, rampantes ou retombantes, qui offrent un bon potentiel pour la culture en jardinières.

Araignée
Asperge décorative
Grande pervenche
Herbe aux écus
Lamier
Lierre allemand
Lierre commun
Lierre terrestre panaché
Misère
Plectranthe

Chlorophytum comosum 'Vittatum'

Araignée

(*Chlorophytum comosum*)

Nom anglais: Spider Plant.

Hauteur: 25-45 cm.

Espacement en pot: 3-4 petits plants par pot de 20-25 cm. 1 plant adulte par pot de 30-45 cm.

Espacement dans le jardin: 30-60 cm.

Emplacement: Légèrement ombragé à ombragé. Tolère le plein soleil si acclimaté.

Terreau: Bien drainé.

Arrosage: Terreau humide en tout temps.

Multiplication: Bouturage des plantules, marcottage, semis, division.

Disponibilité: Pot individuel.

Utilisation: Point focal, remplissage, en bordure, élément retombant, bac, potée suspendue, jardinière, plante d'intérieur, plate-bande, rocaille, muret.

Tous connaissent cette plante. Que vous l'appeliez araignée, plante araignée, phalangère, ou que vous utilisiez l'un de ses nombreux sobriquets, elle est facilement reconnaissable à ses longues feuilles ensiformes montant d'abord vers le ciel, puis s'arquant vers le sol, et ses longs stolons retombants portant de nombreuses plantules. Avec le temps, un plant adulte s'entoure de si nombreux stolons retombants, qu'il forme un véritable rideau de verdure.

Même semblable à une graminée, l'araignée est une proche parente du lis. En réalité, ses stolons retombants sont des tiges florales modifiées, dressées et pouvant atteindre jusqu'à 75 cm. En même temps, des plantules se développent à la base des petites fleurs étoilées blanches qui se forment sur les tiges florales. Lorsque ces plantules grossissent, leur poids fait courber la tige florale qui devient alors un stolon. Attachées à la plante mère, les jeunes plantes peuvent à leur tour former des stolons et produire ainsi, à tour de rôle, plusieurs étages de plantules, créant une énorme masse de végétation retombant jusqu'à 2 m. Dans la nature, lorsqu'une plantule touche le sol, elle s'enracine pour former une nouvelle plante. Dans un pot, il faut couper les plantules et les faire enraciner, ou les marcotter pour assurer la multiplication.

Si vous mettez tout simplement des boutures ou plusieurs jeunes plants d'araignée en bordure d'une jardinière, ils forment quelques stolons retombants dès la première année. Cependant, la plante adulte émet beaucoup de racines qui étouffent ses compagnes à la longue. Mieux vaut la cultiver dans son propre pot.

Les petites fleurs blanches donnent des graines noires que l'on peut semer en toute saison. Toutefois, même si la plupart des araignées sont à feuillage panaché, les semis donnent uniquement des plantes vertes.

En théorie, le chlorophytum tolère assez bien la sécheresse. En pratique, c'est vrai uniquement pour les jeunes plants. Les plantes adultes remplissent les pots de racines épaisses, comprimant le terreau qui ne peut alors jouer son rôle dans l'absorption des liquides. Les racines s'assèchent donc très rapidement. Mieux vaut arroser fréquemment les araignées, de façon à garder le terreau toujours humide, sinon la pointe des feuilles noircit.

Enfin, comme la plupart des gens connaissent surtout l'araignée comme plante d'intérieur, il devient superflu de préciser que cette plante tropicale ne tolère pas le gel, mais qu'elle se cultive merveilleusement bien dans la maison durant l'hiver.

Variété recommandée:

❧ *Chlorophytum comosum* (araignée): L'espèce est à feuillage tout vert avec des stolons verts. On cultive surtout les formes panachées aux stolons jaunes, tel 'Vittatum', à feuilles blanches marginées de vert, et 'Variegatum', plus rare, à feuilles vertes bordées de blanc.

Chlorophytum comosum Vittatum '

Asperge décorative

(*Asparagus densiflorus* 'Sprengeri')
Nom anglais: Asparagus Fern.
Hauteur: 40-60 cm.
Espacement en pot: 3-4 plants par pot de 20-25 cm.
Emplacement: Ensoleillé ou ombragé.
Terreau: Bien drainé.
Arrosage: Peut sécher légèrement entre les arrosages.
Multiplication: Semis, division.
Disponibilité: Pot individuel, sachet de semences.
Utilisation: Point focal, remplissage, en bordure, élément retombant, élément grimpant, bac, potée suspendue, jardinière, plante d'intérieur.

Asparagus densiflorus 'Sprengeri'

Cette plante, aussi appelée asperge d'intérieur, asperge d'ornement ou asperge fougère, est aussi populaire comme plante d'intérieur que comme plante de jardinière estivale. Dans la nature, ses longues tiges minces sont sarmenteuses, grimpant sur d'autres végétaux grâce à de petites épines cachées sur la tige, en réalité, des feuilles modifiées. Les soi-disant «feuilles» en forme d'aiguilles aplaties qui recouvrent les tiges ne sont pas de vraies feuilles, mais des *cladodes*, ou tiges modifiées.

Malgré sa ressemblance avec la fougère, l'asperge d'intérieur est une véritable asperge, membre de la famille du lis, ses nouvelles tiges, plus minces, sont identiques aux turions de l'espèce comestible (*A. officinalis*) de nos potagers. Comme elle, l'asperge décorative produit, à l'occasion, des petites fleurs blanches étoilées et peu visibles, mais les petites baies rouges qui suivent le sont davantage et restent sur le plant plusieurs mois.

Comme sa lointaine cousine l'araignée, l'asperge produit une énorme quantité de racines très épaisses qui compactent totalement le terreau, l'empêchant de conserver des réserves d'eau. Il est préférable d'arroser fréquemment l'asperge, même si, théoriquement, elle peut supporter la sécheresse.

L'asperge se multiplie à partir de semences faites à l'intérieur en toute saison, mais habituellement 14 à 18 semaines avant le dernier gel, ce qui donne de jeunes plants, juste assez gros pour décorer le bord des jardinières. Faites auparavant tremper les graines pendant 24 heures… et soyez patient, car la germination peut exiger un mois ou plus! Vous pouvez aussi diviser l'asperge décorative, mais à la hache ou à la scie, parce que ses racines épaisses sont particulièrement difficiles à couper.

À l'automne, rentrez le plant pour l'année suivante, maintenez-le sous bon éclairage, dans un endroit libre de gel. Avec le temps, il faut lui donner son propre pot, car les grosses racines des plantes adultes étouffent leurs voisines.

Variétés recommandées:

❧ *Asparagus densiflorus* (asperge décorative): 'Sprengeri', une forme aérée, aux cladodes bien espacés sur des branches fortement divisées, est le cultivar le plus courant. 'Myers' (asperge queue-de-renard; en anglais: Foxtail Asparagus Fern) demeure cependant facile à trouver et produit des branches coniques densément «feuillues», ressemblant en effet à une queue de renard. Les deux sont fidèles au type à partir de semences.

❧ *A. setaceus*, syn. *A. plumosus*: Jeune, cette plante ressemble vraiment à une fougère, avec des «frondes» triangulaires composées de minces cladodes que les fleuristes utilisent d'ailleurs souvent comme verdure dans leurs bouquets. À maturité, cette asperge devient une plante grimpante à longues tiges qu'il faut contrôler par une taille régulière.

Asparagus densiflorus 'Myers', habituellement cultivé en panier suspendu, peut aussi être mis dans la plate-bande pour l'été.

Grande pervenche

Vinca major 'Variegata'

Grande pervenche

(*Vinca major*)

Noms anglais: Vinca, Periwinkle.

Hauteur: 15-30 cm.

Espacement en pot: 3-4 plants par pot de 20-25 cm.

Espacement dans le jardin: 25 cm.

Emplacement: Ensoleillé ou ombragé.

Terreau: Bien drainé.

Arrosage: Peut sécher légèrement entre les arrosages.

Multiplication: Bouturage, division.

Disponibilité: Pot individuel.

Utilisation: Remplissage, en bordure, élément retombant, bac, potée suspendue, jardinière, plante d'intérieur, plate-bande, rocaille, muret.

La grande pervenche fait partie des plantes pour les jardinières depuis si longtemps, qu'il est impossible de retracer l'époque à laquelle elle fut utilisée à cette fin pour la première fois. En Europe méridionale, sa région natale, son port est prostré. En jardinière, elle produit des tiges minces qui retombent délicatement, sur plus de 1 m de longueur, et des feuilles elliptiques opposées, assez reluisantes, d'un vert vif. Bien que cultivée essentiellement pour son beau feuillage, la grande pervenche produit à l'occasion, entre le printemps et l'automne, de belles fleurs en forme d'entonnoir, bleu-violet, ou parfois mais rarement, blanches. La floraison est cependant si sporadique, qu'il vaut mieux ne pas compter sur les fleurs.

La popularité durable de cette plante est certainement attribuable, du moins en partie, à sa grande facilité de culture. La grande pervenche est exceptionnelle, car peu de végétaux ont la capacité de pousser aussi bien en plein soleil qu'à l'ombre dense. Elle tolère tant la chaleur que la fraîcheur, voire même le gel, mais est sensible à la sécheresse. Il convient alors de voir à ce que son terreau ne s'assèche jamais complètement.

Dans plusieurs pays, la grande pervenche est considérée comme étant parfaitement rustique (zone 7), mais elle ne peut supporter les plus grands froids des régions nordiques. Puisque la pervenche s'installe partout où ses racines touchent le sol, on peut rentrer des boutures ou déterrer des divisions pour l'hiver, les conservant dans la maison, au soleil ou à l'ombre, à la chaleur ou au froid. On peut aussi la conserver dans un garage ou une véranda à l'abri du gel.

Variétés recommandées:

❧ *Vinca major* (grande pervenche): On cultive parfois la forme à feuillage entièrement vert, mais 'Variegata' vole la vedette pour la culture en jardinières. Il s'agit d'un cultivar à feuillage irrégulièrement marginé de blanc crème, qui fleurit encore moins souvent que l'espèce.

❧ *V. minor* (petite pervenche): C'est une forme aux feuilles beaucoup plus petites, rustique jusqu'en zone 4, et même en zone 3 sous une bonne couverture de neige. Elle est fort populaire comme couvre-sol vivace dans les coins ombragés et mi-ombragés. Les plantes établies fleurissent abondamment au printemps, sporadiquement durant l'été, produisant habituellement des petites fleurs bleu-violet, mais parfois blanches ou violettes. En jardinière, on la cultive comme annuelle, car elle gèle facilement, et sa floraison est rare. Moins retombante que la grande pervenche, ses tiges atteignant rarement plus de 45 cm de long, la petite pervenche a l'avantage de pouvoir se cultiver en permanence dans la plate-bande, permettant alors la cueillette de quelques plants tous les printemps pour garnir les jardinières, sans exiger, comme sa grande sœur, un système efficace pour hiverner.

Vinca major

Herbe aux écus

Lysimachia nummularia 'Aurea'

Herbe aux écus

(*Lysimachia nummularia*)

Nom anglais: Creeping Jenny.

Hauteur: 5-10 cm.

Espacement en pot: 3-4 plants par pot de 20-25 cm.

Espacement dans le jardin: 60 cm.

Emplacement: Ensoleillé ou ombragé.

Terreau: Bien drainé.

Arrosage: Terreau humide, voire même détrempé, en tout temps.

Multiplication: Bouturage, division.

Disponibilité: Pot individuel.

Utilisation: Remplissage, en bordure, élément retombant, bac, potée suspendue, jardinière, plante d'intérieur, plate-bande, rocaille, muret, coin humide.

Ainsi nommée pour les paires de feuilles rondes vert tendre qui longent ses tiges entièrement prostrées, l'herbe aux écus, est très populaire en platebande, où on l'utilise comme couvre-sol. C'est une vivace très rustique, (zone 3), et de culture très facile. Par contre, elle est très envahissante et quitte allègrement son emplacement d'origine pour conquérir le reste de la plate-bande, voire même la pelouse ou le jardin d'eau, car dans la nature, c'est une plante semi-aquatique. Ne l'utilisez que dans les endroits où vous savez pouvoir la contrôler!

L'herbe aux écus mène cependant une double vie: elle

est tout aussi populaire dans les jardinières. En effet, ses tiges retombent pour former un rideau quand elles ne peuvent courir sur le sol. On peut même la cultiver dans un panier suspendu comme plante d'intérieur. En hauteur, elle ne risque pas de s'échapper pour devenir mauvaise herbe… à moins qu'une tige égarée ne touche le sol!

Si l'herbe aux écus fleurit abondamment dans le jardin, produisant de petites fleurs étoilées jaunes en début de l'été, elle fleurit moins dans un pot où on la cultive surtout pour son feuillage.

Dans le jardin, l'herbe aux écus résiste assez bien à la sécheresse, mais pas dans un contenant, où il faut garder son sol au moins quelque peu humide en tout temps. Elle peut même pousser en bordure d'un jardin d'eau, car elle ne craint pas l'inondation. Autrement, sa culture est facile, puisqu'elle tolère toutes les conditions de lumière et de température.

Vous pouvez bouturer ou diviser l'herbe aux écus à volonté, elle s'enracine facilement partout où ses tiges touchent le sol. Libre à vous de choisir comment l'hiverner, en pleine terre, en jardinière protégée ou non (du moins en zone 5), dans un garage, dans la maison, etc. Personnellement, je ne me préoccupe pas de son hivernage, je cueille des boutures dans la plate-bande au printemps!

Variétés recommandées:

❧ *Lysimachia nummularia* (herbe aux écus): Voir la description ci-dessus. La forme la plus couramment utilisée enpots et jardinières est l'herbe aux écus dorée (*L. nummularia* 'Aurea'), dont les feuilles vert lime au printemps, gardent cette couleur tout l'été dans les situations ensoleillées, mais verdissent davantage dans les endroits très ombragés.

❧ *L. congestifolia* (lysimaque rampante): C'est une plante qui ressemble beaucoup à la précédente, mais moins rampante que l'herbe aux écus, débordant de son pot plus qu'elle ne retombe, et au feuillage regroupé vers l'extrémité de la tige plutôt qu'également espacé le long de cette tige. Elle fleurit abondamment une bonne partie de l'été, produisant des petits bouquets de fleurs étoilées jaunes. Bien qu'offerte comme plante non rustique, la lysimaque rampante survit sans problème à l'hiver dans mes plates-bandes, sans doute à cause de la couche de neige qui la recouvre. La forme à feuillage vert est moins populaire que le cultivar à feuillage panaché de jaune, 'Outback Beauty'.

❧ *L. procumbens*: Les plantes offertes sous ce nom semblent être identiques à *L. congestifolia*.

Galeobdolon luteum 'Variegatum'

Lamier

(*Lamium, Galeobdolon*)

Nom anglais: Spotted Nettle, Dead Nettle.

Hauteur: 15-30 cm.

Espacement en pot: 3-4 plants par pot de 20-25 cm.

Espacement dans le jardin: 30-60 cm.

Emplacement: Ensoleillé ou ombragé.

Terreau: Bien drainé.

Arrosage: Terreau humide en tout temps.

Multiplication: Bouturage, division.

Disponibilité: Pot individuel.

Utilisation: Remplissage, en bordure, élément retombant, bac, potée suspendue, jardinière, plate-bande, rocaille, muret, couvre-sol.

Les lamiers sont vivaces en zone 3, populaires en bordure des plates-bandes ou dans la rocaille, et aussi utilisés comme couvre-sols pour les coins ombragés. Par contre, ils produisent un excellent effet en pots et jardinières, et ils sont tellement prolifiques que, même si vous prélevez tous les ans quelques plants dans la plate-bande, aucun trou n'est visible, le vide se remplissant en seulement quelques semaines.

Les tiges rampantes ou retombantes des lamiers produisent une multitude de feuilles ovales aux bords crénelés, et selon le cultivar, légèrement à fortement marbrées d'argent. La plupart des cultivars fleurissent bien, produisant des fleurs tubulaires à deux lèvres de couleur variable selon l'espèce (voir *Variétés recommandées*). Cependant, en pots et jardinières, on fait habituellement abstraction de leur floraison à la fin du printemps, les cultivant comme plantes vertes. De toute façon, les plants utilisés dans les jardinières sont généralement trop jeunes pour bien fleurir.

Tolérant l'ombre comme le soleil, les lamiers sont en quelque sorte des plantes passe-partout. Par contre, s'ils résistent bien à la sécheresse en pleine terre, il en va autrement dans un pot. Maintenez toujours le terreau au moins quelque peu humide. Il arrive très souvent que les lamiers survivent à l'hiver dans leur pot si on les protège des froids plus intenses. Il est inutile de rentrer cette plante pour l'hiver: elle survit mieux en pleine terre, et au froid, que dans nos intérieurs surchauffés.

Variétés recommandées:

❧ *Lamium maculatum* (lamier maculé; anglais: Spotted Nettle, Dead Nettle): C'est la forme la plus populaire pour le jardin, mais moins retombante que l'espèce suivante, elle est moins utilisée en pot. Il existe de nombreux cultivars au feuillage diversement panaché d'argent ou de jaune, aux fleurs roses, pourpres ou blanches. Pour plus de renseignements sur cette espèce, consultez un livre sur les plantes vivaces.

❧ Lamier jaune (*Galeobdolon luteum*, syn. *Lamium galeobdolon*, *Lamiastrum galeobdolon*; anglais: Yellow Archangel): Cette plante à fleurs jaunes est de loin la forme la plus populaire pour les pots et jardinières, notamment le cultivar à feuillage très panaché d'argent, 'Variegatum', dont les longues tiges tombent tout droit vers le sol, parfois sur 2 m ou plus! Attention! Si intéressante qu'elle puisse être dans une jardinière, cette plante est extrêmement envahissante dans la plate-bande. Mieux vaut lui donner un contenant dont elle ne peut s'échapper.

Lamium maculatum 'Aureum' *brûle au soleil et doit être cultivé à l'ombre.*

Lierre allemand

(*Senecio mikanoides*)

Noms anglais: German Ivy, Wax Vine.

Hauteur: 3 m.

Espacement en pot: 3-4 plants par pot de 20-25 cm.

Emplacement: Ensoleillé ou légèrement ombragé.

Terreau: Bien drainé.

Arrosage: Peut sécher légèrement entre les arrosages.

Multiplication: Bouturage.

Disponibilité: Plants à repiquer, pot individuel, sachet de semences.

Utilisation: Remplissage, en bordure, élément retombant, élément grimpant, bac, potée suspendue, jardinière, plante d'intérieur.

Senecio mikanoides

Le genre *Senecio* est l'un des plus vastes, comptant plus de 3 000 espèces des plus variées: annuelles, vivaces, succulentes, arbustes ou arbres, tendres ou rustiques, etc. On décrit d'ailleurs un *Senecio* très différent à la page 000. Le lierre allemand est cependant assez exceptionnel en son genre, étant l'une des rares espèces grimpantes. Par contre, en culture, on ne lui permet presque jamais de profiter de ses tiges volubiles, préférant l'utiliser comme plante retombante.

Cette plante sud-africaine doit son nom commun, lierre allemand, au pays où elle fut d'abord cultivée, l'Allemagne. Elle produit une profusion de feuilles minces vert foncé, comptant cinq à sept lobes pointus qui lui confèrent vaguement l'aspect d'une feuille d'érable. Le lierre allemand produit de très jolies fleurs, mais seules les plantes matures fleurissent, et uniquement si on les rentre à l'automne, car leur floraison est essentiellement automnale ou hivernale. Elles produisent alors des grappes de petites fleurs blanches au centre jaune, exactement comme des marguerites.

Sa culture est facile. Un emplacement ensoleillé ou légèrement ombragé, de préférence plutôt frais, lui convient parfaitement. Pincez les jeunes plants pour obtenir un effet plus dense, ou laissez-les pousser à leur guise si vous recherchez plutôt une bonne longueur. La multiplication est très aisée par bouturage, en toute saison. Rentrez des boutures ou la plante mère à l'automne pour conserver le lierre allemand pour l'été suivant.

Variétés recommandées:

❧ *Senecio mikanoides* (lierre allemand): Voir la description ci-dessus.

❧ *S. macroglossus* (lierre ciré; anglais: Wax Vine, Cape Ivy, Natal Ivy): Cette plante ressemble à la précédente, mais ses feuilles sont nettement plus charnues. Elles sont aussi plus petites et moins découpées, n'ayant que de trois à cinq lobes. Leur surface particulièrement luisante lui a valu le nom de «lierre ciré». L'espèce est rarement cultivée, mais 'Variegata' aux feuilles abondamment marginées de blanc ou de crème, et 'Medio-picta' aux feuilles maculées de crème ou de jaune au centre, sont populaires. Supprimez toujours une tige entièrement verte, car plus vigoureuse que les panachées, elle domine éventuellement les sections colorées. Les formes panachées produisent aussi parfois des branches entièrement crème qui meurent après quelque temps par manque de chlorophylle. Comme pour le lierre allemand, les jolies fleurs, en forme de marguerite aux rayons crème, sont uniquement produites sur les plantes adultes, cultivées à l'intérieur durant la saison morte. Se cultive comme *S. mikanoides*, mais laissez le terreau de cette espèce plutôt succulente s'assécher un peu entre les arrosages, surtout durant les mois d'hiver.

Senecio macroglossus 'Variegata' *en fleurs.*

Lierre commun

Lierre commun

(*Hedera helix*)

Nom anglais: English Ivy

Hauteur: 3 m.

Espacement en pot: 3-4 plants par pot de 20-25 cm. 1 plant par pot de 30-45 cm.

Espacement dans le jardin: 30 cm.

Emplacement: Légèrement ombragé ou ombragé.

Terreau: Bien drainé.

Arrosage: Terreau humide en tout temps.

Multiplication: Bouturage.

Disponibilité: Pot individuel.

Utilisation: Remplissage, en bordure, élément retombant, élément grimpant, bac, potée suspendue, jardinière, plante d'intérieur, plate-bande, muret.

Hedera helix 'Anne Marie'

Dans son Europe natale, le lierre commun ou lierre anglais est une vigoureuse grimpante qui colle à tout, troncs, murs, et même la vitre, grâce à ses racines aériennes adhésives. Cependant, dans les régions nordiques, seulement les cultivars les plus rustiques, comme 'Baltica' et 'Thorndale', (zone 5), peuvent se cultiver à l'extérieur en permanence, et le froid tuant toutes les parties non protégées par la neige, ils ne grimpent pas. On les utilise alors strictement comme plantes couvre-sol.

Le lierre est cependant fort populaire comme plante d'intérieur, et presque autant comme plante de jardinière. Pour ces deux utilisations, on le cultive surtout comme plante retombante, bien que l'on puisse faire de jolis montages en topiaire en le laissant grimper sur des formes géométriques ou animales (voir à la page 000).

Le lierre est une des plantes les plus sujettes aux mutations. À partir de la forme originale aux feuilles mattes très proches d'une feuille d'érable, vert foncé, aux nervures plus pâles et à cinq lobes, la plante a donné littéralement des centaines de cultivars aux feuillages très variés: étoilés, découpés, frangés, frisés et enroulés, comptant de trois à 15 lobes, ainsi que de nombreux cultivars panachés de blanc, de crème, de gris et/ou de jaune. Aucun lierre ne fleurissant sous les conditions normales de culture en pots et jardinières, il s'agit donc d'une véritable «plante verte».

Les cultivars plus anciens du lierre anglais formaient de longues tiges très aérées, et exigeaient de nombreux pinçages pour être fournis. La plupart des cultivars modernes se ramifient abondamment, même sans pinçage. L'entretien du lierre anglais est assez routinier. Il suffit d'éviter son assèchement complet pour qu'il se comporte bien. Enfin, bien que recommandé pour les endroits ombragés et mi-ombragés, le lierre peut tolérer le plein soleil dans une composition mixte. Attention cependant aux cultivars panachés, les parties sans chlorophylle brunissent si le soleil est trop intense.

Rentrez le lierre anglais, ou des boutures, à l'automne. Il se conserve aisément dans la maison, même sous un éclairage très faible.

Variétés recommandées:

❧ *Hedera helix* (lierre commun): Voir la description ci-dessus.

❧ *H. canariensis*, syn. *H. algeriensis* (lierre des Canaries): C'est une plante semblable au lierre commun, mais aux grandes feuilles luisantes et aux tiges rougeâtres. 'Variegata' ('Gloire de Marengo'), panaché de gris vert et marginé de blanc crème, est plus populaire que l'espèce.

Hedera helix 'Needlepoint'

Lierre terrestre panaché

Lierre terrestre panaché
(*Glechoma hederacea* 'Variegata')

Noms anglais: Variegated Ground Ivy, Variegated Creeping Charlie.

Hauteur: 15 cm.

Espacement en pot: 3-4 plants par pot de 20-25 cm.

Espacement dans le jardin: 40 cm.

Emplacement: Légèrement ombragé ou ombragé.

Terreau: Bien drainé.

Arrosage: Terreau humide en tout temps.

Multiplication: Bouturage, division.

Disponibilité: Pot individuel.

Utilisation: Remplissage, en bordure, élément retombant, bac, potée suspendue, jardinière, plante d'intérieur, plate-bande, rocaille, muret, coin humide.

Photo: EuroAmerican Propagators

Glechoma hederacea 'Variegata'

Le lierre terrestre sauvage (*Glechoma hederacea*) est une des pires mauvaises herbes. C'est une petite plante rampante qui s'infiltre dans la plate-bande et la pelouse par ses longs stolons, s'enracinant partout, et presque impossible à contrôler. D'accord, elle a certaines utilités pharmaceutiques: vous pouvez, entre autres, la mâcher lorsque vous avez un mal de gorge, mais... bref, personne ne veut vraiment la cultiver.

Pourquoi alors mentionner le lierre terrestre ici? Parce que la forme panachée, *Glechoma hederacea* 'Variegata', est une plante très attrayante, beaucoup moins envahissante, produisant des petits tapis de feuilles réniformes crénelées, irrégulièrement bordées de blanc. Ses longs stolons retombent gracieusement d'un pot, formant de véritables rideaux de verdure. Les minuscules fleurs tubulaires bleu-mauve, produites en début d'été, sont en bonne partie cachées par le feuillage et peu apparentes.

Cultivez le lierre terrestre panaché dans un emplacement toujours peu ombragé, et tenez son sol légèrement humide en tout temps. Sa multiplication par division ou bouturage est facile, car il s'enracine partout où il touche le sol.

Rustique en zone 5, voire même en zone 4 sous une bonne couche de neige, on cultive occasionnellement le lierre terrestre panaché comme couvre-sol à feuillage persistant dans la plate-bande ombragée. Cependant, il pousse rarement avec une grande vigueur au-delà de la zone 6, et ne forme pas un tapis très fourni. Personnellement, j'en cultive toujours une petite colonie dans la plate-bande, non pour son effet dans le jardin, mais comme source de divisions et boutures pour mes jardinières estivales. On peut aussi le rentrer pour l'hiver, car c'est une excellente plante d'intérieur dans un panier suspendu. Si le lierre terrestre aime l'ombre dans la plate-bande, le plein soleil est préférable durant son séjour hivernal dans la maison. Comme le lierre terrestre tolère un peu de gel, vous pouvez aussi l'hiverner dans un pot si le lieu est abrité des grands froids, tel un garage.

Variété recommandée:

❧ *Glechoma hederacea* 'Variegata' (lierre terrestre panaché): C'est la seule variété cultivée. Voir la description ci-dessus.

Glechoma hederacea 'Variegata'

Tradescantia sillamontana

Misère

(Tradescantia)

Noms anglais: Wandering Jew, Spiderwort, Inch Plant.

Hauteur: 30 cm.

Espacement en pot: 3-4 plants par pot de 20-25 cm.

Espacement dans le jardin: 20 cm.

Emplacement: Ensoleillé à ombragé, selon l'espèce.

Terreau: Bien drainé.

Arrosage: Peut sécher légèrement entre les arrosages.

Multiplication: Bouturage, division.

Disponibilité: Pot individuel.

Utilisation: Point focal, remplissage, en bordure, élément retombant, bac, potée suspendue, jardinière, plante d'intérieur, rocaille, muret.

Le tradescantia, appelé misère à cause de son endurance à toute épreuve, ou éphémère parce que ses petites fleurs à trois pétales ne s'ouvrent que quelques heures, n'est pas *une* plante, mais plutôt une demi-douzaine de plantes apparentées, toutes du genre *Tradescantia*. Il existe aussi des tradescantias rustiques, notamment l'éphémérine de Virginie, *T. virginiana* ou *T.* x *andersoniana*, mais tous ceux décrits ici sont des couvre-sols tropicaux, originaires d'Amérique du Sud et d'Amérique centrale, et aucunement rustiques. En pot, leurs tiges lâches retombent exquisement sur de longues distances. Depuis longtemps populaires comme plantes d'intérieur, elles connaissent aujourd'hui une toute nouvelle vague de popularité comme plantes retombantes pour les jardinières estivales.

Toutes ont des feuilles pointues, sans pétiole, engainant la tige à leur base, et plusieurs sont fortement panachées. Certaines espèces fleurissent en abondance, d'autres presque jamais, mais toujours, les fleurs blanches ou mauves sont petites, peu voyantes et, tel que mentionné précédemment, ont une vie très courte. On les cultive donc surtout pour leur feuillage.

Les variétés à feuilles lisses brûlent en plein soleil et se cultivent donc dans un emplacement ombragé ou semi-ombragé, tandis que certaines variétés très hirsutes exigent le plein soleil, ou presque, pour bien réussir. Toutes tolèrent très bien les écarts de température, d'arrosage, etc. Pincez-les souvent pour les contrôler, car leur croissance est rapide. Leur multiplication est un jeu d'enfant, puisque les boutures s'enracinent en deux ou trois jours, dans l'eau ou le terreau.

On peut rentrer les plantes à l'automne, mais considérant que la plupart des tradescantias «vieillissent mal», et reprennent si facilement à partir de boutures, il est préférable d'entrer des boutures plutôt qu'une vieille plante dégarnie.

Variétés recommandées:

La nomenclature de ce genre est très confuse, et plusieurs espèces ayant récemment changé de nom botanique, il est encore plus facile de les confondre. Voici cependant quelques détails sur les espèces les plus courantes.

❧ *T. radescantia fluminensis*, syn. *T. albiflora* (misère commune, éphémère commune): Autrefois, les botanistes établissaient une distinction entre *T. albiflora*, à grosses feuilles, et *T. flumensis*, à feuilles plus petites. De nos jours, il est reconnu qu'il s'agit d'une seule espèce très variable, toujours à fleurs blanches, comportant un grand nombre de cultivars au feuillage petit ou gros, vert ou panaché de blanc, de jaune ou de rose sur le dessus, de vert ou de pourpre en dessous.

❧ *T. sillamontana* (misère laineuse, éphémère laineuse): Comme ses noms communs le suggèrent, son feuillage entier est couvert d'une épaisse toison blanche. Cette espèce produit une profusion de fleurs rose magenta et c'est l'un des rares tradescantias tropicaux que l'on peut vraiment considérer tant comme plante à fleurs que comme plante verte.

❧ *T. zebrina* (misère; anglais: Silver Inch Plant): Anciennement connu sous le nom de *Zebrina pendula, T. zebrina* produit des feuilles vert moyen strié d'argent, rouge pourpre en dessous. Il existe aussi des cultivars panachés. Les fleurs rose pourpré sont très rarement produites.

Plectranthe

Plectranthus madagascariensis 'Miller's Wife'

Plectranthe

(*Plectranthus*)

Nom anglais: Swedish Ivy.

Hauteur: 30 cm.

Espacement en pot: 3-4 plants par pot de 20-25 cm.

Espacement dans le jardin: 20 cm.

Emplacement: Ensoleillé ou ombragé, selon l'espèce.

Terreau: Bien drainé.

Arrosage: Peut sécher légèrement entre les arrosages.

Multiplication: Bouturage.

Disponibilité: Pot individuel.

Utilisation: Remplissage, en bordure, élément retombant, bac, potée suspendue, jardinière, plante d'intérieur, rocaille, muret, fine herbe.

Ce genre de quelques 250 espèces devient très populaire et semble présenter de nouvelles variétés tous les ans. En général, ce sont des plantes arbustives ou prostrées, voire même retombantes, souvent aux tiges carrées et aux feuilles assez charnues, généralement aux marges crénelées. Plusieurs dégagent une odeur médicamenteuse lorsque froissées, et au moins une espèce est utilisée en cuisine. Certaines espèces fleurissent peu, d'autres plus facilement, mais les petites fleurs blanches ou violettes apparaissent toujours en chandelle à l'extrémité des tiges. Comme la plante a tendance à dépérir après la floraison, on supprime souvent les fleurs avant leur épanouissement.

Donnez-leur un sol bien drainé, plus sec que détrempé. Les variétés poilues, argentées ou à feuilles très charnues, préfèrent le plein soleil ou seulement une ombre légère. Celles dont les feuilles sont lisses préfèrent au contraire l'ombre ou la mi-ombre. La multiplication par bouturage est particulièrement facile.

Toutes les espèces étant tropicales, on doit les sortir tardivement et les rentrer bien avant les premiers gels. Toutes sont d'excellentes plantes d'intérieur.

Variétés recommandées:

Quelle confusion pour démêler les divers plectranthes! Je fais mon possible pour les identifier correctement, mais même les botanistes ne s'entendent pas…

❧ *Plectranthus madagascariensis* 'Miller's Wife': Commençons par le plectranthe le plus populaire pour la culture en pots et jardinières, 'Miller's Wife', aussi connu sous le nom de 'Variegated Mintleaf', et encore vendu sous le nom de *P. coleoides* 'Marginatus Minimus'. Je vous avais prévenu, leur nomenclature est une véritable tour de Babel! C'est une plante aux tiges véritablement retombantes et aux petites feuilles feutrées, vert moyen bordé irrégulièrement de blanc et marbré de vert pomme, qui dégagent une odeur de menthe lorsque froissées. On trouve parfois aussi la forme toute verte, *P. madagascariensis*.

❧ *P. coleiodes* 'Marginatus': Cette plante est similaire à *P. madagascariensis* 'Miller's Wife', mais aux tiges débordantes plutôt que retombantes. *P. fosteri* 'Marginatus' est très semblable, mais ses feuilles sont plus grosses.

❧ *P. argentatus* (plectranthe argenté): Cette plante est très différente des autres, au port arbustif plus dressé et aux énormes feuilles argentées soyeuses. De grand diamètre, elle exige d'avoir son propre pot.

❧ *P. australis* (lierre suédois): Longtemps populaire comme plante d'intérieur, cette espèce aux tiges débordantes et aux feuilles cireuses, charnues et crénelées, est l'un de ces plectranthes qui préfèrent l'ombre au plein soleil. *P. oertendahlii* est similaire par sa forme, mais ses feuilles duveteuses sont nervurées d'argent sur le dessus, pourpres en dessous. Il s'agit de l'un des rares plectranthes dont la floraison est réellement attrayante.

❧ *P.* x: Il existe une foule de plectranthes, probablement des hybrides aux feuillages diversement colorés. Parmi eux, 'Gold Leaf', au feuillage doré et aux tiges pourpres, 'Green and Gold'; similaire mais aux feuilles vertes et jaunes; 'Majestic Beauty' aux feuilles pourprées; 'Ochre Flame' aux grandes feuilles duveteuses tricolores, vert foncé, vert pâle et blanc, et de nombreux autres.

Couleurs dans le feuillage

Les feuilles, on le sait bien, sont vertes. Elles l'ont toujours été, depuis l'apparition des toutes premières plantes sur notre planète, malgré différents tons ou teintes, du vert foncé presque noir au printanier vert lime. Les vraies couleurs, les blancs, les jaunes, les roses, les orangés, les rouges, les bleus, les violets, etc., reviennent aux fleurs pour attirer les pollinisateurs qui assurent la survie de leur lignée. C'est peut-être la raison pour laquelle les rares exceptions à cette règle, les plantes à feuillage coloré, nous séduisent tellement. En effet, plusieurs végétaux ont un feuillage aussi coloré, sinon plus, que celui de la plus chatoyante des fleurs. Compte tenu des innombrables végétaux verts qui peuplent la terre, même si les plantes à feuillage coloré ne sont pas nombreuses à arborer une telle parure, elles sont très bien représentées dans les pots et jardinières.

Ce chapitre est consacré aux plantes dont le principal attrait est la coloration du feuillage. Même si elles peuvent fleurir lorsqu'elles sont cultivées dans un contenant, la plupart d'entre elles ont des fleurs insignifiantes, ou nettement surpassées par leur feuillage. On peut les utiliser en abondance dans un contenant, encore plus facilement que dans la plate-bande où l'on essaie, habituellement, de créer un paysage plus naturel, exigeant une prédominance d'un feuillage vert. Cependant, dans unejardinière, on peut se permettre l'impensable, une explosion de couleurs. Lorsque justement, *toute* la plante est colorée, de sa base jusqu'à l'extrémité de ses branches, on ne peut que parler d'explosion de couleurs.

Dans ce chapitre, les plantes se couvrent de toutes les couleurs et sont panachées, argentées, dorées, pourprées, métalliques, multicolores, etc. Bien qu'il soit souvent diffus ou caché de différentes façons, elles gardent toujours un fond de vert, la couleur de la chlorophylle, matière colorante permettant aux plantes de capter la lumière solaire et de la changer en sucres et amidons nécessaires à leur croissance.

Certaines plantes utilisent la couleur pour se protéger. Souvent décrite par les termes horticoles «bronzé» ou «pourpré», la coloration lie-de-vin, visible chez plusieurs plantes de ce chapitre, provient de la combinaison d'une pigmentation verte parfaitement normale et d'une concentration anormalement élevée de pigmentation rouge. Chez les plantes, un mélange assez égal de rouge et de vert donne ces teintes lie-de-vin, bourgogne ou bronzées. Parce que les pigments rouges leur servent normalement de protection contre un ensoleillement excessif, un peu comme une crème solaire protège des ultraviolets, les plantes rouge vin tolèrent habituellement le plein soleil. Très souvent, la coloration pourpre est moins prononcée dans la nature, car par l'hybridation, l'humain a isolé la pigmentation rouge en mariant, d'une génération à l'autre, les plantes au feuillage plus foncé. Chez certaines plantes, le pourpre est si accentué qu'il est quasiment noir!

Les plantes grises ou argentées sont recouvertes de poils blancs qui camouflent les tissus verts sous-jacents. Ces poils protègent contre l'assèchement et la chaleur, mais laissent passer presque complètement le soleil. Une telle protection est courante chez les plantes des milieux naturels très chauds et très secs, telles celles qui poussent dans le sable. C'est aussi le cas des plantes à feuillage bleu-vert, sauf que les feuilles sont alors couvertes d'une «pruine», une fine pellicule de poudre ou de cire blanche qui les protège contre l'assèchement et la chaleur.

Par contre, les plantes aux reflets métalliques sont, en fait, entièrement vertes. Les reflets argentés que l'œil capte sont, en réalité, des cellules transparentes qui concentrent la lumière. Ces plantes poussent souvent à l'ombre dense dans la nature, leur «recouvrement métallique» servant à capter plus de lumière dans un emplacement où les rayons du soleil se font rares.

Les plantes dites «panachées» ont hérité d'un feuillage bigarré comprenant bien sûr du vert, mais aussi du blanc, du jaune, du rose ou d'autres couleurs. Ces coloris exceptionnels sont souvent dus à une erreur de la nature, une mutation, notamment quand elles apparaissent de façon irrégulière sur la feuille. Dans ce cas, la feuille a hérité d'un recouvrement inégal de chlorophylle, et dans la partie qui en est privée, on peut alors voir les autres pigments naturels présents dans le feuillage. La plante est, en quelque sorte, partiellement colorée. Ces plantes sont souvent plus faibles que la forme normale entièrement verte et exigent un peu plus de soins. Si elles existent, c'est parce que les jardiniers les entretiennent, car peu de plantes aux panachures irrégulières réussissent à survivre à l'état sauvage. En culture, il suffit de réduire la compétition pour qu'elles prolifèrent.

Les plantes dites «dorées», en réalité généralement de couleur vert lime avec des reflets jaunâtres sur les nouvelles feuilles, souffrent aussi d'un manque de chlorophylle. Cependant, chez elles, les cellules souffrant de cette pénurie sont réparties également sur toute la feuille, et non par plaques, ce qui donne une coloration verte très, très atténuée. Il s'agit encore d'une erreur de la nature, et même faibles, ces plantes survivent uniquement grâce à nos bons soins.

Enfin, d'autres plantes sont naturellement panachées. Souvent leur pigmentation spéciale se concentre dans les nervures ou se répète de façon régulière. Pour quelle raison? En général, pour diriger les insectes pollinisateurs vers des fleurs peu voyantes qui, autrement, seraient ignorées. Quant aux taches arrondies, souvent translucides et d'une couleur pâle, elles constituent une utilisation très différente de la couleur. Elles trompent les insectes nuisibles qui, croyant la feuille partiellement mangée, s'attaquent à une autre feuille entièrement verte, plus succulente à leurs yeux.

Parfois, on ne trouve aucune explication à la présence d'un feuillage panaché ou coloré chez les plantes sauvages. Si une plante adopte cette coloration dans la nature et réussit à survivre, c'est que sa coloration lui procure un avantage, mais personne n'a découvert lequel.

Peu importe la raison des autres coloris chez ces plantes, le jardinier les apprécie énormément, et les collectionne même avec ardeur, ce qui incite les hybrideurs à faire du zèle pour en augmenter le choix et souligner les combinaisons les plus appréciées. Certaines plantes naturellement panachées ont subi une telle transformation que l'on ne reconnaît plus la plante d'origine, tel le coléus dont la feuille verte de la plante sauvage, garnie d'un chevron rouge, portait une petite tache jaune à sa base. C'est peu, très peu, comparativement aux feuilles multicolores du coléus moderne (page 302).

Les coloris du feuillage sont parfois peu stables et fortement influencés par les conditions environnantes. Ainsi, les plantes à feuillage panaché ou doré verdissent souvent davantage dans les emplacements trop ombragés, car la plante augmente sa production de chlorophylle afin de mieux capter les rayons solaires. Mais chez ces mêmes plantes, à cause de leur faible concentration de pigments protecteurs, les feuilles exposées à trop de soleil peuvent brûler et leur surface se couvrir de plaques séchées brunes. Il faut donc leur donner le bon niveau d'ensoleillement pour obtenir une coloration intense, sans les endommager.

De plus, les plantes irrégulièrement panachées tendent à produire, à l'occasion et parfois assez souvent, des tiges entièrement vertes ou d'autres entièrement blanches. Supprimez toujours les parties non panachées ou entièrement blanches. Les parties entièrement vertes, plus fortes que les parties panachées, risquent de dominer et éliminer éventuellement la panachure, alors que les parties dépourvues de pigment ou non chlorophylliennes, inaptes à la photosynthèse, affaiblissent la plante en accaparant l'énergie nécessaire aux parties produisant la chlorophylle.

Même avec moins de soleil que la majorité des plantes à fleurs, les plantes à feuillage coloré conservent généralement leur belle coloration, et deviennent un outil précieux pour décorer les coins ombragés où la couleur est rare. Avec des plantes au feuillage panaché, doré, argenté, etc., l'absence de fleurs passe inaperçue.

On peut utiliser les plantes à feuillage coloré de la même façon que les plantes à fleurs d'une seule couleur. Dans les mélanges polychromes, toutes les combinaisons sont possibles. Si vous préférez moins de couleurs, essayez des plantes vertes panachées de blanc comme élément contrastant dans les arrangements de plantes vertes. Plantez des plantes à feuillage argenté ou gris pour réduire les contrastes dans les jardinières polychromes trop criardes. Les teintes grises ou argentées donnent une note de fraîcheur aux arrangements situés en plein soleil, alors que les feuillages dorés éclairent les pots placés à l'ombre. Les couleurs sombres sont très à la mode actuellement, car elles atténuent les arrangements flamboyants de fleurs rouges, orange et jaunes, tout en donnant du corps aux regroupements pastel. Enfin, les végétaux à feuillage coloré ne s'utilisent pas uniquement dans les compositions. Des potées individuelles de plantes colorées ont leur place dans une collection de jardinières de formes et compositions variées, et sont particulièrement appréciées dans les coins sombres où le vert domine un peu trop.

Même si ce chapitre regroupe certaines plantes aux feuillages les plus colorés, les autres comptent plusieurs plantes avec des cultivars à feuillage coloré, ce qui est notamment le cas du chapitre *Juste pour la verdure*. La panachure est l'une des formes de mutation les plus courantes chez les végétaux. Il existe probablement des formes panachées pour toutes les plantes dans ce livre, même si elles ne sont pas encore commercialisées. Vous trouverez aussi des plantes colorées parmi celles que l'on utilise habituellement dans la plate-bande, arbustes, vivaces, annuelles et autres, et qu'il est possible d'installer dans une jardinière pour un été. Finalement, les légumes et les fines herbes comptent un nombre exceptionnel de plantes colorées: laitues rouges, sauges tricolores, origans dorés, etc. Si seulement quelques-unes sont présentées dans ce chapitre, vous en trouverez beaucoup d'autres dans une jardinerie spécialisée ou dans des livres de référence sur les légumes et les fines herbes.

Basilic pourpre
Bette à cardes
Caladium
Cardon
Cinéraire maritime
Coléus
Éphémère pourpre
Eucalyptus
Géranium à feuillage décoratif
Hélichrysum argenté
Oxalide pourpre
Patate douce ornementale
Roselle rouge
Strobilanthès

Basilic pourpre

Basilic pourpre

(*Ocimum basilicum*)

Nom anglais: Purpleleaf Basil.

Hauteur: 15-60 cm.

Espacement en pot: 3-4 plants par pot de 20-25 cm.

Espacement dans le jardin: 20 cm pour les variétés basses; 30 cm pour les variétés hautes.

Emplacement: Ensoleillé.

Terreau: Bien drainé.

Arrosage: Peut sécher légèrement entre les arrosages.

Multiplication: Semis au printemps, boutures de tige à toute période de l'année.

Disponibilité: Plants à repiquer, sachet de semences.

Saison d'intérêt: Du début à la fin de l'été.

Utilisation: Remplissage, bordure, bac, potée suspendue, jardinière, plante d'intérieur, plate-bande, rocaille, potager, plante mellifère, feuillage comestible, herbe fine.

Ocimum basilicum 'Rubin'

Tout le monde sait que le basilic est une herbe fine, mais peu connaissent ses formes ornementales digne de la jardinière.

Plutôt dressé et peu ramifié, le basilic convient habituellement au deuxième plan d'une jardinière. En culture, on a développé de nombreux cultivars aux formes et aux couleurs très diverses, allant des variétés miniatures, en forme de dôme arrondi, aux variétés à feuilles rouges ou pourprées, frisées ou non. Tous partagent cependant une caractéristique commune, le délicieux arôme que leur feuillage dégage lorsqu'il est froissé.

Vous trouverez sans difficulté des plants de basilic dans les pépinières, mais il est extrêmement facile à cultiver à partir de semences, et chaque sachet contient une grande quantité de graines qui vous permettent de produire vos propres plants, au prix dérisoire de 3 ou 4 ¢ chacun. Semez ses graines fines à l'intérieur, 4 à 6 semaines avant la date du dernier gel, sans les recouvrir, car elles exigent de la lumière pour germer. Lorsque les plants atteignent environ 15 cm de hauteur, pincez-les pour stimuler une meilleure ramification.

Ne sortez le basilic que lorsque tout danger de gel est écarté, car le moindre refroidissement l'abîme. Certains cultivars dépérissent quelque peu au milieu de l'été. Rabattez-les d'un tiers et ils reprendront forme. Le plant ayant tendance à dépérir lorsqu'il fleurit, supprimez les fleurs puisqu'elles sont, de toute façon, peu décoratives.

On peut déterrer des plants de basilic et les rentrer pour l'hiver, ou encore faire des boutures de tige, mais le basilic pousse si rapidement, qu'il est plus facile de le ressemer au printemps que d'entretenir des plants tout l'hiver.

Pour la récolte, soyez patient, car si les feuilles peuvent servir en cuisine en tout temps, leur goût est plus concentré lorsque la plante est à la veille de fleurir. Vous pouvez faire sécher les feuilles à la noirceur ou les congeler telles quelles.

Variété recommandée:

Plusieurs basilics (*Ocimum*) présentent un intérêt pour un jardin de fines herbes: au citron, à la limette, au camphre, etc., mais seule l'espèce suivante est habituellement cultivée comme plante ornementale.

❧ *Ocimum basilicum* (basilic): La gamme des variétés disponibles est impressionnante, mais les plus populaires sont: 'Rubin' ('Red Rubin'), aux feuilles entièrement rouges, 'Purple Ruffles', aux feuilles ondulées pourpre foncé, et 'Purple Bush', une forme miniature, au port globulaire et à petites feuilles pourpre foncé. Si quelques plantes vertes ou bicolores apparaissent dans les semis de basilics pourpres, vous n'avez qu'à les éliminer lors de l'éclaircissage.

Ocimum basilicum 'Purple Ruffles'

Bette à cardes

Beta vulgaris cicla 'Bright Lights'

Bette à cardes

(*Beta vulgaris cicla*)

Nom anglais: Swiss Chard.

Hauteur: 30-45 cm.

Espacement: 20 cm.

Espacement dans le jardin: 3-4 plants par pot de 20-25 cm.

Emplacement: Ensoleillé.

Terreau: Bien drainé, riche, frais.

Arrosage: Peut sécher légèrement entre les arrosages.

Multiplication: Semis au printemps.

Disponibilité: Sachet de semences.

Utilisation: Point focal, remplissage, bac, potée suspendue, jardinière, plate-bande, bordure, potager, feuillage comestible, arrangements floraux.

La bette à cardes n'est rien d'autre qu'une betterave sans racine gonflée. Je suis toujours étonné de constater que si peu de gens la connaissent, parce que c'est un légume très facile à cultiver et un des plus productifs. Je suis également surpris que certains l'utilisent uniquement dans le potager. Personnellement, je l'ai toujours cultivée dans une jardinière ou dans la plate-bande. Même s'il s'agit d'un légume, c'est également une des plus jolies plantes annuelles à feuillage décoratif.

Pour les personnes qui ne connaissent pas la bette à cardes, disons qu'elle ressemble à un petit plant de rhubarbe. Comme elle, la bette à cardes produit des pétioles charnus et colorés et d'assez grandes feuilles. Encore tout récemment, on ne la trouvait qu'avec un pétiole blanc pur ou rouge vif. Depuis peu, la gamme des choix s'est étendue aux jaunes, aux roses, aux orangés, aux crème, aux violets, etc. Ce sont surtout les pétioles qui captent l'attention, mais le limbe des feuilles est aussi fort joli, soit ondulé, cloqué, ou avecdes nervures colorées, et parfois de couleur pourpre.

Semez la bette à cardes dans des godets de tourbe ou en pleine terre, tôt au printemps ou jusqu'au début de l'été, à une profondeur de 1,5 cm. Quand les plants atteignent 15 à 20 cm de hauteur, éclaircissez en laissant 20 cm entre les plants. Cet éclaircissage vous fournit votre première récolte.

Évidemment, vous pouvez laisser la bette à cardes pousser tout l'été et vous contenter d'admirer sa beauté, ou la récolter aussi, sans diminuer son intérêt décoratif. Il suffit de ne cueillir qu'une ou deux feuilles à la fois sur chaque plant, à l'extérieur de la rosette, en les cassant à leur base. La plante les remplace et demeure attrayante, tout en vous donnant quelque chose à vous mettre sous la dent. Ainsi traitée, la bette à cardes demeure productive jusqu'à la fin de l'automne.

Consommez la bette à cardes comme les épinards, crue ou légèrement cuite.

Variétés recommandées:

❧ *Beta vulgaris cicla* (bette à cardes): C'est l'espèce décrite ci-dessus. Il y a aussi une variante aux pétioles minces et aux feuilles très étroites d'un rouge métallique, presque en forme de sabre, 'Dracaenifolia' ('McGregor's Favourite'). Elle est fort décorative, mais rarement offerte.

❧ *B. v. crassa* (betterave): Il existe aussi de véritables betteraves, à racines gonflées, au feuillage pourpre foncé, dont 'Bull's Blood' et 'Bloody Mary'. La culture est semblable à celle de la bette à cardes, mais on récolte aussi la racine, rouge, elle aussi, et pas seulement les feuilles.

Photo: Sélection All-America

Beta vulgaris cicla 'Rhubarb Chard'

Caladium

Caladium
(*Caladium bicolor*)
Nom anglais: Fancy-leafed Caladium.
Hauteur: 45-75 cm.
Espacement en pot: 2-3 tubercules par pot de 20-25 cm. 1 tubercule par pot de 13 cm.
Espacement dans le jardin: 45 cm.
Emplacement: Légèrement ombragé. Les variétés rouges tolèrent le plein soleil.
Terreau: Bien drainé.
Arrosage: Terreau humide en été; laissez sécher complètement en hiver.
Multiplication: Division.
Disponibilité: Pot individuel, tubercules.
Utilisation: Point focal, remplissage, bac, jardinière, plante d'intérieur, plate-bande, coin humide.

Caladium bicolor

Le caladium, appelé aussi oreilles d'éléphant ou caladion, est cultivé uniquement pour ses grandes feuilles abondamment colorées, parfois presque translucides. Elles adoptent plusieurs formes, mais les cultivars à feuilles en forme de flèche sont les plus courants. Quant aux couleurs, vous n'avez que l'embarras du choix. Fondamentalement de couleur rouge, rose, blanche ou verte, le caladium offre toutes les combinaisons possibles. Souvent, le vert se limite aux nervures ou à une mince marge autour de la feuille.

L'inflorescence est typique des aracées, une spathe ou bractée verdâtre enroulée, laissant à peine apparaître un mince spadice ou épi de fleurs insignifiantes. La «fleur» n'a aucune valeur ornementale, et sa production sapant l'énergie de la plante, on la supprime donc dès que le spadice est visible.

Le caladium vendu en croissance, comme plante à offrir en cadeau, est très coûteux. Pour les jardinières, mieux vaut l'acheter sous forme de tubercule sec, à la fin de l'hiver ou au printemps.

Commencez les tubercules à l'intérieur en avril. Si vous prévoyez intégrer vos caladiums à une composition mixte, partez-les dans des petits pots que vous n'aurez qu'à transférer dans la jardinière mixte le moment venu. Pour une potée de caladiums d'une seule couleur, plantez un ou plusieurs tubercules (voir espacement en pot ci-dessus) directement dans un pot plus grand. Un petit truc: pour obtenir de grosses feuilles, placez le tubercule à l'endroit, c'est-à-dire avec les yeux, ou pointes de croissance, tournés vers le haut; si vous désirez un grand nombre de feuilles plus petites, placez les yeux vers le bas. Recouvrez le tubercule d'une mince couche de terreau, arrosez bien et placez le pot dans un endroit chaud et bien éclairé. Sa croissance est rapide.

Les caladiums ne tolérant pas le froid, attendez que la température atteigne ou dépasse 21°C le jour, et 16°C la nuit avant de les sortir. Pour une belle coloration, un éclairage assez intense est nécessaire, mais protégez du plein soleil d'après-midi les variétés à feuillage pâle, car elles peuvent brûler. Maintenez le terreau toujours quelque peu humide.

À la fin de l'été, cessez les arrosages pour stimuler la dormance, et coupez le feuillage lorsqu'il est sec. Vous pouvez hiverner le tubercule directement dans son pot, ou le dépoter et le conserver dans la tourbe ou la vermiculite, à la température de la pièce ou un peu moins, mais jamais en dessous à 10°C.

La multiplication se fait tôt au printemps, lorsque de nouvelles pousses apparaissent. Sectionnez les plus gros tubercules, en vous assurant que chaque section comporte au moins un oeil, et laissez sécher au moins deux semaines avant de les empoter pour assurer une bonne cicatrisation.

Variété recommandée:

❧ *Caladium bicolor*, syn. *C.* x *hortulanum* (caladium): Voir la description ci-dessus.

Caladium bicolor 'Fannie Munson'

Cardon

Cynara cardunculus 'Blanc Inerme'

Cardon

(*Cynara cardunculus*)

Nom anglais: Cardoon.

Hauteur: 120-240 cm.

Espacement en pot: 1 plant par pot de 30-45 cm.

Espacement dans le jardin: 1,5 m.

Emplacement: Ensoleillé.

Terreau: Bien drainé.

Arrosage: Peut sécher légèrement entre les arrosages.

Multiplication: Semis, division des rejets.

Disponibilité: Pot individuel, sachet de semences.

Utilisation: Point focal, bac, plate-bande, attire les papillons, base de tige et feuilles comestibles, fleur coupée, fleur séchée.

Le cardon, bien connu comme légume dans le sud de l'Europe, est surtout cultivé comme plante ornementale ailleurs. Il s'agit d'une énorme plante, aux larges feuilles découpées, gris argenté presque blanches, souvent assez épineuses, rappelant un chardon géant par sa forme. D'ailleurs, même sans avoir étudié la linguistique, vous devinez que «cardon» vient de «chardon». Dans les régions nordiques, on a rarement l'occasion de voir son inflorescence, car il est cultivé comme plante annuelle, et le cardon exige généralement deux ans de culture pour fleurir. Son inflorescence consiste en d'énormes capitules argentés et piquants, portés sur de hautes tiges feuillues et coiffés d'une masse de fleurons mauves, exactement comme un chardon géant. Pour la majorité d'entre nous, le cardon demeure une énorme rosette de feuillage argenté, sans la moindre fleur.

Lorsque je vois un légume aussi raide et piquant, qui semble ne pas offrir grand chose à se mettre sous la dent, je me demande toujours comment on a eu l'idée de le manger. Je suppose qu'il s'agissait de quelqu'un de très affamé! Pour le consommer, il faut blanchir le cardon. En se protégeant des épines, on attache délicatement les feuilles ensemble pour former un cône, et on recouvre le plant d'un grand sac de papier brun. Vous pouvez aussi entrer le pot à l'automne et le placer dans le noir pendant un mois. Comme pour le céleri, ce sont les pétioles charnus et la tige que l'on consomme, après avoir retiré les folioles et les épines.

Le cardon est vivace, mais manque de rusticité dans nos régions. Même les cultivars les plus rustiques survivent rarement à l'hiver en zone 6. On le cultive alors comme une annuelle. Semez les graines à l'intérieur en avril, et vous repiquez les jeunes plants dans un pot lorsqu'ils commencent à se toucher. À la fin de l'été, il arrive que la plante produise, à sa base, des rejets que vous pouvez tenter d'hiverner, mais la culture à partir de semences est plus facile.

À cause de sa taille énorme, on cultive habituellement le cardon dans de grands bacs, seul ou comme plante vedette dans des compositions mixtes.

Variétés recommandées:

❧ *Cynara cardunculus* (cardon): Voir la description ci-dessus. Il existe plusieurs cultivars, mais, pour la culture en pots, recherchez les lignées ornementales, souvent plus argentées… et moins piquantes!

❧ *C. scolymus* (artichaut): Plusieurs botanistes croient que l'artichaut est une variante du cardon. Si le cardon est cultivé pour ses pétioles, ce sont les boutons floraux de l'artichaut qui sont consommés. L'artichaut a cependant un feuillage moins argenté, et il est moins utilisé comme plante ornementale.

Cynara cardunculus

Cinéraire maritime

Senecio cineraria 'Silver Dust'

Cinéraire maritime

(*Senecio cineraria*)

Nom anglais: Dusty Miller.

Hauteur: 20-45 cm.

Espacement en pot: 3-4 plants par pot de 20-25 cm.

Espacement dans le jardin: 15-25 cm.

Emplacement: Ensoleillé ou légèrement ombragé.

Terreau: Bien drainé.

Arrosage: Tolère la sécheresse.

Multiplication: Semis.

Disponibilité: Plants à repiquer, sachet de semences.

Utilisation: Remplissage, en bordure, bac, potée suspendue, jardinière, plante d'intérieur, plate-bande, rocaille.

De toutes les plantes argentées utilisées en contenants et dans la plate-bande, la cinéraire mariti-me est la plus populaire. Son feuillage fortement découpé, entièrement couvert de poils blancs, semble argenté. C'est la parfaite plante de remplissage, car sa coloration gris argenté, presque blanche, rehausse toutes les autres couleurs tout en «rafraîchissant» les combinaisons trop chaudes, et à cause de sa croissance lente et dense, il n'envahit jamais les plantes avec lesquelles il partage son contenant. De plus, il résiste à presque tout, soleil intense, sécheresse, pluie, vent, etc. La cinéraire maritime ne craint que les terreaux constamment détrempés et, même si elle préfère le soleil, pousse aussi à l'ombre. Toutefois, il faut la planter densément à l'ombre, car sa croissance est très ralentie.

Comme la cinéraire maritime est lente à partir de semences, et que les plants vendus en caissettes sont bon marché et facilement disponibles, je vous suggère de l'acheter sous forme de plants à repiquer. Vous pouvez toutefois la semer vous-même. Semez les graines fines à l'intérieur, 10 à 12 semaines avant le dernier gel, sans les recouvrir car elles ont besoin de lumière pour germer, et placez immédiatement le bac dans un endroit bien éclairé. Après la germination, leur entretien est routinier, mais vous pouvez garder ses semis un peu plus au sec que la plupart des autres.

Vous pouvez rentrer la cinéraire maritime pour l'hiver, la plaçant en plein soleil, ou tenter de la mettre dans un abri, tel un garage protégé des pires froids de l'hiver, mais elle est si peu dispendieuse, que le jeu n'en vaut peut-être pas la chandelle… à moins que vous ne désiriez la voir fleurir! En effet, la cinéraire maritime fleurit sans trop de problème la deuxième année, produisant de denses inflorescences jaune moutarde ayant un certain attrait. Enfin, c'est une plante résistant assez bien au froid, il arrive parfois que la cinéraire survive à l'hiver lorsqu'elle est cultivée en pleine terre, mais elle survit très rarement dans les jardinières.

Variétés recommandées:

Senecio cineraria (cinéraire maritime): Voir la description ci-dessus. Les deux cultivars les plus courants sont 'Silver Dust', à feuilles extrêmement découpées, et 'Cirrus', à feuilles entières dentées.

Centaurea maritima, syn. *C. gymnocarpa* (centaurée maritime): Un sosie de la cinéraire maritime, mais à fleurs de couleur violette… si jamais elle fleurit!

Tanacetum ptarmiciflorum, syn. *Chrysanthemum ptarmiciflorum*, *Pyrethrum ptarmiciflorum* (chrysanthème maritime, pyrèthre maritime): L'autre sosie! Son feuillage est encore plus découpé que celui de la cinéraire maritime. Le cultivar 'Silver Lace' est le plus courant. Vous ne verrez sans doute jamais ses petites marguerites blanches, car cette espèce n'est aucunement rustique.

Senecio cineraria 'Cirrus'.

Coléus

Solenostemon scutellarioides 'Beckworth Gem'

Coléus

(*Solenostemon scutellarioides*)

Noms anglais: Coleus, Flame Nettle.

Hauteur: 20-90 cm.

Espacement en pot: 3-4 plants par pot de 20-25 cm.

Espacement dans le jardin: 20-30 cm.

Emplacement: Ensoleillé ou ombragé. Les variétés à feuillage doré peuvent toutefois brûler au plein soleil.

Terreau: Bien drainé.

Arrosage: Terreau humide en tout temps.

Multiplication: Bouturage, semis.

Disponibilité: Plants à repiquer, pot individuel, sachet de semences.

Utilisation: Point focal, remplissage, en bordure, élément retombant, bac, potée suspendue, jardinière, plante d'intérieur, plate-bande, rocaille, taille ornementale.

Quelle explosion de couleurs! Le coléus présente toutes les couleurs imaginables et toutes les combinaisons possibles, certains cultivars ayant des feuilles comportant chacune jusqu'à six couleurs bien distinctes. Jaune, orange, saumon, rose, rouge, violet, marron, beige, blanc, vert, lie-de-vinet pourpre foncé ne sont que quelques-unes des possibilités. Les feuilles peuvent être grosses ou petites, cordiformes, découpées, frangées, linéaires ou déchiquetées, alors que son port varie entre rigidement dressé, buissonnant ou retombant, et sa taille, de miniature à géante. Le coléus ne pèche vraiment que par sa floraison insignifiante, un mince épi terminal de fleurs généralement bleues, que l'on supprime habituellement dès qu'il apparaît, car la plante dégénère souvent après la floraison.

Le coléus n'a que deux exigences: un terreau toujours un peu humide et une certaine chaleur. Il récupère si on le laisse faner, mais après chaque période de sécheresse, devient de moins en moins beau. Il est inutile de sortir les coléus aussi longtemps que les températures nocturnes ne dépassent pas 15°C. Enfin, chez les variétés à grosses feuilles, ces dernières peuvent être déchirées par les vents forts, c'est pourquoi il faut le placer dans un emplacement abrité.

On trouve facilement des semences de coléus et tout aussi facilement des caissettes de coléus produits à partir de semences. Souvent, ils viennent sous forme de mélanges, mais sont parfois vendus, notamment par catalogue, en couleurs séparées. Semez les coléus à la surface du terreau, les exposant à la lumière nécessaire à leur germination, dans un environnement très humide. La germination est rapide et les jeunes plants, d'abord entièrement verts, prennent rapidement leur coloration adulte.

Par contre, les lignées produites à partir de semences, bien que très bon marché, ont toutes un défaut majeur. Elles ont tendance à parvenir rapidement à la floraison, ce qui oblige à les pincer encore et toujours pour conserver le bon état de la plante. Il existe, par contre, toute une variété de «coléus végétatifs», c'est-à-dire, des cultivars fixés qui sont multipliés par bouturage. En plus d'une forme ou d'une coloration des plus intéressantes, ces «coléus de collection» fleurissent habituellement peu, parfois pas avant la fin de la saison. Leur coût est beaucoup plus élevé, mais le coléus se bouture si facilement que vous pouvez prélever énormément de boutures et ainsi récupérer votre investissement.

Le coléus fait une excellente plante d'intérieur. Rentrez donc des boutures ou des plantes déjà enracinées à l'automne, les gardant dans une pièce chauffée, sous un assez fort éclairage, durant l'hiver.

Enfin, le coléus se taille aisément en topiaire (en forme d'arbre). Consultez la page 114 pour de plus amples détails.

Variété recommandée

❧ *Solenostemon scutellarioides*, anc. *Coleus blumei*, *C.* x *hybridus* (coléus): Voir la description ci-dessus… et remarquez le nouveau nom botanique.

Solenostemon scutellarioides 'The Line'

Éphémère pourpre

Tradescantia pallida 'Purple Heart'

Éphémère pourpre

(*Tradescantia pallida* 'Purple Heart')

Noms anglais: Purple Heart, Purple Queen.

Hauteur: 40 cm.

Espacement en pot: 3-4 plants par pot de 20-25 cm.

Espacement dans le jardin: 30 cm.

Emplacement: Ensoleillé ou légèrement ombragé.

Terreau: Bien drainé.

Arrosage: Peut sécher légèrement entre les arrosages.

Multiplication: Bouturage.

Disponibilité: Pot individuel.

Utilisation: Point focal, remplissage, en bordure, élément retombant, bac, potée suspendue, jardinière, plante d'intérieur, plate-bande, rocaille, muret.

L'espèce d'origine, *T. pallida*, aux feuilles d'un vert glauque teinté de violet, n'a jamais été très populaire en culture. Son cultivar, 'Purple Heart', est beaucoup plus attrayant, avec ses tiges dressées aux extrémités, mais rampant ou retombant rapidement autour du pot, et ses longues feuilles ensiformes, assez charnues et quelque peu poilues, qui engainent la tige à leur base. Toute la plante est d'une couleur assez surprenante, un riche pourpre violacé, avec un curieux reflet bleuté donné par la mince couche de pruine qui la recouvre. Même sans fleurs, c'est sûrement l'une des plantes retombantes les plus voyantes!

L'éphémère pourpre fleurit pourtant à l'été, et très joliment aussi, produisant à l'extrémité de ses tiges des petites fleurs rose vif à trois pétales. Cependant, la floraison est de courte durée et les fleurs sont éphémères, comme l'indique son nom commun. On cultive donc la plante essentiellement pour son feuillage et son port gracieux.

Comme toutes les misères (*Tradescantia*) (voir à la page 282), l'éphémère pourpre est de culture très facile. Même après une longue période de totale négligence, elle récupère rapidement. Elle croît dans des terreaux de toutes sortes, dans toutes les conditions, sauf dans les sols mal drainés. Naturellement un peu succulente, elle résiste très bien à la sécheresse, mais préfère des arrosages réguliers. On peut même la cultiver dans les emplacements ombragés, mais elle perd alors sa coloration pourpre si saisissante et prend en plus une apparence «écrasée».

L'éphémère pourpre s'enracine facilement là où ses tiges rampantes touchent le sol. Même des sections de tiges tombées finissent souvent par prendre racine. Dans les pays tropicaux, on l'utilise comme couvre-sol dans les endroits où même le gazon refuse de pousser. En culture, on peut faire des boutures sans peine, même dans l'eau, des racines se forment en seulement quelques jours.

Si vous voulez maintenir l'éphémère pourpre plus d'une année, rentrez soit la plante, soit des boutures à l'automne, car elle ne résiste pas du tout au froid. Sous un éclairage intense, elle garde sa superbe coloration tout l'hiver; sous un éclairage plus faible, elle croît peu et verdit, mais reprend sa coloration vive au retour du printemps. Une bonne taille vers la fin de l'hiver lui assurera une belle allure l'été venu.

Variété recommandée:

Les plantes de l'ancien genre *Setcreasea* sont maintenant reclassées dans le genre *Tradescantia*, mais vous les trouverez encore sur le marché sous leurs noms d'origine.

Tradescantia pallida 'Purple Heart', syn. *Setcreasea pallida* 'Purple Heart', *S. purpurea* (éphémère pourpre): Voir la description ci-dessus.

Tradescantia pallida 'Purple Heart'

Eucalyptus

Eucalyptus
(*Eucalyptus*)
Noms anglais: Eucalyptus, Gum Tree.
Hauteur: 75-240 cm.
Espacement en pot: 1 plant par pot de 30-45 cm.
Espacement dans le jardin: 75-100 cm.
Emplacement: Ensoleillé ou légèrement ombragé.
Terreau: Bien drainé.
Arrosage: Peut sécher légèrement entre les arrosages.
Multiplication: Semis.
Disponibilité: Pot individuel, sachet de semences.
Utilisation: Point focal, bac, jardinière, plante d'intérieur, plate-bande, feuillage coupé frais et séché.

Eucalyptus cinerea

Les Australiens doivent bien rire de nos petits eucalyptus (gommiers) en pots. Dans leur pays, les eucalyptus sont de grands arbres, dont plus de 600 espèces peuplent l'essentiel de leurs forêts. Mais les petits eucalyptus ont un avantage sur les grands. La plupart d'entre eux produisent un feuillage juvénile rond et bleuté, particulièrement attrayant, très éloigné des feuilles gris -vert en forme de faucille des arbres adultes. Sans pétiole, ces curieuses feuilles opposées se rejoignent à leur base et forment, chez beaucoup d'espèces, un cercle presque parfait autour de la tige, comme si elles étaient enfilées, ou comme si la tige les transperçait en poussant. Cette forme très populaire dans les bouquets de fleurs fraîches ou séchées coûte très cher; pourquoi ne pas la produire vous-même?

Vous pouvez acheter, uniquement en pots individuels, des plants d'eucalyptus pour lesquels vous payez cher, et il s'agit de semis d'à peine quelques semaines. Vous économisez beaucoup en produisant vos propres plants à partir de semences, ce qui n'est pas très difficile. Semez les graines en mars à une température d'environ 21°C, les recouvrant à peine. La germination prend normalement deux ou trois semaines, et la croissance des jeunes plants est très rapide. Pincez-les souvent pour stimuler la ramification, sinon vous n'obtenez qu'une seule tige très haute, et un minimum de rameaux. Par contre, les plants taillés régulièrement prennent une forme arbustive.

Cultivez l'eucalyptus dans un bac assez gros, car il n'aime pas être à l'étroit. Repiquez les jeunes plants assez rapidement, avant que les racines n'aient fait le tour du petit godet de semis, sinon ils risquent de demeurer rabougris.

Les eucalyptus n'étant pas très rustiques, il faut les rentrer pour l'hiver. Continuez à les tailler durant la saison morte, car sous le faible éclairage de l'hiver, ils ont tendance à s'étioler. Aucun eucalyptus ne vit très longtemps dans un pot, mais si vous le gardez deux ou trois ans, c'est une bonne réussite.

Variétés recommandées:

Plusieurs espèces d'eucalyptus sont offertes dans les catalogues de semences, mais les jeunes plants se ressemblent beaucoup et il est probablement inutile d'en essayer plusieurs.

❧ *Eucalyptus cinerea* (gommier argenté; anglais: Silver Dollar Plant): C'est l'espèce normalement vendue dans la section «Annuelles» des catalogues. Ses feuilles presque rondes, très argentées avec une touche de bleu, font un très bel effet en pots et jardinières.

❧ *E. globulus* (gommier bleu; anglais: Blue Gum): Très semblable à *E. cinerea*, mais ses feuilles juvéniles bleutées sont plutôt oblongues que rondes.

Planté dans un contenant assez grand, *Eucalyptus globulus* peut atteindre 240 cm de hauteur au cours d'un seul été.

Géranium à feuillage décoratif

(*Pelargonium* x)

Nom anglais: Fancy-leaf Geranium.

Hauteur: 30-90 cm.

Espacement en pot: 3-4 plants par pot de 20-25 cm.

Espacement dans le jardin: 20-30 cm.

Emplacement: Ensoleillé ou légèrement ombragé.

Terreau: Bien drainé.

Arrosage: Peut sécher légèrement entre les arrosages.

Multiplication: Bouturage.

Disponibilité: Pot individuel.

Utilisation: Point focal, remplissage, en bordure, bac, en potée suspendue, jardinière, plante d'intérieur, taille ornementale, plate-bande, rocaille, feuillage parfumé.

Pelargonium x *hortorum* 'Wilhelm Langoth'

Le géranium, ou plutôt pélargonium, n'est pas seulement une belle plante à fleurs pour la culture en jardinières, plusieurs ont aussi été sélectionnés pour leur très joli feuillage. En effet, le pélargonium a été tellement cultivé depuis plus d'un siècle, qu'il a inévitablement donné des mutations, des plantes non conformes à la plante d'origine. Parfois ces mutations n'ont rien d'attrayant, mais il arrive que les résultats soient tout simplement charmants. Et bien sûr, les mutations les plus prisées sont celles qui donnent un feuillage décoratif.

Ainsi vous trouverez des géraniums à feuillage doré, pourpré, panaché de blanc, de jaune et/ou de rose, découpé en forme d'étoile, et beaucoup plus encore, notamment dans des catalogues spécialisés. Ces plantes ne se multiplient que par bouturage, car leurs semences donnent des plantes au feuillage ordinaire.

Il ne faut cependant pas croire que les géraniums au feuillage décoratif ne donnent pas de belles fleurs. Habituellement, leur floraison est aussi agréable que celle des géraniums à feuillage vert, et dans la même gamme de couleurs et de formes, simples, doubles, etc. J'admets cependant que parfois, à cause d'un manque de chlorophylle dans les feuilles, leur floraison est moins abondante. Mais, les soins sont identiques: plein soleil ou presque, terreau bien drainé, hivernage à l'intérieur, etc.

Variétés recommandées:

Des mutations au feuillage coloré peuvent survenir chez toute forme de géranium (*Pelargonium*). Voici cependant les trois catégories les plus touchées.

❧ *Pelargonium* x *hortorum*, syn. *P. zonale* (géranium des jardins): Les géraniums à feuillage décoratif les plus courants sont classés dans cette catégorie et on trouve plus de cent cultivars dans les catalogues spécialisés. Les plus connus sont trois variétés très anciennes, plus que centenaires, 'Wilhelm Langoth' au feuillage vert et blanc et aux fleurs rouges, 'Ben Franklin' avec le même feuillage, mais aux fleurs roses, et 'Mr. Henry Cox' au feuillage vert, jaune, rose et rouge et aux fleurs rose saumon. Je dois leur ajouter une plante plus récente, 'Vancouver Centennial', au feuillage étoilé rouge avec des marges vert vif presque doré, et des fleurs étoilées écarlates.

❧ *P. peltatum* (géranium-lierre): C'est une plante au port prostré ou retombant, populaire pour les potées suspendues et les jardinières. Plusieurs cultivars ont un feuillage panaché de blanc ou de jaune, ou encore des nervures colorées.

❧ *P.* spp. (géranium à senteur): Il existe de nombreuses espèces de géranium à senteur, dont plusieurs possèdent tout un feuillage naturellement fortement découpé très ornemental. En plus, plusieurs offrent des formes à feuillage panaché. Habituellement ces plantes fleurissent peu et sont cultivées uniquement pour leur feuillage. Vous trouverez des géraniums à senteur de rose, de citron, d'abricot, de pin, de menthe au chocolat et bien d'autres arômes.

Pelargonium x *hortorum* 'Vancouver Centennial'

Hélichrysum argenté

Helichrysum petiolare 'Variegatum'

Hélichrysum argenté

(*Helichrysum petiolare*)

Nom anglais: Licorice Vine.

Hauteur: 20 cm.

Espacement en pot: 3-4 plants par pot de 20-25 cm.

Espacement dans le jardin: 30-45 cm.

Emplacement: Ensoleillé ou ombragé.

Terreau: Bien drainé.

Arrosage: Peut sécher légèrement entre les arrosages.

Multiplication: Bouturage.

Disponibilité: Pot individuel.

Utilisation: Remplissage, en bordure, élément retombant, bac, potée suspendue, jardinière, plante d'intérieur, plate-bande, rocaille, muret.

En peu de temps, cette petite plante sud-africaine est devenue l'une des coqueluches de la culture pots et jardinières. Il s'agit d'un petit arbuste subtropical à croissance étalée, voire même retombante. L'intérêt de cette plante tient à sa coloration. Ses tiges souvent tortillées et ses feuilles rondes entièrement couvertes de poils blancs, lui donnent une apparence gris argenté. Dans un pot, l'effet est saisissant. Les denses bouquets de petites fleurs jaune crème n'apparaissent qu'occasionnellement à l'extrémité des tiges, sur les plantes de deux ans ou plus.

Bien que l'hélichrysum argenté préfère le plein soleil, il

s'adapte bien à la mi-ombre et même à l'ombre à condition que le terreau ne soit pas trop humide. Dans le jardin, il préfère un sol plutôt sec, mais en pots et jardinières, où une sécheresse en apparence légère assèche totalement le terreau, mieux vaut arroser dès que le sol s'assèche en surface.

L'hélichrysum argenté n'étant pas du tout rustique, il faut le rentrer pour l'hiver, lui donnant beaucoup de lumière et des arrosages très modérés, car il entre en semi-dormance à cette période, et trop d'eau peut causer de la pourriture. Il se multiplie par bouturage.

Variétés recommandées:

À cause de la popularité grandissante de l'hélichrysum argenté, il existe une série de plantes proches de ce dernier que les marchands astucieux offraient comme des variantes de l'hélichrysum argenté. Récemment, les botanistes ont travaillé à les identifier correctement, ce qui a amené la classification suivante. Préparez-vous à corriger vos étiquettes, car il y a des changements.

❧ *Helichrysum petiolare*, syn. *H. petiolatum*, *H. lanatum*, *Gnaphalium lanatum* (hélichrysum argenté): Voir la description ci-dessus. En plus de la forme sauvage *H. petiolare*, entièrement «verte», c'est-à-dire au feuillage vert couvert de soies blanches, appelée 'Silver' ou 'White Licorice' par certains marchands, il existe une forme de couleur dorée appelée 'Limelight' ('Aurea' ou 'Lemon Licorice'), et une forme panachée gris-vert et dorée, 'Variegatum' ('Licorice Splash').

❧ *H. italicum*, anc. *H. angustifolium* (hélichrysum à feuilles étroites, plante-curry): Comme la précédente, mais à petites feuilles argentées, étroites, à forte odeur de cari ou curry. On peut l'employer en cuisine, mais il ne faut cependant pas le confondre avec le vrai curry, un mélange d'épices à base de safran des Indes (*Curcuma*).

❧ *Plecostachys serpyllifolia*, syn. *H. nana*, *H. petiolatum* 'Petite Licorice': Enfin, nous avons un nom pour cette plante longtemps vendue comme une forme miniature de l'hélichrysum argenté. C'est vrai qu'elle lui ressemble, mais avec des feuilles beaucoup plus petites. Plante fort intéressante pour les jardinières de plus petit format.

❧ *Calocephalus brownii* (calocéphalus argenté): Curieuse plante qui ressemble à un amas de minces tiges argentées entremêlées, car aucune feuille n'est visible. En fait, les vraies feuilles sont de simples écailles collées contre les tiges.

Plecostachys serpyllifolia

Oxalide pourpre

Oxalis triangularis 'Pink Princess'

Oxalide pourpre

(*Oxalis triangularis*)

Nom anglais: Purple Shamrock.

Hauteur: 15-20 cm.

Espacement en pot: 3-4 rhizomes par pot de 20-25 cm.

Espacement dans le jardin: 20 cm.

Emplacement: Ensoleillé ou ombragé.

Terreau: Bien drainé.

Arrosage: Terreau humide en été; peut sécher en hiver.

Multiplication: Division.

Disponibilité: Pot individuel.

Utilisation: Point focal, remplissage, en bordure, bac, potée suspendue, jardinière, plante d'intérieur, plate-bande, rocaille.

Il n'y a pas si longtemps, *Oxalis triangularis* était l'une de ces plantes d'intérieur «de l'amitié», de celles que les amateurs s'échangent, mais jamais disponibles en magasin. Il s'agissait alors de la forme au feuillage vert et aux fleurs blanches. Depuis une dizaine d'années, différentes formes de plus en plus colorées de cette plante traditionnelle apparaissent sur le marché. 'Atropurpurea', au feuillage pourpre foncé, et 'Pink Princess', de la même couleur, mais avec un petit plus, des feuilles marbrées de rose métallique, deux plantes aux fleurs roses qui ne sont que des manifestations de ces nouvelles variétés plus colorées.

Comme la majorité des oxalides, les feuilles d'*O. triangularis* sont divisées en trois folioles, mais celles-ci ont leur forme triangulaire unique, comme si on avait découpé l'extrémité de chaque feuille avec des ciseaux. Les feuilles ont la curieuse habitude de se refermer le soir. Les pétioles sont longs et minces, ployant sous leur propre poids, permettant à la plante de déborder joliment de son pot. Les fleurs, moins saisissantes que le feuillage, sont néanmoins attrayantes et la plante est presque toujours un peu fleurie.

Bien qu'elle croisse à partir de petits rhizomes en forme de pommes de pin, actuellement on ne semble pas offrir *O. triangularis* comme plante à bulbes, mais surtout sous forme de potée fleurie. Si on l'arrose à l'année et que l'on rentre son pot pour l'hiver, elle peut demeurer en floraison et en croissance toute l'année. Si l'on préfère, on peut laisser sécher la plante et la remiser dans un emplacement libre de gel, recommençant les arrosages au printemps afin de la réveiller pour l'été. Elle se multiplie par division des rhizomes au moment du démarrage ou à tout autre moment, même lorsque la plante est en pleine croissance.

Variétés recommandées:

Le genre *Oxalis* est très vaste et comprend environ 500 espèces, aussi bien plantes tropicales que plantes de climat tempéré, à rhizomes, à bulbes ou à racines fibreuses, tant vivaces, arbustives ou succulentes, sans mentionner un nombre impressionnant de mauvaises herbes. Cependant, seules les deux plantes suivantes sont largement répandues dans nos jardineries.

❧ *Oxalis triangularis* (oxalide à feuilles triangulaires, oxalide pourpre): Voir la description ci-dessus.

❧ *O. tetraphylla*, syn. *O. deppei* (trèfle porte-bonheur; anglais: Good Luck Plant, Iron Cross): C'est un nouveau nom botanique pour une plante mieux connue sous le nom d'*O. deppei*. Appelé trèfle porte-bonheur, il porte des feuilles à quatre folioles arrondies, chacune portant une macule pourpre mat à sa base. Il ressemble beaucoup au «trèfle à quatre feuilles», réputé pour donner de la chance. Les fleurs, en forme de trompette rose à gorge jaune, ne ressemblent aucunement à celles des vrais trèfles, mais s'il vous plaît de l'appeler «trèfle porte-bonheur», pourquoi pas? Cette oxalide est une plante à bulbe de floraison estivale et, comme la plupart de ces végétaux, rentre en dormance à la fin de l'été. Rentrez la potée afin de protéger les petits bulbes contre le froid, puis recommencez les arrosages au printemps.

Oxalis tetraphylla

Patate douce ornementale

Patate douce ornementale

(Ipomoea batatas)

Nom anglais: Ornamental Sweet Potato.

Hauteur: 20 à 35 cm; 60 à 120 cm si on la fait grimper.

Espacement en pot: 3-4 plants par pot de 20-25 cm.

Espacement dans le jardin: 45 cm.

Emplacement: Ensoleillé ou légèrement ombragé.

Terreau: Bien drainé.

Arrosage: Terreau humide en tout temps.

Multiplication: Bouturage, division.

Disponibilité: Pot individuel.

Utilisation: Point focal, remplissage, en bordure, élément retombant, élément grimpant, bac, potée suspendue, jardinière, plante d'intérieur, plate-bande.

Photo: FNGA

Ipomoea batatas 'Margarita'

Oui, il s'agit d'une forme ornementale de la véritable patate douce. Elle produit néanmoins des patates comestibles, aussi sucrées que celles produites par les cultivars agricoles au feuillage entièrement vert. Vous remarquerez que cette plante fait partie des ipomées (*Ipomoea*) ou gloires du matin, mais contrairement à celles-ci, elle fleurit peu et est cultivée strictement pour son tubercule pour les formes agricoles, ou son feuillage décoratif pour les formes horticoles. Personnellement, je n'ai jamais vu une patate douce ornementale produire des fleurs, mais les formes agricoles fleurissent occasionnellement, produisant des trompettes lavande qui ne durent que l'espace d'un matin. Les différentes formes au feuillage coloré sont décrites sous *Variétés recommandées.*

Alors que les autres ipomées sont des grimpantes très volubiles, la patate douce ne grimpe que faiblement, et il faut quasiment l'attacher à son support. Habituellement, on la laisse ramper ou retomber, ce qui crée un très bel effet dans un bac ou panier. Les feuilles, de forme variable selon le cultivar, sont parfois en cœur, lobées, ou profondément découpées.

Attendez que l'air se réchauffe avant de sortir la patate douce. 15°C la nuit est un minimum pour cette plante d'origine tropicale. Pincez les tiges au besoin pour stimuler la ramification de la plante. La multiplication se fait par division des tubercules ou par bouturage en tout temps. On peut conserver la patate douce d'un été à l'autre en rentrant la plante, un tubercule, ou des boutures, à l'automne. Vous pouvez la maintenir en croissance tout l'hiver en lui fournissant chaleur, arrosages et soleil ou, dans le cas du tubercule, en le laissant sécher et le remisant au frais à la noirceur jusqu'au printemps, mais jamais à moins de 10°C. Tout comme la pomme de terre, il produira des yeux, signe qu'il est prêt pour la plantation.

Variété recommandée:

❧ (*Ipomoea batatas*) patate douce ornementale : 'Blackie', au feuillage très découpé de couleur pourpre très foncé, est un vieux cultivar qui redevient populaire. 'Sulfur' et 'Terrace Lime' semblent identiques, les deux cultivars portant des feuilles cordiformes vert lime. 'Margarita' leur ressemble beaucoup, mais est légèrement plus compact. Les trois sont d'excellents choix pour ajouter une tache de lumière dans les coins sombres. Enfin, je ne vois pas de différence entre 'Pink Frost' et 'Tricolor': leurs feuilles sont de forme irrégulière plus ou moins triangulaire, et chacune affiche une combinaison différente de vert pâle, de rose et de blanc.

Ipomoea batatas 'Blackie'

Roselle rouge

Hibiscus acetosella 'Red Shield'

Roselle rouge

(*Hibiscus acetosella* 'Red Shield')

Nom anglais: Red-Leaf Hibiscus.

Hauteur: 90 à 150 cm.

Espacement en pot: 1 plant par pot de 30-45 cm.

Espacement dans le jardin: 45-70 cm.

Emplacement: Ensoleillé ou légèrement ombragé.

Terreau: Bien drainé.

Arrosage: Peut sécher légèrement entre les arrosages.

Multiplication: Bouturage, semis.

Disponibilité: Pot individuel, sachet de semences.

Utilisation: Point focal, bac, jardinière, plante d'intérieur, plate-bande, écran, taille ornementale.

Cette plante est originaire d'Afrique centrale. Sa forme sauvage, au feuillage vert et aux fleurs jaunes à cœur rouge, est rarement cultivée. On lui préfère la forme à feuillage rouge qui remplace, dans les pays chauds, les érables japonais à feuilles pourpres, si populaires sous les climats plus tempérés. Avec ses feuilles lisses rouge pourpré, cordiformes ou découpées, ce grand arbuste donne une note tropicale à tout décor. Très populaire dans les régions tropicales pour la haie ou dans la plate-bande, dans les zones tempérées, il se fait maintenant connaître comme plante annuelle pour la plate-bande ou la culture en pots.

Le jeune plant forme d'abord une tige dressée atteignant 150 cm ou plus, mais si on la pince, il se ramifie bien, formant un bel arbuste, bien fourni, de seulement 90 à 100 cm de hauteur. Les fleurs, de grandes coupes rouges au centre pourpre, sont rarement produites la première année, mais apparaissent parfois les années suivantes si, bien sûr, on le rentre pour l'hiver. D'ailleurs, il se conserve facilement dans la maison, à condition de lui donner une température d'intérieur normale, des arrosages réguliers et une forte intensité lumineuse. On peut entrer la plante ou des boutures.

Fidèle au type lorsque cultivée par semis, et croissant assez rapidement pour créer un bel effet dès le premier été après un ensemencement en mars, cette plante était offerte en sachet de semences comme annuelle, il n'y a pas encore si longtemps. Aujourd'hui, on ne trouve la roselle rouge que sous forme de plants, ce qui augmente son prix.

Variété recommandée:

Il existe beaucoup de magnifiques hibiscus convenant à la culture en pots et jardinières, mais ce sont surtout des plantes à fleurs. Pour plus de renseignements sur ces plantes, consultez des livres sur les annuelles, les vivaces et les plantes d'intérieur, car il y a des hibiscus dans *toutes* ces catégories.

❧ *Hibiscus acetosella* 'Red Leaf', syn. *H. eetveldeanus* (roselle rouge): Voir la description ci-dessus. Il existe aussi un cultivar à feuillage particulièrement découpé, appelé très à propos, 'Cut Leaf Form', mais il n'est pas facilement disponible. On confond souvent la roselle rouge, décrite ici, avec la roselle (*H. sabdariffa*), mais cette dernière a des feuilles vertes et se cultive pour ses fruits rouges.

La preuve que *Hibiscus acetosella* 'Red Shield' peut vraiment fleurir!

Strobilanthes dyerianus

Strobilanthès

(*Strobilanthes dyerianus*)

Nom anglais: Persian Shield.

Hauteur: 45-120 cm.

Espacement en pot: 3-4 plants par pot de 20-25 cm.

Espacement dans le jardin: 45 cm.

Emplacement: Légèrement ombragé.

Terreau: Bien drainé.

Arrosage: Terreau humide en tout temps.

Multiplication: Bouturage.

Disponibilité: Pot individuel.

Utilisation: Point focal, remplissage, en bordure, bac, jardinière, plante d'intérieur, plate-bande, écran.

Jusqu'à récemment, cette plante était strictement considérée comme une plante d'intérieur. De plus en plus de jardiniers découvrent maintenant qu'elle convient bien à la culture en pots et jardinières à l'extérieur, et que son effet est extraordinaire sur une terrasse un peu ombragée.

Décrire la beauté de cette plante est difficile, sa coloration ne correspondant à celle d'aucune autre plante du règne végétal. Disons premièrement que c'est un petit arbuste aux tiges tendres portant des feuilles opposées étroites, d'ovales à lancéolées. Elles sont d'un violet argenté iridescent, avec des nervures vert foncé sur le dessus, et pourpres en dessous. Les jeunes feuilles sont très pourprées, voire presque magenta, les plus anciennes pâlissant pour adopter une teinte métallique proche de l'étain, mais rehaussée d'un peu de rose.

Produit-il aussi des fleurs? Oui! Les plantes matures produisent des épis terminaux composés d'assez grandes fleurs bleu clair en forme d'entonnoir, mais il y a un hic. Comme chez le coléus, la floraison entraîne la détérioration des beaux coloris du feuillage, les plantes vieillissantes devenant plus vertes que pourprées.

Avec le strobilanthès, il est important de s'assurer qu'il ne manque jamais d'eau, ce qui peut lui être fatal, et qu'il n'est jamais trop exposé aux rayons intenses du soleil. Il est alors préférable de lui donner un emplacement qui est ombragé en après-midi, au moment où le soleil est le plus intense. Il ne faut pas sortir cette plante trop tôt, car elle ne tolère pas les nuits fraîches.

Habituellement, on ne s'acharne pas à rentrer cette plante mature à l'automne, on prélève plutôt des boutures. Elles s'enracinent facilement, et se maintiennent bien sous un éclairage moyen et une assez forte humidité. Il va sans dire que cette plante d'allure exotique est réellement tropicale, et qu'elle ne peut survivre à l'extérieur durant l'hiver.

Variété recommandée:

❧ *Strobilanthes dyerianus* (strobilanthès): Le genre *Strobilanthes* comprend plus de 250 espèces, mais seule la plante décrite ci-dessus est cultivée pour son beau feuillage.

Strobilanthes dyerianus

Emplacements chauds et secs

On peut affirmer, sans se tromper, que le principal problème de la culture en pots et jardinières est causé par l'assèchement trop rapide des terreaux, ce qui oblige à des arrosages réguliers. Arroser tous les jours, voire deux fois par jour, interdit de prendre des vacances lorsque l'on s'adonne à la culture en pots.

Évidemment, dans la première partie du livre, on vous a expliqué de quelle façon réduire les arrosages: pots plus gros et mieux isolés, emplacements protégés du soleil, irrigation automatique, terreaux retenant plus d'humidité, etc. Mais une autre possibilité consiste à cultiver des plantes qui tolèrent, voire même préfèrent la sécheresse. Ce ne sont pas tous les végétaux qui, dans la nature, proviennent d'un milieu bien arrosé et ont tendance à sécher dans leur pot dès qu'ils sont exposés au soleil. Plusieurs plantes ont évolué sous un climat très aride, avec des températures diurnes dépassant aisément 45°C, et privées de pluie pendant des mois. Est-ce qu'élever, dans des pots, des plantes provenant de tels climats pourraient nous éviter les sempiternels arrosages? Oui… et non!

Bien sûr, une plante de milieu sec tolère plus de sécheresse qu'une plante de marécage, mais un pot constitue en soi un milieu aussi très spécial. Beaucoup de plantes de climat aride compensent, en partie, la pénurie d'eau en produisant de longues racines qui absorbent la moindre goutte d'eau éloignée de la plante, et dans le cas de certains cactus, c'est de centaines de mètres qu'il s'agit. En pot, ces longues racines ne font que tourner en rond. Par contre, ces plantes des climats arides ont généralement recours à d'autres moyens pour combattre la sécheresse, tous aussi efficaces en pot que dans le sol. Plusieurs ont réduit le nombre de leurs feuilles au strict minimum, ou n'en ont tout simplement plus, car par leurs stomates, les feuilles sont une cause majeure d'évaporation d'eau. D'autres sont recouvertes de poils ou d'une pruine cireuse, une autre façon de réduire cette perte. Plusieurs plantes désertiques ont même appris à «retenir leur souffle», ne respirant pratiquement pas le jour, au moment où le temps chaud et sec est plus propice à l'évaporation, mais seulement la nuit, quand l'air est plus frais et plus humide. Enfin, la caractéristique la plus évidente des plantes adaptées à la sécheresse est la succulence: tiges, feuilles ou tiges et feuilles devenant de véritables réservoirs d'eau. Lorsqu'il pleut, ou lors d'un arrosage, ces plantes se gorgent rapidement d'eau et l'emmagasinent dans leurs tissus pour contrer la prochaine sécheresse. Certaines plantes font de même, mais sous le sol, où leurs racines gonflées servent de citernes.

Évidemment, ce ne sont pas non plus toutes les plantes de milieu sec qui ont adopté les mécanismes précités. Dans ce chapitre, plusieurs plantes ne semblent aucunement succulentes, leurs feuilles et tiges étant d'une extrême minceur. Par contre, toutes les plantes décrites ici ont trouvé des moyens pour résister à la sécheresse. Vous en avez la preuve en constatant que vos autres plantes vertes sont mortes dans un bac ou panier totalement desséché, tandis que celles de ce chapitre vivent encore, et n'émettent aucun signal de détresse.

Il ne faut surtout pas croire que les plantes supportant la sécheresse n'ont jamais besoin d'arrosage. Elles se comportent mieux si vous leur donnez régulièrement de l'eau. Vous pouvez les arroser autant que les autres, en autant que leur sol est très bien drainé. Mais si vous oubliez de le faire, elles vous pardonneront. En période de canicule, pendant que d'autres exigent deux arrosages par jour, elles en réclament un tous les trois jours, un seul par semaine si la température est plus fraîche, et aucun s'il a plu quelque peu au cours des sept derniers jours.

De façon générale, les plantes qui tolèrent la sécheresse supportent aussi la chaleur. Dans la nature, sécheresse et chaleur allant habituellement de pair, les plantes des climats arides résistent aussi bien à l'une qu'à l'autre. Il en est de même pour le plein soleil: la majorité de ces plantes le tolèrent sans problème, une fois qu'elles sont acclimatées, car même un cactus peut brûler, s'il est brusquement exposé en plein soleil alors qu'il était habitué à l'ombre. Il est surprenant de constater que ces mêmes plantes peuvent quand même tolérer l'ombre, bien que leur croissance risque d'être plus faible. La plupart n'ont aucun problème dans les emplacements mi-ombragés.

On peut utiliser les plantes tolérant sécheresse et chaleur de plusieurs façons. D'abord, chaque plante peut, bien sûr, vivre dans son propre pot. Vous pouvez aussi les mélanger à d'autres potées, ou regrouper les plantes ayant des besoins semblables, et les combiner impunément dans le même contenant, pour créer une collection de plantes de milieu sec. Elles conviennent très bien à la culture en auge (voir à la page 28), seules ou en compagnie de plantes alpines, car c'est un milieu habituellement très ensoleillé et bien drainé. Si le drainage est bon, vous pouvez mélanger sans crainte ces plantes résistant à la chaleur et à la sécheresse avec presque toute autre plante tolérant le même ensoleillement, sauf les plantes aquatiques, bien entendu! Parce que les terreaux que nous utilisons habituellement sont toujours bien drainés, elles peuvent supporter les arrosages fréquents nécessaires aux plantes voisines qui résistent mal au manque d'eau.

Parmi les plantes qui suivent, on trouve de véritables annuelles, des succulentes rustiques, des succulentes non rustiques et autres. Plusieurs autres végétaux, que vous découvrez par dizaines dans la section «cactus et plantes grasses» de votre jardinerie, peuvent s'adapter aux conditions décrites ci-dessus. Considérez alors les plantes suivantes comme n'étant que des exemples. Lorsque vous aurez acquis un peu d'expérience, vous pourrez partir à la recherche d'autres variétés tolérant ces mêmes conditions.

Aéonium
Agave
Brachyscome
Cactées
Écheveria
Ficoïde cordifoliée
Joubarbe
Lotier écarlate
Orpin
Pavot de Californie
Pourpier
Queue-d'âne

Aéonium

(*Aeonium*)

Nom anglais: Aeonium.

Hauteur: 15-100 cm.

Espacement en pot: 3-4 plants par pot de 20-25 cm.

Emplacement: Ensoleillé ou légèrement ombragé.

Terreau: Très bien drainé.

Arrosage: Tolère la sécheresse.

Multiplication: Bouturage, semis, division.

Disponibilité: Pot individuel.

Utilisation: Point focal, remplissage, en bordure, bac, jardinière, plante d'intérieur.

Aeonium arboreum 'Atropurpureum'

On trouve une vaste gamme d'aéoniums originaires d'Afrique du Nord et des îles qui l'entourent, notamment les Canaries. Tous forment une rosette dense, plus ou moins aplatie, de feuilles spatulées, lisses ou duveteuses, donnant à l'ensemble quelque peu la forme d'une assiette. Les feuilles, habituellement vert pâle ou légèrement bleutées, sont souvent plus ou moins marquées de pourpre ou de rouge.

Les nombreuses catégories d'aéonium se distinguent par la façon dont chacune porte sa ou ses rosettes. Certaines poussent au ras du sol, sans tige apparente, soit sous forme de rosette unique, soit entourées de rosettes secondaires; d'autres produisent de nombreux rameaux ramifiés, portant chacun une petite rosette au sommet, alors que d'autres aéoniums produisent une haute tige succulente coiffée d'une seule rosette. À la floraison, du cœur de la rosette surgit un gros épi pyramidal, composé de fleurs étoilées habituellement jaunes, mais parfois aussi roses, rouges ou blanches. Cette floraison spectaculaire se termine cependant assez tristement, car après avoir produit ses semences, la rosette meurt. Pour les aéoniums ne produisant qu'une seule rosette, fleurir signifie mourir, mais la plupart ont déjà élaboré des rameaux secondaires ou produit des rejets qui remplacent la plante moribonde.

Les aéoniums à rosette unique sont souvent les plus spectaculaires, d'une taille énorme allant jusqu'à 50 cm de diamètre, mais rarement cultivées parce qu'ils meurent après la floraison, une habitude peu appréciée des jardiniers. Nous cultivons donc plutôt les formes à rosettes multiples. Les variétés aux rosettes terrestres forment, au niveau du sol, de jolies colonies qui débordent facilement, ce qui suggère une utilisation en bordure des jardinières. Ces variétés à hautes tiges dressées font souvent de bonnes plantes vedettes, ayant l'aspect de grosses fleurs vertes, piquées sur un tronc droit.

Bien que certains aéoniums semblent très succulents à cause de leurs feuilles particulièrement charnues, et que d'autres ont des feuilles minces comme une feuille de papier, toutes les formes tolèrent sécheresse et chaleur. Pour les multiplier, bouturez ou divisez les formes aux rosettes multiples, ou faites des boutures de feuilles des espèces à feuilles charnues. Cependant, la plupart des espèces à rosette unique ne peuvent se multiplier qu'à partir de semences.

Rentrez les aéoniums pour l'hiver, en leur donnant un éclairage intense et une température minimale de 7°C.

Variétés recommandées:

Il existe de nombreuses espèces d'aéonium, toutes intéressantes pour la culture en pots. Les deux suivantes sont cependant parmi les plus courantes.

❧ *Aeonium arboreum* (aéonium en arbre): Cette espèce est la plus haute chez les aéoniums: plus de 1 m au moment de la floraison. Elle produit un «tronc» épais, parfois légèrement ramifié, parfois unique, coiffé d'une rosette de feuilles lisses. L'espèce a des feuilles vertes, mais on cultive aussi 'Atropurpureum', à rosette pourprée, et 'Zwartkop', d'un pourpre si foncé qu'il est presque noir. Les fleurs jaunes sont rarement produites en culture.

❧ *A. undulatum*: Forme une colonie de rosettes vertes sur de courtes tiges rampantes ou retombantes. Fleurs jaunes. Intéressant en suspension!

Aeonium undulatum

Agave

(*Agave*)

Noms anglais: Agave, Century Plant.

Hauteur: 70-100 cm, jusqu'à 8 m à la floraison.

Espacement en pot: 1 plant par pot de 30-45 cm.

Espacement dans le jardin: 1 m.

Emplacement: Ensoleillé ou légèrement ombragé.

Terreau: Très bien drainé.

Arrosage: Tolère la sécheresse.

Multiplication: Semis, division des rejets.

Disponibilité: Pot individuel.

Utilisation: Point focal, bac, jardinière, plante d'intérieur, rocaille.

Agave americana

Dans les grands jardins, il est traditionnel de présenter, soit à l'entrée ou dans tout autre emplacement de choix, un agave dans un grand pot de pierre, ou mieux encore, une paire d'agaves identiques. L'agave devient alors une sculpture vivante. Dans nos jardins plus modestes, le port architectural de l'agave et sa grande taille saisissent davantage, malgré un pot de grès bon marché. Vous n'avez rien à faire pour le mettre en vedette, peu importe où vous le placez, l'agave *vole* la vedette! À cause de ses aiguilles, éloignez cependant l'agave de tout sentier ou passage.

Il existe quelques agaves miniatures, mais la plupart sont de grosses plantes succulentes, formant des rosettes de longues feuilles coriaces munies d'aiguilles acérées, parfois le long des feuilles, mais toujours au moins à leur pointe. À maturité, du centre de la rosette émerge une énorme tige florale, quasiment un arbre, aux fleurs tubulaires jaunes ou verdâtres, après quoi l'agave fait des graines et meurt. Fort heureusement, avant de mourir, la plupart des agaves produisent des rejets à leur base ou sur leur tige florale, ce qui nous évite de les multiplier à partir de semences.

Autrefois on donnait à l'agave le nom de «centenaire», parce que la croyance populaire voulait qu'il ne fleurisse qu'une fois tous les cent ans. Aujourd'hui, nous savons que la plupart des agaves peuvent fleurir en moins de 10 ans dans leur pays d'origine, mais qu'en culture, où les conditions ne sont pas optimales, il faut parfois attendre 40 ans ou plus.

L'agave tolère tout, sauf le gel et l'inondation. Les seuls soins à lui apporter sont la suppression des feuilles mortes et un rempotage tous les 4 ou 5 ans. En hiver, il préfère un emplacement chauffé et éclairé, mais peut tolérer un emplacement totalement noir, tel un caveau, si la température est maintenue entre 5 et 10 °C.

Variété recommandée:

Il y a plus de 300 espèces d'agave, et toutes conviennent à merveille à la culture en bac. Seule l'espèce suivante est vraiment courante, mais vous pouvez en trouver d'autres.

❧ *Agave americana* (agave d'Amérique): Cet agave mexicain aux feuilles gris mat, férocement dentées, forme une rosette de 9 m de diamètre en pleine terre! Heureusement qu'il se déploie moins en pot, où il atteint rarement plus de 1,20 m. Les formes 'Marginata', aux feuilles bordées de blanc, et 'Mediopicta', avec une bande jaune au centre de chaque feuille, sont probablement plus courantes que l'espèce même. Cet agave produit de nombreux rejets. En culture, sa floraison est extrêmement rare.

Agave potatorum

Brachyscome

Brachyscome
(*Brachyscome*)
Nom anglais: Swan River Daisy.
Hauteur: 25-45 cm.
Espacement en pot: 3-4 plants par pot de 20-25 cm.
Espacement dans le jardin: 30-45 cm.
Emplacement: Ensoleillé.
Terreau: Bien drainé, riche.
Arrosage: Tolère la sécheresse.
Multiplication: Semis au printemps, boutures de tige.
Disponibilité: Plants à repiquer, pot individuel, sachet de semences.
Utilisation: Remplissage, bordure, élément retombant, potée suspendue, jardinière, bac, plante d'intérieur, plate-bande, rocaille, muret, fleur parfumée.

Brachyscome x 'Outback'

Grâce à l'hybridation et à la sélection, cette petite plante australienne, maigrelette à l'état sauvage, foisonne désormais de feuilles finement découpées, avec un très grand nombre de fleurs terminales, de mignonnes marguerites à cœur jaune. Sa gamme de couleurs s'est aussi considérablement agrandie: d'un bleu violacé à l'origine, les rayons prennent maintenant n'importe quelle teinte de bleu, de violet, de rose, de jaune ou de blanc. On a aussi prolongé sa floraison: de quelques semaines au début, elle dure aujourd'hui tout l'été.

La plupart des cultivars modernes, au port buissonnant arrondi ou étalé, voire même presque retombant, conviennent en bordure d'un pot ou comme remplissage dans les jardinières composées. Son effet est aussi fort joli dans une potée suspendue constituée uniquement de brachyscomes, d'une seule couleur ou en mélange.

Même si, dans la plupart des livres d'horticulture, on utilise *Brachycome* (sans «s»), son véritable nom botanique est *Brachyscome*. Dans les années 1990, les botanistes ont réalisé qu'à cause d'une confusion survenue peu après la découverte de la plante, ils perpétuaient cette faute d'orthographe depuis plus de 200 ans!

Il est facile de semer des brachyscomes à l'intérieur, 5-6 semaines avant le dernier gel, en recouvrant les graines de 6 mm de terreau, mais la plupart des plants offerts sur le marché sont produits par bouturage et vendus en pots individuels au printemps. On peut maintenir le brachyscome d'une année à l'autre par bouturage ou en rentrant la plante mère pour l'hiver.

Variétés recommandées:

- *Brachyscome* x (brachyscome hybride): De plus en plus de brachyscomes sont des hybrides complexes issus de parents divers. D'ailleurs, on peut se demander s'il existe encore des brachyscomes espèces sur le marché!

- *B. iberidifolia* (brachyscome à feuilles d'ibéride): Longtemps la plus courante, cette espèce disparaît de plus en plus au profit des hybrides complexes. Elle est reconnaissable à ses feuilles très minces, quasiment des aiguilles, et ses petites fleurs.

- *B. multifida* (brachyscome à feuilles découpées): Ce brachyscome se distingue par ses feuilles plus larges et ses fleurs plus grosses. Sa gamme des couleurs est plus limitée: violet et rose.

Brachyscome x 'Strawberry Mousse'

Une grande jardinière, quelques pots de cactées et autres succulentes, un peu de sable pour cacher les artifices: il n'en faut pas plus pour créer un joli jardin estival.

Cactées

(*Cactacées*)

Nom anglais: Cactus.

Hauteur: 8-250 cm.

Espacement en pot: 3-4 plants par pot de 20-25 cm.

Espacement dans le jardin: 20-30 cm pour les variétés étroites; 50-60 cm pour les variétés larges.

Emplacement: Ensoleillé ou légèrement ombragé.

Terreau: Très bien drainé.

Arrosage: Tolère la sécheresse.

Multiplication: Bouturage, semis, division.

Disponibilité: Pot individuel, sachet de semences.

Utilisation: Point focal, remplissage, en bordure, élément retombant, bac, potée suspendue, jardinière, plante d'intérieur, plate-bande, rocaille, muret.

Dans toute la gamme des plantes succulentes (il y a plus de 10 000 espèces), aucune famille n'est plus connue que celle des Cactacées. Cette famille, essentiellement du Nouveau Monde, comprend plus de 200 genres et 2 000 espèces de plantes pour la plupart piquantes et sans feuilles. Le nombre des formes est stupéfiant: boules, raquettes, cierges, grimpantes, retombantes, etc. Il ne manque que des cactus volants… et je suis convaincu qu'ils sont actuellement en voie d'évolution!

Cependant, tout ce qui ressemble à un cactus n'en est pas nécessairement un. Beaucoup de gens croient, à tort, que toute plante succulente, à tige enflée et sans feuilles, est un cactus, à plus forte raison si elle est épineuse. Cependant, cette description correspond aussi à d'autres plantes, notamment les euphorbes (*Euphorbia*) et les stapélias (*Stapelia*). En fait, pour différencier un cactus de toute autre plante, recherchez son «aréole», genre de petit coussinet inséré sur la tige, duquel dérivent toutes les autres structures: poils, aiguillons, fleurs, rameaux, etc.

Il y a bien quelques cactus rustiques pour la culture en rocaille, mais ils sont minoritaires. La plupart des cactus vendus dans le commerce sont destinés à la culture à l'intérieur, et il est bien possible que la plupart de toutes ces plantes ne sortent jamais de la maison, ce qui est dommage, car en grande majorité, les cactus ne fleurissent pas lorsqu'ils sont toujours enfermés dans la maison. Il leur faut un été de plein soleil à l'extérieur, suivi d'un automne et d'un hiver frais, pour faire des boutons. Pour avoir des fleurs en abondance, sortez les cactus au printemps, aussitôt que la température le permet, rentrez-les tard à l'automne, juste avant les premiers gels, et gardez-les au frais durant l'hiver.

Leur culture est facile: beaucoup de soleil, peu d'eau, peu d'attention. Multipliez-les par bouturage ou division.

Variétés recommandées:

Il est illusoire d'espérer décrire 2 000 espèces ici. Voici cependant trois genres de cactus désertiques qui devraient vous donner satisfaction, autant à l'extérieur l'été que dans la maison l'hiver.

❧ *Echinopsis* (échinopsis): Un cactus boule de taille moyenne et relativement peu épineux, je dis bien «relativement», habituellement entouré de rejets beaucoup plus petits et plus épineux. Recommandé pour sa floraison saisissante facile à obtenir. Fleurs blanches, jaunes ou roses, souvent plus grosses que la plante!

❧ *Mammillaria* (mammillaires): Ces petits cactus boules, souvent fortement couverts d'épines et de poils, forment des colonies denses et sont parmi les plus faciles à faire fleurir, mais leurs fleurs sont minuscules.

❧ *Opuntia* (raquette, oreille-de-lapin): Ces cactus, aux segments plats et ronds, atteignent assez rapidement une bonne taille. Cependant, aucun ne fleurit facilement.

Écheveria

Echeveria peacockii

Écheveria

(*Echeveria*)

Nom anglais: Echeveria.

Hauteur: 10-30 cm.

Espacement en pot: 3-4 plants par pot de 20-25 cm.

Espacement dans le jardin: 10-25 cm, selon la grosseur de la rosette.

Emplacement: Ensoleillé ou légèrement ombragé.

Terreau: Très bien drainé.

Arrosage: Tolère la sécheresse.

Multiplication: Boutures de tiges, boutures de feuilles, semis, division.

Disponibilité: Pot individuel.

Utilisation: Point focal, remplissage, en bordure, bac, potée suspendue, jardinière, plante d'intérieur, plate-bande, rocaille.

L'écheveria est une plante couramment utilisée dans les mosaïques décorant les entrées des villes et des parcs publics, car il forme un tapis bleu-gris parfaitement égal, et ne nécessite jamais de taille. Jusqu'à un certain point, il ressemble à un aéonium (page 324), car il forme le même genre de rosette très symétrique en forme d'assiette, mais en diffère par ses feuilles beaucoup plus charnues, habituellement fortement recouvertes d'une pruine blanche qui le fait paraître bleu-gris. Il produit des fleurs campanulées roses, rouges, orange ou bicolores, portées sur des tiges recroquevillées à l'extrémité, mais ne meurt pas après la floraison, et peut survivre d'année en année.

Certains écheverias produisent des tiges épaisses, surplombées d'une rosette souvent plus ouverte, parfois aux feuilles poilues, mais la plupart restent collés au sol, sans tige notable. Habituellement, ils émettent des rosettes secondaires autour de la plante mère, formant un joli tapis qui déborde éventuellement du pot, mais sans vraiment retomber sur une longueur appréciable. Si vous êtes impatient, plantez plusieurs rosettes assez rapprochées, et en deux semaines, vous créerez un effet obtenu habituellement après deux ans.

L'écheveria préfère un ensoleillement intense et un sol bien drainé. En hiver, une température plus fraîche ne nuit pas, mais évitez les températures inférieures à 13°C.

La multiplication la plus facile consiste à casser ou déterrer une rosette secondaire, mais la plupart des écheverias se multiplient aussi par boutures de feuille. Il s'agit de détacher une feuille complète et de la placer à la surface du terreau. En peu de temps, des racines se forment et une petite rosette se développe.

Variétés recommandées:

En plus des trois espèces décrites d'écheverias ci-dessous, on compte quelque 150 autres espèces ainsi qu'un nombre grandissant d'hybrides, dont plusieurs sont cultivés pour leur feuillage curieusement ondulé ou bizarrement crêté.

- *Echeveria elegans* (écheveria élégant): Feuilles bleu-vert en forme de cuiller. Fleurs roses et jaunes.

- *E. glauca* (écheveria bleu): Rosettes de 10 cm de diamètre de couleur bleu-gris, souvent marginées de rouge au plein soleil. Fleurs rouges.
- *E. peacockii* (écheveria de Peacock): C'est la forme la plus utilisée dans les mosaïques. Petites rosettes bleu-blanc, fleurs rouges et jaunes.
- *Graptopetalum paraguayense* (graptopetalum; anglais: ghost plant): Comme un écheveria, mais aux longues tiges retombantes, et très populaire en panier suspendu. Fleurs blanches et tachetées de rouge, mais rares.

Graptopetalum paraguayense

Ficoïde cordifoliée
(*Aptenia cordifolia*)
Nom anglais: Baby Sun Rose.
Hauteur: 5 cm.
Espacement en pot: 3-4 plants par pot de 20-25 cm.
Espacement dans le jardin: 25 cm.
Emplacement: Ensoleillé ou légèrement ombragé.
Terreau: Très bien drainé.
Arrosage: Tolère la sécheresse.
Multiplication: Bouturage, semis, division.
Disponibilité: Pot individuel.
Utilisation: Remplissage, en bordure, élément retombant, bac, potée suspendue, jardinière, plante d'intérieur, rocaille, muret.

Aptenia cordifolia

La ficoïde cordifoliée est une petite plante grasse tapissante qui, dans son Afrique du Sud natale, couvre de vastes surfaces rocailleuses de ses tiges grêles, recouvertes de feuilles vertes charnues en forme de cœur. En culture, on l'utilise surtout en panier suspendu, car elle retombe sur 1 m ou plus, formant un véritable rideau de verdure. En été, elle se recouvre de toutes petites fleurs rouge pourpré ou, plus rarement, roses ou blanches, aux étamines denses.

Le secret de sa culture est facile: beaucoup de soleil et un excellent drainage. Elle ne fait pas un bon sujet pour les régions nuageuses et fraîches où elle fleurit peu, puisque ses fleurs ne s'ouvrent qu'au soleil. Toutefois, là où il fait si chaud et si sec que vous désespérez de trouver la moindre pousse de verdure, elle est vraiment dans son élément.

La multiplication se fait par boutures ou divisions, et plusieurs catalogues l'offrent sous forme de semences. Rentrez la plante ou des boutures à l'automne, les cultivant au soleil et à des températures supérieures à 7°C, si vous voulez la maintenir pour une autre saison.

Variétés recommandées:

La famille des ficoïdes, les Aizoacées, aussi appelées mésembryanthèmes (famille des pierres vivantes) contient plus de 200 genres et 2 000 espèces, la plupart sont des succulentes originaires d'Afrique du Sud. Trois genres rampants sont surtout connus:

❧ *Aptenia cordifolia* (ficoïde cordifoliée): Voir la description ci-dessus. C'est l'espèce la plus courante en culture dans les régions tempérées, car elle s'accommode bien des conditions de nos appartements. Une forme au feuillage bordé de blanc crème, *A. cordifolia* 'Variegata', est aussi relativement courante.

❧ *Delosperma cooperi* (pourpier vivace; anglais: Hardy Ice Plant): L'une des ficoïdes les plus rustiques, zonée 4 avec une bonne protection hivernale, elle atteint 13 cm de hauteur mais plus de 60 cm de diamètre, et retombe gracieusement de son pot. Ses longues feuilles vertes, rondes ou triangulaires en section, sont très succulentes. Les fleurs, nombreuses et de bonne taille, se succèdent durant tout l'été. Le pourpier vivace est cependant moins rustique en pot qu'en plate-bande, et il vaut mieux le rentrer pour l'hiver.

❧ *Lampranthus spectabilis* (ficoïde): Fort populaire dans les pays où le gel est rare, comme ses proches cousines, car le genre *Lampranthus* comprend presque 200 espèces et de nombreux hybrides, cette ficoïde est utilisée partout où ses tiges rampantes et retombantes, de même que ses fleurs en forme de pâquerette, sont mises en valeur: murailles, rocailles, même les terre-pleins des autoroutes. C'est la raison pour laquelle on l'appelle «highway daisy» en Californie! *L. spectabilis* est à fleurs rose-lilas, mais les diverses autres espèces couvrent toute une gamme de couleurs: rouge, orange, jaune, violet, blanc, etc.

Delosperma cooperii

Joubarbe

(*Sempervivum*)

Noms anglais: Hens and Chicks, Houseleek.

Hauteur: 20-30 cm.

Espacement en pot: 3-4 plants par pot de 20-25 cm.

Espacement dans le jardin: 25-30 cm.

Emplacement: Ensoleillé ou légèrement ombragé. Tolère l'ombre.

Terreau: Très bien drainé.

Arrosage: Tolère la sécheresse.

Multiplication: Division.

Disponibilité: Pot individuel.

Utilisation: Remplissage, en bordure, élément retombant, bac, potée suspendue, jardinière, plate-bande, rocaille, muret.

Sempervivum tectorum

Cette plante est depuis longtemps cultivée en hauteur. Autrefois on croyait qu'elle protégeait contre la foudre, et Charlemagne a ordonné qu'on la cultive sur tous les toits de son empire. D'ailleurs, le nom «joubarbe» vient de «barbe de Jupiter», dieu de la foudre et du tonnerre. Son autre nom populaire, poule et ses poussins, fait référence à la rosette principale entourée de rejets plus petits et portés sur des stolons rampants, comme une volaille entourée de sa progéniture.

La joubarbe se cultive tout aussi bien, et même mieux, en pots que sur les toits. Ses rosettes symétriques basses sont composées de feuilles succulentes pointues, lui conférant une certaine ressemblance avec l'aéonium, page 324, et l'écheveria, page 332, qui sont ses proches parents. Grâce à ses nombreux rejets, elle forme rapidement un beau tapis de verdure qui déborde ou retombe de son pot.

À la floraison, une épaisse tige florale émerge du centre de la rosette, portant à son extrémité des fleurs étoilées blanches, jaunes, roses ou rouges, après quoi la rosette meurt. Heureusement que les «poussins» sont là pour la remplacer!

La joubarbe s'adapte à presque toutes les conditions, même l'ombre, mais préfère un fort ensoleillement et un bon drainage. Elle se contente de peu de terreau: vous pouvez même placer la rosette dans une coquille d'huître contenant quelques cuillerées de terre et elle y pousse. Il est donc facile de compléter un jardin de plantes alpines ou de plantes grasses en insérant quelques rosettes de joubarbe dans les espaces vides. La multiplication se fait facilement avec les rejets, enracinés ou non, prélevés sur la plante mère.

Rustique en pleine terre en zone 3, la joubarbe résiste généralement bien au froid, mais perd un peu de sa rusticité lorsqu'elle est cultivée en pot. C'est pourquoi, en zone 4 ou moins, pour passer l'hiver à l'extérieur, son pot doit être placé par terre, dans un endroit quelque peu protégé, ou encore mieux, dans un garage ou autre endroit où les grands froids ne pourront le transpercer.

Variétés recommandées:

❧ *Sempervivum tectorum* (joubarbe des toits, joubarbe commune): C'est la bonne vieille poule et ses poussins des jardins de nos aïeuls, aux rosettes de 10 à 15 cm de diamètre. Son feuillage est vert pâle rehaussé de pointes rouges et ses fleurs sont rouge rosé. Cette espèce a aussi donné naissance à toute une série d'hybrides, notamment à feuilles rougeâtres.

❧ *S. arachnoideum* (fil d'araignée): C'est une plante plus petite, dont les rosettes poilues semblent couvertes d'une mince toile d'araignée. Ses stolons très minces retombent de façon très attrayante lorsqu'elle est cultivée au bord du pot. Les fleurs varient de couleur rose à cramoisi.

Sempervivum x

Lotier écarlate

Lotier écarlate

(*Lotus berthelotti*)

Noms anglais: Parrot's Beak, Winged Pea.

Hauteur: 20 cm.

Espacement en pot: 3-4 plants par pot de 20-25 cm.

Espacement dans le jardin: 60 cm.

Emplacement: Ensoleillé ou légèrement ombragé.

Terreau: Bien drainé.

Arrosage: Peut sécher légèrement entre les arrosages.

Multiplication: Bouturage, division.

Disponibilité: Pot individuel.

Utilisation: Point focal, remplissage, en bordure, élément retombant, bac, potée suspendue, jardinière, plante d'intérieur, rocaille, muret.

Lotus berthelotti

J'ai légèrement triché en plaçant le lotier argenté dans ce chapitre. En effet, il adore le plein soleil et les sols bien drainés, mais exige un peu plus d'arrosage que les autres plantes décrites ici. Laissez son terreau sécher, mais pas trop longtemps. Et bien que la chaleur estivale lui convienne très bien, pour bien fleurir il exige un emplacement frais durant l'hiver. Donc, chaud et sec, oui, mais aux bons moments et de la bonne façon.

Il faut souligner que cette plante se cultive aussi uniquement pour son feuillage. En effet, ses tiges prostrées retombent de façon exquise jusqu'à 75 cm. Elles sont recouvertes de minces feuilles plumeuses très argentées, presque blanches, comme des boas gris-blanc. Ses fleurs aussi sont délicieuses, en forme de fleur de pois mais plus pointues, d'où les noms communs «bec de perroquet» et «bec de pélican». Écarlates ou orange vif, elles contrastent très vivement sur le feuillage. La floraison commence à l'intérieur vers la fin de l'hiver et continue jusqu'au début de l'été, moment où le lotier redevient une jolie plante à feuillage.

Essayez le lotier au bord de la mer. Originaire des côtes des îles du Cap-Vert et des Canaries, il adore les brises marines et n'est pas dérangé par l'air salin.

Quand l'hiver approche, taillez le lotier sévèrement et rentrez-le, de préférence dans une pièce très ensoleillée et très fraîche, entre 5 à 10°C la nuit, telle une serre. Arrosez avec précaution l'hiver: le lotier doit compter sur un mouvement d'air constant, car il devient sujet à la pourriture dans la maison si le drainage de son terreau n'est pas parfait. Dès février, il aura complètement repoussé et sera près de sa floraison. Si vous ne pouvez lui fournir suffisamment de fraîcheur, vous ne le verrez peut-être jamais fleurir… mais peu importe, il a un si joli feuillage.

On multiplie le lotier par bouturage ou par division, utilisant comme terreau de la perlite ou un autre produit très aéré.

Enfin, le nom botanique *Lotus* s'applique à cette plante voisine du pois. Le nom *commun* lotus désigne des plantes aquatiques, *Nelumbo* ou *Nymphaea*, aux larges feuilles arrondies, un tout autre genre de végétaux.

Variétés recommandées:

❧ *Lotus berthelotti* (lotier écarlate): Voir la description ci-dessus. Il y a plusieurs cultivars.

❧ *L. maculatus* (lotier orangé): Comme l'espèce précédente, mais à feuillage moins étroit et plus vert, avec des fleurs brun fauve à jaune. 'Gold Flash', aux fleurs jaunes et marquées d'orange foncé, est le plus disponible.

Lotus maculatus 'Gold Flash'

Photo: EuroAmerican Propagators

Sedum x 'Vera Jameson'

Orpin

(*Sedum*)

Noms anglais: Sedum, Stonecrop.

Hauteur: Variable, 5-25 cm.

Espacement en pot: 3-4 plants par pot de 20-25 cm.

Espacement dans le jardin: 25-60 cm.

Emplacement: Ensoleillé ou légèrement ombragé.

Terreau: Très bien drainé.

Arrosage: Tolère la sécheresse.

Multiplication: Bouturage, semis, division.

Disponibilité: Pot individuel.

Utilisation: Remplissage, en bordure, élément retombant, bac, potée suspendue, jardinière, plante d'intérieur, plate-bande, rocaille, muret, fleur coupée.

Les orpins (*Sedum*) qui meublent votre rocaille peuvent aussi décorer vos jardinières. Les variétés de rocaille, surtout, sont très intéressantes. Généralement des plantes rampantes, une catégorie toujours appréciée en contenant, leur feuillage est souvent persistant, assurant un bel effet durant toute la saison.

La plupart des orpins (voir *Variétés recommandées* ci-dessous) sont des plantes succulentes, rampantes, d'origine alpine ou de régions rocailleuses. Habitués à croître dans des fissures de roche très exposées, ils n'ont aucune difficulté à croître dans des pots et paniers en plein soleil. Ce sont des choix parfaits pour la culture en auge (voir la page 118) qui recrée très bien les conditions de leurs aires d'origine. Malgré tout, s'ils préfèrent un drainage parfait et le plein soleil, ils tolèrent très bien presque toutes les conditions, sauf l'ombre profonde et les sols détrempés.

La majorité des orpins de rocaille sont très rustiques (zone 3, et même 2) et peuvent passer l'hiver dans leur pot à l'extérieur, si on prend soin de le placer par terre, dans un endroit abrité du vent. Par contre, par mesure de précaution, en zones 2 et 3, il est préférable de placer leurs jardinières dans un garage ou autre endroit libre de gel, car en pot, une plante perd toujours un peu de sa rusticité.

La plupart des orpins s'enracinent partout où leurs tiges touchent au sol. Vous pouvez donc facilement les multiplier en utilisant des sections déjà enracinées, ou en prélevant des boutures de tige.

Variétés recommandées:

En plus des orpins rustiques décrits ici, plusieurs autres d'origine subtropicale sont très attrayants en pot. Voir à la page 346 pour quelques exemples. C'est aussi le cas des orpins rustiques au port dressé, décrits à la page 382. Ceux qui sont décrits ci-dessous ne représentent qu'un choix infime parmi les dizaines d'orpins rampants offerts dans les jardineries. Pour d'autres idées, consultez *Le jardinier paresseux: Les vivaces.*

❧ *Sedum reflexum* (sédum réfléchi): Un coussinet de tiges rampantes, couvertes de feuilles gris-vert rappelant des aiguilles de pin enflées. Fleurs jaunes. Hauteur: 15-25 cm.

❧ *S. sieboldii* (orpin de Siebold): Feuilles grises arrondies sur des branches arquées. Denses grappes de fleurs roses. 'Medio-Variegatus', aux feuilles maculées de jaune, est populaire en pot. Hauteur: 15-20 cm.

❧ *S. spurium* (orpin bâtard): Très populaire en rocaille, mais excellent aussi en jardinière. Tiges rampantes et petites feuilles dentées charnues. Fleurs roses ou blanches. Beaucoup de cultivars, tel 'Schorbuser Blut', ont un feuillage rouge. Hauteur: 10-15 cm.

❧ *S.* x 'Vera Jameson' (orpin Vera Jameson): Forme des tiges rampantes au feuillage pourpre foncé et des bouquets de fleurs roses. Hauteur: 30 cm.

Sedum sieboldii 'Medio-Variegatus'

Pavot de Californie

Photo: National Garden Bureau

Eschscholtzia californica

Pavot de Californie

(*Eschscholtzia californica*)

Nom anglais: California Poppy.

Hauteur: 15-20 cm.

Espacement en pot: 3-4 plants par pot de 20-25 cm.

Espacement dans le jardin: 15-20 cm.

Emplacement: Ensoleillé.

Terreau: Bien drainé, pauvre.

Arrosage: Tolère la sécheresse.

Multiplication: Semis.

Disponibilité: Plants à repiquer, sachet de semences.

Utilisation: Point focal, remplissage, en bordure, bac, potée suspendue, jardinière, plate-bande, rocaille, muret.

Très peu de véritables annuelles tolèrent la sécheresse, mais le pavot de Californie constitue une exception. Originaire des régions arides de la Californie, cette plante demeure habituellement en dormance, sous forme de graines, pendant des années au besoin, attendant une saison assez pluvieuse pour germer. Puis, profitant de l'ondée, le pavot de Californie croît rapidement, fleurissant à qui mieux mieux, pour recouvrir toutes les collines de l'or de ses fleurs, la couleur de la forme sauvage. En culture, il ne lui faut qu'un peu d'eau pour bien commencer la saison. Après quoi, la plante fleurit sans exiger plus qu'un arrosage occasionnel.

Il s'agit d'une plante à feuillage bleu argenté, très découpé et très aéré, attrayant en soi. Par contre, on a peu de temps pour apprécier uniquement son feuillage, car cette plante de croissance très rapide fleurit seulement 5 à 6 semaines après l'ensemencement. Le pavot de Californie produit des fleurs en forme de coupe d'assez grande taille, de 5 à 8 cm de diamètre. En plus du jaune or de l'espèce sauvage, on trouve maintenant des fleurs jaune citron, orange, blanches, roses, rouges, abricot ou bicolores, simples, semi-doubles ou doubles, à marge lisse ou ondulée. Même la capsule de graines, longue et vert bleuté, n'est pas sans charme.

Bien qu'offert en caissettes, le pavot de Californie produit une longue racine pivotante qui accepte difficilement le repiquage. Mieux vaut le cultiver vous-même, en le semant directement en jardinière dans la maison, 3 ou 4 semaines avant le dernier gel, ou une semaine ou deux plus tard, dans des godets de tourbe que vous insérez tels quels dans la jardinière le moment venu. Il est également possible de le semer directement en pot à l'extérieur, en mai. Recouvrez les graines de 6 mm de terreau.

Je vous fais une suggestion: préparez une jardinière avec quelques plantes succulentes ou autres espèces aimant un emplacement ensoleillé, et lancez quelques graines de pavot de Californie dans le pot. En peu de temps, le beau feuillage et les magnifiques fleurs des pavots comblera tous les vides.

Photo: Norseco

Eschscholtzia californica

Le pavot de Californie préfère les sols pauvres, car il a tendance à produire un feuillage plus vert et moins de fleurs lorsqu'il est cultivé dans un sol riche. Évitez donc de le fertiliser. Si la plante se fatigue à la mi-été, taillez-la sévèrement, à 5 à 8 cm du sol, et elle reprendra sa floraison très rapidement.

Variété recommandée:

❧ *Eschscholtzia californica* (pavot de Californie): Voir la description ci-dessus.

Pourpier

Portulaca umbraticola 'Yubi Rose'

Pourpier

(*Portulaca*)

Noms anglais: Portulaca, Moss Rose.

Hauteur: 15-20 cm.

Espacement en pot: 3-4 plants par pot de 20-25 cm.

Espacement dans le jardin: 15-60 cm.

Emplacement: Ensoleillé.

Terreau: Très bien drainé, pauvre.

Arrosage: Tolère la sécheresse.

Multiplication: Bouturage, semis.

Disponibilité: Plants à repiquer, pot individuel, sachet de semences.

Utilisation: Point focal, remplissage, en bordure, élément retombant, bac, potée suspendue, jardinière, plate-bande, rocaille, muret, feuillage comestible.

Le pourpier est un choix parfait pour les emplacements chauds et secs: plus c'est chaud, plus il fleurit. Ses grandes fleurs en forme de coupe, simples ou doubles, et dans une vaste gamme de couleurs, suscitent toujours de l'intérêt. Si toutefois vous ne les aimez pas, vous pouvez toujours les manger, car toute la plante est comestible.

Bien que cultivés comme plantes annuelles, les pourpiers sont des vivaces non rustiques, à croissance très rapide. Dans leurs pays d'origine, les régions arides de l'Amérique du Sud, ils germent rapidement à l'arrivée des pluies et fleurissent aussi longtemps que le sol n'est pas complètement desséché. En pot, ils fleurissent jusqu'aux gels.

On peut multiplier tous les pourpiers par bouturage, mais c'est habituellement une technique que l'on réserve au pourpier rampant (*Portulaca umbraticola*). Le pourpier à grandes fleurs (*P. grandiflora)* est facile à multiplier à partir de semences, et n'est offert que sous forme de sachets de semences, ou de plants en caissette produits à partir de semences. Pour économiser, partez vos propres pourpiers dans la maison, 6 à 8 semaines avant le dernier gel, sans recouvrir les graines qui ont besoin de lumière pour germer.

Les pourpiers préfèrent le plein soleil et un terreau plutôt sec et pauvre. Évitez de trop arroser ou fertiliser, ce qui donne un magnifique feuillage, mais peu de fleurs.

À l'automne, vous pouvez les laisser geler, ou entrer des boutures ou des plants dans un lieu chauffé et bien éclairé. Avec suffisamment de soleil, ils fleuriront tout l'hiver!

Variétés recommandées:

❧ *Portulaca grandiflora* (pourpier à grandes fleurs): C'est le pourpier traditionnel, aux feuilles tubulaires charnues et luisantes, en forme d'aiguilles de sapin. Dans sa gamme des couleurs, on trouve du magenta, du rouge, du blanc, du jaune, de l'orange,du lavande, du rose et de l'abricot, et de plus en plus de fleurs sont bicolores. Les fleurs des variétés modernes demeurent ouvertes toute la journée et non seulement en avant-midi.

❧ *P.umbraticola* (pourpier rampant): On vend habituellement cette plante sous le nom de *P. oleracea*, qui est, en fait, une mauvaise herbe aux fleurs insignifiantes. Au contraire, *P. umbraticola* produit de belles fleurs dans une bonne gamme de couleurs: rouge, rose, lavande, magenta, pêche, orange, jaune, et parfois bicolores. Ses feuilles sont très différentes de celles du pourpier à grandes fleurs, en forme de cuiller aplatie plutôt que tubulaires. Elles sont toutefois aussi reluisantes. Pour l'instant, cette plante n'est offerte que sous forme de plants bouturés.

Portulaca grandiflora 'Sundial Mix'

Queue-d'âne

Queue-d'âne

(*Sedum morganianum*)

Noms anglais: Donkey's Tail, Burro's Tail.

Hauteur: 5 cm.

Espacement en pot: 3-4 plants par pot de 20-25 cm.

Emplacement: Ensoleillé ou légèrement ombragé.

Terreau: Très bien drainé.

Arrosage: Tolère la sécheresse.

Multiplication: Boutures de tige, boutures de feuilles, division.

Disponibilité: Pot individuel.

Utilisation: Point focal, remplissage, en bordure, élément retombant, bac, potée suspendue, jardinière, plante d'intérieur, muret.

Sedum morganianum

La queue-d'âne est une plante mystérieuse. Découverte il y a près d'un siècle dans la fenêtre d'une paysanne mexicaine qui la faisait pousser en pot, c'est une plante que l'on n'a jamais trouvée à l'état sauvage. Est-ce une espèce éteinte dans la nature? Un hybride naturel? Nous le saurons probablement jamais. Compte tenu de son port entièrement pleureur, il s'agit sans doute d'une plante qui, à l'état sauvage, croissait sur des falaises, car on ne trouve jamais des plantes aux tiges aussi lâches dans d'autres situations.

Son origine inconnue n'a jamais été un obstacle à la popularité de la queue-d'âne. Retombant directement vers le sol, le port unique de ses tiges, entièrement cachées par les feuilles pointues vert bleuté et succulentes, en fait une plante remarquable. De plus, le nom «queue d'âne» lui va très bien… même si jamais vous ne verrez d'âne portant une telle robe! Au printemps, des bouquets de fleurs roses apparaissent parfois à l'extrémité des tiges, mais la plante fleurit rarement, même lorsqu'elle est très bien cultivée.

Évitez de trop manipuler la queue-d'âne, car non seulement la pruine blanche qui recouvre ses feuilles et leur donne leur coloration si typique s'enlève au moindre toucher, mais les feuilles sont fragiles et tombent facilement, trouant la «queue d'âne» formée par la tige retombante. D'ailleurs, parce que les feuilles tombées ne sont pas remplacées, lorsqu'une plante est trop dégarnie par trop de manipulations, il est plus facile de repartir à zéro avec des boutures, ou en taillant la plante mère presque au sol.

Heureusement, la multiplication est facile. Non seulement les sections de tige s'enracinent aisément, mais une simple feuille déposée à la surface du terreau donne rapidement un plant.

La queue-d'âne étant d'origine subtropicale, elle ne peut évidemment pas tolérer nos hivers. Rentrez-la à l'intérieur, sous un éclairage intense et à une température minimum de 10°C.

Variétés recommandées:

Il y a de nombreux *Sedum* rustiques (voir les pages 340 et 382 pour quelques exemples), mais la queue-d'âne représente bien les dizaines d'espèces subtropicales originaires du Mexique, dont plusieurs sont populaires pour la culture en pot, dans la maison ou sur la terrasse.

❧ *Sedum morganianum* (queue-d'âne): Voir la description ci-dessus.

❧ *S.* 'Burrito': Sans doute un hybride de *S. morganianum*. Ses feuilles plus trapues sont arrondies à l'extrémité, plutôt que pointues. Son port est le même que celui de son prétendu géniteur.

❧ *S.* 'Giant Burro's Tail': Encore une plante d'origine mystérieuse, probablement un hybride de *S. morganianum* et d'un genre proche, *Pachyphytum*. Malgré des feuilles deux fois plus longues que *S. morganianum*, la plante est très semblable.

Sedum 'Burrito'

Fleurs à l'ombre

Si trop de soleil pose problème dans certaines situations, trop peu suscite autant de questions. Dans les emplacements vraiment sombres, les plantes les plus populaires pour la jardinière, tels les pétunias, les géraniums, etc., ne fleurissent pas. Comment alors mettre un peu de couleur dans ces lieux ombragés?

Je n'exagère pas en disant que, dans une telle situation, certaines personnes s'arrachent les cheveux. Elles pensent avoir tout essayé pour fleurir les coins sombres et se désespèrent vraiment. Avant de renoncer et garnir vos bacs et jardinières de fleurs en plastique, je vous suggère de réfléchir quelques minutes. Tout d'abord, un échec passé ne prouve pas que vous n'y pouvez rien. Ensuite, l'ombre peut être très agréable. Par une journée cuisante, le coin ombragé, qui vous embête tellement au moment de la plantation, devient souvent votre refuge favori. De plus, de nombreuses plantes qui ne tolèrent pas la chaleur d'étuve de nos canicules profitent énormément d'un peu d'ombre. Ne précipitez rien. Pensez-y bien avant de vouer aux pics des démolisseurs la maison du voisin qui assombrit votre terrain, ou d'abattre l'érable centenaire qui projette une ombre sur votre terrasse. Il faut apprivoiser l'ombre, profiter de ses bons côtés, et travailler de pair avec elle pour ajouter un peu de vie et de couleur.

Pour commencer, examinez les emplacements que vous souhaitez égayer de plantes pendant l'été. Est-ce que l'ombre y est vraiment si dense? Après tout, en horticulture, on définit le «plein soleil», comme étant six heures de soleil et plus par jour. Souvent, beaucoup de lieux «ombragés» en après-midi ont déjà reçu leur juste part de soleil, en matinée. N'oubliez pas que dans nos régions, les jours d'été sont longs, et durent 16 heures et plus. Avant de crier: «Mort à l'ombre!», observez bien les alentours. Vous constaterez que, du moins en été, les endroits vraiment ombragés ne sont pas tellement nombreux. Comme la plupart des plantes à fleurs aiment le soleil, mais détestent la chaleur, un coin ensoleillé le matin, mais ombragé en après-midi, est exactement ce qui leur convient.

Même si, ayant passé toute la journée sur la terrasse, chronomètre en main, vous constatez qu'elle reçoit moins de 6 heures d'ensoleillement, ce n'est pas la fin du monde. Un ensoleillement de 4 heures et 6 heures suffit généralement aux plantes à fleurs, sauf peut-être celles du chapitre précédent, *Emplacements chauds et secs.* Entre 2 et 4 heures d'ensoleillement direct, ou 6 heures ou plus de soleil filtré, constitue la «mi-ombre», une condition aussi acceptable pour beaucoup de plantes à fleurs, même si leur floraison peut être un peu moins abondante. L'emplacement ombragé, le vrai, celui que craint le jardinier, est celui qui ne reçoit jamais de soleil, en reçoit moins de 2 heures par jour, ou est situé sous un arbre au feuillage vraiment dense. Pour vous rassurer tout à fait, oubliez les chiffres et votre chronomètre, et faites le «test du pétunia». Vous placez un pétunia en pot à l'endroit tant redouté pendant quatre à six semaines, et voyez les résultats. S'il fleurit très bien, votre emplacement reçoit le plein soleil, du moins selon un jardinier. S'il fleurit raisonnablement, votre emplacement est à la mi-ombre. Cependant, s'il ne fleurit que peu ou pas du tout, alors là, votre emplacement est à l'ombre.

Le test ou vos calculs vous ont convaincu, votre terrasse ou balcon se trouve à l'ombre. Faut-il paniquer pour si peu? Pas du tout. D'abord, plusieurs trucs vous permettent de profiter de l'ombre autant que du soleil. Les plantes à beau feuillage réussissent normalement très bien à l'ombre, et les plantes vertes tolèrent habituellement mieux l'ombre que celles dont le feuillage est coloré. Les utiliser en plus grand nombre que les plantes à fleurs vous tire facilement d'embarras, sans oublier que l'un des grands avantages de la culture en pots, c'est que les plantes sont «amo-vibles». En préparant plus de contenants qu'il n'en faut, vous pouvez leur imposer une rotation régulière: deux semaines au soleil, deux semaines à l'ombre. C'est un compromis tout à fait acceptable même pour les plantes de plein soleil, qui vous permet d'avoir beaucoup de fleurs, tout en profitant de l'ombre.

Enfin, il existe un bon nombre de plantes à fleurs qui s'épanouissent très bien à l'ombre, et se comportent également très bien en pots. On ne les trouve pas par centaines, mais vous en découvrirez plusieurs dans les descriptions qui suivent.

Pour terminer, rappelez-vous que l'ombre offre un répit que le soleil ne peut donner. Les plantes qui poussent à l'ombre exigent beaucoup moins d'arrosages que celles cultivées sous un soleil torride.De belles fleurs, et peu de travail. Pourquoi pas!

Achimène
Bégonia buissonnant
Bégonia des plates-bandes
Bégonia tubéreux
Browallie
Fuchsia
Impatiente des jardins
Lobélie érine
Pensée
Torénia

Achimène

Achimenes erecta

Achimène
(*Achimenes*)
Noms anglais: Cupid's Bower, Magic Flower, Hot Water Plant.
Hauteur: 15-25 cm.
Espacement en pot: 5-6 rhizomes par pot de 20-25 cm.
Espacement dans le jardin: 15 cm.
Emplacement: Mi-ombre.
Terreau: Bien drainé.
Arrosage: Terreau humide en tout temps en été. Dormance au sec en hiver.

Multiplication: Bouturage, semis, division des rhizomes.

Disponibilité: Rhizomes secs, pot individuel, sachet de semences.

Utilisation: Point focal, remplissage, en bordure, élément retombant, bac, potée suspendue, jardinière, plante d'intérieur, plate-bande, rocaille, muret, attire les colibris.

L'achimène est de la même famille que la violette africaine, les Gesnériacées. Ne cherchez pas de lien très visible entre ces deux plantes, elles ne sont pas proches parentes. D'ailleurs, de loin, l'achimène ressemble beaucoup plus à une impatiente qu'à un saintpaulia!

Avec leurs grands lobes très ouverts, les fleurs tubulaires font penser à un clairon. La gamme des couleurs est passablement complète, car il n'y manque que le vert et le noir, et chez plusieurs cultivars, les fleurs sont joliment tachetées de couleurs contrastantes. Les feuilles opposées ou verticillées sont elliptiques, dentées, vertes ou cuivrées, et légèrement duveteuses. La plante a un port variable, mais la plupart des variétés populaires sont buissonnantes ou retombantes.

Il s'agit d'une plante à rhizome qui pousse rapidement, fleurit abondamment en été, et sombre dans la dormance en hiver. Tôt au printemps, achetez les petits rhizomes en forme de pomme de pin pour une plantation en mars ou avril, et empotez-les en les recouvrant à peine de terreau. Lorsque les tiges sortent, ajoutez un peu de terreau dans le pot pour les solidifier. Pincez les jeunes plants quand ils ont environ 15 cm de hauteur, et de nouveau quand ils atteignent 30 cm, du moins pour les variétés qui semblent peu fournies.

Un bon éclairage indirect ou un soleil matinal convient très bien à l'achimène, et des fertilisations régulières assureront une floraison continuelle tout l'été. Ne laissez jamais sécher cette plante en pleine période de croissance. Au démarrage de la végétation, les rhizomes de l'année précédente disparaissent et les nouveaux ne se forment qu'à la fin de l'été: si la plante fane entre-temps, sa vie est finie! Vers la fin de l'été, la plante commence à «se fatiguer», indiquant ainsi que sa période de dormance approche. Cessez alors tout arrosage. Gardez les rhizomes dans leur pot ou dans de la tourbe ou de la vermiculite, et remisez-les dans un endroit sombre et frais, où la température ne descend jamais à moins de 10°C pendant l'hiver.

La multiplication de l'achimène est facile. Vous pouvez facilement bouturer les tiges que vous supprimez lorsque vous le pincez. Ainsi, pour chaque rhizome planté au printemps, la plante en produit dix autres ou plus au cours de l'été! Il croît très rapidement à partir de semences, en ne recouvrant pas les graines avec le terreau parce qu'elles ont besoin de lumière pour germer. Parfois, à l'aisselle des feuilles, l'achimène forme même des rhizomes, appelés propagules. Et si cela ne vous suffit pas, égrenez les rhizomes au moment de la plantation, en traitant les petites écailles qui tombent comme des semences. Il est souvent possible d'obtenir de cette façon entre 200 ou 300 clones d'une seule plante, et bien sûr, ils sont identiques.

Variété recommandée:

Achimenes (achimène): Inutile de dresser la liste des dizaines d'espèces, et des centaines de cultivars d'achimène: tous sont excellents pour la culture en pots.

Achimenes grandiflora

Bégonia buissonnant

Begonia x 'Dragon Wing Scarlet'

Bégonia buissonnant
(*Begonia* x)
Nom anglais: Cane Begonia.
Hauteur: 30-100 cm.
Espacement en pot: 1 plant par pot de 25-45 cm.
Espacement dans le jardin: 40-50 cm.
Emplacement: Ensoleillé ou moyennement ombragé.
Terreau: Bien drainé.
Arrosage: Peut sécher légèrement entre les arrosages.
Multiplication: Bouturage, semis.
Disponibilité: Pot individuel, sachet de semences.
Utilisation: Point focal, remplissage, en bordure, bac, potée suspendue, jardinière, plante d'intérieur, plate-bande, rocaille, muret.

Le bégonia compte plus de 600 espèces, et des milliers d'hybrides. Pour les fins de ce livre, je les ai regroupés en trois catégories principales et deux sous-catégories: les bégonias tubéreux (voir la page 358), les bégonias à rhizomes, rarement cultivés à l'extérieur et par conséquent exclus de ce livre, et le groupe le plus important en nombre, les bégonias à racines fibreuses. En fait, ce dernier groupe se subdivise en plusieurs autres catégories, mais deux suffisent ici: les bégonias des plates-bandes (voir à la page 356) et les bégonias buissonnants. C'est cette dernière catégorie que nous abordons en premier.

Jusqu'à tout récemment, le bégonia buissonnant était surtout populaire dans nos maisons. Comparativement au petit bégonia des plates-bandes, le bégonia buissonnant est relativement haut et compte, comme le nom le suggère, de nombreuses ramifications, ce qui lui donne l'aspect d'un petit arbuste. Les feuilles, habituellement assez grosses, duveteuses ou lisses, sont irrégulières, un peu en forme d'aile. Les tiges croissent vers le haut, mais se courbent vers l'extérieur, créant un très bel effet dans une jardinière et un panier suspendu. Les fleurs pendent au sommet des tiges et se succèdent tout l'été, voire même tout l'hiver lorsque la plante est rentrée, sous bon éclairage, et à la température normale de la maison. On les utilise habituellement comme plantes-vedettes, seules ou dans les compositions mixtes, mais aussi en massif dans la plate-bande.

La culture des bégonias buissonnants est facile: éclairage mi-ombré ou ensoleillé, mais à l'abri du soleil d'après-midi, arrosages réguliers, fertilisations normales, etc. Ne les sortez cependant pas avant que l'air soit bien réchauffé, et rentrez-les tôt à l'automne.

La plupart des bégonias buissonnants ne sont offerts qu'en potées, et se multiplient uniquement par boutures de tige. On peut en multiplier d'autres à partir de semences, mais l'ensemencement de tout bégonia est assez compliqué, les semis étant minuscules et très fragiles. Si vous avez le temps, allez-y, mais…

Culture des bégonias à partir de semences:

Achetez de préférence des semences enrobées. Si elles sont plus coûteuses, elles sont par contre plus faciles à manipuler, et ont un meilleur taux de germination. Semez-les très tôt sans recouvrir les graines, dès janvier pour une floraison le premier été, et contrôlez soigneusement température, humidité, éclairage, etc., en suivant les conseils donnés à la page 109, car les jeunes semis ne tolèrent aucun écart, et les plantules sont très fragiles lorsqu'elles sont toutes petites. Au moment où les semis sont assez gros pour être manipulés, repiquez-les, et vous recommencez à respirer, car leur période critique étant passée, vous pouvez désormais les traiter avec plus de désinvolture.

Variétés recommandées:

Parmi les centaines qui existent, les deux variétés suivantes sont les plus connues.

❧ *B.* 'Dragon Wing Scarlet': Nouvellement disponible et déjà populaire pour les paniers et les bacs, il a de grandes feuilles luisantes vert foncé et produit de nombreuses fleurs écarlates tout l'été, même l'hiver dans la maison. Disponible sous forme de semences et de plants. Hauteur: 35-40 cm.

❧ *B.* x 'Richmondensis': Un grand bégonia de 60 cm ou plus, aux tiges courbées vers l'extérieur et aux feuilles vert foncé, il produit tout l'été, et même tout l'hiver à l'intérieur, des fleurs roses parfumées, un phénomène rare chez les bégonias. Il y a aussi une forme à fleurs blanches. Offert sous forme de plants seulement.

Bégonia des plates-bandes

Begonia semperflorens-cultorum 'All Round Pink'

Bégonia des plates-bandes
(*Begonia semperflorens-cultorum*)
Nom anglais: Wax Begonia.
Hauteur: 15-30 cm.
Espacement en pot: 3-4 plants par pot de 20-25 cm.
Espacement dans le jardin: 20-30 cm.
Emplacement: Mi-ombragé à ombragé. Certaines lignées tolèrent le soleil.
Terreau: Bien drainé.
Arrosage: Terreau humide en tout temps.
Multiplication: Bouturage, semis.
Disponibilité: Plants à repiquer, pot individuel, sachet de semences.
Utilisation: Point focal, remplissage, en bordure, élément retombant, bac, potée suspendue, jardinière, plante d'intérieur, plate-bande, rocaille, muret.

Le bégonia des plates-bandes porte des feuilles très lustrées vaguement arrondies et de nombreuses petites fleurs. C'est une des annuelles de base, tant pour la culture en pots et jardinières que pour la plate-bande. Sa grande popularité lui vient, au moins en partie, de sa capacité de fleurir fidèlement dans des emplacements mi-ombragés, même ombragés, où peu d'autres annuelles réussissent. De façon générale, les lignées à feuilles vertes croissent mieux à la mi-ombre et à l'ombre, tandis que celles à feuilles bronzées tolèrent davantage de soleil. Il n'a qu'un défaut, la gamme de couleurs est restreinte: rouge, rose, blanc et bicolore.

Le bégonia des plates-bandes est une vivace non rustique, cultivée comme une annuelle. Les pépiniéristes le produisent à partir de graines semées au tout début de l'année, en janvier. Les graines étant extrêmement fines et les plantules très fragiles, il est préférable d'abandonner cette tâche aux professionnels. Si vous désirez tenter l'expérience, relisez *Culture des bégonias à partir de semences*, page 355.

Habituellement, on achète le bégonia des plates-bandes en caissette au printemps, mais certaines variétés plus rares, telles les formes panachées, sont vendues en pot individuel. Attendez que l'air soit bien réchauffé pour le placer à l'extérieur, car le bégonia tolère difficilement les nuits fraîches. Sa culture à l'extérieur est un jeu d'enfant: arrosez suffisamment pour empêcher l'assèchement du terreau, fertilisez un peu, etc. Si la plante se dégarnit trop, ce qui se produit parfois vers la mi-été dans les emplacements les plus ombragés, rabattez-la de moitié et elle récupérera très rapidement.

On gagne peu à rentrer les variétés standards à l'automne, car elles se remplacent facilement et à peu de frais au printemps. Par contre, les bégonias de collection, les formes à fleurs doubles, à feuillage panaché, etc., coûtent plus cher et un effort de conservation est de mise. Rentrez soit des boutures ou un plant-mère, taillant ce dernier à 3 cm du sol pour stimuler une croissance nouvelle qui s'acclimatera mieux aux conditions de l'intérieur. Le bégonia est parmi les «annuelles» les plus faciles à maintenir l'hiver, s'adaptant très bien à un faible éclairage et aux températures d'intérieur. Si l'éclairage est assez intense, le bégonia fleurit tout l'hiver.

Variété recommandée:

❧ *Begonia semperflorens* (bégonia des plates-bandes): Voir la description ci-dessus. Les formes les plus offertes sont à fleurs simples, car, jusqu'à récemment, les lignées doubles ne se multipliaient pas par bouturage. Cela vient de changer et on peut s'attendre à voir sur le marché de nombreux bégonias des plates-bandes à fleurs doubles. Le nec plus ultra demeure cependant le bégonia des plates-bandes à grandes fleurs, telle la série 'Lotto', dont les fleurs sont deux fois plus grosses que celles de toute autre série.

Begonia x *semperflorens-cultorum* à feuillage bronzé

Bégonia tubéreux

Ce *Begonia* x *tuberhybrida* partage son pot avec une bette à cardes (page 294).

Bégonia tubéreux

(*Begonia* x *tuberhybrida*)

Nom anglais: Tuberous Begonia.

Hauteur: 20-40 cm.

Espacement en pot: 1-3 plants/tubercules par pot de 20-25 cm.

Espacement dans le jardin: 25-30 cm.

Emplacement: Légèrement ombragé à ombragé. Certaines lignées tolèrent le soleil.

Terreau: Bien drainé.

Arrosage: Terreau humide en tout temps en été. Garder au sec durant la période de dormance.

Multiplication: Bouturage, semis, division des tubercules.

Disponibilité: Plants à repiquer, pot individuel, sachet de semences.

Utilisation: Point focal, remplissage, en bordure, élément retombant, bac, potée suspendue, jardinière, plate-bande, rocaille, muret, fleur comestible.

Le bégonia tubéreux est sûrement l'une des plantes les plus spectaculaires pour la culture en pots et jardinières. Ses tiges penchées, même retombantes chez les «pendulas», portent de grandes feuilles découpées, vertes ou bronzées, et des fleurs simples, semi-doubles ou doubles, frangées ou non, parfois énormes, atteignant jusqu'à 15 cm. Par contre, les variétés à grosses fleurs sont moins florifères et plus exigeantes que celles dont les fleurs sont plus petites et produites en plus grand nombre, comme les «pendulas» et les «multiflores».

Longtemps strictement considéré comme étant une plante d'ombre, le bégonia tubéreux se renouvelle depuis quelques années et plusieurs lignées réussissent très bien au soleil, notamment parmi les «multiflores» (séries 'Non Stop', 'Pin-Up', etc.) et les «pendulas» ('Illumination', 'Show Angels', etc.), en autant que le terreau ne s'assèche jamais. Comme cette plante préfère tout de même une certaine fraîcheur, les emplacements ombragés en après-midi demeurent les plus intéressants.

Cultiver le bégonia, et plus particulièrement le bégonia tubéreux, à partir de semences est très délicat. Suivez les recommandations données à la page 355, et de plus, réglez la minuterie de l'éclairage artificiel à un maximum de 15 heures par jour, sinon les semis ne se développeront pas. Ce cycle d'éclairage est différent de celui exigé par la plupart des semis. À mon avis, il est plus logique de les acheter en caissette au printemps et de garder votre espace intérieur de culture pour réaliser des ensemencements davantage à votre portée, laissant aux pépiniéristes les complications de semis.

Vous pouvez aussi acheter des tubercules au printemps, et les empoter en mars. Remplissez un pot jusqu'à la moitié de sa hauteur avec du terreau, placez-y le tubercule de façon à ce que les yeux pointent vers le haut, puis recouvrez-le à peine. Un emplacement bien éclairé, quelques heures de soleil direct et une température normale d'intérieur conviennent parfaitement à ce stage. Lorsque les tiges se forment, ajoutez du terreau pour les consolider. Cependant, ne sortez pas les bégonias avant que tout danger de gel soit écarté. Les bégonias à grosses fleurs exigent un tuteur et doivent être plantés à l'abri du vent. Les bégonias «multiflores» et «pendulas» sont plus solides, et se passent généralement de tuteur.

À l'automne, il est possible de récupérer les tubercules et les remiser pour l'hiver dans de la tourbe ou de la vermiculite, à une température fraîche, mais toujours supérieure à 10°C. Malheureusement, les lignées modernes, surtout les «multiflores», produisent souvent de très petits tubercules. Il n'est pas toujours possible de les conserver pour une autre année, et il faut remplacer les plants chaque printemps. Il est inutile d'essayer de maintenir un bégonia tubéreux en croissance en le rentrant à l'automne, car dans son cas, la dormance hivernale est *obligatoire*. Essayer de le prolonger entraîne son dépérissement.

Variété recommandée:

❧ *Begonia* x *tuberhybrida* (bégonia tubéreux): Voir la description ci-dessus.

Begonia x *tuberhybrida* 'Harlequin Red & White'

Browallie

Browallia speciosa

Browallie

(*Browallia*)

Noms anglais: Browallia, Bush Violet.

Hauteur: 30-60 cm.

Espacement en pot: 3-4 plants par pot de 20-25 cm.

Espacement dans le jardin: 30-45 cm.

Emplacement: Mi-ombragé à ombragé. Tolère le plein soleil si acclimaté.

Terreau: Bien drainé, riche en matière organique.

Arrosage: Terreau humide en tout temps.

Multiplication: Bouturage, semis.

Disponibilité: Plants à repiquer, sachet de semences.

Utilisation: Point focal, remplissage, en bordure, élément retombant, bac, potée suspendue, jardinière, plante d'intérieur, plate-bande, rocaille, muret, fleur coupée.

On me pose souvent des questions sur la browallie, une plante qui semble devenue très populaire dans les jardinières des jardins publics, mais encore peu connue du jardinier amateur moyen. Il s'agit d'une petite plante buissonnante de la famille de la tomate et du pétunia, les Solanacées. Elle porte des feuilles ovales vert foncé aux nervures profondes. Les fleurs sont aussi profondément nervurées, ce qui leur confère une texture des plus intéressantes. Avec leurs cinq lobes bien marqués, les fleurs tubulaires violettes, bleues ou blanches de la browallie rappellent celles d'une autre Solanacée, le nicotiana ou tabac fleuri. Les tiges de la browallie sont assez lâches. En pot, elles retombent assez pour créer un bel effet. Mais si vous les jugez trop lâches, ce qui arrive parfois lorsque la plante manque un peu de lumière, il suffit de les pincer pour stimuler une croissance plus dense, et tout rentre dans l'ordre en peu de temps.

Les browallies ne craignent pas autant le soleil que la chaleur. En les cultivant dans un coin ombragé, vous les protégez des pires chaleurs de l'été. Mais, parce que trop d'ombre amoindrit la floraison, déplacez vos pots de browallie si nécessaire, jusqu'à ce que vous trouviez l'emplacement partiellement ensoleillé qui leur convient parfaitement.

Vous trouverez des browallies en caissettes au printemps, du moins chez les pépiniéristes les plus à la page. Sinon, semez-les dans la maison, 6 à 8 semaines avant le dernier gel. Il suffit de presser les petites graines à la surface du sol, sans les recouvrir, car elles ont besoin de lumière pour germer. Lorsque les semis atteignent environ 10 cm de hauteur, pincez-les pour obtenir des plants plus denses. Transplantez-les dans un bon terreau, bien drainé et riche en matière organique, pour obtenir les meilleurs résultats possibles.

Attendez que l'air soit bien réchauffé avant d'exposer cette plante tropicale aux conditions de l'extérieur. Au cours de l'été, arrosez avec soin, car elle n'apprécie ni les terreaux détrempés, ni la sécheresse.

Vous pouvez rentrer les plants de browallie, ou encore, les boutures, à l'automne, car dans une fenêtre ensoleillée, c'est une excellente plante d'intérieur.

Variété recommandée:

❧ *Browallia speciosa* (browallie remarquable): La plupart des browallies sur le marché appartiennent à cette espèce. Vous trouverez des formes naines, telle 'Blue Troll', ainsi que toute la gamme des couleurs.

Browallia speciosa 'Weissglöckenchen'

Fuchsia

(*Fuchsia* x *hybrida*)
Noms anglais: Fuchsia, Lady's Teardrops.
Hauteur: 45-350 cm.
Espacement en pot: 3-4 plants par pot de 20-25 cm.
Espacement dans le jardin: 30-45 cm.
Emplacement: Légèrement ombragé.
Terreau: Bien drainé.
Arrosage: Terreau humide en tout temps.
Multiplication: Bouturage, semis.
Disponibilité: Pot individuel, sachet de semences.
Utilisation: Point focal, remplissage, élément retombant, bac, potée suspendue, jardinière, plante d'intérieur, plate-bande, taille ornementale, attire les colibris.

Fuchsia x *hybrida* 'Florabelle'

On reconnaît instantanément le fuchsia à ses belles fleurs si singulières. Elles sont si uniques, que même si on en a beaucoup modifié les couleurs, la taille, le nombre de pétales, etc., elles se reconnaissent facilement. Pendues à un très mince pédoncule, elles se composent de quatre sépales recourbés vers le haut, et de quatre pétales formant une cloche, mais chez les cultivars à fleurs doubles, les pétales sont plus nombreux. Sa gamme de couleurs comprend le rose, le mauve, le violet, le pourpre, le saumon, le rouge et le blanc, et de plus, les pétales et les sépales sont de couleur différente, la fleur ayant, par exemple, des sépales rouges et des pétales blancs.

Grâce à l'hybridation, on a donné différentes formes à cet arbuste subtropical. Le fuchsia moderne peut être dressé, semi-érigé, évasé ou retombant. On peut même trouver des fuchsias taillés en arbre, ou les tailler soi-même de cette façon.

Le fuchsia tolère difficilement la chaleur. Les emplacements exposés au soleil de plomb de l'après-midi ne lui conviennent pas. Par contre, le soleil du matin l'aide beaucoup. Le fuchsia ne tolère pas non plus la sécheresse, du moins durant sa période de croissance. Assurez-vous de garder son terreau toujours quelque peu humide.

La plupart des fuchsias sont des hybrides multipliés par bouturage, et vendus en pots individuels. Si vous avez besoin d'un grand nombre de plants, il existe des semences de fuchsia à croissance rapide, donnant une extraordinaire floraison dès la première année, que vous pouvez semer 13 à 14 semaines avant le dernier gel, sans recouvrir les graines.

Pour maintenir le fuchsia durant l'hiver, vous avez plusieurs possibilités. Vous pouvez rentrer le plant-mère, à une température normale d'intérieur, sous un éclairage intense, et profiter de fleurs tout l'hiver. Par contre, si la plante est trop grosse, il est préférable de prélever des boutures à l'automne. Dans les deux cas, surveillez les aleurodes (mouches blanches) qui *adorent* le fuchsia! Vous pouvez aussi tailler sévèrement la plante et la placer jusqu'au printemps dans un emplacement frais mais libre de gel, en l'arrosant très parcimonieusement.

Variété recommandée:

❧ *Fuchsia* x *hybrida* (fuchsia hybride, pendant d'oreilles): C'est de loin le fuchsia le plus populaire. Les couleurs et les formes sont incomparables!

Fuchsia x *hybrida* 'Swingtime'

Impatiente des jardins

Impatiens walleriana 'Tioga Light Pink'

Impatiente des jardins

(*Impatiens walleriana*)

Noms anglais: Impatiens, Patience Plant, Busy Lizzie.

Hauteur: 15-50 cm.

Espacement en pot: 3-4 plants par pot de 20-25 cm.

Espacement dans le jardin: 15-30 cm.

Emplacement: Ensoleillé à ombragé.

Terreau: Bien drainé.

Arrosage: Terreau humide en tout temps.

Multiplication: Bouturage, semis.

Disponibilité: Plants à repiquer, pot individuel, sachet de semences.

Utilisation: Point focal, remplissage, en bordure, bac, potée suspendue, jardinière, plante d'intérieur, plate-bande, rocaille, muret, coin humide, attire les colibris.

L'impatiente est la reine des fleurs annuelles, ayant ravi ce titre au pétunia il y a plus de 10 ans! Aucune autre annuelle n'est plus vendue, des centaines de millions d'impatientes étant écoulées tous les ans, aussi bien dans les climats tempérés que tropicaux.

L'impatiente des jardins est une petite plante buissonnante, aux tiges succulentes bien ramifiées, et aux feuilles pointues, légèrement dentées, habituellement vertes ou bronzées, parfois panachées. La fleur aplatie de 2,5 cm ou plus, mais bombée chez les formes doubles, portent un éperon à la face inférieure. La gamme des couleurs comprend le blanc, le rose, le rouge, le pourpre, le violet, l'orange, le saumon et plusieurs combinaisons bicolores.

L'impatiente est renommée comme plante d'ombre, et probablement aucune autre plante ne fleurit si abondamment dans des emplacements aussi sombres. Par contre, elle tolère aussi très bien le soleil, à condition que son terreau reste humide.

Malgré tous les progrès accomplis dans le développement de nouvelles impatientes, et les millions de dollars dépensés par des compagnies internationales dans la recherche sur cette plante, la faiblesse et l'irrégularité de sa germination demeurent un problème. La germination n'est pas si mauvaise sous des conditions bien contrôlées, mais à la maison, un taux de germination de 65% est considéré comme étant une belle réussite. Toutefois, ses sachets de semences contenant moins de graines que ceux des autres annuelles, il en résulte que le prix de chaque plant est assez élevé. À moins d'avoir le pouce vraiment vert, il est souvent préférable d'acheter des plants en caissettes. Comme les producteurs compensent en mettant moins de plants par caissette, même vendue sous cette forme, l'impatiente demeure plus dispendieuse que les autres annuelles, mais son prix est quand même acceptable. Si vous préférez néanmoins la semer vous-même, commencer 8 à 10 semaines avant le dernier gel. Ne recouvrez pas les semences, mais pour améliorer la germination, placez le contenant à la noirceur pendant deux jours avant de l'exposer à la lumière. Pour stimuler une croissance plus dense, pincez les jeunes plants quand ils ont six ou huit feuilles.

Enfin, attendez que la température soit assez chaude avant de sortir vos impatientes, car le froid peut grandement ralentir leur croissance.

À l'automne, prélevez des boutures sur vos impatientes préférées, ce qui est encore plus raisonnable si vous possédez des variétés de collection vendues à l'unité, comme plusieurs impatientes doubles ou à feuillage panaché. Elles poussent bien dans la maison et fleurissent même abondamment, mais leur feuillage doit être régulièrement lavé à l'eau savonneuse pour contrôler les araignées rouges.

Variétés recommandées:

❧ *Impatiens walleriana* (impatiente des jardins): Voir la description ci-dessus.

❧ *I.* x *hawkeri* (impatiente de Nouvelle-Guinée): C'est une plante plus grande (jusqu'à 60 cm) et plus rigidement dressée que l'impatiente des jardins, et aussi aux fleurs plus grosses et souvent plus voyantes. Très souvent le feuillage est pourpré ou même panaché de jaune, de rouge, de blanc ou de rose. Cependant, l'impatiente de Nouvelle-Zélande n'est *pas* une plante d'ombre, et il lui faut le plein soleil ou seulement une ombre légère.

Impatiens x *hawkeri*

Lobelia erinus 'Sapphire'

Lobélie érine

(*Lobelia erinus*)

Nom anglais: Edging Lobelia.

Hauteur: 8-20 cm.

Espacement en pot: 3-4 touffes par pot de 20-25 cm.

Espacement dans le jardin: 20-30 cm.

Emplacement: Ensoleillé à ombragé.

Terreau: Bien drainé.

Arrosage: Terreau humide en tout temps.

Multiplication: Semis.

Disponibilité: Plants à repiquer, pot individuel, sachet de semences.

Utilisation: Remplissage, en bordure, élément retombant, bac, potée suspendue, jardinière, plante d'intérieur, plate-bande, rocaille, muret.

La lobélie érine est une petite plante aux tiges minces et au feuillage délicat, à effet de dentelle lorsqu'elle est cultivée dans une jardinière. Elle produit de minuscules fleurs à deux lèvres, de couleur violette, bleue, rouge, pourpre ou blanche, qui ressemblent un peu à des gueules-de-loup miniatures. Individuellement, les fleurs sont trop petites pour être remarquables, mais à cause de leur grande quantité, elles produisent un effet qui, bien que diffus, est des plus agréables.

La lobélie est une plante au comportement quelque peu ambivalent. Sans être véritablement une plante d'ombre, elle ne tolère pas vraiment la chaleur. C'est la raison pour laquelle je l'ai placée ici; il fait plus frais à l'ombre, et la plante y fleurit quand même très bien, surtout si l'ombre est légère. Si vous avez la possibilité de lui offrir le plein soleil, et en même temps des températures fraîches, comme au bord de la mer, elle fleurit encore plus. Il faut porter une attention particulière aux arrosages, car elle ne tolère pas plus d'être inondée que de manquer d'eau. Le secret consiste à la planter dans un terreau bien drainé, et d'assurer des irrigations ou arrosages réguliers.

Souvent, surtout dans les emplacements chauds, la floraison de la lobélie diminue à la mi-été. Il faut alors agir rapidement et la rabattre de moitié, sinon elle sèche en moins de temps qu'il n'en faut pour le dire. Par contre, après une taille sévère, elle repousse rapidement grâce aux nuits plus fraîches du mois d'août, et s'épanouit plus belle qu'avant en quelques semaines.

La lobélie est offerte sous forme de sachets de semences, et en caissettes au printemps. Certains cultivars à fleurs doubles, comme 'Kathleen Mallard' à fleurs bleues, sont produits à partir de boutures et plutôt vendus individuellement. Semez les graines à la volée en surface de terreau 8 à 10 semaines avant le dernier gel, sans les recouvrir car elles ont besoin de lumière pour germer. Plutôt que d'éclaircir les plants comme on le fait habituellement pour d'autres annuelles, laissez les petits plants pousser assez densément, puis repiquez-les par petites touffes de 3 à 5 plants, chacun isolément étant d'apparence trop frêle pour créer un bel effet. Il est aussi possible d'acheter des mini-pastilles contenant plusieurs graines de lobélie que l'on sème en rangs, ce qui donne automatiquement des petites touffes à repiquer.

Comme la lobélie érine est difficile à maintenir à long terme, et facile à remplacer au printemps, on se donne rarement la peine de la maintenir pour une deuxième année. Stériles, les formes doubles méritent cependant d'être maintenues. Dans ce cas, taillez la plante sévèrement avant de la rentrer, ou prélevez des boutures. À l'intérieur, la lobélie réclame un emplacement ensoleillé et, de préférence, très frais (10-15°C).

Variété recommandée:

❧ *Lobelia erinus* (lobélie érine): Des formes à croissance plus buissonnante, parfois vendues sous le nom de *L. erinus compacta*, sont habituellement offertes pour la culture en bordure de la plate-bande, mais en pots et jardinières, on préfère les variétés retombantes, appelées parfois *L. erinus pendula*. Il existe une foule de lignées et cultivars.

Lobelia erinus 'Red Cascade

Viola x *wittrockiana* 'Comtessa Mixture

Pensée
(*Viola* x *wittrockiana*)
Nom anglais: Pansy.
Hauteur: 12-25 cm.
Espacement en pot: 3-4 plants par pot de 20-25 cm.
Espacement dans le jardin: 15-20 cm.
Emplacement: Ensoleillé ou moyennement ombragé.
Terreau: Bien drainé.
Arrosage: Terreau humide en tout temps.
Multiplication: Semis.
Disponibilité: Plants à repiquer, sachet de semences.
Utilisation: Remplissage, en bordure, élément retombant, bac, potée suspendue, jardinière, plate-bande, rocaille, muret, fleur comestible.

La pensée est une vivace bien rustique (zone 4 ou 5 selon la lignée), que l'on cultive habituellement comme annuelle. Son port étalé, presque rampant, en fait un bon choix pour la culture en contenants. Ses petites feuilles crénelées vert foncé ne sont pas particulièrement attrayantes, mais, compte tenu de sa petitesse, la plante produit un grand nombre de fleurs de bonne taille, et ce sont elles qui attirent le regard.

La pensée n'est pas aussi utilisée qu'elle le mérite dans la culture en jardinière. Sans doute s'est-elle acquis une mauvaise réputation lorsque des gens ont fait cette expérience en la plaçant en plein soleil. Or, la pensée ne tolérant tout simplement pas la canicule, elle peut difficilement supporter le plein soleil lorsqu'elle est cultivée dans un contenant parce que la température y est trop élevée. Dans la plate-bande, où le sol est plus frais, un ensoleillement intense est possible, mais en bac, son emplacement doit être à mi-ombre, dans un endroit où elle reçoit du soleil le matin, mais de l'ombre en après-midi, à moins de la cultiver sous un climat aux étés très frais. Tenez toujours son terreau au moins quelque peu humide pour conserver la fraîcheur du sol.

Dire que la culture de la pensée par semis est difficile vous semble peut-être bizarre, considérant qu'elle se ressème d'elle-même dans nos jardins. Comment une plante qui se ressème si allégrement peut-elle être difficile à semer? La semer en vue d'une brève floraison automnale n'est pas un problème, c'est ce qui se produit lorsqu'elle se ressème. Ce qui est plus compliqué, c'est la semer à temps pour une floraison estivale. Les pépiniéristes y arrivent en la semant en *novembre,* et en la cultivant dans une serre froide, à peine chauffée, durant l'hiver. Pour y parvenir chez vous, semez-la en mars, mais placez les semis au frais, entre 10 et 15°C, après la germination. Pour simplifier les choses, achetez des caissettes de pensées déjà parties au printemps!

Placez les jardinières de pensées à l'extérieur, très tôt en saison. Les pensées ne craignent pas le froid, pas même le gel, qui favorise une longue saison de floraison. Il est inutile d'essayer de maintenir des pensées cultivées en pot durant l'hiver. Elles crèvent littéralement de chaleur dans la maison, et de froid dans leur pot à l'extérieur. Pensez (ha! ha!) plutôt à acheter de nouveaux plants le printemps suivant.

Variété recommandée:

❧ *Viola* x *wittrockiana* (pensée): Il existe un vaste choix de cultivars dans une gamme presque complète de couleurs, y compris le noir, disons plutôt un pourpre très, très foncé. La seule couleur absente est le vert. Recherchez toujours des lignées renommées pour leur résistance à la chaleur si vous voulez des fleurs tout l'été.

Viola x *wittrockiana*

Torenia x *hybrida* 'Summer Wave Violet'

Torénia

(*Torenia*)
Noms anglais: Wishbone-Flower, Bluewings.
Hauteur: 15-30 cm.
Espacement en pot: 3-4 plants par pot de 20-25 cm.
Espacement dans le jardin: 15-20 cm pour les variétés dressées; 30-40 cm pour les variétés rampantes/retombantes.
Emplacement: Mi-ombragé ou ombragé.
Terreau: Bien drainé.
Arrosage: Terreau humide en tout temps.
Multiplication: Bouturage, semis.
Disponibilité: Plants à repiquer, pot individuel, sachet de semences.
Utilisation: Remplissage, en bordure, élément retombant, bac, potée suspendue, jardinière, plante d'intérieur, platebande, rocaille, muret.

Malgré toutes ses qualités, la plus importante étant probablement sa capacité de bien fleurir à l'ombre, le torénia est souvent absent de nos jardins. Le développement récent de nouvelles lignées, créées surtout pour la culture en pots et jardinières, l'aidera probablement, mais vous avez sans doute une âme de pionnier si vous cultivez le torénia.

Les différentes espèces de torénia se ressemblent peu et sont décrites sous la rubrique *Variétés recommandées*. Cependant, toutes ont des feuilles entières opposées, généralement ovales, et des fleurs tubulaires à deux lèvres, la lèvre supérieure ayant deux lobes presque soudés, et la lèvre inférieure trois lobes bien distincts. Ce sont des plantes d'ombre par excellence. Elles n'exigent pas beaucoup de lumière pour bien fleurir, et préfèrent la fraîcheur qui accompagne les sites ombragés. Leur port est très variable, parfois dressé, lâche, ou carrément prostré ou retombant.

Semez les torénias à l'intérieur 8 à 10 semaines avant le dernier gel, à la surface du terreau. Les graines ont besoin de lumière pour germer. Comme les plants trop avancés tolèrent difficilement le repiquage, semez les graines dans des godets de tourbe ou, si vous les semez dans un bac communautaire, repiquez les plants dans des godets lorsqu'ils sont encore très jeunes. Les godets de tourbe offrent l'avantage d'être transplantés tels quels, sans déranger les racines.

Comme les torénias ont tendance à brûler au soleil, placez-les à l'ombre ou à la mi-ombre, et gardez leur terreau bien humide en tout temps. Vous pouvez rentrer les plants après les avoir sévèrement rabattus pour stimuler de nouvelles pousses, ou prélevez des boutures à l'automne, car les torénias font de belles plantes d'intérieur.

Variétés recommandées:

Torenia fournieri (torénia de Fournier): Il s'agit d'une espèce buissonnante et dressée, aux fleurs bleues, violettes, rouges, roses ou blanches, toujours maculées de couleurs plus sombres, et rehaussées par une gorge jaune. Hauteur: 15-30 cm.

T. x *hybrida* (torénia hybride): Ces plantes rampantes et retombantes sont dérivées, entre autres, de *T. fournieri*, mais ont des fleurs plus allongées. Jusqu'à maintenant, la gamme des variétés est plutôt limitée. On ne nous offre que 'Summer Wave Blue' (bleu) et 'Summer Wave Violet' (violet), avec la promesse de fleurs roses, rouges, blanches, etc. sous peu. Le torénia hybride se multiplie uniquement par boutures.

T. baillonii 'Suzie Wong' (torénia jaune): Très différent des autres, le torénia jaune produit de curieuses fleurs d'un jaune vif, rehaussé par une large gorge marron pourpré. C'est une plante rampante ou retombante créant un bel effet en pot. Contrairement aux autres torénias décrits ici, il tolère bien le soleil et la chaleur.

Torenia baillonii 'Suzy Wong'

Finir la saison en beauté

Le but de la culture en pots et jardinières est presque toujours d'avoir des contenants colorés et fleuris tout l'été. D'ailleurs, le choix des végétaux dans ce livre reflète l'importance de la durée de floraison, et dans le cas des plantes cultivées pour le feuillage, l'attrait qu'il suscite de la fin du printemps jusqu'à la fin de l'été. Cependant, en toute fin de saison, dès la fin d'août ou le début de septembre, nos belles potées fleuries commencent à nous laisser tomber. Les plantes fleurissent moins ou plus du tout, le feuillage est clairsemé, et plusieurs plantes, surtout les plus gélives, sont carrément mortes. C'était beau pendant la saison estivale, mais à ce moment-ci…

C'est la raison de ce chapitre. Ici, je n'ai fait aucun effort pour choisir des plantes intéressantes durant tout l'été, je présente uniquement des végétaux qui prennent la relève à l'automne. Il ne faut qu'un peu de couleurs automnales pour redonner vie à une terrasse déprimante ou un balcon en débandade. L'idée est de ne cultiver que quelques plantes à floraison automnale dans des pots individuels, et de les placer en avant-plan dès la fin d'août, ou dès que le besoin se fait sentir. C'est surprenant comme l'œil oublie tout à fait les plantes qui dépérissent à l'arrière-plan, pour ne voir que celles bien en fleurs en avant-plan!

Comment y parvenir? Empotez ces plantes au printemps, dans de simples pots de culture ordinaires en plastique. Plusieurs sont des plantes de jardin qui ont besoin d'être divisées au printemps, de toute façon, et vous n'avez donc qu'à mettre des sections en pot plutôt que dans le sol. Durant tout l'été, arrosez-les et fertilisez-les comme toute autre plante, mais gardez-les en arrière-fond. Il est inutile de les mettre en vedette. Sans fleurs, ces plantes ne valent rien. Placez-les derrière d'autres potées, au fond de la plate-bande, derrière la maison, ou envoyez-les même passer l'été à la campagne, chez votre tante Mathilde, à n'importe quel endroit où il est possible de leur assurer un éclairage et des arrosages adéquats, sans nécessairement les avoir devant les yeux. Puis, au moment de la floraison, glissez leur pot sans attrait dans un cache-pot ou un pot décoratif et placez-les en avant-plan. C'est facile à faire, car on peut difficilement imaginer une culture moins complexe, et les résultats sont extraordinaires.

Vous pouvez utiliser le même truc pour fleurir vos plates-bandes à l'automne. Il suffit de placer quelques potées de fleurs automnales dans le paysage, directement sur le sol, peut-être même sur une annuelle morte, et ayant caché les pots avec une végétation basse, vous aurez un superbe effet, sans grand effort. Il est toujours utile d'avoir quelques potées fleuries à glisser dans la plate-bande lorsque la floraison planifiée fait défaut.

Vous ne désirez pas entretenir des potées insipides tout l'été pour une floraison à l'automne? Qu'à cela ne tienne! Depuis quelques années, dans tous les supermarchés et les jardineries, on

Sedum x 'Frosty Morn

vend des potées d'asters, de chrysanthèmes et de choux d'ornement déjà fleuris. Vous les achetez pour quelques dollars, vous les glissez dans un cache-pot, et le tour est joué!

La floraison dure autant qu'elle le peut, certaines de ces plantes étant encore en fleurs quand votre jardin disparaît sous la neige. Sauf dans le cas de l'orpin d'automne, il est inutile d'essayer de sauver ces «beautés automnales en pot». Il est presque certain que vos potées fleuries gèleront profondément dans leur pot. De plus, elles sont faciles à remplacer, et la plupart sont des surplus de votre plate-bande. Compostez donc ces «merveilles d'une saison» quand elles seront défraîchies, nettoyez leurs pots et gardez-les pour la prochaine saison.

Comparativement aux longues listes des autres chapitres, la très courte liste de plantes à floraison automnale mentionnées ici vous surprendra peut-être, mais le nombre de végétaux à floraison automnale est plutôt restreint, et la plupart des plantes qui fleurissent à l'automne sont des plantes très hautes, difficiles à cultiver en pot, ou qui n'y sont pas très attrayantes. Cependant, les suivantes sont toutes de taille réduite ou moyenne, ou peuvent être taillées à une hauteur qui convient à leur emplacement dans le jardin.

Aster nain
Chou d'ornement
Chrysanthème
Orpin d'automne

Aster x *dumosus* 'Purple Dome'

Aster nain

(*Aster* x *dumosus*)

Noms anglais: Dwarf Fall Aster, Dwarf Michaelmas Daisy.

Hauteur: Variable, 30-100 cm.

Espacement en pot: 3-4 boutures ou un plant par pot de 20-25 cm.

Espacement dans le jardin: 45-90 cm.

Emplacement: Ensoleillé ou légèrement ombragé.

Terreau: Bien drainé, riche.

Arrosage: Peut sécher légèrement entre les arrosages.

Multiplication: Bouturage, semis, division.

Disponibilité: Pot individuel.

Utilisation: Point focal, remplissage, bac, jardinière, plate-bande, rocaille, fleur coupée.

Qui n'a pas déjà vu l'un des nombreux asters d'automne qui jonchent les champs et l'orée de la forêt, partout dans l'Est nord-américain? Mais ces petites fleurs automnales lavande, blanches ou bleu pâle ne peuvent rivaliser avec les vigoureux hybrides à grosses fleurs, développés assez curieusement en Europe, et non en Amérique où elles ont leurs origines. La gamme des couleurs comprend maintenant le rose, le rouge, le bleu, le violet et le blanc. Les fleurs peuvent être simples ou doubles, laissant encore voir leur disque central jaune.

Le mot «aster» veut dire étoile, et il est vrai que ces

fleurs ressemblent à des étoiles. Ce sont des Composées, comme la marguerite. Ce qui semble être une fleur unique est en fait une inflorescence compacte, composée de fleurs fertiles jaunes au centre, entourées de nombreuses fleurs stériles, les rayons, qui attirent les insectes vers les fleurs centrales moins voyantes.

Pour réussir la culture de l'aster en pot, il faut réduire sa taille. En effet, même les asters dits nains, essentiellement *A.* x *dumosus*, atteignent souvent 60 cm ou plus, et les autres peuvent dépasser 1,50 m! C'est bien dans le jardin, mais trop haut en pot, et lorsqu'ils ont dépassé environ 45 cm de hauteur, les plants se dégarnissent à la base. Les producteurs commerciaux des «asters-en-pot», et ils sont de plus en plus nombreux, ont la tâche facile. Ils vaporisent leurs plants d'un régulateur de croissance, un produit qui réduit l'espace entre les nœuds, créant des plantes artificiellement nanifiées. Toutefois les amateurs ne peuvent se procurer ces produits, et personnellement, je préfère ne pas y toucher, car ce sont des produits chimiques apparentés aux herbicides. Pour réduire la taille d'une plante, nous devons pincer, pincer et pincer encore.

Voici leur régime de base: au printemps, empotez quelques boutures, ou une division d'un aster de votre plate-bande, dans un pot de 20 à 25 cm. Dès que la plante atteint 10 cm de hauteur, pincez légèrement, en supprimant seulement la pointe des tiges. Cela stimule le développement de plus de fleurs et réduit la hauteur de la plante. Dès qu'elle arrive à 15 cm, recommencez. Le troisième pincement doit se faire au plus tard vers le 15 juillet, afin de donner à la plante le temps d'initier des boutons floraux. Habituellement, avec trois pincements successifs, il est possible d'obtenir des plants de 45 cm ou moins, assez bien fournis, et plus florifères que les potées produites commercialement.

La floraison des asters dure environ 2 mois, et commence entre la fin août et la mi-octobre, selon le cultivar et le climat, la durée du jour influençant *beaucoup* la date du début de la floraison. Après la floraison, compostez ces plantes qui sont difficiles à maintenir pour une deuxième année. Par contre, les asters cultivés en pleine terre sont rustiques en zone 3, revenant pendant plusieurs années, à condition de les diviser régulièrement.

Variété recommandée:

❧ *Aster* x *dumosus* (aster nain): Le terme *A.* x *dumosus* n'est pas accepté par tous les botanistes qui n'y voient que des variantes naines de l'aster de New-York (*A. novi-belgii*), mais il est pratique pour le jardinier, car il regroupe les asters plus petits. Impossible de dresser la liste des meilleurs, il y en a des centaines de cultivars et de nouveaux font leur apparition tous les ans.

Photo: Yoder Brothers

Aster novi-belgii 'Winston S. Churchill'

Brassica olearcea acephala 'Nagoya Red'

Chou d'ornement

(*Brassica olearcea acephala*)

Noms anglais: Flowering Kale, Ornamental Kale, Flowering Cabbage.

Hauteur: 20-30 cm.

Espacement en pot: 1 plant par pot de 20-25 cm.

Espacement dans le jardin: 20-30 cm.

Emplacement: Ensoleillé.

Terreau: Bien drainé.

Arrosage: Terreau humide en tout temps.

Multiplication: Semis.

Disponibilité: Plants à repiquer, pot individuel, sachet de semences.

Utilisation: Point focal, remplissage, en bordure, bac, jardinière, plate-bande, rocaille, feuillage comestible, arrangements floraux.

Vous l'aimez ou ne l'aimez pas. Et ce n'est pas moi qui vous jugera! Les Japonais l'adorent et organisent des festivals autour de cette plante. En Amérique du Nord, c'est moins évident. Il faut cependant admettre que bien peu de plantes annuelles égalent l'impact qu'il crée dans le jardin automnal!

Il s'agit d'un véritable chou, qui se caractérise par un changement de couleur à l'arrivée des journées fraîches de l'automne. C'est une plante qu'il vaut mieux cultiver en pot que dans la plate-bande, car elle a peu d'attrait avant de se colorer. Si vous la cultivez en pot, vous n'avez qu'à la cacher pendant sa période «vilain petit canard». Cependant, lorsqu'elle se métamorphose en cygne, que son centre commence à changer de couleur pour devenir blanc crème, rose, rouge ou pourpré, vous installez la nouvelle vedette en avant-plan.

Il faut souligner que cette coloration assez unique n'est pas la fleur. Le terme anglais «flowering kale» est inexact. Les vraies fleurs, des bouquets aérés jaunes, apparaissent sur de hautes tiges la *deuxième année*, si le chou survit à l'hiver, car c'est une plante bisannuelle. De zone 7, sa floraison est rare sous notre climat.

Vous pouvez acheter des jeunes plants de choux d'ornement en caissette au printemps, ou des plantes en pot déjà colorées à l'automne. Pour économiser, semez-les en petits pots en juin, puis en août, repiquez les plants dans des pots plus gros. Le chou d'ornement exige de la lumière pour germer, il ne faut par recouvrir ses graines. Il faut par contre recouvrir légèrement celles de son proche cousin, le chou frisé d'ornement.

Variété recommandée:

❧ *Brassica olearcea acephala* (chou d'ornement): Voir la description ci-dessus. Le chou d'ornement et le chou frisé d'ornement sont quasiment identiques, la seule vraie différence réside dans les feuilles entières du premier, alors que celles du deuxième sont joliment découpées.

Ces potées de chou d'ornement, qui grossissent loin de la vue pour l'instant, voleront la vedette à l'arrivée de l'automne.

Chrysanthème

Chrysanthemum x *grandiflorum* 'Janice'

Chrysanthème

(*Chrysanthemum* x *grandiflorum*)

Noms anglais: Garden Mum, Cushion Mum, Chrysanthemum.

Hauteur: 45-150 cm.

Espacement en pot: 3-4 boutures ou un plant par pot de 20-25 cm.

Espacement dans le jardin: 45-90 cm.

Emplacement: Ensoleillé ou légèrement ombragé.

Terreau: Bien drainé, riche.

Arrosage: Peut sécher légèrement entre les arrosages.

Multiplication: Bouturage, semis, division.

Disponibilité: Pot individuel, sachet de semences.

Utilisation: Point focal, remplissage, en bordure, bac, potée suspendue, jardinière, plante d'intérieur, plate-bande, rocaille, fleur coupée.

Que de changements de nom! Cette plante fut connue d'abord sous le nom de *Chrysanthemum morifolium*, jusqu'à ce qu'une étude dévoile que, au sens botanique, elle n'est pas un véritable chrysanthème, et qu'on la rebaptise *Dendranthema* x *grandiflora*. Devant le tollé général des jardiniers traumatisés par le retrait du nom *Chrysanthemum* à leur chrysanthème préféré, un comité international de nomenclature botanique a résolu de faire concorder les noms communs et botaniques, et notre chrysanthème est devenu *Chrysanthemum* x *grandiflorum*. Les «vrais chrysanthèmes» au sens botanique, *C. carinatum* et *C. coronarium*, doivent maintenant céder leur nom à l'usurpateur, mais aucun nouveau nom ne leur a encore été officiellement attribué.

D'une certaine façon, le chrysanthème n'est qu'une marguerite améliorée. Y travaillant depuis plus de 1 000 ans, les Chinois ont développé des chrysanthèmes dans une vaste gamme de formes et couleurs: simples, semi-doubles, doubles, récurvés, pompons, et beaucoup plus encore, dans des teintes de blanc, jaune, rose, rouge, bronze et pourpre. Plusieurs formes sont très perfectionnées, mais si difficiles à cultiver, qu'on les classifie comme «chrysanthèmes d'exposition»: jamais on ne les cultive ailleurs qu'en serre. Les «chrysanthèmes des fleuristes» sont des formes créées surtout pour la vente de potées fleuries *pour décorer nos intérieurs*. Ils ne résistent pas à nos hivers. Vous pouvez toutefois placer vos «chrysanthèmes-cadeaux» dans le jardin estival, car souvent ils refleurissent à l'automne. Enfin, il y a les chrysanthèmes de jardin, plus rustiques, et aussi de culture plus facile. Ce sont eux que l'on cultive habituellement pour préparer des potées automnales.

Le chrysanthème est étroitement apparenté à l'aster, et exige exactement les mêmes soins pour bien fleurir en pot. À défaut de pouvoir le traiter avec des régulateurs de croissance comme le font les pépiniéristes, nous devons le pincer. Chaque pincement stimule un dédoublement du nombre de tiges et de la quantité de fleurs, tout en créant une plante beaucoup plus compacte. Empotez des boutures ou des divisions au printemps, et pincez-les trois fois: à 10 cm de hauteur, 15 cm et une dernière fois vers le 15 juillet. Ne les pincez plus par la suite, car vous risqueriez de supprimer les boutons floraux.

Variété recommandée:

❧ *Chrysanthemum* x *grandiflorum* (chrysanthème): Comme la base de cette culture consiste à prélever de nouveaux plants de chrysanthèmes dans la plate-bande à tous les printemps, il faut nécessairement utiliser des chrysanthèmes suffisamment rustiques pour le climat. Recherchez les cultivars des séries 'Morden' et 'Minn': ils sont rustiques en zone 3 si cultivés en pleine terre. La plupart des autres chrysanthèmes sont à peine rustiques en zone 5, même avec une bonne protection hivernale.

Même après la fonte d'une première neige, ce panier composé de plusieurs potées de chrysanthèmes et d'un chou d'ornement, est encore très attrayant.

Sedum spectabile

Orpin d'automne

(*Sedum spectabile*)

Noms anglais: Fall Stonecrop, October Plant.

Hauteur: 30-50 cm.

Espacement en pot: 1 plant par pot de 18-20 cm.

Espacement dans le jardin: 45-60 cm.

Emplacement: Ensoleillé ou légèrement ombragé.

Terreau: Bien drainé.

Arrosage: Tolère la sécheresse.

Multiplication: Bouturage, division.

Disponibilité: Pot individuel.

Utilisation: Point focal, remplissage, en bordure, bac, jardinière, plate-bande, rocaille, attire les papillons, fleur coupée, fleur séchée.

Nous avons déjà vu les orpins de rocaille à la page 340, et les orpins subtropicaux à la page 346, mais le genre *Sedum* est très grand et comprend beaucoup de plantes fort différentes. J'ai regroupé ici des plantes assez différentes à cause d'un port érigé, plutôt que rampant, et d'une floraison beaucoup plus tardive.

À certains niveaux, les orpins d'automne sont typiques des plantes succulentes: tige érigée et feuille en forme de cuiller, toutes deux très charnues et remplies de suc, et la plante entière est couverte d'une pruine blanche qui lui donne une coloration vert-de-gris. Par contre, contrairement à la majorité des plantes succulentes, les orpins tolèrent très bien les sols humides et les emplacements mi-ombragés, de même que les climats froids (zone 3). Néanmoins, un bon ensoleillement et un terreau plutôt sec donnent des plantes plus compactes, plus solides et plus attrayantes.

Autre caractéristique qui les différencie de la plupart des autres orpins, les orpins d'automne meurent jusqu'au sol l'hiver, et renaissent au printemps, produisant des pousses épaisses qui rappellent les turions d'asperge, mais de couleur glauque. Les tiges croissent lentement tout l'été pour produire, juste avant les gels, des masses denses de petites fleurs étoilées, rappelant les choux-fleur. Les papillons apprécient ces fleurs qui deviennent l'une de leurs dernières sources de nectar de la saison. Les fleurs varient quant à leur couleur (voir *Variétés recommandées* ci-dessus), mais toutes foncent de plus en plus à mesure que la saison avance. Quand arrivent les neiges, les tiges sont encore debout. Quel magnifique souvenir elles nous laissent de l'automne qui s'achève en les regardant disparaître peu à peu sous la neige.

Pour cultiver l'orpin en pot, empotez une talle au printemps, alors que la plante est encore en dormance. Quand les tiges ont environ 7 cm de hauteur, pincez-les une fois, ce qui rend la plante plus compacte et plus fournie. Autrement, leur entretien est très routinier et minimal.

Contrairement aux autres plantes de ce chapitre, vous pouvez garder les orpins d'automne en contenant d'une année à l'autre. En zones 4 et 5, il suffit de placer leur pot sur le sol dans un emplacement protégé contre le vent. En zones 2 et 3, rentrez-les dans un garage ou autre endroit abrité.

Les orpins d'automne se multiplient facilement par bouturage ou par division. À partir d'un seul plant acheté, vous pouvez en avoir des centaines après seulement deux ou trois ans!

Variétés recommandées:

Plusieurs botanistes ont retiré les plantes qui suivent du genre *Sedum* et les ont placées dans le nouveau genre *Hylotelephium*. Comme ce changement n'est pas encore universellement admis, j'ai cru bon de les laisser sous leur ancien nom.

❧ *Sedum spectabile*, maintenant *Hylotelephium spectabile* (sédum remarquable): Cette plante, populaire dans les jardins d'antan, offre plusieurs cultivars. 'Brillant' (fleurs roses), 'Carmen' (fleurs carmines) et 'Iceberg' (fleurs blanches) sont les plus courants.

❧ *S.* x 'Herbstfreude', maintenant *H.* x 'Herbstfreude': appelé erronément 'Autumn Joy', cette plante compacte, aux fleurs roses, devenant rouges et ensuite brun roux, a seulement 50 cm de hauteur. C'est l'orpin le plus populaire.

❧ *S.* x 'Frosty Morn', maintenant *H.* x 'Frosty Morn': C'est un nouvel hybride au feuillage panaché vert et blanc, et aux fleurs blanches parfois teintées de rose. Hauteur: 30 cm.

Plantes pensez-y bien

J'adore expérimenter avec les plantes. Si vous me donnez un quelconque végétal, soyez assuré que je ferai mon possible pour connaître tous les secrets de sa culture. Il m'arrive d'échouer, je l'admets. J'ai beau tout essayer, suivre les conseils des experts, dans certains cas, c'est l'échec total ou les résultats sont plutôt médiocres. Lorsqu'en plus, j'apprends que d'autres jardiniers ont les mêmes problèmes, le doute s'installe dans mon esprit. Si mon insuccès ne dépendait pas de moi, mais de la plante?

Les plantes décrites ici ont d'excellentes qualités, mais plus que leur part de défauts. Assez pour vous avertir. Désirez-vous vraiment investir beaucoup d'efforts, et peut-être même d'argent, dans une plante qui ne vous donnera pas satisfaction? Personnellement, en ma qualité de jardinier paresseux, je préfère, et de loin, les plantes qui réclament moins d'attention. Celles qui exigent tout mon temps ne m'intéressent pas. Je vous les décris ici.

Vous pouvez très bien les cultiver. Plusieurs sont fort intéressantes, une fois que vous avez découvert leurs petits secrets, lesquels je vous livre d'ailleurs dans les descriptions suivantes. Mais ces végétaux ne sont pas les plus faciles à cultiver, ou leurs petits caprices nous compliquent la vie. Lisez les textes suivants et vous comprendrez mon hésitation.

Bulbes à floraison printanière
Cosmos chocolat
Ostéospermum
Rose d'Inde
Rosier sur tige

Cette photo a été prise aux Pays-Bas. Il serait difficile de réaliser une telle jardinière de narcisses sous notre climat.

Bulbes à floraison printanière

Photo: Centre d'information des bulbes à fleurs

Les bulbes à floraison printanière sont faciles à forcer, mais difficiles à cultiver en pot, à l'extérieur.

Bulbes à floraison printanière

(*Crocus*, *Hyacinthus*, *Narcissus*, *Tulipa*, etc.)

Nom anglais: Spring Bulbs.

Hauteur: 7-65 cm.

Espacement en pot: 10-15 petits bulbes, ou 5-7 gros bulbes par pot de 20-25 cm.

Espacement dans le jardin: 7-10 cm pour les variétés basses; 15-20 cm pour les variétés hautes.

Emplacement: Ensoleillé ou légèrement ombragé. Certains tolèrent l'ombre.

Terreau: Bien drainé.

Arrosage: Terreau humide en tout temps de l'automne au printemps. Préfère un sol sec en été.

Multiplication: Division.

Disponibilité: Bulbes secs.

Utilisation: Point focal, remplissage, en bordure, bac, jardinière, plante d'intérieur, plate-bande, rocaille, muret, attire les colibris, fleur coupée.

J'éprouve une certaine culpabilité à dénigrer ces plantes si populaires, mais je pense vraiment que c'est en pleine terre que l'on doit cultiver les bulbes à floraison printanière. Le problème est strictement d'ordre climatique. Au Québec, et presque partout ailleurs au Canada, sauf sur les côtes du Pacifique, les hivers sont trop rigoureux pour cultiver des bulbes en pots et jardinières. Sous d'autres climats, on les cultive abondamment en jardinière et les réussit à merveille. Mais presque partout en Europe ou aux États-Unis, jamais la température ne descend à -30°C. Ici, plantez ces bulbes dans la plate-bande, dans le sous-bois, même dans la pelouse, et vous n'aurez aucun problème, mais pas en jardinière.

Le problème est simple, et je le mentionne ailleurs dans ce livre, lorsqu'il est question de plantes «rustiques» cultivées en contenants, résistant en théorie au froid dans une zone déterminée. Dans un pot, le gel pénètre plus profondément la terre. Sous notre climat, dans le jardin, le sol à quelques centimètres de profondeur, là où résident les bulbes, descend rarement en dessous de - 5°C, et les bulbes y subissent un gel léger. Cependant, dans une jardinière exposée de tous côtés aux intempéries, la température intérieure peut descendre jusqu'à -30°C, et les bulbes ainsi cultivés sont littéralement transpercés par le gel qui les transforme en bouillie.

J'ai bien essayé de contourner ce problème. Dans les livres américains, on suggère de les placer dans un garage abrité, et de les arroser de temps à autres. Cette méthode convient à beaucoup d'autres plantes, j'en conviens, mais les bulbes gèlent. En Europe, il semble que simplement les recouvrir de feuilles mortes suffit. Pas chez moi! Au dégel, je ne retrouve qu'une compote de bulbes.

J'ai trouvé une solution, mais qui relève davantage de la culture à l'intérieur que de la culture enpots et jardinières. Il suffit de forcer les bulbes, comme on le fait pour les jacinthes et les narcisses en plein hiver. Empotez les bulbes à l'automne, arrosez-les bien et placez les pots dans un réfrigérateur ou une chambre froide, où la température avoisine 1 à 5°C, mais sans danger de gel. N'oubliez pas d'arroser régulièrement, car malgré la noirceur et le froid, les bulbes poussent. Durant l'hiver, vous pouvez sortir des potées et les monter dans la partie habitée de la maison où les bulbes fleuriront hors saison, c'est ce que l'on appelle le forçage. Vous pouvez aussi laisser les bulbes au froid jusqu'en avril ou mai, puis les sortir à l'extérieur. Là, vos bulbes fleuriront, pareils aux belles images des revues. Mais est-ce vraiment de la culture en jardinière ou un forçage retardé? Je ne sais pas. Néanmoins, c'est beaucoup de travail pour obtenir, en pot, les fleurs qui fleurissent si spontanément dans nos plates-bandes, à la même date!

Variétés déconseillées:

❧ *Crocus*, *Hyacinthus*, *Narcissus*, *Tulipa*, etc. (bulbes à floraison printanière): Voir le texte ci-dessus. Je vous conseille fortement de cultiver ces bulbes en pleine terre, et non en pot.

Variétés recommandées:

❧ *Begonia* x *tuberhybrida*, *Dahlia*, *Gladiolus*, *Tigridia*, etc. (bulbes à floraison estivale): Si vous voulez cultiver des bulbes en jardinière, je vous suggère les bulbes à floraison estivale. Ils réussissent à merveille. Vous trouverez plus de détails dans un livre spécialisé sur les bulbes.

Cosmos atrosanguineus

Cosmos chocolat

(*Cosmos atrosanguineus*)

Nom anglais: Chocolate Cosmos.

Hauteur: 60-75 cm.

Espacement en pot: 3-4 plants par pot de 25-30 cm.

Espacement dans le jardin: 45 cm.

Emplacement: Ensoleillé.

Terreau: Bien drainé.

Arrosage: Peut sécher légèrement entre les arrosages.

Multiplication: Bouturage.

Disponibilité: Pot individuel.

Rusticité: Zone 7.

Utilisation: Point focal, remplissage, bac, potée suspendue, plate-bande, plante mellifère, attire les papillons, fleur parfumée.

Quelle plante surprenante! Au-dessus d'un feuillage penné, mais beaucoup moins délicat que celui du cosmos habituel, montent de longues tiges frêles portant des petites marguerites d'un rouge marron foncé. Si vous vous penchez pour humer leur parfum, appelez «Chocolaïques anonymes», sinon vous risquez d'en tomber éperdument amoureux!

Avec le temps, le cosmos chocolat est presque devenu une légende urbaine, car tous les bons jardiniers en ont entendu parler, mais peu l'ont vraiment cultivé! Selon la légende, cette plante d'origine mexicaine a disparu de la flore de son pays. Même en culture, on l'a perdue de vue pendant de longues années. Lorsqu'elle a refait surface, le seul et unique clone que l'on possédait était stérile. Comme il ne produisait pas de semences fertiles, les pépiniéristes l'ont multiplié uniquement par bouturage. Toujours selon la légende, les fleurs sont non seulement du rouge foncé que l'on associe au chocolat, mais en plus, elles sentent le chocolat. Quelle légende farfelue! Et pourtant, c'est la vérité!

Si avec une si belle histoire, le cosmos chocolat était bon marché, très florifère et de culture facile, ce serait le paradis, mais hélas, ce n'est pas le cas, et de loin! Cette plante est une véritable prima donna. Si tout ne lui convient pas, aucune performance à attendre d'elle, mais pas du tout! Il faut acquiescer à tous ses caprices pour obtenir la plus infime floraison, et pourtant, la plante n'est pas vraiment belle. Pour l'être, il faudrait qu'elle fleurisse abondamment. Cependant, elle produit rarement plus de trois ou quatre fleurs, petites et d'une couleur peu saisissante, et qui s'épanouissent en même temps. De plus, non seulement le cosmos chocolat coûte assez cher à l'achat, il est de plus difficile à conserver. C'est une vivace, mais à peine assez rustique pour la zone 7, impossible à maintenir l'hiver à l'extérieur, et encore moins en pot, dans les régions nordiques. Pas de problème, nous dit-on! Vous pouvez conserver le bulbe d'une année à l'autre si vous le rentrez pour l'hiver. Ah oui? Premièrement, le «bulbe» n'est qu'un léger renflement à la base de la tige, en fait un tubercule, ne contenant pas assez de réserves pour l'hiver. De plus, il a davantage tendance à sécher sous nos yeux qu'à survivre aux longs mois d'hiver.

Je le confesse, en travaillant sur cette plante comme un forcené, et pendant de longues années, j'ai fini par trouver comment la garder en vie. L'été, je cultive le cosmos chocolat en *potée individuelle*, dans un pot d'environ 25 à 30 cm de diamètre, car il ne tolère pas non plus la promiscuité. Ensuite, je le laisse *subir un léger gel à l'automne*. Quand son feuillage est mort, j'arrête les arrosages pour stimuler la dormance, et rentre le tubercule, *toujours dans son pot*, ce qui contribue à prévenir son dessèchement. Finalement, je le place dans une chambre froide pour l'hiver. Au printemps, environ six à huit semaines avant le dernier gel, j'expose la plante à la lumière et à une température plus chaude, et je recommence les arrosages. J'ai même réussi, une unique fois, à bouturer le cosmos chocolat, en prélevant une tige secondaire en mai pour obtenir un deuxième plant. À toutes les autres occasions, les boutures étaient tombées en pourriture.

Y a-t-il quelque chose de positif à dire sur le cosmos chocolat? Bien sûr que oui! Sentir l'arôme chocolaté de ses fleurs ne fait pas engraisser, mais pas du tout!

Variété déconseillée:

❧ *Cosmos atrosanguineus*, anc. *Bidens atrosanguineus* (cosmos chocolat): Voir la description ci-dessus.

Variétés recommandées:

❧ Les deux cosmos communs, soit le cosmos à grandes fleurs (*C. bipinnatus*, rose, rouge, lavande ou blanc) et le cosmos sulfureux (*C. sulphureus*, jaune, orange ou rouge) sont des annuelles de culture facile qui se comportent très bien dans la plate-bande. Par contre, en bac, ils ne sont pas plus intéressants que la majorité des autres annuelles. Pour plus de renseignements, consultez *Le jardinier paresseux: les annuelles*.

Ostéospermum

Osteospermum 'High Side'

Ostéospermum

(*Osteospermum*)

Noms anglais: Osteospermum, Cape Daisy.

Hauteur: 25-120 cm.

Espacement en pot: 1 plant par pot de 20-25 cm.

Espacement dans le jardin: 30-45 cm.

Emplacement: Ensoleillé.

Terreau: Très bien drainé.

Arrosage: Peut sécher légèrement entre les arrosages.

Multiplication: Bouturage, semis, division.

Disponibilité: Pot individuel, sachet de semences.

Utilisation: Point focal, remplissage, en bordure, bac, potée suspendue, jardinière, plante d'intérieur, plate-bande, rocaille, muret, attire les papillons, fleur coupée.

Un jour, dans un marché public de Vancouver, j'ai vu un plant d'*Osteospermum* 'Pink Whirligig', une magnifique «marguerite», grosse inflorescence au centre bleu et aux rayons roses avec revers bleuté, chacun pincé au centre comme une hélice. Ce fut le coup de foudre pour moi et pour tout le groupe qui m'accompagnait. Chacun a acheté au moins un plant, sinon deux. Mais, revenus chez nous, la floraison si spectaculaire a été rare, très rare. J'ai gardé le mien trois ans, l'entrant dans la maison l'hiver et me pliant à ses moindres caprices. Floraison totale? 15 fleurs en 3 ans!

Pourtant, j'ai vu, de mes yeux vu des ostéospermums portant des dizaines de fleurs à la fois à Vancouver, en Californie, en France, en Angleterre, et en Afrique du Sud, son pays natal. Que s'est-il passé?

Voici le secret de sa réussite: l'ostéospermum fleurit uniquement quand les jours sont longs, le soleil très intense et les nuits fraîches. Là où les étés sont chauds, la floraison s'arrête net. Dans les régions côtières, tout va bien, la mer garantissant des nuits fraîches, même au milieu de juillet. Ailleurs, on vend des plantes cultivées en serre froide et débordant de fleurs, mais la floraison ne durera pas.

Si vous tenez à l'essayer, donnez-lui un ensoleillement très intense, vraiment le plein soleil, car les fleurs ne s'ouvrent même pas si le temps est gris, et de la fraîcheur, comme je l'ai précisé auparavant. Autrement, il se contente des soins élémentaires: arrosages réguliers, fertilisations occasionnelles, etc. En hiver, rentrez la plante et donnez-lui un emplacement ensoleillé et frais. Multipliez-le par bouturage ou par semis, à l'intérieur, 16 à 20 semaines avant la date du dernier gel.

Malgré mes commentaires négatifs, je crois vraiment que l'ostéospermum est une plante d'avenir. Les hybrideurs travaillent fort à créer des lignées tolérant mieux la chaleur, et ils y parviendront un jour. Pour l'instant, je m'amuse à croquer les ostéospermums en photos, ailleurs, lorsque je voyage.

Variété déconseillée:

❧ *Osteospermum ecklonis*, anc. *Dimorphoteca ecklonis* (ostéospermum): La plupart des ostéospermums hybrides dérivent de cette espèce à fleurs blanches. Risquez-vous si vous vivez en Gaspésie ou sur la Côte Nord, etc., mais ailleurs…

Variétés (presque) recommandées:

❧ *Osteospermum* x (ostéospermum hybride): Les plus récents hybrides, comme 'Passion Mix', en rose, pourpre, lavande et blanc, arrivent *presque* à tolérer nos conditions. Pourquoi ne pas les essayer? Qui sait? L'été sera peut-être frais!

Osteospermum 'Pink Whirligig'

Rose d'Inde

Tagetes erecta

Rose d'Inde

(*Tagetes erecta*)

Nom anglais: African Marigold.

Hauteur: 25-120 cm.

Espacement en pot: 3-4 plants par pot de 20-25 cm.

Espacement dans le jardin: 30-45 cm.

Emplacement: Ensoleillé ou légèrement ombragé.

Terreau: Bien drainé.

Arrosage: Peut sécher légèrement entre les arrosages.

Multiplication: Semis.

Disponibilité: Plants à repiquer, sachet de semences.

Utilisation: Point focal, remplissage, en bordure, bac, potée suspendue, jardinière, plate-bande, rocaille, muret, fleur coupée.

Je dois admettre que dans ce cas, je me permets d'exprimer mes goûts personnels. Je n'ai jamais aimé la rose d'Inde dans la plate-bande, et je ne la trouve pas plus jolie dans une jardinière. Son port est trop rigide à mon goût, et les grosses fleurs jaunes, orange ou crèmes en pompon, posées au-dessus d'un feuillage découpé vert foncé, trop parfaites. Une plantation de plusieurs roses d'Inde est presque géométrique: toutes les plantes ont exactement la même hauteur, la même forme et parfaitement espacées. Que voulez-vous? Je n'aime pas les plantations qui semblent trop organisées. Cependant, beaucoup de gens l'aiment, c'est une plante populaire qui se vend bien… et il y avait même une association américaine qui a voulu en faire la fleur emblème officielle des États-Unis. La rose d'Inde a donc de nombreux admirateurs! Mais tout le monde a droit à ses opinions, et c'est mon cas. Je n'aime tout simplement pas la rose d'Inde, mais si vous l'aimez, ne tenez pas compte de mon opinion.

Cependant, la forme originale, que je n'ai vue qu'une seule fois dans ma vie parce que la forme double domine depuis le 19e siècle, n'est pas dénuée d'intérêt à mes yeux: de grosses fleurs simples ressemblant à d'énormes marguerites. Mais où la trouver?

L'autre raison de mon aversion pour la rose d'Inde est son odeur. La fleur même n'a pas d'odeur, le coupable est le feuillage, et c'est seulement lorsqu'il est froissé que son arôme se dégage. Mais quelle senteur désagréable! Autrefois, on donnait à cette plante le nom de «vieux garçons» à cause de son odeur de renfermé, une odeur qui nous colle aux doigts, et n'invite guère à planter ou nettoyer la rose d'Inde.

Vous trouverez des plants de rose d'Inde en caissettes au printemps. Essayez d'acheter de jeunes plants en bouton seulement car ils se repiquent mieux; si les plants sont en fleurs, supprimez-ces dernières au moment de la plantation pour stimuler un meilleur enracinement. Vous pouvez aussi les semer à l'intérieur, 5 ou 6 semaines avant le dernier gel, ou directement dans la jardinière à la fin mai. Pour une floraison rapide, tenez les plants sous fluorescents, 9 heures par jour, pendant les deux dernières semaines précédant le repiquage, ou cultivez des variétés à jours neutres. Supprimez les fleurs fanées pour prolonger la floraison.

La rose d'Inde meurt à la fin de la saison, et on ne peut la maintenir dans la maison au cours de l'hiver. Cependant, on peut la semer à l'intérieur pour une floraison hivernale. Supprimez les fleurs séchées pour prolonger la floraison.

Variétés déconseillées:

❧ *Tagetes erecta* (rose d'Inde): Voir la description ci-dessus.

❧ *T. erecta* x *patula* (rose d'Inde triploïde): Il s'agit d'un hybride entre la rose d'Inde et l'œillet d'Inde (*T. patula*). Il ressemble à une rose d'Inde, mais aux fleurs plus petites et plus nombreuses et dans une gamme de couleurs plus vaste, incluant non seulement le jaune et l'orange, mais des teintes de rouge orangé et d'acajou. En jardinière, je le trouve plus joli que la rose d'Inde ordinaire. Cependant la rose d'Inde triploïde est stérile et ne produit aucune semence, rien n'indique au plant d'arrêter de fleurir. Elle fleurit donc sans arrêt, durant toute la saison, même en ne supprimant pas ses fleurs fanées. Néanmoins, je ne la recommande pas trop fortement, car son taux de germination est faible et le prix des graines, prohibitif.

Variété recommandée:

❧ D'autres espèces de *Tagetes*, dont l'œillet d'Inde, à la silhouette plus gracieuse et convenant donc mieux à la culture enpots et jardinières, sont présentées à la page 252.

Rosier sur tige

(*Rosa* x)

Nom anglais: Tree Rose.

Hauteur: Variable, 30-50 cm (rosier miniature) à 60-120 cm (rosier standard).

Espacement en pot:
1 plant par pot de 30-45 cm.

Espacement dans le jardin: 100-150 cm.

Emplacement: Ensoleillé.

Terreau: Bien drainé.

Arrosage: Terreau humide en tout temps.

Multiplication: Greffage.

Disponibilité: Pot individuel.

Utilisation: Point focal, bac, plate-bande, taille ornementale, fleur coupée.

Rosa x 'Class Act' (floribunda)

Le rosier sur tige est un rosier de n'importe quelle catégorie, greffé sur une tige droite, et même doublement greffé, car on a aussi greffé la tige droite sur un porte-greffe aux racines solides. Son effet est absolument charmant et le choix très vaste, car il y a des rosiers sur tige miniatures, hybrides de thé, floribundas, grandifloras et beaucoup d'autres encore, de toutes les formes et de toutes les couleurs possibles, sauf le noir et le bleu, car les rosiers que l'on dit «bleus» se rapprochent davantage de la couleur lavande. Par contre, n'allez pas croire que vous trouverez beaucoup de variétés de rosiers sur tige chez votre pépiniériste local. Le choix existe, mais en Europe, en Californie, en Nouvelle-Zélande, partout où la culture du rosier sur tige est facile. Dans l'est de l'Amérique du Nord, seuls les rosiers les plus populaires sous leur forme standard sont offerts sur tige.

Superbe plante, mais quelle prima donna! Disons dès l'abord que tous les rosiers en pot sont assez exigeants (voir à la page 168). Ils doivent être arrosés régulièrement mais pas trop, surveillés de près pour les insectes et maladies, fertilisés abondamment et, surtout, hivernés adéquatement. Le rosier sur tige est cependant plus exigeant que les autres. Fragilisé par ses deux greffes qui créent deux points naturels de faiblesse, à de très rares exceptions près, votre rosier sur tige exigera un tuteur toute sa vie, car il se brise facilement, et plus encore lorsqu'il grossit un peu et que sa tête devient massive. De plus, il faut régulièrement supprimer les gourmands qui se développent à son pied, et toute branche qui part du tronc. Vous devez aussi tailler celles qui allongent trop ou qui ont été brisées… et la liste continue. Votre petit rosier sur tige saura vous occuper presque tous les jours du printemps et de l'été!

Cependant, la grande question demeure. Est-il possible de conserver un rosier sur tige pour une deuxième année? C'est un point important. Le rosier sur tige est très dispendieux, probablement plus qu'aucune autre plante que vous cultivez en bac ou jardinière, sinon un bonsaï. Si vous pouviez le garder une dizaine d'années, votre investissement en vaudrait la peine.

La réponse est un «n…oui» très net. Oui, vous le pouvez, mais non, ça ne sera pas facile! On conseille le plus souvent de creuser une tranchée dans le jardin et d'y coucher votre arbuste, dans son contenant. Mais une tranchée ayant la longueur et la largeur convenant à un rosier sur tige, et de plus en pot, c'est tout un trou! Et c'est lourd! Sans compter qu'une fois installé dans la tranchée, il faut le recouvrir d'une bonne couche de terre. Et le pire, très tôt au printemps, il faut le déterrer et le redresser. Vous pouvez aussi le garder dans une chambre froide ou un garage à peine chauffé, à une température d'environ 1-5°C, mais sans oublier de l'arroser car il ne doit jamais sécher complètement.

Personnellement, j'attends d'être assez riche pour m'offrir un nouveau rosier sur tige à tous les ans!

Variétés déconseillée:

❧ *Rosa* x (rosier tige): Aucun rosier sur tige n'est recommandable pour le jardinier paresseux, et encore moins pour le jardinier paresseux fauché. Par contre, si vous insistez, le plus aisé à entretenir est sans doute le rosier sur tige miniature, le trou à creuser est moins gros!

Variété recommandée:

Voir à la page 168 pour quelques rosiers recommandés pour la culture en pot.

Rosa x

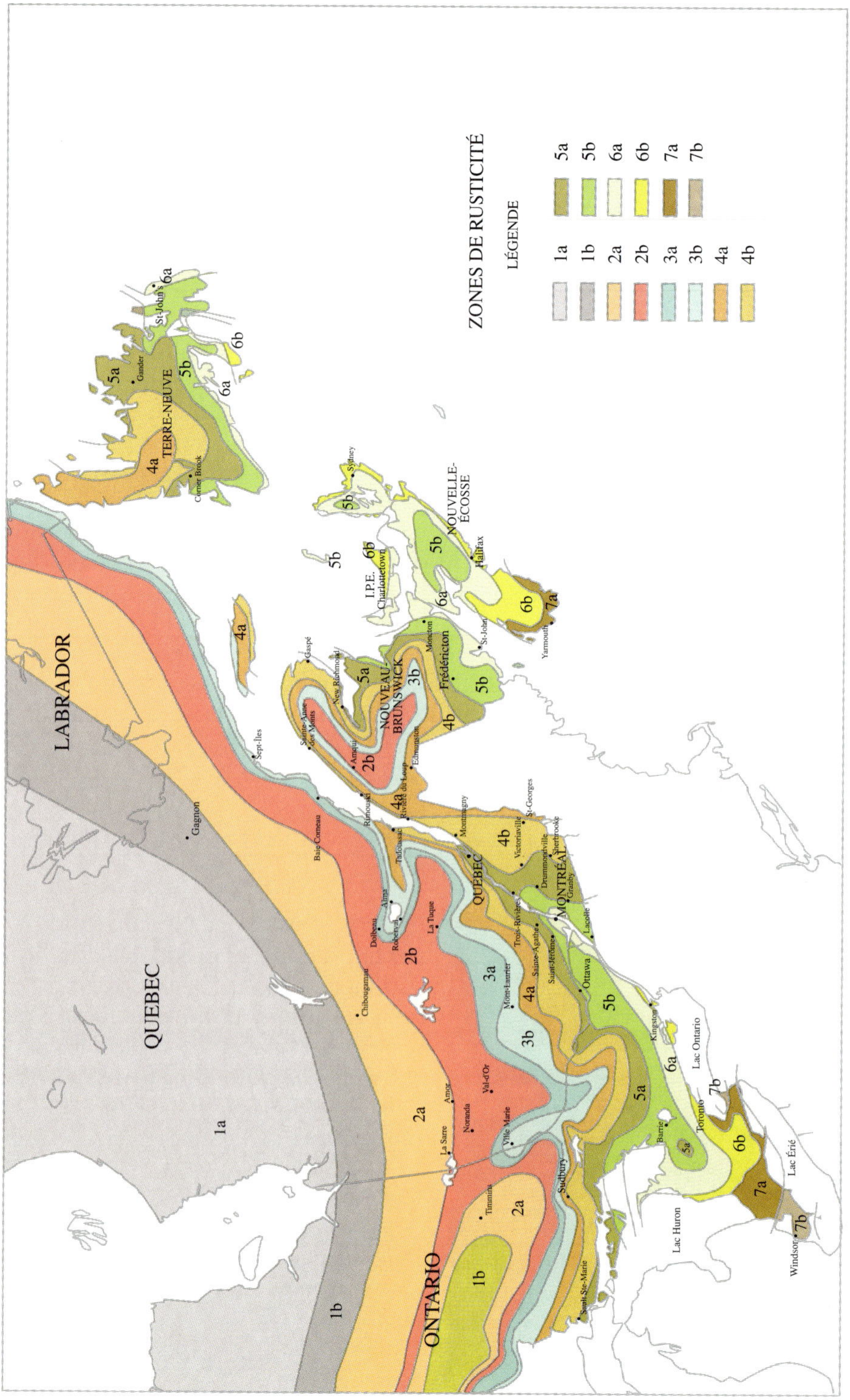
ZONES DE RUSTICITÉ
LÉGENDE
1a
1b
2a
2b
3a
3b
4a
4b
5a
5b
6a
6b
7a
7b
LABRADOR
QUEBEC
ONTARIO
TERRE-NEUVE
NOUVEAU-BRUNSWICK
NOUVELLE-ÉCOSSE
I.P.E.
Gagnon
Sept-Îles
Baie-Comeau
Chibougamau
Dolbeau
Alma
Roberval
La Tuque
Val-d'Or
Amos
Noranda
La Sarre
Ville Marie
Timmins
Sudbury
Sault Ste-Marie
Mont-Laurier
Sainte-Agathe
Saint-Jérôme
Ottawa
Kingston
Lac Ontario
Toronto
Barrie
Lac Huron
Lac Érié
Windsor
Lacolle
Granby
MONTRÉAL
Trois-Rivières
Drummondville
Sherbrooke
Victoriaville
St-Georges
Montmagny
QUÉBEC
Tadoussac
Rivière du Loup
Rimouski
Edmunston
Amqui
Sainte-Anne-des-Monts
New Richmond
Gaspé
Frédéricton
Moncton
St-John
Yarmouth
Halifax
Charlottetown
Sydney
Corner Brook
Gander
St-John's

Catalogues horticoles

Vous cherchez des plantes ou matériaux, et ne les trouvez pas dans votre région? Heureusement qu'il est facile de trouver presque tout ce que l'on cherche dans l'un des nombreux catalogues horticoles. Certains offrent des plants par la poste, d'autres des semences, des produits, etc., et beaucoup offrent un peu de tout. Personnellement, je commande des plantes et produits horticoles par catalogue depuis mon enfance; c'est presque devenu une manière de vivre et je ne saurais me passer de ce service, surtout parce que c'est la *seule* façon d'obtenir certaines plantes très intéressantes. Essayez et vous verrez!

A Day in the Country
132, Main Street
Erin, Ontario, N0B 1T0
Téléphone: 800-565-3111
Télécopieur: 519-833-2195
Catalogue: gratuit
Outils, paniers, éléments décoratifs

À fleur d'eau
140, Route 202
Stanbridge-East (Québec), J0J 2H0
http://jardins.versicolores.ca/fleurdo/
Catalogue: 4,00 $
Plantes aquatiques, équipement pour jardins d'eau

Alannah's Greenhouses
Box 1342, Grand Forks, B. C., V0H 1H0
Téléphone: 250-442-2552
Télécopieur: 250-442-0254
Catalogue: 2,00 $
Géraniums, plantes tropicales

Alpines Mont Écho
1182, chemin Parmenter
Sutton (Québec), J0E 2K0
Téléphone: 450-243-5354
Télécopieur: 514-486-8474
Catalogue: gratuit
Plantes alpines

Belbecks' Mail Order Gardening
Box 356, Campbellville, Ontario, L0P 1B0
Téléphone: 519-822-8419
Télécopieur: 519-822-1795
http://www.belbeck.com
Catalogue: gratuit
Formes de topiaire, plantes

Bowker & Scudds for Gardeners
Box 261, 46 McRae Street
Okotoks, Alberta, T0L 1T0
Téléphone: 403-938-0058 ou 888-938-1161
Télécopieur: 403-938-0068
Site Web: www.bowkerscudds.com
Catalogue: gratuit
Outils, pots, etc.

Chiltern Seeds
Bortree Stile, Ulverston, Cumbria,
LA12 7PB, England
Téléphone: 011-44-229-581-137
Télécopieur: 011-44-229-584-549
http://www.chilternseeds.co.uk
Catalogue: 4,00 $ canadiens
Semences de plantes rares

Cruickshank's
780, Birchmount Road, Unit 16
Scarborough, Ontario, M1K 5H4
Téléphone: 1-800-665-5605
Télécopieur: 416-750-8522
http://www.gardenguild.com
Catalogue: 3,00 $ / an
Bulbe, plantes, outils

Gardenimport
Box 760, Thornhill, Ontario, L3T 4A5
Téléphone: 905-731-1950 ou 800-339-8314
Télécopieur: 905-881-3499
http://www.gardenimport.com
Catalogue: 5,00 $ / 2 ans, remboursables
Bulbes, outils.

Gardenscape
2255b, Queen Street East, Box 358
Toronto, Ontario, M4E 1G3
http://www.gardenscape.on.ca
Catalogue: gratuit
Outils, produits

Green Thumb Gardens
Box 179
Utterson, Ontario, P0B 1M0
Téléphone: 888-514-8003 ou 705-385-4014
Catalogue: gratuit
Outils pour jardins en contenants

Haborcrest Gardens
1581-H, Hillside Avenue, Suite 230
Victoria, B.C., V8T 2C1
Téléphone: 250-642-7309
Télécopieur: 250-642-7551
http://www.harborcrestgardens.com
Catalogue: gratuit
Plantes de contenants, plantes d'intérieur

Herb Farm
RR 4, Norton, N. B., E0G 2N0
Catalogue: 2,00 $ (enveloppe préaffranchie)
Fines herbes

Holt Geraniums
34465, Hallert Road
Abbotsford, B.C., V3G 1R3
Téléphone: 604-859-3207
http://www.holtgeraniums.com
Catalogue: 3,00 $
Géraniums de collection

Horti-Club
2914, boulevard Labelle
Laval (Québec), H7P 5R9
Téléphone: 450-682-9071
Télécopieur: 800-282-5746
http://www.horticlub.com
Catalogue: gratuit
Semences, plantes, produits horticoles

International Irrigation Systems
Box 1133
St. Catharines, Ontario, L2R 7A3
Téléphone: 905-688-4090
Télécopieur: 905-688-4093
http://www.irrigro.com
Catalogue: gratuit
Systèmes d'irrigation

Johnny's Selected Seeds
1, Foss Hill Road, RR 1, Box 2580-9731
Albion, Maine 04910, USA
Téléphone: 207-437-4301
Télécopieur: 207-437-2165
http://www.johnnyseeds.com
Catalogue: gratuit
Semences de fleurs et légumes

Lee Valley Tools
1090, Morrison Drive
Ottawa, Ontario, K2H 1C2
Téléphone: 613-596-0350 ou 800-267-8767
Télécopieur: 613-596-6030 ou 800-668-1807
http://www.leevalley.com
Catalogue: gratuit
Outils

Marc Meloche flore sauvage
2567, rang Saint-Jacques
Saint-Jacques (Québec), J0K 2R0
Téléphone: 450-839-3527
Télécopieur: 450-839-2291
Catalogue: 3,00 $
Semences et plantes

Martin House Garden Pottery
299, Penetanguishene Road
Barrie, Ontario, L4M 4Y8
Téléphone: 705-722-6535
Télécopieur: 705-722-6535
Catalogue: 3,00 $
Jardinières, formes de topiaire

Mason Hogue
RR 4, 3520, Durham Road, # 1
Uxbridge, Ontario, L9P 1R4
Téléphone: 905-649-3532
Catalogue: 2,00 $
Plantes pour la culture en contenants

Moore Water Gardens
Box 70, Port Stanley, Ontario, N5L 1J4
Téléphone: 519-782-4052
Catalogue: gratuit
Plantes aquatiques, équipement pour jardins d'eau

Northern Oasis Tropical Seeds and Plants
445, Selsey Drive
Mississauga, Ontario, L5A 1B7
Téléphone: 905-897-6816
Catalogue: 1,00 $
Plantes tropicales, systèmes d'irrigation

P. & J. Greenhouse
20265, 82th Avenue, Langley, B.C., V2Y 2A9
Catalogue: 3,00 $
Géraniums de collection

P. K. Growers
22646, 48th Avenue
Langley, B.C., V2Z 2T6
Téléphone: 604-530-2035
Télécopieur: 604-530-2022
http://www.plantlovers.com
Catalogue: 2,00 $, remboursables
Fuchsias, géraniums

Park Seed Company
1, Parkton Avenue, Greenwood
South Carolina 29647-0001
Téléphone: 800-845-3369
http://www.parkseed.com
Catalogue: gratuit
Semences

Pickering Nurseries
670, Kingston Road, Pickering, Ontario, L1V 1A6
Téléphone: 905-839-2111
Catalogue: 5,00 $
Rosiers

Picov's Water Garden & Fisheries Centre
380, Kingston Road East
Ajax, Ontario, L1S 4S7
Téléphone: 800-663-0300
Télécopieur: 905-686-2183
http://www.picovs.com
Catalogue: gratuit
Plantes aquatiques, équipement pour jardins d'eau

Rainbow Tropicals
377, Burnhamthorpe Road East, Unit 39, Box 29572, Mississauga, Ontario, L5A 3Y0
Catalogue: 1,00 $
Plantes et semences d'Australie

Richters
357, Highway 47, Goodwood, Ontario, L0C 1A0
Téléphone: 905-640-6677
Télécopieur: 905-640-6641
http://www.richters.com
Catalogue: gratuit
Fines herbes

Semences et plantes internationales
120, chemin de la Pointe
Masson-Angers (Québec), J8M 1V2
http://www3.sympatico.ca/vivaces
Catalogue: 3,95 $
Semences de vivaces rares

Stokes Seeds
39, James Street, Box 10
St. Catharines, Ontario, L2R 6R6
Téléphone: 905-688-4300
Télécopieur: 888-834-3334
http://www.stokeseeds.com/
Catalogue: gratuit
Semences de fleurs, légumes et fines herbes

Suzanne Taillon
907, rue des Saules
Saint-Nicolas (Québec), G7A 3Y7
Téléphone: 418-831-3308
Télécopieur: 418-831-3308
Catalogue: 2,00 $, remboursables
Bulbes

The Banana Tree
715, Northampton Street
Easton, Pennsylvania 18042, USA
Téléphone: 610-253-9589
Télécopieur: 610-253-4864
http://www.banana-tree.com/
Catalogue sur Internet seulement
Semences de plantes tropicales

The Plant Farm
177, Vesuvius Bay Road
Salt Spring Island, B.C., V8K 1K3
Téléphone: 250-537-5995
Télécopieur: 250-537-5995
Catalogue: 3,00 $ / 2 ans
Bambous et plantes rares.

The St. George Company
20, Consolidated Drive
Paris, Ontario, N3L 3T5
Téléphone: 800-462-4299
Télécopieur: 519-442-7191
http://www.thestgeorgeco.com
Catalogue: gratuit
Paniers, jardinières, outils

Thompson & Morgan
Box 1308,
Jackson, N. J. 08527-0308, USA
Téléphone: 800-274-7333
Télécopieur: 888-466-4769
http://www.thompsonmorgan.com
Catalogue: gratuit
Semences

Vesey's Seeds
York, P. E. I.
C0A 1P0
Téléphone: 800-363-7333
Télécopieur: 800-686-0329
http://www.veseys.com
Catalogue: gratuit
Semences

Wrightman Alpines
RR 3, 1503, Napperton Drive
Kerwood, Ontario, N0M 2B0
Téléphone: 519-247-3751
Catalogue: 2,00 $
Plantes alpines

Bibliographie

BALL, J., *Rodale's Garden Problem Solver*, Rodale Press, Emmaus, Pennsylvania, 1988, 550 p.
BÉNARD, S. et B. VAESKEN, *Dictionnaire du Jardinage*, Dargaud Éditeur, Montréal, 1981, 400 p.
BENNETT, J. et T. FORSYTH, *The Annual Garden*, Firefly Books, Willowdale, Ontario, 1990, 176 p.
BERRY, S. et S. BRADLEY, *Contained Gardens*, Storey Communications, Pownal, Vermont, 1995, 160 p.
BICKNELL, D. O'D., *French-English Horticultural Dictionary*, Angleterre, C•A•B International, 1989, 240 p.
BRICKELL, C.et al., *Grande encyclopédie des plantes & des fleurs de jardin*, Bordas, Paris, 1990, 608 p.
CHEERS, G. et al., *Botanica*, Könemann, Cologne, 1999, 1020 p.
COLBORN, N, *Jardins mobiles*, Gründ, Paris, 1991, 160 p.
Collectif des éditeurs de Sunset Books et de Sunset Magazines, *Sunset Western Garden Book*, Sunset Publishing Corporation, Californie, 1997, 656 p.
CORBEIL, M et L. Laramée, *Plantes vivaces*, Maison des Fleurs Vivaces, St-Eustache, Québec, 1999, 512 p.
CROCKETT, J.U., *Plantes annuelles*, Time-Life International, Paris, 1971, 160 p.
DUMONT, B, Éd., *Guide d'achat 1999, Vivaces et annuelles*, Spécialités Terre à Terre inc., Québec, 1999, 86 p.
Employés de l'Hortorium Liberty Hyde Bailey, *Hortus III*, Macmillian Publishing Company, New York, 1975, 1290 p.
ETTLINGER, S, *The Complete Illustrated Guide to Everything Sold in Garden Center (except the plants)*, Macmillan, New York, 1990, 368 p.
FELL, D., *Annuals, Handy Garden Guides*, Friedman/Fairfax Publishers, New York, 1996, 192 p.
HEITZ, H., *Container Plants for patios, balconies, and window boxes*, Barron's Educational Series, New York, 1992, 240 p.
HAY, R. et al., *Encyclopédie des fleurs et plantes de jardin*, Sélection du Reader's Digest, Paris, 1978, 799 p.
HESSAYON, D.G., *The Container Expert*, Expert Books, Londres, 1998, 128 p.
HILLIER, M., *The Book of Container Gardening*, Simon and Schuster, New York, 1991, 192 p.
HODGSON, L., *Des semis réussis*, Spécialités Terre à Terre inc., Québec, 1999, 50 p.
HODGSON, L., *Gardening in Containers*, Ortho Books, Californie, 1996, 96 p.
HODGSON, L., *Le jardinier paresseux: Les Annuelles*, Éditions Broquet, Boucherville, Québec, 1999, 550 p.
HODGSON, L., *Le jardinier paresseux: Les vivaces*, Éditions Broquet, L'Acadie, Québec, 1997, 543 p.
HODGSON, L., *Les plantes d'intérieur*, Éditions Broquet, Boucherville, Québec, 1998, 408 p.
HODGSON, L., *Les semis*, Éditions versicolores, Québec, 1995, 61 p.
HODGSON, L., *Ortho's All About Sprinklers and Drip Systems*, Meredith Books, Des Moines, Iowa, 1998, 96 p.
HOLE, L., *Northern Flower Gardening*, Lone Pine Publishing, Edmonton, Alberta, 1994, 270 p.
HOLMES, R., et coll.,*Taylor's Guide to Containter Gardening*, Houghton Mifflin Company, Boston, 1995, 453 p.
HYLTON, W., et coll., *The Backyard Builder Projects for Outdoor Living*, Rodale, Emmaus, Pennsylvanie, 1990, 506 p.
LEVY, C.K. et R.B. PRIMACK, *A Field Guide to Poisonous Plants and Mushrooms*, The Stephen Greene Press, Vermont, 1994, 177 p.
LOEWER, P., *Better Homes and Gardens Step-by-Step Annuals*, Better Homes and Gardens Books, Des Moines, Iowa, 1994, 132 p.
LORD, T. et coll., *RHS Plant Finder 1999-2000*, Dorling Kindersley, Londres, 1999, 920 p.
MARKEN, B., *Container Gardening for Dummies*, IDG Books, Indianapolis, 1998, 334 p.
MARTIN, G., et coll., *Guide illustré du jardinage au Canada*, Sélection du Reader's Digest, Montréal, 1981, 511 p.
MASON-HOGUE, M., *Amazing Annuals*, Firefly Books, Willowdale, Ontario, 1999, 160 p.
MCKINLEY, M.D. et SINNES, A.C., *Color With Annuals*, Ortho Books, Californie, 1987, 112 p.
MULLIGAN, W.C., *Rare and Unusual Plants*, Simon & Schuster, New York, 1992, 224 p.
POWELL, E., *From Seed to Bloom*, Storey Communications, Inc., Pownal, Vermon, 1995, 312 p.
REILLY, A., *Park's Success with Seeds*, Geo. W. Park Seed Co., Inc., Greenwood, Caroline du Sud, 1978, 364 p.
SEARCH, G., *Jardiner sans jardin*, Sélection du Reader's Digest, Montréal, 1999, 143 p.
SWINDELLS, P., *Quick & Easy Container Water Gardens*, Storey Books, Pownal, Vermont, 1998, 128 p.
THÉBAUD, P. et A. CAMUS, *Dicovert*, Éditions Arcature, Ris-Orangis, France, 1993, 957 p.
VAILLANCOURT, H. et DESCHÊNES, G., *Jardins de fleurs en pot*, Spécialités Terre à Terre inc., Québec, 1999, 50 p.
WILSON, J., *Landscaping with Container Plants*, Houghton Mifflin Company, Boston, 1990, 212 p.
WINTERROWD, W., *Annuals for Connoisseurs*, Prentice Hall, New York, 1992, 210 p.

Index